KB253504

許　充著

周易身數秘典

明文堂

至誠不息

先者振川

辛亥五月三十 雅正 書

先人에 말씀이 이런 詩句가 있다.

兒生初哭爾知否 一墜人間萬種愁 이글 뜻은 人生으로 태어난 어린 生命이 처음부터 우는 뜻을

그대는 아는가? 한번 人間世界에 태여나면 萬事에 근심걱정을 염려하여 울음부터 운다는 뜻이

되겠고 또한 人生은 苦海라고 했다. 그러므로 人生一代의 行路란 榮枯盛衰 와 喜怒哀歡

으로 點綴된 無限直線이라 하겠다. 이 未知의 世界를 彷徨하는 人生에게는 두개의 心理的 本能

이 있다. 그 첫째는 慾求充足의 本能이요、둘째는 豫知本能이다. 慾求本能이란? 눈으로 보고

귀로 들어 마음을 움직여 見物致爭하고 生意發動케하여 自己 慾求를 充足시키려는 競爭을 惹起하

는 것이며 豫知本能이란? 모든 事物을 미리 알고 行動하려는 靈的인 心理의 本能을 말한 것인데

例를 들면 흐린 하늘을 본 豫知는 비가 올것을 靈感으로 미리 알며 落木寒天에 추운 날은 草木

의 枯死를 豫知하는 人間의 靈長을 말한 것이다. 그러므로 慾求本能을 값지게 爭取 하자면 豫知

本能이 發達한 사람이 승리 할수 있다는 嚴然한 事實만은 아무도 否認 할수없는 絶對哲理인 것이

다。東洋哲學의 發達은 바로 이러한 人的靈感을 基幹으로 하여 心理學的 二大本能을 土臺로 하

여 琢磨研成한 課程이 易學이라 할것이다。易이란 太肇에 太極을 原点으로 陰極과 陽極을 二分

하였으며 四像과 八卦를 始畵하기에 이르렀으니 八卦란 쉽게 풀어 말하면 人間生活에 가장 基礎

가 되는 八大元素를 말한 것이다。이 八卦의 理論이 整立되는 基本은 六十四卦와 三百八十四爻

를 例로 들수있다。易의 八卦와 六十四卦를 上爻 下爻로 成卦하여 人間의 吉凶禍福과 天時人化

의 順逆之理를 豫判하려는 學說이 卜筮學이다。通稱 六爻라고도 한다。小成卦와 大成卦를 五行

學에 配對한 深奧한 眞理인바 自傳 周代로부터 至今에 이른바 워낙 眞理가 難解하고 原典이 어

려워 隔世之感이 有感스럽든 此際 斯學의 泰斗이신 著者 許充氏는 그의 貴重한 生涯를 易學

中興에 貢献하신 碩學으로 今般 氏의 丹心의 力著的 中周易身數秘典은 易學同好人은 勿論 科學文

明의 公害속에 豫知本能 自然理致를 渴求하는 現代人의 甚한 葛藤世界에 自信있게 一讀을 勸해

드릴수 있는 「휘닉스」「북」이요、幸福의 「牧民心書」가 되겠기에 江湖諸賢에게 推薦하는 바이다

西紀 一九八一年 五月 三十一日

社會團体 韓國易術人協會
社團法人 韓國易理學會　中央本部

會長 哲學博士 池 昌 龍 （青奧）

推 薦 辞

周易의 六十四卦와 三百八十四爻를 五行에 適用시켜 事物을 區別하는 方法과 五行의 原理를 宇宙論的으로 또는 卦爻學的으로 應用하는 數理的 判斷法 그리고 易筮的 判斷法을 詳述한 책은 이번이 처음이 아닌가 여긴다. 이 책을 바탕으로 運命 鑑定을 하는 데 劃期的인 曙光이 비치게 됨을 衷心으로 慶賀해 마지 않는다.

易書 原典에는 故事 古語라든가 特殊述語가 많아 본디 複雜 難解한 것이다. 따라서 易學을 배우고 싶어 하는 이들이 있다고 하여도 엄두조차 못내고 있을 뿐만 아니라 設使 큰 마음을 먹고 책장을 뒤지기 시작하는 이가 있어도 몇장을 채 넘기다가 지쳐 버리고 책을 덮고 말기가 일쑤인 實情이다.

예로부터 이 방면에 理論的인 著書나 大家들의 口述이 많았으나 그것들이 대체로 槪論的인데 그치고 있을 뿐이다. 또 더러는 그 奧義를 터득함으로써 그 神秘스러운 核心을 잡았다고 하더라도 術家가 그 秘傳을 남기지 않고 혼자서 利用하다가 그 術家가 죽고 나면 사라지고 마는 안

타까움이 없지 않았던 것이다。이로 말미아마 世間에서는 易學者를 巫覡으로 賤視했는가 하면

심한 경우 惑世誣民이나 하는 존재로 밖에 거들떠보지 않았기 때문에 易學이 發展하기는 커녕

날이 갈수록 이 방면의 硏究熱이 식어 온 끝에 이제는 그 命脈을 이어나가기조차 힘들 만큼 萎

縮돼 버린 現實을 痛嘆하지 않을 수가 없다。

이러한 즈음에 雅崗許充先生이 平生을 통한 經驗을 숨김없이 發表하게 된 것은 易學 發展에

하나의 轉機가 되는 것으로서 크게 기뻐하는 바이다。이 한권의 책속에는 日常生活을 해 나감

에 있어서 就吉避凶하는 理蹟이 있고 더 나아가서는 濟人利物하는 道統이 있어 그 義訓이 活佛

에 가까와 衆生免厄의 消禍劑가 될 것으로 믿어 疑心치 않는다。知性人들의 愛讀을 勸奬해 마

지않는 바이다。

辛酉年 五月 三十一日

文公部登錄 韓國易術人協會

社團法人 韓國易理學會 釜山支部

總裁 哲學博士 李 相 哲

序 文

周易을 두고 흔히 荒唐無稽한 것으로 따돌려 버리는 경향이 짙은 오늘의 世情이다. 하지만

周易이란 聖人이 後世人類가 잘 살아 가는 데 필요한 道德과 眞理를 가르치는 道統의 元理임

을 나는 믿고 있다.

渾然한 곳에서 一氣가 發變하여 太極을 分象하고 이것이 八卦로 相盪하여 天地陰陽과 相應함

으로써 萬物의 造化를 具備했으며 人命의 禍福을 剖定했으니 이는 萬古不變의 元理라 하겠다.

人類의 富貴榮達과 壽夭貧賤이라는 것은 自己 禀氣에 이미 定해져 있어서 前生의 것이 現世

에 反映되어 그 業報를 받는 것이 哲理이다. 聖賢君子도 易理를 어기지 못하고 修身 待命하였다

그 玄妙之氣는 天神地鬼(孔子曰、陰陽不測이 爲神也)도 바꿀 수 없는 大自然의 法則을 어찌 筆

舌로 盡述할 수가 있겠는가? 그런 터에도 易의 蘊奧하고 深蹟한 妙義를 터득하지도 못한 채

陰陽五行을 顚倒 歪曲 誤解함으로써 淺薄한 自己 管見으로 妄說橫論하는 이가 往往 있어 惑世

誣民을 일삼고 있으니 慨嘆할 일이 아닐 수 없다.

本書는 先哲이 深察奧義하고 盪意平心하여 修精練神 끝에 滌塵去垢하고 删紛簡得하여 얻은 核心妙蹟을 筆者 스스로가 体驗을 통하여 硏究한 것만을 내놓은 것이다。周易의 繫辭를 精讀하게 되면 그 妙蹟이 確然해지는 羅針盤이 될 것으로 안다。

끝으로 文章語句에 不備未及한 点이 없지 않을 것임을 미리 밝힘으로써 寬諒 있기를 바라는 바이다。

西紀一九八一年 五月 三一日

龜峰山下人 雅岡 許 充 謹識

드리는 말씀

筆者가 釜山 開城中學校 在職 당시 易學의 泰斗 退溪 李滉 先生의 文集을 풀이하여 校內 新聞에 連載한 일이 있는데 聖學十圖性理學 理氣説 啓蒙易學이 周易과 相關 關係가 깊어 여기에 若干만 略述하겠다。

退溪는 朱子 理氣説을 二元化하여 四端은 理發、七情은 氣發로 提唱하였다가 高足 奇大升과 十年間 論爭을 벌인 끝에 마침내는 朱子説대로 理氣俱發로 歸納하고 말았다。뒤에 栗谷은 理는 本來 無爲의 活動이며 氣가 作爲한 뒤에 나타나는 形式的 條理를 말한 것이므로 理와 氣가 각각 單獨으로 發할 수 없다고 論駁했다。徐花潭 先生은 理外無氣也라 氣之條理가 爲理也라 하였다。主理派는 物質의 存在가 根本的인 것이므로 理를 俱現하는 材料와 힘의 方面을 氣라고 말한 反面 主氣派는 先氣發後理發이라 했다。退溪 自身이 남긴말에 「尤致力於周易에 至忘寢食」이란 句節이 있는 것을 보면 그가 人性과 天理説을 깊이 究明하기 위해 온힘을 기울였던 것은 事實이고 弟子들에게 가르친 啓蒙易學 完成을 百方으로 努力했으나 그것을 얻지 못했다。

聖人이 人類 幸福을 위해 天文地理에 通達하고 肉眼과 物質만으로는 未來 測定이 困難하자

이를 神을 通하여 알려고 애쓴 것이 周易의 眞髓라 하겠다. 神과 通하면 卦不妄成하고 爻不忘

動하여 毫厘의 差異도 없다고는 하나 凡人에게는 그 통속을 헤아릴 길이 없는 것이다. 마치 그

것은 射擊術 같아서 精神을 集中시켜야 的中한다는 理致와 다름이 없는 것이다. 欲界를 超脫하

여 屬心參禪하면 不可能한 것이 없다고 했기에 숨어있는 先學을 찾기 위해 술한 大家 名人 道士

를 만나 核心을 물었으나 아무도 秘藏의 열쇠를 내놓지 않았다. 한다는 말들이 한결같이 神에

게서 傳授現夢을 했다느니、入山修道로 妙義를 터득했노라느니、傳家의 秘密이다. 天氣를 漏說

할 수 없다고 하면서도 꼭 알고 싶으면 그 秘藏의 열쇠를 알려 주는 代價로 엄청난 돈을 要求

했던 것이다. 自身도 거액의 돈을 들여 사들인 秘傳이니 本錢을 받아야 하겠다는 것이다.

筆者는 그 무렵만 하더라도 俸給生活을 하고 있던 處地에서 그러한 巨額의 돈을 낼수 없었던

것은 姑捨하고 그 분들의 態度에 啞然失色하지 않을 수가 없었고 이 나라 民族性이 이래서야

무슨 發展이 오겠는가 하고 울적하기만 했던 것이다. 그것이 運命을 속속들이 헤아릴 수 있는

全部가 아닌 氷山의 一角에 지나지 않은 秘訣 나부랑이인 데도 그것으로 惑世誣民하고 있으려

니 하는 생각에서 괴씸해지기까지도 했다.

우리나라에도 易學 權威者가 많기는 하되 後學을 위한 經驗指針書라든가 實生活에 活用하는

方法書가 전혀 없다。또 그분들이 傳授받은 秘傳에다가 스스로 터득한 바를 다시 거듭 記錄해

나가는 사이에 利用價値가 더 높아진 것을 傳授하지 않고 死亡과 同時에 아깝게도 묵히고 말고

있는 것을 어찌랴。

筆者는 卦体와 卦用을 基本으로 하여 그 動爻를 보아 雨化爲雪、霜化爲露等을 보면 이것이

初困後泰며 先安後患이라고 그 格을 잡을 수가 있는 것이다。說文을 읽고 綜合하면 그 줄거리

의 變化를 알 수 있으며 乙神人邵雍訣은 지나고 나면 的中하므로 繫辭와 卜筮의 올바른 뜻을 깊

이 硏究하기 바란다。說文이 純漢文으로 되어 있고 各訣文 사이에 드러나는 矛盾에 관한 說明

이 모자란 데다가 번역을 못해 드림에 이르러서는 罪悚하기 이를 바가 없다。하지만 筆者가 나

이들어 힘에 겨울 뿐더러 時間이 딸리고 紙面 事情도 있거니와、그보다 자칫 異譯하면 矯角殺

牛하는 結果를 빚기 때문임을 海諒하시기 바란다。여러분께서 本書를 바탕으로 鑑定할 때 別途

用紙에 鑑定事項을 옮겨적어 說明해 주는 手苦를 아끼지 말기를 아울러 바란다。이 책은 著述

이 아니고 問題集이라고 생각하여 몸소 硏究에 琢磨硏鑽하여 앞으로 훌륭한 한글판을 펴내게 됨

으로써 우리 民族中에서 不幸、過慾、失望、悲觀 等의 渦中에 헤매는 사람들의 就吉避凶에 이

一五

바지하고 惑世誣民이 되지 않았으면 하고 期待하는 마음이 懇切하다.

이 책을 바탕으로 一年 以上만 經驗을 쌓으면 비로소 그 價値를 알게 될것으로 믿으며 좀 더 깊이 硏究해 보고 싶은 意慾을 갖게 될 것으로 確信하는 바이다. 筆者가 硏究 課題를 釜山에서 大邱까지 運搬해 드렸으니 만큼 여러분께서도 濾過添削하여 다시 그것을 서울까지 運搬해 주었으면 한다.

끝으로 筆者가 過老해서 책의 出版을 抛棄하려 하던 터에 梁又正氏가 내용을 精讀하고 勇躍 原稿 整理에 一個餘星霜을 受苦해 주었고 마지막으로 校正까지 도맡아 주신 데 대하여 깊은 感謝를 드림과 아울러 印刷 過程에서 알뜰히 살피고 마무리를 지어 주신 新韓出版社 社長 鄭榮吉氏에게도 고마움의 뜻을 드리는 바이다. 愚見속에 若干의 誤謬가 있더라도 너그럽게 받아 주시기 바란다.

西紀 一九八一年 五月 三十一日

龜峰山下人

雅岡 許 充 謹識

周易의 豫言

豫言者를 손꼽으려면 不知其數이지만 그 가운데 몇 사람만 들어 보자. 李朝 宣祖 때 栗谷 李珥 先生이 十萬養兵을 王에게 提議했다. 老臣들이 그 말을 듣고 젊은 사람이 무엇을 알며 國家經費를 消耗시키려는 逆賊行爲라고 糾彈했다. 栗谷 先生은 할 수 없이 李舜臣을 찾아 가서 八年後에 倭亂이 일어날 것이니 이 글 두 귀절을 解釋하여 倭敵을 무찌르라고 은밀히 가르쳐 주었다 그 내용이란 이렇다. 「伐木丁丁山更幽 요 毒龍潜處水猶淸」李舜臣은 거북선을 만들어 倭敵과 맞싸워 한 번도 敗한 적이 없었다. 栗谷 先生은 그때 周易의 妙理로 八年後事를 알아냈던 것이다.

周易은 解釋者에 따라 差異가 있다. 孔子의 弟子가 어느 날 나가더니 돌아오지 않았다. 그때 門人이 作卦해 보았더니 鼎卦가 나왔다는 것이다. 門人들 사이에 나온 評은 「鼎은 無足이니 不來」라고 했다. 이때 孔子는 「그렇지 않다. 鼎은 無足이니 乘船하고 온다」고 判斷했다고 한다 結果는 孔子의 判定이 옳았다는 것이다.

退溪 李滉 先生의 逸話에 이런 것이 있다. 退溪先生의 親友가 외아들이 危篤하자 退溪 先生을 찾아 갔으나 外出하고 없었다. 多急해진 그는 先生의 弟子들에게 通事情 끝에 占卦를 얻었다. 대답은 「당신의 아들은 죽는다」는 것이었다. 까닭을 물었더니 글귀가 「黑天長谷에 子將而死」니까 그렇다는 대답이었다. 絕望을 하면서 그 書院을 나와 집으로 돌아오는 길에 退溪 先生을 만났다. 행여나 하는 생각에 自初至終을 털어 놓았더니 退溪先生의 입에서는 正反對의 말이 나왔다. 「안죽는다」는 것이었다. 「黑天長谷」은 「幽宅(무덤)」이 아니라 「방구들 고래」이고 「子將而死」는 「쥐의 將帥가 죽었으니 고양이가 구들 고래에 죽어 있는 것이다. 빨리 가서 치우라」는 것이 退溪 先生의 풀이였다. 生氣를 되찾은 그가 집으로 돌아와서 시킨대로 했더니 아들은 씻은 듯이 나았다고 한다. 退溪 先生이 神을 使役했다면 唯心論이 되지만 이경우는 唯心이라 말하기는 困難하다. 또 退溪先生은 宣祖 十三年 十一月初 自身의 終命을 미리 알고 弟子를 모아 모든 著書를 整理하게 하고 長姪을 시켜 遺誡를 쓰게 한 다음 葬事에 관해 委細口授를 마쳤다. 그 뒤 그 해 十二月 八日 아침 平素 愛賞하던 梅花에 물을 주고 나서 諸生을 召集시켰다. 弟子들이 말렸으나 「갈 時間이 다되었으니 만나 봐야 한다」고 막무가내였다. 諸生이 다 모이자 平日의 謬見을 남김없이 바로잡아 講論을 마쳤다. 그리고 나서 退溪 先生은 자리를 整頓하고 앉은 자세로 인사한 끝에 七十歲를 一期로 怡然히 이승을 떠나셨다. 누구도 따를 수 없는 大學者답게 大悟한 臨終이었다고 되어있다. (從祀文廟)

第一編 易 理

第一章 周易의 由來

周易은 伏羲氏를 嚆矢로 하여 傳來된 宇宙의 大原理를 周나라 文王 때에 와서 完成한 것이다. 儒佛仙 三敎가 이것을 最高 原理로 삼고 있어 人類가 志向하는 바 窮極의 哲學인 同時에 永遠 不朽의 道德原理가 되는 것이다.

現代人이 易의 原理대로 살아 가고、政治 社會 또한 그 原理를 좇아 順行 한다면 그 나라 國民은 幸福하게 살 수 있을 것이라고 생각 된다. 周易이 現代科學과 相通하고 形而上學、形而下學을 莫論하고 東洋文化 發展史上 決定的이고 源泉的인 母体 구실을 해 온 것은 史實이 證明해 주고도 남음이 있다.

周易 理解에 도움이 되기에 여기 神道에 관한 解說을 조금 紹介해 두겠다. 唐將 蘇定方과 薛仁貴가 百濟와 高句麗를 滅亡시킬 때 國書庫를 부수고 檀奇史와 高句麗及 百濟史를 태워 없앤 史實、그리고 高麗末 慕華 反逆罪人 金富軾이 檀奇史 및 三國史等 一一九卷을 五卷으로 縮小하

먼서 祖國의 光榮이 될만한 史料는 削除하고 中華의 隷屬國이 될 만한 내용만을 추려 남김으로

써 神聖 檀君祖의 偉史를 흐려 알아 볼 수 없게 한 史實을 燦然한 民族上古史를 永遠히 抹殺시

킨 慘酷한 不祥事라고 하겠다.

愛國志士 丹溪 先生은 金富軾이 史記 檀帝 十九 世孫 縱年의 弟 縱鮮의 曾孫인 奇子帝를 周

武王이 封한 箕子라 하고 祖國을 일컬어 弟子는 不可考요、俚言은 不知義라 한 天人이 共怒할

誤謬에 대해서 投册痛嘆을 禁치 못했던 것이다.

多幸히 神의 도우심이 있어 勃海國盤安國王野勃이 그의 兄인 勃海帝 (大祚榮)의 命을 받고

十三年間 編纂한 檀奇古史가 최근 支那에서 發見됨으로서 우리 神聖祖 檀君皇帝를 비롯한 古朝

鮮奇子의 燦爛한 偉業을 밝힘과 아울러 우리 民族 上古史의 歸正을 보게 된 것은 倍達民族의

眞正한 發展을 期約하는 神兆라고 믿어져 慶賀스럽게 여긴다. 檀君皇帝 二千年의 文化가 열마

나 偉大하고 赫赫하였으며、漢族文化史보다 얼마나 빼어났는가를 이로써 밝히게 된 것이다.

檀奇古史와 魏書에 따르면 中原의 三皇帝 中 軒轅皇帝는 檀祖의 桓夫帝인 紫府 先生에게 道學

을 배운 뒤 內皇文을 받아 간 史實、古來로 仙道學의 本據地를 東方 山東省 以東에 求하고 中

原에서 求하지 아니 한 史實、夏禹의 九年 治水를 할 때 檀君皇帝 二世 扶婁帝가 彭吳로 하여

금 禹의 塗山會議에 參席시켜 彭吳 先生의 治水法을 가르치게 했다고 되어 있다。이로써 우리

文化가 中原文化 發展에 끼친바 큼을 미루어 알수가 있고 우리 神道가 東方文化의 主軸을 이룩

했음을 自負할 수 있다고 본다。

神聖 檀皇의 敎示하신 神仙道는 高麗末 以來 事大思想者들에 의해 殘酷한 彈壓을 받게 되었

고 오늘날에 이르러서는 그 뚜렷한 宗敎的 体制를 갖추지 못한 채 迷信 巫俗으로 轉落된 悲慘

한 狀態에서 그 本來의 命脈은 온데간데 없이 되고 異端視되어 온 것이다。高麗는 佛而興 佛而

亡하고 李朝는 文而興 文而亡하였다。이 두 王朝의 彈壓에 못견디어 檀君敎가 弱化된 것이다。

샤마니즘的 宗敎性 및 哲學性 또는 科學性은 眞正한 角度에서 觀察되고 繼承되어야 할 것이로

되 神仙道 思想을 더 以上 論及하는 것은 易學 解說에 어긋나므로 여기에서 그친다。

東洋哲學은 곧 中華의 哲學이요 우리 모든 것은 漢文化에 隷屬된 것으로 誤認한 나머지 神仙

道 思想과 易의 思想내지 그 起源等을 同一한 것으로 錯覺하고 있으므로 不可不 兩者의 區別을

爲한 說明이 必要하다고 느낀다。神仙道 思想은 蒙古系族의 샤마니즘的 固有의 信仰으로서 國

仙花郎風流道 系統으로 發展된 宗敎이다。한편 易의 思想은 儒敎 老莊學 系統의 漢學으로 發展

했고 佛敎는 그 發祥地가 地域的으로 먼 곳에 있는 印度大陸이므로 混同될 憂慮가 없는 것이다。

이 三者는 東方文化를 이룩하는 데 어느 하나도 뺄 수 없는 母体가 되어 三者 관계가 아주

密接하다。때로는 서로 依然 調和된 것도 있고 或은 渾然 一体가 된 것도 적지 않으며 境遇에

따라 相反 獨尊된 것도 드물지 않다。그렇기 때문에 東洋을 理解하려면 먼저 三者에 대한 理解

와 區別이 先行되어야 한다고 力說해 두는데 그치려 한다。특히 孔子 孟子는 現實的이고 經世

濟國의 社會生活 側面이며 現象界의 裏面에 內通하고 있는 現實 以前의 空虛된 根本体를 闡明

하였고 東方의 天文、地理、醫學、運命學、其他 各種 學問은 周易을 根幹으로 한 哲學이자 科

學的 原理를 實用面으로 發展시킨 것이라 할 것이다。

東洋人의 生活을 分析하면 그 어느 것을 莫論하고 모두 三教에 影響받지 않는 바가 없지 않

고 더우기 易理와 運命學 및 卜筮의 境遇는 易의 影響이 絶對的인 것이어서 이것이 易이요、易

이 이것이라고 말할 수가 있는 것이다。佛教에 占察業報經이 있고 샤마니즘的인 卜法이 있으나

易數의 妙理와 卜筮에는 따를 수가 없는 것이다。그리고 周易師說에는 「後漢王鳳學曰不讀易經

者는 不得登朝之云、魏書亦如此云、至唐虞世南舉曰不讀易經者는 不可爲宰相也云」 이라고 대목

이 있다。 俸給者 採用試驗에 周易을 正規科目으로 넣었는지 或은 選擇科目으로 했는지는 뚜렷

하지 않지만 採用試驗 때 周易을 口頭問答함으로써 成績이 나쁜 사람은 採用치 않았던 것만은

分明한 것이다.

어떻든 人類文化는 祖上의 生活經驗을 後孫에게 傳하고그 後孫이 여기에다가 다시 自己 生活

經驗을 더하여 그 後孫에게 또 다시 傳한 것이 集積하여 發展한 것이라고 말할 수 있다. 周易

도 또한 자랑스러운 그 하나임에 틀림이 없다.

第二章 周易의 原理

序文에 隨時變易이라 했는데 輓近學者들은 周易을 唯物論이니 唯心論이니 하고 있으나 易은

이것을 超越한 것이다. 形而上學과 形而下學을 莫論하고 宇宙 内部에 있는 모든 것을 다루고

있는 것이 周易이다. 周易은 天時地理와 人類는 勿論 森羅萬像을 包含시켰고 大氣와 生物 無生

物間에 그 變化 原理가 奧妙해서 말로 다할 수 없다. 唯物論이 어떻게 人間 一生을 豫言할 수

있으며 唯心論이 어찌 數十年 後事를 알 수 있겠는가? 實物을 萬二千倍로 擴大시켜 볼 수 있

는 올림퍼스 顯微鏡이기는 하나 그것으로 數年後의 變化를 볼 수 있겠는가? 宇宙와 人間關係

를 陰陽學的으로 詳密하게 觀察하는데 있어서는 無窮無盡한 議論이 있겠고 이것을 分類 分析

縮少하여 人類와 符合시키고 卦爻로 判斷하게 하는 原理는 唯物 唯心을 超越하는 요술쟁이 주

머니 같다고나 할까? 隨時變易이란 말은 變化無窮한 卦爻가 千枝萬葉으로 나오는 데서 비롯된

것이다.

五行數理가 나온 根據는 河圖洛書인데 이로써 易의 法則妙理를 터득하게 되며 宇宙의 神秘로

운 一切原理를 發見하게 된다. 一、三、五、七、九의 奇數는 陽數라 하고 二、四、六、八、十

의 偶數는 陰數라 한다. 또 陽數를 生數라 하고 陰數를 成數라 하며 五에 加一하여 六陰으로

化成하고 加二는 七、加三은 八、加四면 九라 하였다. 八은 九數로 相應하니 특히 易의 無限大

的 宇宙論的 生成觀의 雄然함은 一目瞭然하게 表示되어 있다、前者 五生과 五成이 相互關係에

復生的이고 所成數는 二次元的이며 兩者 關係는 無限次元的이다. 이것이 時間과 空間이 모든

事物에 陰陽學的으로、數理的으로、또는 五行學的으로、節候氣象學的으로 河圖洛書가 含蓄하고

있는 道理를 偉大하게 認定하게 되는 理致인 것이다. 이렇게 十數의 配列에 지나지 않으나 그

것은 大宇宙가 暗藏하고 있는 無窮한 眞理를 整然하게 說明할 수 있다. 宇宙에는 無窮無盡한

事物이 있다. 헤아릴 수 없는 그러한 事物中 하나인 海水의 境遇를 들어 보면 그 事實을 理解

할 수 있는 것이다. 海水의 量은 알아낼 수가 없고 數理學的으로 보아도 그 數値의 限界는 無

限大인 것이다. 그러나 이것을 極限点으로 設定할 수 있는 無理數라도 河圖洛書의 十數의 變化

로 無限關係를 整理한데 不過하다. 十數를 떠나서는 億이고 兆고 無限大의 數値이고를 가릴 바 없이 想定할 수 없는 것이다. 그래서 모든 數理는 一로부터 十에서 始作하여 變化한 것이라고 하겠다. 누구나 繫辭를 熟讀하면 스스로 그러한 事理를 느끼게 될 것으로 안다.

第三章 周易의 繫辭

第一節

天尊地卑하니 乾坤이 定矣요 卑高以陳하니 貴賤이 位矣오 動靜有常하니 剛柔ㅣ斷矣오 方以類聚하고 物以群分하니 吉凶이 生矣오 在天成象하고 在地成形하니 變化ㅣ見矣라 是故로 剛柔ㅣ相摩하며 八卦相盪하야 鼓之以雷霆하며 潤之風雨하며 日月運行하며 一寒一暑하야 乾道ㅣ成男하고 坤道ㅣ成女하니 乾知大始오 坤作成物이라 乾以易知오 坤以簡能이니 易則易知오 簡則易從이오 易知則有親이요 易從則有功이오 有親則可久ㅣ요 有功可大요 可久則賢人之德이요 可大則賢人之業이니 易簡則天下之理ㅣ得矣니 天下之理ㅣ得而成位乎其中矣니라.

第二節

聖人이 設卦하야 觀象繫辭焉하야 而明吉凶하며 剛柔相推하야 而生變化하니 是故로 吉凶者는

失得之象也ㅣ오 悔吝者는 憂虞之象也ㅣ오 變化者는 進退之象이오 剛柔者는 晝夜之象이오 六爻之

動은 三克之道ㅣ니 是故로 君子所居而安者는 易之序也오 所樂而玩者는 爻之辭也ㅣ니 是故로

君子ㅣ居則觀其象而玩其辭하고 動則觀其變而玩其占하나니 是以로 自天祐之하야 吉無不利니라

第三節

象者는 言乎象者也ㅣ오 爻者는 言乎變者也ㅣ오 吉凶者는 言乎其失得也ㅣ오 悔吝者는 言乎其

小疵也오 無咎者는 善補可也ㅣ니 是故로 列貴賤者는 存乎位하고 齊小大者는 存乎卦하고 辨吉凶

者는 存乎辭하고 憂悔吝者는 存乎介하고 震無咎者는 存乎悔하니 是故로 卦有小大하고 辭有險

易하니 辭也者는 各指其所니라。

第四節

易이 與天地準이라。 故로 能彌綸天地之道하나니 仰以觀於天文하고 俯以察於地理라 是故로 知

幽明之故하며 原始反終이라 故로 知死生之說하며 精氣爲物이오

遊魂爲變이라 是故로 知鬼神之

情狀하나니라。 與天地相似ㅣ라。 故로 不違하나니 知周乎萬物而道濟天下ㅣ라。 故로 不過하며 旁行而不流하야 樂天知命이라。 故로 不憂하며 去土하야 敦乎仁이라 故로 能愛하나니라。 範圍天地之化而不過하며、曲成萬物而不遺하며 通乎晝夜之道而知라。 故로 神無方而易無体하니라。

第五節

一陰一陽之謂道ㅣ니、繼之者ㅣ善也ㅣ오、成之者ㅣ性也ㅣ니라。 仁者ㅣ見之에 謂之仁하며 知者ㅣ見之에 謂之知오、百姓은 日夜에 不知라 故로 君子之道ㅣ鮮矣니라。

顯諸仁하며 藏諸用하야 鼓萬物而不與 聖人同憂하나니 盛德大業이 至矣哉라。 富有之謂ㅣ大業이요。 日新之謂ㅣ盛德이오。 生生之謂易이요、成象之謂ㅣ乾이요、效法之謂ㅣ坤이요、極數知來之謂ㅣ占이요、通變之謂ㅣ事ㅣ요、陰陽不測之謂ㅣ神이라。

第六節

夫易이 廣矣大矣라、以言乎 遠則不禦하고 以言乎 邇側靜 而正하고 以言乎 天地之間則備矣라

夫乾은 其靜也ㅣ專하고 其動也ㅣ直이라、是以로 大生焉하며、夫坤은 其靜也ㅣ翕하고 其動也ㅣ闢이라 是以로 廣이生焉하나니 廣大는 配天地하고 變通은 配四時하고 陰陽之義는 配日月하고

易簡之善은 配至德하니라。

第七節

子一曰易이 其至乎인져 夫易은 聖人이 所以崇德 而廣業也一니 知는 崇하고 禮는 卑하니 崇

은 效天하고 卑는 法地하니라 天地一設位 어든 而易이 行乎其中矣니 成性存存이 道義之門이라。

第八節

「聖人이 有以見天下之賾하야 而擬諸其形容하며 象其物宜라 是故로 謂之象이요、聖人이 有見

天下之動하야 而觀其會通하야 以行 其典禮하며 繫辞焉하야 以斷其吉凶이라 是故로 謂之爻一니」

言天下之至賾호대 而不可惡이며 言天下之至動호대 而不可亂也一니 擬之而后에 言하고 議之而后

에 動이니 擬議하야 以成其變化하니라 鳴鶴이 在陰이어늘 其子一知之로다 我有好爵하야 吾與爾

靡之라 하니 子曰君子一居其室하야 出其言에 善이면 則 千里之外一違之하나니 況其邇者乎아 言

出乎身하야 加乎民하며 行發乎邇하야 見乎遠하나니 言行은 君子之樞機니 樞權之發이 榮辱之主

也一라 言行은 君子之所以 動天地也一니 可不愼乎아

同人이 先號咷而後笑一라하니 子一曰君子之道一我出或處或默或語一나 二人이 同心하니 其斷

利金이로다 同心之言이 其臭ㅣ 如蘭이로다 初六藉用白茅ㅣ니 無咎라 子ㅣ曰 苟錯諸地라도 而可矣

어늘 藉之用茅하니 何咎之有ㅣ리오 愼之至也ㅣ라 夫茅之爲物이 薄而用은 可重也ㅣ니 愼斯術也

하야 以往이면 其無所失矣리라 勞謙이니 君子ㅣ有終이 吉이라하니 子ㅣ曰 勞而不伐하며 有功而

不德이 厚之至也ㅣ니 語以其功下人者也ㅣ라 德言盛이요 禮言恭이니 謙也者는 至恭하야 以存其

位者也ㅣ라。

元龍이 有悔라하니 子ㅣ曰 貴而無位하며 高而無民하며 賢人이 在下位無輔ㅣ라 是以로 動而有

悔也ㅣ니라 不出戶庭이면 無咎ㅣ라하니 子ㅣ曰亂之所生也ㅣ則言語ㅣ以爲階니 君不密則 失臣하

며 臣不密則失身하며 幾事ㅣ不密則 害成하니 是以로 君子ㅣ愼密而不出也하나니라 子ㅣ曰作易

者ㅣ 其知盜乎인져 易曰負且乘이라 致寇至라하니 負也者는 小人之事也ㅣ오 乘也者는 君子之器也

ㅣ니 小人之乘 君子之器라 盜ㅣ思奪之矣며 上을 慢하고 下를 暴ㅣ라 盜ㅣ思伐之矣니 慢藏而誨

盜ㅣ며 冶容이 誨淫이나 易曰負且乘致寇至라하니 盜之招也ㅣ라。

第九節

天一地二 天三地四 天五地六 天七地八 天九地十이니 天數ㅣ五ㅣ요 地數ㅣ五ㅣ니 五位相得하

며 而各有合하니 天數ㅣ二十有五ㅣ요 地數三十이라 凡天地之數ㅣ五十有五ㅣ니 此所以成變化

하며 而行 鬼神也ㅣ라 大衍 之數 五十이니 其用은 四十有九ㅣ라 分而爲 二하야 以象兩하고 掛一

하야 以象三하고 揲之以四하야 以象四時하고 歸奇於扐하야 以象閏하나니 五歲에 再閏이라 故로

再扐而后에 掛하나니라 乾之策이 二百一十有六이요 坤之策이 百四十有四라 凡三百有六十이니

當期之日하고 二扁之策이 萬有千五百二十이니 當萬物之數ㅣ也라 是故로 四營而成易하고 十有八

變而成卦하니 八卦而 小成하야 引而伸之하며 觸類而長之하면 天下之能事ㅣ畢矣리니 顯道하고

神德行이라.

是故로 可與酬酢이며 可與祐神矣니 子ㅣ曰知變化之道者ㅣ其知神之所爲乎인져

第 十 節

易有聖人之道ㅣ四焉하니 以言者는 尙其辭하고 以動者는 尙其變하고 以制器者는 尙其 象하고

以卜筮者는 尙其占하나니 是以로 君子ㅣ將有爲也하며 將有行에 問焉而以言하거든 其受命也ㅣ如

嚮하야 無有遠近幽深히 遂知來物하나니 非天下之至精이면 其孰能與於此ㅣ리오 參伍以變하며 錯

綜其數하고 通其變하야 遂成天地之文하며 極其數하야 遂定天下之象하니 非天下之至變이면 其孰

能與於此ㅣ리오 易은 無思也하며 無爲也하야 寂然不動이라가 感而遂通天下之故하나니 非天下之

至神이 其면 孰能與於此ㅣ리오 夫易은 聖人之所以 極深而研幾也ㅣ니 唯深也故로 能通天下之志

하며 唯幾也故로 能成天下之務하며 唯神也故로 不疾而速하며 不行而至하나니 子ㅣ曰易有聖人

道四焉者ㅣ此之謂也ㅣ라。

第十一節

子ㅣ曰夫易은 何爲者也오 夫易은 開物成務하야 冒天下之道하나니 如斯而已者也ㅣ라 是故로

聖人이 以通天下之志하며 以定天下之業하며 以斷天下之疑하나니라。是故로 蓍之德은 圓而神이

요 卦之德은 方以知오 六爻之義는 易以貢이니 聖人이 以此로 洗心하야 退藏於密하며 吉凶에 與

民同患하야 神以知來하고 知以藏往하나니 其孰能與於此哉리오 古之聰明 叡智神武而不殺者夫인져

是以로 明於天之道而 察於民之故하야 是興神物하야 以前民用하니 聖人이 以此齊戒하야 以神明

其德夫인져 是故로 闔戶를 謂之坤이요 闢戶를 謂之乾이요 一闔 一闢을 謂之變이요 往來不窮을

謂之通이요 見을 乃謂之象이요 形을 乃謂之器요 制而用之를 謂之法이요 利用出入하야 民咸用之

를 謂之神이라 是故로 易有太極하니 是生兩儀하고 兩儀ㅣ生四象하고 四象이 生八卦하니 八卦ㅣ

定吉凶하고 吉凶이 生大業하나니라 是故로 法象이 莫大乎 天地하고 變通이 莫大乎四時하고 懸

象著明이 莫大乎 日月하고 崇高ㅣ莫大乎 富貴하고 備物하며 致用하며 立成器하야 以爲天下利ㅣ

莫大乎聖人하고 探賾索隱하며 鉤深致遠하야 以定天下之吉凶하며 成天下之 亹亹者ㅣ莫大乎蓍龜

하니라 是故로 天生神物이어늘 聖人이 則之하며 天地變化ㅣ어늘 聖人이 効之하며 天垂象하야

見吉凶이어늘 聖人이 象之하며 河出圖하며 洛出書ㅣ어늘 聖人이 則之하니 易有四象은 所以是也

ㅣ오 繫辭焉은 所以告也ㅣ며 定之吉凶은 所以斷也ㅣ라.

第十二節

易에 曰自天祐之라 吉無不利라하니 子ㅣ曰祐者는 助也ㅣ니 天之所助者는順也ㅣ요 人之所助者

ㅣ信也ㅣ니 履信思乎順하고 又以尚賢也라 易以自天祐之에 吉無不利也ㅣ니라 子ㅣ曰書不盡言하

며 言不盡意니 然則聖人之意를 其不可見乎아 子曰聖人이 立象하야 以盡意하며 設卦하야 以盡

情僞하며 繫辭焉하야 以盡其言하며 變以通之하야 以盡利하며 鼓之舞之하야 以盡神하니라 乾坤

은 其易之縕耶인져 乾坤이 成列而易이 立乎 其中矣니 乾坤이 毀無以見易이요 易을 不可見則乾坤

이 或幾乎息矣리라 是故로 形而上者를 謂之道ㅣ요 形而下者를 謂之器요 化而則裁之를 謂之變

이요 推而行之를 謂之通이요 擧以措之 天下之民을 謂之事業이라 是故로 夫象은「聖人이 有以見

天下之賾하야 而擬諸其形容하며 象其物宜ㅣ라 是故로 謂之象이요 聖人이 見天下之動하야 而觀

其會通하야 以行 其典禮하며 繫辭焉하야 以斷其吉凶이라 是故로 謂之爻ㅣ니」極天下之賾者는

存乎卦하고 鼓天下之動者는 存乎辭하고 化而裁之는 存乎變하고 推而行之는 存乎通하고 神而明

之는 存乎其人하고 默而成之하며 不言而信은 存乎德行하니라.

第四章　河圖洛書와　四象

河圖洛書에 對한 意義와 應用原理를 俱体的으로 論述함에는 너무 複雜多端하여 簡單한 問題

가 아니라 理論上으로 問題点이 있어 一卷의 册으로 論述하여도 滿足을 期하기는 困難한 것이

다。 그 까닭은 各國學者들이 又는 우리나라 權威들이 自己主觀대로 解説을 한것이 世上에 散在

하고 있는 것이다。 그 基底는 同一하되 解説이 千態萬像이어서 孰是誰非를 區別하기가 至難하

다。 이것을 宇宙學的으로 天文地理學的 및 陰陽五行學的으로 應用數學的으로 分類解説해야 妥

當하나 時間과 紙面 關係로 通俗的이고 卜筮에 關한 分野만을 略述하였으니 初學者는 權威者들

著書中 河圖洛書에 關한 論據의 分野와 繋辞를 刻苦精讀하고 索隱된 基幹元核을 攄得하여 斯學

發展에 큰 寄與있기를 바라는 바이다。

一、 河　圖

河圖는 伏羲氏時代에 河水에서 나타난 龍馬의 負圖에 黑白班点圖를 河圖라고 命名했다。 布点狀

態로 보면 内部에 一二는 上下에 相峙하고 三四는 右左에 對峙하고 六七은 上下에 相對하고 八

九는 右左에 相對하고 五十은 中央에 있다。 白点數는 一三五七九로 되어 奇數에 該當하고 黑点

數는 二四六八十으로 되어 偶數에 該當함을 알수있다。即 一부터 五까지는 一生二 二生三 三生 四 四生五의 原理를 따라 配對한 生起數이지만 六으로 부터 十數까지는 五合一하여 六成 五合二하여 七成 五合三하여 八成 五合四하여 九成한 合成數이므로 前者를 五生數라하고 后者를 五成數라고 한다。五生數의 原理는 基本的이고 一次元的이지만 五生을 基礎로 相互 關係에서 后生關係生的이며 複數的으로 所生된 五成數는 二次元的인 性格을 가지고 있는 同時에 如斯한 后生關係는 無限大的이고 無限次元的이다。이것을 時間과 空間의 모든 事物에 陰陽學的으로 數理學的으로 或은 五行學的으로 節候氣象的으로 適用시킴으로써 周易의 卦爻는 宇宙論的으로 展開되고 東方思想의 鼻祖的 存在로 君臨하게된 것이며 河圖가 暗藏하고 있는 道理를 偉大하게 여기는 것이다。十數의 配列에 不過하지만 河圖가 宇內에 無窮한 眞理를 含蓄하여 있고 無盡한 萬象을 測量할수도 없고 또한 數學的으로도 數値의 限界는 無限大인 것이어서 簡單한 要領으로 理解될 수 없는 것은 事實이다。그러나 極限点을 設定할수 없는 無量數라도 河圖洛書에 表示된바 十數의 連續이고 重複的인 無限關係를 整理한것에 不過한 것이니 十數를 떠나서는 百의 數도 萬兆의 數도 無限大數値도 想定할수 없는 것이다。即 어떤 數理學의 計算法을 莫論하고 十數를 變化復生시킴으로써 數學的原理를 推究하는 것이다。

二、洛　書

洛書는 夏 禹代에 瑞龜가 洛水에 負文出現한 것을 文王이 取象했다고 되어있다。文王이 纂易

에 重大한 影響을 준것은 洛書라 할수있다。그當時 노래가 있는데 戴九 履一 左三 右七 二四爲

肩 六八足이 그것이다。河圖는 十數로 되어있는데 洛書는 九數로 되어있고 中央에 五數가 있어

一은 下에 九는 上에 配列 三은 左 七은 右 와같이 上下 左右가 奇數뿐이고 隅角에 있는 二四六

八數가 並列되어 있다。前者는 萬物起源이며 九는 九星(九宮)의 根本이 되어있다。一에서 五까

지는 幼數이고 六에서 九까지는 老數로서 十이되면 還元한다。河圖는 先的이고 靜的이어서 体

가 되고 洛書는 動的이고 后天이어서 用이라고 한다。

天地의 体를 用하는 것이 人이므로 中宮을 八宮이라고 한다。

中宮은 他八宮과 直結的이고 直接的인 密用性을 갖고있어 河圖는 体位的 이었는데 對해 洛書

는 行用的인 것이다。

各 八宮은 對方과 十數로 合應하여 各々五宮을 補弼하는 作用이 緊密強力하고 各奇數는 前后

左右로 十五가 되므로 언제든지 其魔力은 活用할수 있으며 河圖는 生成數를 統理하므로써 極히

調和的이고 自然的인 性格은 보이지만 洛書는 五數가 五隅數를 統理하되 側偶에 脇帶하고 있어

生의 先後나 自然的인 調和性보다 敏活하고 組織的이면서 强力한 可用性을 示象하는데 置重되

어있음을 알수있다。

三、 河圖 洛書의 八卦四象

八卦는 四象에서 生하고 四象은 兩儀에서 兩儀는 太極으로부터 所生된 것이다。 太極이란 變

化以前이요 時空以前의 本存的인 理体를 말하는 것이고 兩儀는 太極이 一盡하므로서 陰陽이 始

分됨을 말하는 것이며 四象은 다음 二盡이 老陽으로 次分된것이고 八卦는 三才를 象하여 四象

이 分化된 것을 일컫는다。 이것은 萬物이 生成變化하는 裏面的內容의 法則에 對한 理論이요 實

際의 變易過程에 對한 現實的인 順序上絶對的인 次弟이냐? 하는 問題와는 別個의 것이다。 例

컨데 八卦分畫以前의 兩儀나 太極이라 할지라도 三畫한 後 八卦로 分化又는 六十四卦로 分化한

以後의 現象界의 一切 內容을 含有하고 있는 同時에 八卦의 變化와 生物의 順序를 終了한 一切

事物에 있어서도 時空以前의 本源的 存在인 太極은 恒常 遍在하는 것이다。 곧 萬有의 生成過

程을 分析하고 分析以前의 本体를 設定한다는 것은 合理的인 理論일 따름이요 本体와 現象은

一体인 것이어서 이것을 分析하고 個体와 全体又는 本体와 現象을 分離시키려할때 實相과는 距離가 懸隔하다는 것이다。그것은 宇宙의 實体인 實相은 時空의 相對世界를 남김없이 包含한채 時空을 超越한 絶對의 領域에서 健在하고 있는 所致이다。이와같은 問題는 時空을 超越하여 存在되는 만큼 時空的 相對觀念을 前題로 論하는 것은 嚴密한 意味에서 不可하다 할것이다。

그러나 不幸하게도 凡人은 時空을 超越한 觀察能力이 缺如되어 있으므로 天地의 合理性을 推究하는 理論上의 努力이 要望되는 것이며 又한 先覺者의 敎示가 出現하게 된 것이다。

여기서 萬有의 生成變易하는 原理를 太極兩儀 四象八卦의 展開 法則으로서 또 陰陽의 相對原理로서 把握하려는 易의 作畵이 成立된 것이라 할것이다。그러나 宇宙의 自然의 次第와 順理에 依存하는 것이요 一毫의 人爲的 智力에 依據하지 않했던 事實에 留意해야한다。易畵의 卦象은 陰陽의 變易狀인 것이나 陰陽이 스스로 自變함도 아니며 秩序없는 變易도 아니다。主体는 太極인 것이다。太極이 動하여 生陽하니 居左一奇되며 太極이 一變一動하여 生陰하니 居右一偶가 되어 있는바 이것이 兩儀이다。이때 陽儀에 一奇 一偶를 加한즉 그 左側이 老陽(太陽)이오 그 右側이 少陰이되며 陰儀에 一偶一奇를 加한 즉 그 左側이 小陽이 되고 右側은 老陰이되니 이것이 四象이나 또한 一太極인 것이다。또 老陽 小陽 之上에 一奇一偶를 加한 則 乾兌离震卦가 되

어　左向에　居하며　小陽老陰之上에　一奇一偶를　加한則　巽坎艮坤의　卦가되어　右向에　住하므로　이

에　八卦가　되나　이　또한　太極인　것이다。八卦가　成한　즉　陰陽이　往來하고　於間에　交錯되므로

時에는　消長의　不同이　生하고　事의　當否의　差異가　있게된다。이것이　吉凶인바　이때　卜筮로써

吉凶을　觀定하여　吉한편을　趨從하고　凶한바를　避하는　것인즉　이에　大事를　成取하게　되므로　여

기에서　그친다。

第一章 五行納音法

干支	納音	干支	納音	干支	納音
甲子 乙丑	海中金	甲申 乙酉	泉中水	甲辰 乙巳	覆燈火
丙寅 丁卯	爐中火	丙戌 丁亥	屋上土	丙午 丁未	天河水
戊辰 己巳	大林木	戊子 己丑	霹靂火	戊申 己酉	大驛土
庚午 辛未	路傍土	庚寅 辛卯	松栢木	庚戌 辛亥	釵釧金
壬申 癸酉	金鋒金	壬辰 癸巳	長流水	壬子 癸丑	桑柘木
甲戌 乙亥	山頭火	甲午 乙未	沙中金	甲寅 乙卯	大溪水
丙子 丁丑	澗下水	丙申 丁酉	山下火	丙辰 丁巳	沙中土
戊寅 己卯	城頭土	戊戌 己亥	平地木	戊午 己未	天上火
庚辰 辛巳	白蠟金	庚子 辛丑	壁上土	庚申 辛酉	石榴木
壬午 癸未	楊柳木	壬寅 癸卯	金箔金	壬戌 癸亥	大海水

納音法이란 것은 甲子乙丑 海中金이라고 하는 等의 例이니 數理的 根據에서 成立된 第二次的

意義를 가진 五行을 指稱하는 것이다.

곧 甲子는 十八이요 乙丑은 十六이니 合이 三十四인데 天地大衍數五十에서 太極不動數一을

除하면 그 用은 四十九가 되고 여기서 다시 甲子乙丑의 三十四를 除한 즉 餘數는 十五가 되니

五로 分한 餘數는 五인 故로 五十土가 된것이요 土生金하여 海中金이 된 것이다. 以下 倣此하니

推察하기 바란다.

(遁月法)

甲己之年　丙寅頭
乙庚之年　戊寅頭
丙辛之年　庚寅頭
丁壬之年　壬寅頭
戊癸之年　甲寅頭

月	甲己之年	乙庚之年	丙辛之年	丁壬之年	戊癸之年
正月	寅丙	寅戊	寅庚	寅壬	寅甲
二月	卯丁	卯己	卯辛	卯癸	卯乙
三月	辰戊	辰庚	辰壬	辰甲	辰丙
四月	巳己	巳辛	巳癸	巳乙	巳丁
五月	午庚	午壬	午甲	午丙	午戊
六月	未辛	未癸	未乙	未丁	未己
七月	申壬	申甲	申丙	申戊	申庚
八月	酉癸	酉乙	酉丁	酉己	酉辛
九月	戌甲	戌丙	戌戊	戌庚	戌壬
十月	亥乙	亥丁	亥己	亥辛	亥癸
十一月	子丙	子戊	子庚	子壬	子甲
十二月	丑丁	丑己	丑辛	丑癸	丑乙

甲己夜半　生甲子

乙庚夜半　生丙子

丙辛夜半　生戊子

丁壬夜半　生庚子

戊癸夜半　生壬子

甲子時	丙子時	戊子時	庚子時	壬子時
乙丑〃	丁丑〃	己丑〃	辛丑〃	癸丑〃
丙寅〃	戊寅〃	庚寅〃	壬寅〃	甲寅〃
丁卯〃	己卯〃	辛卯〃	癸卯〃	乙卯〃
戊辰〃	庚辰〃	壬辰〃	甲辰〃	丙辰〃
己巳〃	辛巳〃	癸巳〃	乙巳〃	丁巳〃
庚午〃	壬午〃	甲午〃	丙午〃	戊午〃
辛未〃	癸未〃	乙未〃	丁未〃	己未〃
壬申〃	甲申〃	丙申〃	戊申〃	庚申〃
癸酉〃	乙酉〃	丁酉〃	己酉〃	辛酉〃
甲戌〃	丙戌〃	戊戌〃	庚戌〃	壬戌〃
乙亥〃	丁亥〃	己亥〃	辛亥〃	癸亥〃

例 甲己日에 出生한 사람은 甲子時부터 計算해서 該當干支까지 가면된다.

一、五行의 相生　金生水　水生木　木生火　火生土　土生金

二、五行의 相克　金克木　木克土　土克水　水克火　火克金

三、天干五行과 數理　甲乙三八木　丙丁二七火　戊己五十土　庚辛四九金　壬癸一六水

四、地支五行과 數理　亥子一六水　寅卯三八木　巳午二七火　申酉四九金　辰戌丑未五十土

五、天干五行의 相冲　甲庚　乙辛　丙壬　丁癸　戊甲　己乙　庚丙　辛丁　壬戊　己癸

六、地支五行의 相冲　子午　丑未　寅申　卯酉　辰戌　巳亥

七、天干 의 合—甲己化土 乙庚化金 丙辛化水 丁壬化木 戊癸化火

八、地支 의 合—子丑化土 寅亥化木 卯戌化火 辰酉化金 巳申化水 午未化（午太陽 未太陰）

九、天干 의 三合—乾甲丁三合 坤壬乙三合 艮丙辛三合 巽庚癸三合

一〇、十二支 三合局—申子辰水局 亥卯未木局 寅午戌火局 巳酉丑金局 辰戌丑未土局

一一、十干 의 陰陽—甲丙戊 庚壬 屬陽 乙丁己 辛癸屬陰

一二、十二支 의 陰陽—子寅辰 午申戌 屬陽 丑卯巳 未酉亥屬陰

一三、五行上 의 六親　生我者父母　我生者子孫　克我者官鬼　我克者妻財　比我者兄弟

第二章　養生十二法

養生法	金	木	水土	火
胞	寅	申	巳	亥
胎	卯	酉	午	子
養	辰	戌	未	丑
生	巳	亥	申	寅
浴	午	子	酉	卯
帶	未	丑	戌	辰
冠	申	寅	亥	巳
旺	酉	卯	子	午
衰	戌	辰	丑	未
病	亥	巳	寅	申
死	子	午	卯	酉
葬	丑	未	辰	戌

十二支 月別配屬

十二支	寅	卯	辰	巳	午	未	申	酉	戌	亥	子	丑
月別	正月	二月	三月	四月	五月	六月	七月	八月	九月	十月	十一月	十二月

先天數　甲己子午九　乙庚丑未八　丙辛寅申七　丁壬卯酉六　戊癸辰戌五

　　　　巳亥屬之四　(河圖에 配布된것)

後天數　壬子一　丁巳二　甲寅三　辛酉四　戊辰戌五　癸亥六　丙午七　乙卯八　庚申九

　　　　丑未十　己獨百　(洛書에 配布된것)

十二支　獸名

子鼠　丑牛　寅虎　卯兎　辰龍　巳蛇

午馬　未羊　申猴　酉鷄　戌狗　亥猪

第三章 吉神과 凶殺

三刑과 自刑

三刑	寅巳申	丑戌未	子卯
自刑	辰午酉亥		

六 害

地支	子	丑	寅	卯	申	酉
害	未	午	巳	辰	亥	戌

相破와 惡嗔殺

地支	子	丑	寅	卯	辰	巳	戌
惡嗔	未	午	酉	申	亥	戌	
破	酉	辰	亥	午	丑	申	未

喪門吊客

地支	喪門	吊客
子	戌	寅
丑	亥	卯
寅	子	辰
卯	丑	巳
辰	寅	午
巳	卯	未
午	辰	申
未	巳	酉
申	午	戌
酉	未	亥
戌	申	子
亥	酉	丑

旬空（亡空）

甲子	甲戌	甲申	甲午	甲辰	甲寅
乙丑	乙亥	乙酉	乙未	乙巳	乙卯
丙寅	丙子	丙戌	丙申	丙午	丙辰
丁卯	丁丑	丁亥	丁酉	丁未	丁巳
戊辰	戊寅	戊子	戊戌	戊申	戊午
己巳	己卯	己丑	己亥	己酉	己未
庚午	庚辰	庚寅	庚子	庚戌	庚申
辛未	辛巳	辛卯	辛丑	辛亥	辛酉
壬申	壬午	壬辰	壬寅	壬子	壬戌
癸酉	癸未	癸巳	癸卯	癸丑	癸亥
旬空 甲戌乙亥	甲申乙酉	甲午乙未	甲辰乙巳	甲寅乙卯	甲子乙丑

月破

春破	寅月 申	卯月 酉	辰月 戌
夏破	巳月 亥	午月 子	未月 丑
秋破	申月 寅	酉月 卯	戌月 辰
冬破	亥月 巳	子月 午	丑月 未

天乙貴人

天干	貴人
甲戊庚	丑未
乙己	子申
丙丁	亥酉
六辛	寅午
壬癸	巳卯

驛馬와 劫殺

日辰	劫殺	驛馬
亥卯未	申	巳
巳酉丑	寅	亥
寅午戌	亥	申
申子辰	巳	寅

（河　圖）

（洛　書）

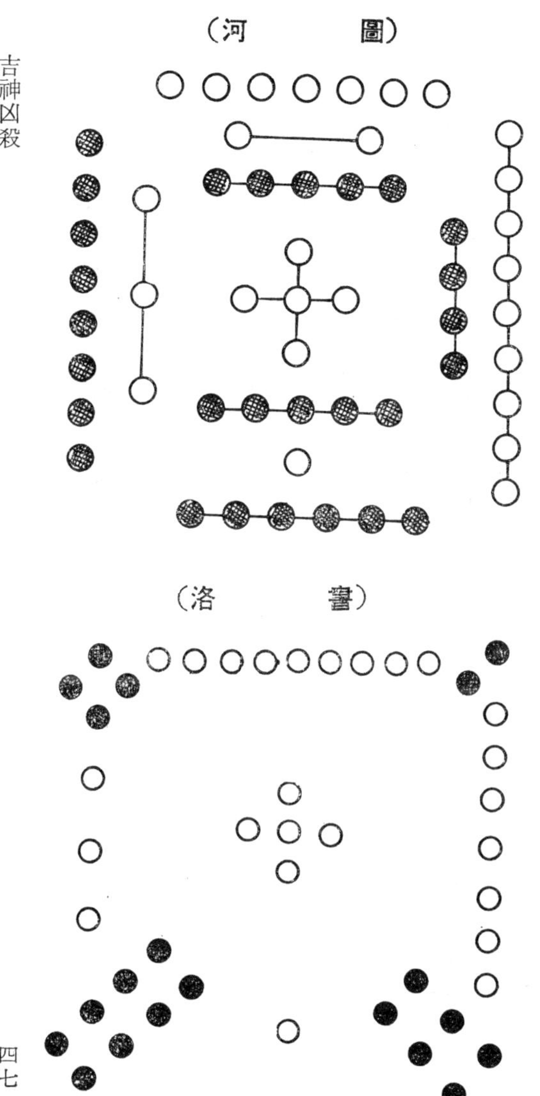

天祿과 羊刃

天干	天祿	羊刃
甲	寅	卯
乙	卯	辰
丙	巳	午
丁	午	未
戊	巳	午
己	午	未
庚	申	酉
辛	酉	戌
壬	亥	子
癸	子	丑

第四章 節候所藏과 休旺

八卦干支節候混合圖

十二支所藏圖

十二支 暗藏訣

子中癸壬存　丑中己辛癸　寅中甲丙戊　卯中乙甲盈　辰中戊癸乙

巳中丙庚戊　午中丁丙己　申中庚壬戊　酉中辛庚滿　戌中戊辛丁

亥中壬甲戊

天干地支 暗藏總訣

立春一日火方生　雨水之中木正榮　驚蟄春分皆論木

木茂水聚清明後　穀雨水土兩存形　立夏五朝尤是土

土金相會旺旬中　小滿之時丙火用　火主芒種不須論

夏至陰生陽始極　一交小暑木存形　土最旺時交大暑

立秋坤土五朝存　坤土既生金自旺　時逢處暑水方生

白露秋分金旺極　寒露七日尚言金　火土聚時霜降過

立冬節令水將盈　二候一朝方用水　木須小雪始能生

大雪水生陰正極　陽生冬至火堪論　小寒火絕却言水

大寒金土兩存形　此時五行生旺理　詳察圖表與君知

其一

四時休囚旺相

春	夏	秋	冬
木旺	火旺	金旺	水旺
火相	土相	水相	木相
水休	木休	土休	金休
金囚	水囚	火囚	土囚
土死	金死	木死	火死

其二

四時休囚旺相

木火土金水				
木	春旺	夏相	秋囚	冬休
火土	夏旺	秋相	冬囚	春休
金	秋旺	冬相	春囚	夏休
水	冬旺	春相	夏囚	秋休

以上은 火土를 合한것

第三編　八卦法

第一章　八卦

①八卦의　次序

一乾天　二兌澤　三離火　四震雷　五巽風　六坎水　七艮山　八坤地

②八卦의　方位

乾은西北이니屬金、坎은北方이니屬水、艮은東北이니屬土、震은東方이니屬木

巽은東南이니屬木、离는南方이니屬火、坤는西南이니屬土、兌는西方이니屬金

四象의　分析

太陽	少陽	少陰	太陰
1. 乾老陽	5. 巽長女	3. 离中女	7. 艮少男
2. 兌少女	6. 坎中男	4. 震長男	8. 坤老陰

六十四卦와 五行

1. 乾爲天　天風姤　天山遯　天地否　風地觀　山地剝　火地晉　火天大有　以上　金에　屬함

2. 坎爲水　水澤節　水雷屯　水火既濟　澤火革　雷火豐　地火明夷　地水師　以上　水에　屬함

3. 艮爲山　山火賁　山天大畜　山澤損　火澤睽　天澤履　風澤中孚　風山漸　以上　土에　屬함

4. 震爲雷　雷地豫　雷水解　雷風恒　地風升　水風井　澤風大過　澤雷隨　以上　木에　屬함

5. 巽爲風　風天小畜　風火家人　風雷益　天雷無妄　火雷噬嗑　山雷頤　山風蠱　以上　木에　屬함

6. 离爲火　火山旅　火風鼎　火水未濟　山水蒙　風水渙　天水訟　天火同人　以上　火에　屬함

7. 坤爲地　地雷復　地澤臨　地天泰　雷天大壯　澤天夬　水天需　水地比　以上　土에　屬함

8. 兌爲澤　澤水困　澤地萃　澤山咸　水山蹇　地山謙　雷山小過　雷澤歸妹　以上　金에　屬함

第二章　六獸配屬

大成卦의 爻마다 配屬하되 易은 逆數이므로 初爻부터 配屬하여 上爻에서 끝난다

甲乙靑龍　丙丁朱雀　戊句陳　己螣蛇　庚辛白虎　壬癸玄武

(例 甲乙日에는 初爻가 靑龍 二爻가 朱雀이고 丙丁日은 初爻가 朱雀 二爻가 句陳이다)

六神의 解

青龍은 喜神 吉慶이있고 萬事通達

朱雀은 凶神 官災口舌 不祥事가 生긴다

句陳은 凶神 事事不通하고 遲鈍하다

螣蛇는 凶神 怪事가 있고 夢兆가 있고 虛驚

白虎는 凶神 鬪爭과 訟事 疾病

玄武는 凶神 盜賊失物等 不祥事

六獸配置表

日辰	甲乙	丙丁	戊	己	庚辛	壬癸
六爻	玄	青	朱	句	蛇	白
五爻	白	玄	青	朱	句	蛇
四爻	蛇	白	玄	青	朱	句
三爻	句	蛇	白	玄	青	朱
二爻	朱	句	蛇	白	玄	青
一爻	青	朱	句	蛇	白	玄

飛神納甲法

乾	坎	艮	震
壬戌	戊子	丙寅	庚戌
壬申	戊戌	丙子	庚申
壬午	戊申	丙戌	庚午
甲辰	戊午	丙申	庚辰
甲寅	戊辰	丙午	庚寅
甲子	戊寅	丙辰	庚子
屬金	屬水	屬土	屬木

巽	离	坤	兌
辛卯	己巳	癸酉	丁未
辛巳	己未	癸亥	丁酉
辛未	己酉	癸丑	丁亥
辛酉	己亥	乙卯	丁丑
辛亥	己丑	乙巳	丁卯
辛丑	己卯	乙未	丁巳
屬木	屬火	屬土	屬金

世應法

世應은 卦中에 主客을 定하는 것이다。 世는 我身이요 應은 客体다 首位卦는 世爻가 六爻에 붙고 應은 三爻에 있게한다。

姤는 世가 初爻에 遯은 二爻로 하며 三位三世 四位四世 五位五世 六位六世 七位三世로 된다

世에서 다음 三位가 應이 된다。

五四

用神과 八神

用神 原神 飛神 伏神 忌神 仇神 進神 退神

1. 用神—占卦 主人 目的 神이라고도 함
2. 原神—父母같이 用神을 生해주는 것
3. 飛神—地支 子寅辰午 申戌을 말함
4. 伏神—埋沒된 것을 말함
5. 忌神—用神을 克害하는 것
6. 仇神—原神을 克害하는 것
7. 進神—動化가 順行하는 것
8. 退神—動化가 逆行하는 것

卦身法

	陽乾卦	陰坤卦	恒卦	謙卦
六	戌 世	酉 世	戌 應	酉
五	申	亥	申	亥 世
四	午	丑	午	丑
三	辰 應	卯 應	酉 世	申
二	寅	巳	亥	午 應
一	子	未	丑	辰
	六世四月卦	六世十月卦	三世一月卦	五世九月卦

身命法

持世	身	命
子午	一爻	四爻
丑未	二爻	五爻
寅申	三爻	六爻
卯酉	四爻	一爻
辰戌	五爻	二爻
巳亥	六爻	三爻

用神의 種類

1. 父母用神—師長 家主 伯叔 父母 姑姨 家宅 文書
2. 官鬼用神—功名 官廳 鬼神 病 盜賊 崇憂 疑尸
3. 兄弟用神—兄弟 姉妹 朋友 同輩
4. 財用神—妻嫂 奴婢 日錢財 貴重品
5. 子孫用神—姪婿 門下生 忠臣 秘書 六畜 僧道 解憂 遊禍 福德

八宮諸身

獸는 乾爲馬요 坤爲牛요 震爲龍이요 巽爲鶴이요 艮爲狗요 坎爲豕요 兌爲羊 离爲龜雉

人身은 乾爲首요 坤爲腹이요 震爲足 巽爲股肱이요 坎爲耳요 离爲目이요 艮爲手요 兌爲口이다

六爻 諸占 定位表

政府—大統領 總理 長官 局長 知事 郡守

會社—會長 社長 理事 部長 課長 係長

身体—頭　心　脇　腰　腿股　足

家宅—棟宇　人事　門戶　床席　住地

求財—地頭　道路　車馬　行李　件侶　己身

求事—國事　官事　人事　家事　身事　心事

買賣—地頭　店舍　中道　件侶　己身　行貨

婚姻—祖父母　父母　外氏　婿夫　媒妁　自身

疾病—墳墓　喪輿　棺材　主喪　吊客　喪門

盜賊—他道　他郡　他面　他洞　隣里　家宅

失物—貴金屬　銀　銅鐵　綾羅　綢絹　布帛

移舍—他國　他道　他郡　他面　他洞　隣里

訴訟—大法院　高法　合議裁判所　支廳　警察　己身

出行—行處　道路　門　戶　身　足

覓人—人　人家　道路　行李　自身　足

鬼神—先墓　祖父　父母　兄弟　夫妻　子侄

禾農ー大禾 早禾 秧苗 田段 種子 耕者

漁獵ー虎豹 豺狼 兎豕 蝦魚 龜鱉魚

寺刹ー曹室 主持 法務(總務) 財務 敎務 圓主 스님(노전스님 부전스님)

干支 人身 配置表

天干外部

甲頭 乙項 丙肩 丁背 戊脇 己腹 庚臍 辛股 壬脛 癸足

天干內部

甲肝 乙膽 丙小腸 丁心 戊胃 己脾 庚大腸 辛肺 壬肪胱 癸腎臟

地支十二部

子腎 丑肚腹 寅臂肢 卯目手 辰背胸 巳面齒 午心 未脾 申氣管咳疾 酉肺肝 戌背肺 亥頭肝

이것은 病占에서 病이 있는 곳을 찾는 것이다.

例 乾卦 甲子 甲申 甲辰은 甲이 頭이니 頭痛이 있고 午申戌 午가 卦体를 克하니 官이 된다.

午(火)가 心장이니 頭熱心火病이다.

卦名	乾	坎	艮	震	巽	离	坤	兌
天機	霜	雪	霧	雷	風	雨	雲	露
地支	戌亥	子	丑寅	卯	辰	巳午	未申	酉

例 卦格豫判法

、、、、

壬壬壬甲甲甲
戌申午辰寅子
父兄官父才孫
未未未丑丑丑
父父父父父父

一爻變은 子變丑—子는 雪 丑은 霧—雪化爲霧格

二爻變은 寅變丑—寅은 霧 丑은 霧—霧化爲霧格

三爻變은 辰變丑—辰은 風 丑은 霧—風化爲霧格

四爻變은 午變未—午는 雨 未는 雲—雨化爲雲格

五爻變은 申變未—申은 雲 未는 雲—雲化爲雲格

六爻變은 戌變未—戌은 霜 未는 雲—霜化爲雲格

可令 卦格 判法에 乾卦 一爻는 子變丑 子는 雪 丑은 霧雪化爲霧格이므로 눈이 풀려서 안개가 되니 順化格이다。 그러므로 吉象이요 反對로 霧化爲雪格은 안개가 變化하여 서리가 됨으로

逆化가 되어 不吉象이다。

모든 卦格豫判法에 依하여 右例와 같이 判斷하면 된다。 그리고 各卦마다(六變卦)가 되어 있

으니 參照하시라

第四編 卜 筮 論

第一章 碎 金 賦

子動은 財를 生하나 父動은 不吉하고 兄動은 財를 克하나 子動있으면 消滅된다. 父動에 生兄

하면 財를 克하므로 忌하며 官動하면 克兄하나 父動하면 能滅하고 官動하여 入卦하면 子의 交

重을 忌하고 兄動하면 生子해도 鬼의 克制는 不吉하다 父動하면 克子하나 兄動하면 無妨하고

子動하면 制鬼하나 父動이면 解消되며 萬若兄動을 만나면 鬼가 連傷된다. 財動은 克父하나 兄

動이면 無妨하고 子動은 兄弟를 助生하므로 父命難保라 한다. 父動하면 克子하나 兄動하면 無事하

고 萬若鬼動하면 其子가 必死의 命이다. 鬼動克兄하나 子動克鬼하면 救兄이 된다. 財가 交重

되면 鬼旺하여 兄弟가 克制당함이 甚하니 오래못간다. 兄動에 克財나 鬼動則不礙하나 다시 子

動하면 財가 克害됨을 避할 수 없다.

第二章 千 金 賦

『動靜陰 陽反覆 遷變이 雖萬像之紛轉이나 須一理而融貫이요 人有賢不肖之殊와 卦有 過不及之

異故로 太過者는 損之斯成하고 不及者는 益之則利하나니 生扶拱合은 時雨滋苗하고 克害刑冲

은 秋霜殺草이니라。

『長生帝旺은 爭如 金谷之園하고 死墓絶空은 乃是泥犁之地하며 日辰은 六爻之主宰니 喜其滅

項以安劉요 月令은 萬卦之提綱이니 豈可助桀而爲虐이리요。』

『最惡者는 歲君이니 宜靜而不宜動이며 最要者는 身位 喜扶而 不喜傷인데 世爲己요 應爲人이

니 大宜契合이라 動爲始요 變爲終이니라』

『最怕交爭이니 應位遭傷이면 不利他人之事하고 世爻受制면 豈宜 自己之謀며 世應 俱空이면

人無準實이요 內外競發이면、事必飜騰이니 世或交重에 兩目顧瞻 於馬首하고 應如發動은 一心

似托於猿攀이니라』

『用神이 有氣에 無他故則 作事皆成하고 主象이 徒存에 更被傷이면 凡謀가 不遂하며 有傷엔

須救요 無故엔 勿空이라。空逢冲而有用이요 合遭破而 無功이니라』

『自空化空은 必成凶咎요 刑合克合은 終見乖滂이며 動値合而絆任하고 靜得冲而暗興이요 入墓

는 難克하고 帶旺은 非空이니라』

『有助有扶엔 衰弱休囚도 亦吉하고 貪生貪合刑冲 克害는 皆忌니 別衰旺하여 以明克合하고 辨

動靜하여 以定刑冲이며 倂不倂 衝不衝은 因多字眼이요 刑非刑 合非合은 爲少支神이니라』

『爻遇令星에 物難我害하고 伏居空地에 事變心違하며 伏無提援이면 終徒爾飛가 不推開라 亦旺

이나 然而나 空下伏神은 易於引發이요 制中弱主는 難以 維持니라』

『日傷爻는 眞羅其禍요 爻傷日은 徒受其名이며 墓中之入은 不冲이면 不發이요 身上鬼는 不去

이면 不安이니라』

『福德入卦면 無謀不遂하고 忌臨身而多阻無功이요 卦遇凶星엔 避之則吉이나 爻逢忌殺엔 敵之

無傷이며 主像休囚에 怕見刑冲克害하고 用爻變動엔 忌遭死墓 絶空이니라』

『用化用은 有用이나 無用이요 空化空은 受空이나 不空이며 養生은 狐意이요 墓多暗昧니라 化

病無傷損이요 化胎句連은 吉連이나 沐浴은 敗而不成이니라』

『戒回頭之克我에 勿反德以而扶人이요 惡懼孤寒에 怕日辰 並起이라 用爻重疊엔 喜墓庫之收藏

이요 事阻隔兮 間發하고 心退兮世空이니라』

『卦爻發動에 須看爻重하고 動變比和에 當明進退니 殺生神은 莫將吉斷이요 用爻克世는 勿作凶

看이니 蓋生中有刑害는 兩方이요 合處有克傷之一慮니라』

『刑害는 不宜臨用이요 死絶은 豈可持神이며 動逢冲而事散이요 絶逢生이 事成이라 如逢合은

徃須冲破而成功이요 若有休囚엔 必生旺而成事하니라」

『速則動而克世요 緩則生靜而生身이며 父亡而事無頭序하고 福隱而事不稱情이니라 鬼雖禍殃이

나 伏猶無忌하고 子雖福德이나 多反無功이니 究父母로 推爲体統하고 論官鬼로 斷作禍殃하라

財乃祿神이요 子爲福德이며 兄弟交重은 必至謀爲 多阻滯니라

『卦神이 重疊에 須知事体가 兩交關이요 虎興而遇吉神은 不害하니 其爲吉이며 龍動而逢凶은

曜難掩其爲凶이니라 玄武는 盜賊之事니 亦必官爻요 兄弟는 疾病이나 大宜天喜며 然이나 若臨

凶孫이면 必生悲이니라

『出行에 最怕徃亡이나 如係吉神이면 終 獲利하나니 是故로 吉凶神殺 多端如何는 生克制化之

一理也니라』

第 三 章　十八問答

一問 年月日云三傳中에서 一爻動하여 生하고 一爻가 克하면 如何?

答 寡固는 不可敵象이니라 卽 一爻生 一爻克 又는 自化克은 皆不宜也니 何以三傳이 助克乎아

二助一克이면 二助가 強也오 一助二克은 二克이 強也니라 又間 月克日하고 日克月은 如何?

答　同等하니라　再看動爻가　一克一生은　如何?　此는　克을　세게　보아야　한다。

二問　回頭克者는　吉凶如何?

答　土爻動而變木하고　木爻動而變金하고　金爻動而變火하고　火爻動而變水하고　水爻動而變土한

것을　回頭克이라　하니라　卽乾兌變离하고　离變坎하고　坎變艮坤하고　艮坤變震巽이　回頭克이니　此

는　徹底히　克하므로　強力하다。

三問　用神을　生하는　者를　原神이라　하고　本來吉神을　보지만　吉中에　또한　有凶乎아?

答　原神이　動來生用하고　用神이　出現旺相者는　其吉祥更倍니라　用神旬空衰弱하거나　或은　伏藏

不現時는　待用出空日로　보느니라　(例甲子旬空은　戌亥가　空故로　子日決事니라)

原用二神이　克됨을　大忌하고　仇忌二神이　만나면　反吉이니라

月建이　日辰을　助하거나　同等하면　所求遂也니라　또　用神旺相하고　原神이　休囚不動或은　動而

變克하면　變絶變基라　하니라　月破日冲　或仇神이　動克하고　原神이　或被日月相克하거나　或은　化

退神하면　다　使用이　困難하다　用神根蒂가　被傷하여　無益하고　反損이니라

四問　三合八卦成局은　何以判斷之乎아?

答　原用　二神局則吉하고　忌仇　二神成局이면　凶成局者는　結黨이라하여　不吉하니라　卦中動爻는

何以制之리오　三爻齊發合成用神局이면　必有一爻가　用神이다。合成原神局은　必有一爻가　原神이

要　合成仇忌成局이면　必有一爻가　仇忌宗其一爻로　關囚者로　斷之니라　或遇日冲者는　暗

動이라　한다。（靜而日冲은　實이라　하고　動而逢空은　日辰冲이라　한다）

日辰冲破月建冲破는　但其冲破라　하여　必待相合之期至에　應事吉凶判也니라　可如一爻靜二爻動

은　必一爻靜者値日應事하라　如一爻靜而逢空하고　或動而逢空하고　化而逢空者는　待其出空之期應

事　吉凶判斷이니라　如空而逢合하고　靜而逢合하고　動而逢合者는　必待冲期至而應事吉凶이니라　又

自化合　或與　日合自化墓于日者　必待期冲（三爻齊發二爻　無病指自化者也）

如自化絶　或絶于日者必待期生（一爻有病者言也）

五問　反吟之凶을　有輕重何以分別乎아?

答　得反吟卦　用神不變冲克이면　事雖反覆이나　主事는　就第하니라　嫌　用神化冲克者는　凡謀大凶

이니라。

六問　伏吟之凶은　輕重何以分別乎아?

答　伏吟者는　憂鬱呻吟之象이니라　内卦伏吟은　内不利하고　外卦伏吟은　外不利니라　凡占에　皆不

如意니라　動如不動하고　懊惱呻吟이니라　占名에　久困宦道하며　淹留任路하고　占利에　本利消之이

니라 占墳墓 家宅에 欲遷 不能하고 守之 不利니라 久病은 呻吟하고 婚姻은 難就니라 官事兜塔出

行은 有阻하고 如問行人恐他 在外憂鬱하고 如占 被此는 執內則 我心不遂하고 外則 他意難安이

니라 欲問吉凶研究하면 用神生克을 要知禍福하고 須詳用忌伏吟이니라.

七問 爻遇旬空하고 欲斷爲到底 全空却應乎아 塡實 欲斷作不空하고 却又到底空은 何也오?

答 曰無生有克者到底空也오 有生無克者待時用也니라 卦之最凶者는 喜用爻之旬空이요 卦之最

吉者는 忌用爻之旬空이니라.

八問 月破之爻는 欲定其破爲無用이요 却又應于破는 謂之不破라 하고 却又到底破而無用은 何也

오?

答 神機現于破는 禍福之基가 在于動인데 動而有生無克之破爻는 有出破하고 塡實合破之法은

安靜有克하고 無生之破爻則到底破이니라.

九問 用神不現과 伏神何爻之下에 得出不得出은 何以論之리오?

答 伏神得出者는 有四盖니 日月生者와 日月持之者는 一也오 飛神生伏과 動爻生者二也오 日月

動爻冲克飛神三也오 飛神空破하고 休囚墓絶于日者四也니 此四者乃用之伏神也이니라 伏神不得出

者는 亦有四休囚無氣하고 日月克者一也오 飛神旺相하고 日月生助 飛神克害 伏神者二也오 伏神

墓絶于日月及飛爻者三也오　伏神休囚兼旬空月破者四也니라　此四者乃無用之伏神이니　雖有如無終

이나　不得出이니라　凡用神이　旺相하고　如遇旬空　出空之日則出矣이니라。

十問　進退神乃　動爻變出之神也며　吉凶禍福有喜忌之分은　何以論之리오?

答　曰吉神宜于化進하고　忌神宜于化退而進神之法이　有三하니　旺相者는　或有日月에　動爻生扶하

면　占近事하고　暫時而不退者는　一也오　休囚者卽時而退二也오　動爻變爻有一而逢空破冲合者는　待

期塡補合冲而退三也니라。

十一問　冲中逢合과　合處逢冲은　何以斷其吉凶?

答　合者는　聚也오　冲者는　散也니　冲中逢合하면　先散后聚하고　先失后得하고　先淡后濃하며　合

處逢冲은　前者反對니라。

十二問　四生墓絶吉凶은　何以斷之리오?

答　四生은　墓絶有三生하니　生墓絶于日辰一也오　生墓絶于飛爻二也오　動而變出者三也니　忌神

長生은　禍來不少하고　用神墓絶은　有救無傷　制法如是　活變在人이니라。

十三問　六冲六合은　何以斷之리오?

答　人之所惡者는　宜冲이요　所好者는　宜合이니　惟占病에　近病久病을　論하니라　近病逢冲은　卽

瘳하고　久病逢沖은　卽死하고　六合은　反是니라　凡六沖卦有日辰相合하고　變爻相合은　謂之沖中逢

合이요　凡六合卦有日辰相沖하고　變爻相沖은　謂之合　處逢沖이니　如沖忌神　合用神은　名爲去殺이

니　留思般般有吉이오　沖用神하고　合忌神이면　名爲留殺이니　害命件件皆凶이니라。

十四問　三刑六害犯之必凶乎아?

答　三刑은　寅巳申三全爲刑이요　子卯는　兩遇爲刑이요　丑戌未는　全三爲刑이요　辰午酉亥는　謂之

自刑이니라　夫三刑은　用神休囚有他爻之克內有兼犯　三刑者는　主見凶災하고　卦中三刑俱全하고　不

動用神이면　不傷損하고　有生扶는　從無有驗하고　六害는　屢試無驗故로　不錄出이니라.

十五問　獨發獨靜如何應驗고?

答　五爻俱動하고　惟一爻安靜이　謂之獨靜이오　五爻安靜하고　惟一爻發動은　謂之獨發也니라　若

卦中六爻有一爻　明動하고　又有一爻遇日辰沖者는　非云獨發也니라　倘六爻安靜하고　內有一爻　日辰

沖動者는　亦云獨也니라　然而獨靜獨發은　不過觀事之成敗하니　遲速至於凶吉은　當推用神　如舍用神

而決事者는　迂且謬也니라.

十六問　卦得盡靜盡發者는　何以斷之리오?

答　六爻安靜無日主沖爻者謂之盡靜이요　六爻俱動者는　謂之盡發이니라　盡靜者는　如春花之含蕊

하며 人未見其妙一沾雨露油然하여 漸放矣니라 盡發者는 如百卉之齊放하여 人多見其妙이니라 一

遇狂風翻然皆損矣이라 故로 靜者는 恒美하고 動者는 常咎니라

十七問 用神多現은 何以取之리오?

答 豫累驗者는 舍其閑爻而持世하고 舍其無權而用月日하고 舍其安靜而用動搖하고 舍其不破而

用月破하고 舍其不空而用旬空하나니 天機盡泄于有病之間하여 斷法總在于醫藥之處이라.

十八問 卜者는 誠心이요 斷者는 精明이니 亦有不驗은 何也오?

答 此其故는 在卜者而不在斷者니라 乃卜者之意는 雖誠或密事難以語人하고 或問此而意別 有在

也니라 所以有不驗之故耳니라.

第四章 定間爻歌

世應中間에서 忌神이 發動하여 世應을 克하면 일이 不成되고 用神이 世應을 相生하면 事事가

成就된다.

諸爻持世歌

1. 世爻가 日月에 旺相되면 作事亨通하여 吉하고 計劃이 成就되고 또 用神이 生合되면 妙함

이 限이 없으며 旬空과 月破를 逢하면 凶하며 克害刑冲되면 大不吉하다。

2. 父母가 持世하면 身勞하니 子孫을 求하고 妻妾을 求함에 不利하며 官이 動하고 財가 旺하면 求財에는 利하다。財가 破를 맞나면 謀利에 神經을 쓰지 말아야 하며 占에 財動하면 賢妻가 없는 것이니 不吉하고 壽가 길지 못하다。

3. 子孫이 持世하면 일이 잘되나 求名에는 官이 被克되므로 不利하며 子息이 當頭함을 切忌한다。避亂에는 吉하고 失物可得이며 官이 休囚되고 空이 안되고 克이 안되면 諸事가 吉하며 그러나 克되고 生이 없으면 도리어 愁心이 있을 것이다。

4. 鬼爻가 持世하면 不安하고 身數에 病이 아니면 官災가 있다。財物은 時々로 盜賊을 맞으나 功名에 最喜하며 日辰의 墓庫나 動爻의 墓庫에 入하면 근심이 끝날 날이 없고 日辰이 冲을 만나면 도리어 기쁜일이 생긴다。

5. 財爻가 持世하면 財는 더욱 有益하나 兄弟가 重疊되면 不吉하다。子孫이 動하면 몸에 利하나 父를 傷하니 文風을 傷한다。求官하고 官訟을 하는데는 財旺함이 利하나 動爻가 兄弟로 變하면 萬事가 凶하다。

兄弟가 持世하면 財物을 求하지말라 官鬼가 旺하면 禍가 온다。朱雀이 臨하면 口舌을 操心

定間爻

하고 兄이 克制하면 妻와 財를 損傷한다。官鬼가 化出하면 奇禍가 生긴다。

世應相克空亡動靜歌

世應이 相生하면 吉하고 相克하면 凶하며 比和하면 일이 必中하고 作事와 謀望하는 일이 如

意하다。應이 動하면 他人이 變心하고 應이 空하면 他人의 意思를 期待하기 어려우며 世空世動

하면 나의 마음이 기우려지니 自家에서 수고롭게 될가 두렵다。

卦身喜忌歌

卦身이 福德宮(子孫)에 臨하고 官鬼의 克함이 없으면 (卦身이 陽世의 一爻면子가 卦身이니)

근심이 必變하여 기쁨을 이루며 目前의 凶事가 吉하게 되어 漸次寬吉하게 된다。卦身이 原神의

助力을 얻고 青龍을 만나면 喜事를 可期하며 萬一驛馬가 있어 身爻가 動할때 謀事를 하면 事事

에 皆通한다。 身爻가 空亡을 切忌하는바 萬若空亡되면 作事가 不成이요 刑傷破絶도 다 忌하는

凶神인바 그대에 勸하노니 分數를 便安히 하고 있어야 한다。

飛伏生克吉凶

伏이 飛神을 克하면 爲暴不宜하고 飛가 克伏하면 도리어 傷身된다。伏이가서 飛를 生하면 이

름이 泄氣니 不宜하고 飛가 와서 伏을 生하면 長生을 得함이니 成事할 수 있거니와 爻에 伏克

함을 만나는 境遇飛는 無事하나 用神이 飛에 傷하면 伏은 不寧하며 飛伏이 不和時에는 伏을 도

와줌이 可하고 伏이 收藏되어 不現하였으면 困한 勢이므로 害로운 것이다.

斷易勿泥歌

易卦의 陰陽造化는 變通에 있는바 五行의 生克이 妙理無窮하니 時人이 모름지기 陰陽의 理致

를 分辨하고 神殺休囚로 吉凶을 定하라.

六爻安靜訣

六爻에 動이 없어서 卦가 安靜하면 日辰과 用神을 보라 日辰이 用神을 克하고 相刑되었으면

作事를 謹愼함이 宜當하고 다시 世와 應을 推究할 것인바 忌身의 加臨을 切忌하며 世應이 用神

이나 原神에 臨하면 作事가 斷定코 昌盛할 것이다.

六爻亂動訣

六爻가 亂動하면 難明하니 모름지기 卦中에 用神을 보라 用이 克害休囚되면 일이 오직 精神

만 消費할 뿐이다.

忌神歌

看卦하는 法은 먼저 忌神을 살피는데 있으니 忌神은 靜함이 마땅하고 興하는 것이 不宜하며

忌神은 相克을 逢하는 것이 急要하다。萬一生扶되면 刑을받는 것이니 不吉하니라。

原神歌

原神이 發動하면 心志가 揚々함이니 用神이 伏藏하여도 無妨하다。모름지기 生扶를 要하고

兼하여 旺相하면 大吉하며 化克되면서 傷을 만남을 가장 꺼리는 것이다。

用神不上卦訣

正卦에 用神이 없고 變卦에도 또한 없으면 장차 首卦에 六親이 攻擊하는 것이므로 動爻가 用

神을 生함이 吉할 것이니 萬一 交重됨이 있어서 用神을 克하면 凶한 것이다。

用神空亡訣

爻가 動하였으면 空亡을 만나도 空이 아니요 靜한 爻는 空이 된다。忌神이 逢空하면 最喜하

고 原神의 逢空은 不宜하다。春土夏金秋木冬火는 休囚되였으니 이것이 眞空이요 旬空 또한 逢

空하면 眞空이니 다시 爻에 傷함을 입으면 徹底히 空이되는 것이다。

用神發動訣

用爻가 發動하여 官中에 있으면 或休囚되어도 不凶하며 다시 旺相을 兼하면 管教하고 作事하

는 바가 亨通할 것이다。

占卦는 먼저 日辰을 보는 것이니 日辰이 用神을 克하면 不宜하고 日辰이 用神과 相生相合하면 事事順成한다.

六親發動訣

1. 父動하면 子孫을 克하니 病人은 藥이 없고 暗沈하다 婚姻과 子孫을 얻기 어렵고 買賣에도 勞心만 있을뿐 利는 없고 行人은 書信이 오고 官訟에도 宜하며 科擧와 就職은 善功을 얻는다. 失物한 것은 生覺하지 말아야 한다.

2. 官鬼가 動하면 兄弟를 克하니 婚姻不成하고 病은 門庭에 奇禍가 올것이고 農事는 不利하다. 또 外出逃亡에 災殃이 必定이며 訟事엔 囚繫가 念慮되며 買賣商利에 財가 없으며 失物도 찾기 어렵다.

3. 子孫이 動하면 傷官鬼니 病占에 良醫를 얻어 快하게 되고 行人買賣에 康泰하며 婚姻도 吉緣과 喜合한다. 産婦는 生子善養이며 訟事는 和々하고 求名과 求官하는 일은 進行하지 말 것인바 勸하오니 守分하고 天命을 기다리라.

4. 財爻가 發動하면 文書를 克하니 求名科擧에 不宜將來를 經營함이 吉하고 婚姻은 善合되며

行人은 在外하여 將次活動하게될 것이며 産婦는 求子에 出産할 것이나 病人은 胃를 傷하

고 脾를 傷하는 格이니 不吉 失物은 靜安하였으니 집에서 나가지 않고 있어야 한다。

5. 兄弟가 交重하면 克財한 것이니 病人은 難愈하고 災殃은 不離하다。科擧와 求名에 忌함이

고 官事가 아니면 陰賊이 있으니 錢財가 消耗하지 않으랴 萬一 吉神이 來助하면 助解가 될

것이다。出路行人은 오지 못하고 貨物商經에는 消費만 될 것이고 買婢求妾에는 事不諧이다。

六親變化訣

1. 父母가 化文하고 進神하면 文書許하고 化子이면 不傷丁이며 化鬼면 官擧遷進이요 化財면

家宅不安하고 化兄弟는 洩氣되는 것이다。

2. 子孫이 化退하면 人財가 稱情치 않으며 化父면 田蚕이 敗하고 化財면 位加榮이다。化鬼엔

憂生하며 兄弟는 相生이 되는 것이다。

3. 官化進神하면 求官求名이 速進하며 化財면 病凶하고 化父면 文書가 따르고 化子면 官을

必傷하고 化兄弟면 家不寧이다。

4. 妻財가 化進神이면 財가 入宅하고 化官이면 憂愁가 多하고 化子면 笑音이 連々하다。

5. 兄弟가 化退神하면 凡事忌하는바 없고 化父면 妻奴가 驚하고 化財면 財未遂요 化官이면

弟有災하고 化子면 如意하다。

六 獸 歌

1. 青龍發動에 通吉하니 進財福祿無窮하며 仇神忌神이 臨遇하면 都是利益이 없으니 酒色으로 災殃을 이르킬 것이다。

2. 朱雀이 發動하면 文印이 旺하며 殺神相并되면 勞力하되 功이없다。 是非口舌이 이로 因하여 生한다。萬一動出하여 生身하면 公事에 利함이 있다。

3. 句陳이 發動하면 田土에 근심이 生하니 累歲에 逅還되었던 일인바 이를 만남을 忌한다。 用神을 生하면 有情하여 吉하니 安靜하면 迷蒙하지 아니하리라。

4. 螣蛇가 鬼에 克하면 근심이 얽히는데 怪夢陰魔가 暗裏에 來攻함이라 木을 가지고 空亡하면 吉하다고 하지 말지니 冲을 만나는 날에 凶하게 될 것이다。

5. 白虎가 交重되면 惡事가 喪하니 官訟病患으로 凶成한다。 持金하여 動克하면 人口를 妨害하며 遇火하여 生身하여도 不喜하다。

6. 玄武가 動搖함에 暗昧之事가 多하니 萬一官鬼가 臨하면 賊을 만난다。 有情하여 世爻를 生하면 邪를 犯함이 없으나 忌神仇神에 臨하면 姦盜의 凶을 當한다。

日月建傳符

日月建이 青龍에 加臨하니 財祿이 連生한다。 朱雀은 施用함이 마땅하고 句陳은 일이 未通하며 螣蛇는 怪異한 일이 많고 白虎는 破財되므로 凶하고 玄武는 陰和한 근심이 있는 것이다。이것은 六獸가 日辰과 月建이 있을때 限한 것이다。

占 總 訣

木帶吉星하면 春見喜요、火官이 有殺하면 夏生災殃이라 金値才爻에 秋得利하고 水逢兄弟에 冬損財니라。(解)

木이 吉星을 가지니봄에 기쁨을 보고

火官鬼가 殺이 있으니 여름에는 災殃이 온다。

金이 財爻를 만나니 가을에 利를 얻고

水가 兄弟를 만나니 겨울에 財物을 破한다。

第五編　數理鑑定法

第一章　大定數法

先天數

甲己子午九、乙庚丑未八、丙辛寅申七、丁壬卯酉六、戊癸辰戌五、巳亥屬之四、

後天數

壬子一、丁巳二、甲寅三、辛酉四、戊辰五、癸亥六、丙午七、乙卯八、庚申九、丑未十、己獨百

先天數卦序

一乾天、二兌澤、三离火、四震雷、五巽風、六坎水、七艮山、八坤地、

後天數卦序

一艮、二兌、三坎、四离、五震、六巽、七艮、八坤、九乾

後天變數

一變七　二變二　三變六　四變三　五變四　六變五　七變七　八變八　九變一

以上 變數는 四柱年月日 時數를 合幷하여 千百十單位 四位四柱總數中에 千單位와 單單位는

그냥두고 中間 百位十位로 平生吉凶을 定한다。 動爻도 亦是 變數로 六六除한다。

可令 四柱天干地支總合數가 一五八七이라면

(一) 一五八七、一變은七 五變은四 八變은八 七變은七 故로 七四八七이되고 六六除하니 七四

八七除六은 一二四七余五(五爻動)一五八七中間 五八이 變하여 四八 卽 震(雷)와 坤(地) 雷地豫

(二) 一〇七八이면 一變七 七變七 八變八 故로 七〇七八除六은 一一七九余四(四爻動)艮卦 四

爻動이 된다(、、∧、∧∧)。

(三) 一六〇九는 六九 一變은七 六變五 九變一故로 七五〇一이 된다。七五〇一除六은 一二五

〇餘一(一爻動)七五〇一은 一을 당겨올려서 七五一 巽(風)과 乾(天)卽 風天小畜卦가 된다

(、、、、、∧)。

(四) 一〇〇六은 一六ㅇ로 한다。一變七 六變五故로 七五(艮)山과 (巽)風 卽山風蠱卦가 된다

(、、、∧、∧)七〇〇五除六은 一一六七餘三爻動

(五) 二〇〇〇은 二變二로서 二二을 만들어 兌爲澤卦 二〇〇〇除六은 三三三餘二爻動

（ゝ、ハ、ゝ）兌卦二爻動 兌之隨가 된다。

大定數로 보는 法

先天數와 后天數를 合算한 別表를 보고 찾는다。

四柱 잡는 法

可令戊午　이라면 戊午年百中曆에 있다。그해의 太歲月建위에 적힌 것이 丁巳이다。없
丁巳　　으면 遁月에서 찾고 二十八日生日 日辰이 甲申이고 寅時라면 天干이 없다。이것은
甲申
丙寅　　遁時法에서 찾아 넣는다。

이리하여 四柱가 完成되면 別表에 있는 數를 年月日時밑에 記入하여 總合計가 나온다。이것

이 一七五六이라고 假定하면 變爻法을 쓴다。卽 一變七 七變七 五變四 六變五하면 七七四五가

된다。여기서 一單位와 千單位를 제하고 中間에 있는 百單位 十單位七四로 原卦를 作成한다。

七七四五를 六六除하면 五가 남는다。그래서 五爻動이다（艮山震雷）（山雷頤）（、ハ、ハ、ゝ）。

原局은 山雷頤之益이 되므로 이것이 平生四柱다。

또 今年運을 알아볼려고 하면 금년 辛酉年의 太歲數 辛四〇、酉四、四四를 前一七五六에 加算

한다。또 變數시키면 一八〇〇이 變數하면 七八〇〇山地剝이 되고（、ハ、ハ、ハ、ゝ）七八〇〇은 六

六除則 六爻動이다。 이것이고 해운이고 月建을 加算하여 作卦하면 月運이 된다。

癸巳年　六二

癸亥月　七五　合計　一八二二數는　一變七　八變八　二變二故로　七八二二　中間百位十位

戊午日　一九七　가 八二(ヽヽヽヽヽヽ)地澤臨卦　七八二二除六은　一三〇三餘四爻動이

乙卯時　一四八八　다。

流年運을 보는 法

四柱元局에 보고싶은 太歲數를 더하여 合計를 내고 여기서 全部變數로 고쳐서 中間 百單位十

單位로서 作卦하고 總數一八二二에 加 今年太歲數(辛酉四四)＝一八六六을 變數한다。一變은 七

八變은八 六變五故로 七八五五이다。 七八五五除六은 一三〇九餘一爻動이고 中間八五가

(ヽヽヽヽ八ヽ)升之泰卦初爻動이 된다。

大定數起算法

干支		甲子年	甲子月	甲子日	甲子時
先天數	單位		甲己子午九單々位　甲己子午九單々位	甲己子午九十單位　甲己子午九十單位	
先天數	干支數		九　九	九〇　九〇	九〇〇　九〇〇
先天數	合計		一八	一八〇	一八〇〇
后天數		甲寅三　壬子一	甲寅三　壬子一	甲寅三　壬子一	甲寅三　壬子一
后天數	天干十單位　地支單單位	三〇　一	三〇　一	三〇　一	三〇　一
后天數	合計	三一	三一	三一	三一
先后天數	總合計	三一	四九	二一一	一八三一

年月日時大定數表

大定數	甲子金
太歲數	三一
月建數	四九
日辰數	二一一
時數	一八三一

	乙丑金	丙寅火	丁卯火	戊辰木	己巳木	庚午土	辛未土	壬申金	癸酉金	甲戌火	乙亥火	丙子水	丁丑水
	九〇	七三	二八	五五	一〇二	九七	五〇	一九	六四	三五	八六	七一	三〇
	一〇六	八七	四〇	六五	一一五	一一四	六五	三二	七五	四九	九八	八七	四四
	二五〇	二二三	一四八	一五五	二三二	二六七	二〇〇	一四九	一七四	一七五	二〇六	二三一	一七〇
	一六九〇	一四七三	一二二八	一〇五五	一四〇二	一七九七	一五五〇	一三一九	一一六四	一四三五	一二八六	一六七一	一四三〇

戊寅土	五三	六五	一二三	一二五三
己卯土	一〇八	一三三	二五八	一六〇八
庚辰金	九五	一〇八	二三五	一三九五
辛巳金	四二	五三	一五二	一一四二
壬午木	一七	三二	一六七	一五一七
癸未木	七〇	八三	二〇〇	一三七〇
甲申水	三九	五五	一九九	一六三九
乙酉水	八四	九八	二二四	一四八四
丙戌土	七五	八七	一九五	一二七五
丁亥土	二六	三六	一二六	一〇二六
戊子火	五一	六五	一九一	一四五一
己丑火	一一〇	一二七	二八〇	一八一〇
庚寅木	九三	一〇八	二四三	一五九三

辛卯木	壬辰水	癸巳水	甲午金	乙未金	丙申火	丁酉火	戊戌木	己亥木	庚子土	辛丑土	壬寅金	癸卯金
四八	一五	六二	三七	九〇	七九	二四	五五	一〇六	九一	五〇	一三	六八
六一	二六	七一	五五	一〇六	九三	三六	六五	一一九	一〇八	六五	二六	七九
一七八	一二五	一五二	二一七	二五〇	二一九	一四四	一五五	二三六	二六一	二〇〇	一四三	一七八
一三四八	一一一五	九六二	一八三七	一六九〇	一四七九	一二二四	一〇五五	一四〇六	一七九一	一五五〇	一三一三	一六六八

甲辰火	乙巳火	丙午水	丁未水	戊申土	己酉土	庚戌金	辛亥金	壬子木	癸丑木	甲寅水	乙卯水	丙辰土
三五	八二	七七	三〇	五九	一〇四	九五	四六	一一	七〇	三三	八八	七五
四九	九四	九三	四四	七一	一一九	一〇八	五七	二六	八三	四九	一〇二	八七
一七五	二〇二	二三七	一七〇	一七九	二五四	二三五	一五六	一六一	二〇〇	一九三	二三八	一九五
一四三五	一二八二	一六七七	一四三〇	一二五九	一六〇四	一三九五	一一四六	一五一一	一三七〇	一六三三	一四八八	一二七五

丁巳土	二三	三二	一二三	一〇二三
戊午火	五七	七一	一九七	一四五七
己未火	一〇	一二七	二八〇	一八一〇
庚申木	九九	一一四	二四九	一五九九
辛酉木	四四	五七	一七四	一三四四
壬戌水	一五	二六	一二五	一一一五
癸亥水	六六	七五	一五六	九六六

天干 甲壬六、乙癸二、丙八、丁七、戊一、己九、庚三、辛四

第二章 四柱數理로 보는 法

地支 子一、丑十、寅三、卯八、辰五、巳二、午七、未十、申九、酉四、戌五、亥六

(單位 太歲千位 月建百位 日辰十位 時辰一位)

① **平生 四柱 作卦法**

可令 四柱 戊午 丁巳 甲申 丙寅 時則

天干 一七六八 地支 七二九三 共合 九〇六一 이를 元祖數라함

九〇六一除 三八四하면 二二九가 남는다。 二二는 兌卦가 되며 二二九를 除六하면 一이 남음

으로 二二一(兌卦 初爻動이된다)

② **流年運作卦法(用蓍龜數)**

元祖數 九〇六一에 加年令 六四歲 辛酉太歲數 一九 總合 九一四四

除三八四하면 三二二가 남는다。 三은 离(火) 一은 乾(天) 火天大有(三二二)

三二二除 六하면 六이 남는다。 故로 三二二는 火天大有六爻動이된다。

③ **月運 作卦法(用先天數)**

可令 辛酉年 五月은 甲午月建이다。 甲午先天 一八을 右月運中 九一四四

合計하면 九一六二 除三八四하면 餘三一〇이다。 三은 离(火) 一은 乾(天) 火天大有卦가 되

고 三一〇을 除六하니 餘四가되므로 三一四 卽 火天大有 四爻動이된다。

④ **日運作卦法(用先天數)**

右 九一六二에 加 日辰 甲子先天數一八 合計九一八〇 除三八四하면 三八四가 남는다。

三离(火) 八坤(地) 火地晋이며 三八四 除六은 餘〇이므로 六을 남겨서 三八六 卽 火地晋卦六爻

動이 된다。

第 三 章 奇門數로 보는法

天干甲一、乙二、丙三、丁四、戊五、己六、庚七、辛八、壬九、癸十

地支子一、丑二、寅三、卯四、辰五、巳六、午七、未八、申九、酉十、戌十一、亥十二

① 太歲投入作卦法

可令 戊午 丁巳 甲申 丙寅 四柱 元局에 太歲辛酉를 投入하여 天干만을 共合하면 二十一除八

餘五를 作上卦하고 地支만을 共合하면 三十五除八 餘三을 作下卦하고 干支數共合하면 五六除六

餘二가 된다。五三二는 家人卦二爻動 이것이 當年身數가 된다。

② 大運投入作卦法

可令 戊午 丁巳 甲申 丙寅 四柱 元局에 大運癸亥를 投入하여 天干數만을 共合하면 二十三除

八餘七을 作上卦하고 地支만을 共合三十七 除八 餘五를 作下卦로 하고 干支總合六十 除六 餘六

을 動爻로 하면 七五六 蠱卦六爻動이다。 이것이 當年身數가 된다。

③ 太歲大運共合作卦法

可令 戊午 丁巳 甲申 丙寅 太歲 辛酉 大運癸亥 天干 總合三十一 除八 餘七 作上卦 地支總合

四七 除八 餘七 作下卦 干支共合七八 除六 餘六이된다。七七六 艮卦六爻動이다。이것을 當年身

數로 본다。

④ 略式作卦法(其一)

可令 戊午生 當六十四歲 四月二十八日이라고 쓰고 보고싶은 今年 辛酉年 四月二十八日이라고

쓴다。 曆書를 보고

(一) 本人生年 干支戊午 (二) 今年太歲 辛酉 (三) 四月 月建癸巳 (四) 二十八日 日辰己酉

라고쓴다。(二三四番은 今年것)

戊五、午七、辛八、酉十、癸十、巳六、巳六、酉十、이리하여 天干 總合二六 除八 餘二 作上

卦하고 地支 總合二五 除八 餘一 作下卦로 한다。二一夬卦元卦만으로 當年身數를 본다。六爻로

풀면 月別運도 나온다。(動爻가 없음)

⑤ 略式作卦法(其二)

可令 今年 四五歲 六月 二十日生이면 四五加 六月 合五一 除八 餘三 上卦하고 生日數 二十加
辛酉十三(先天數) 合三十三 除八 餘一 下卦로하고 上卦五一 加下卦三十三 合八十四 除六 餘六
은 動爻로한다。 三一六大有 之大壯을 當年 身數를 본다。

第四章 土亭秘訣 數로보는法

1. 처음에 本人의 나이수와 당년 태세수를 더하여 八로 나누어 나머지를 상괘로한다。

2. 당년 본인 생월수에(월건수)를 더하여 六으로 나누어 나머지를 중괘로한다。(생월수는 큰
   달은 三十일 적은달은 二九일로 한다)

3. 당년 본인 생일수에(일진수)를 더하여 三으로 나누어 나머지를 하괘로한다。(윤달은 일수
   를 계산한다)

土亭秘訣에 대한 小考

土亭秘訣은 李之菡先生이 지은 것이다。 그의 字는 馨仲 雅號는 土亭이다。 公은 孝道에 出天하

고 벗을 사귐에 있어 善과 和로 教化했다。公은 氣度가 異凡하고 名利聲色이 泊如하고 조용한 性品에 慾心이라고는 티끌 만큼도 없었다。言行은 모든 사람의 龜鑑이었고 博識하여 異端을 싫어했다。어릴적 부터 徐花潭을 따라 易學에 精通하고 栗谷을 깊이 알고 사귀었는데 栗谷도 역시 公을 尊敬하고 아껴 그의 卓行을 推薦하여 六品 벼슬에 오르기도 했다。

公은 老後 俗世를 떠나 山에서 혼자 살면서 兄이 主張한 天經地奧를 막힘없이 꿰뚫어 알았고 兄이 歿後에 心制三年하였다。公은 牙山 街中에서 逝去했는데 世間에서 傳하기를 蜈蚣汁(지네의 즙)을 먹고 서거했다는 말은 잘못 전해진 것이다。公은 數理에 밝고 환했는데 豈死於此乎아라고 적혀 있다。(保寧에 祠堂이 있음)

古老의 傳説에 따르면 公이 山間斗屋에서 數理 공부에 專念하고 있는데 그의 姪婿뻘되는 사람이 科擧에 落榜하고 家産을 蕩盡한 뒤 公을 뵈러 와서 生計를 여쭈었다。그러자 公은 八字로 된 秘訣을 주었는데 그 説文은 손바닥에 들어가는 조그만 책이었다고 한다。그가 作卦할 때 數理表를 펴 놓고 年月日을 물어 作卦한 後 혼자 그 掌中秘册을 보고 글귀만 읽어 주었다고 한다。이것이 其知如神이요 百發百中하는 神人訣이어서 萬人을 놀라게 했다。

하루는 이분이 어느 섬으로 가다가 風浪을 만나 溺死하면서 그 秘訣마저 물속으로 사라져 버렸다는 것이다。 그의 死前에 鑑定받은 周易數理에 밝은 분이 數表만을 만들고 여기에 周易의 卦辭를 붙여 만들었으나 土亭의 것처럼 的中하지 않았다고 한다。 이로 因해 붙어 오늘의 土亭秘訣이다。 그 뒤에도 易學者로 말미암아 자꾸 불어난 것이 八·一五 解放前에는 二十四 句가 最高였는데、 지금은 六十四句가 나와 있다。

土亭秘訣의 數表는 認定하고 活用해도 秘訣説文은 數十分의 一도 的中하지 않는다고 斷定하는 바이다。 그 例로 土亭秘訣 説文에는 八六三이 吉運으로 되어 있는데 筆者가 綜合한 卦辭와 其他의 것과 經驗訣을 土亭數表 八六三에 맞추어 본 結果로는 엉뚱한 説文이 나오는 것이다。

土亭數表를 많이 活用해 보면 스스로 是非가 區別되고 的中率을 綜合하면 五十分의 一 程度 밖에 안되니 諸賢께서 加一層 研究를 거듭해 주기를 바란다。

土亭數略式 計算法

年月日					
甲己九	乙庚八	丙辛七	丁壬六	戊癸五	

共通數	太歲	月建	日辰
子	11	9	9
丑	13	8	11
寅	10	7	8
卯	10	6	8
辰	13	15	11
巳	9	4	7
午	9	9	7
未	13	8	11
申	12	7	10
酉	12	6	10
戌	13	15	11
亥	11	4	9

例① 可令 甲子年이면 九加地支十一 合二十 土亭秘訣數表와 同一함

甲子月이면 九加地支九 合十八

甲子日이면 九加地支九 合十八

例② 可令 癸亥年이면 五加地支十一 合十六

癸亥月이면 五加地支四 合九

癸亥日이면 五加地支九 合十四

이것은 百中曆이 있으면 數十年前것이나 數十年後의 것을 數表없이 보는 法이다。

土亭秘訣 起算法

蓍 龜數(中天數라고도함)

甲己 辰戌丑未十一 乙庚申酉十 丙辛亥子九 丁壬寅卯八 戊癸巳午七

先天數

甲己子午九 乙庚丑未八 丙辛寅申七 丁壬卯酉六 戊癸辰戌五 巳亥屬之四

例 甲子年 天干地支가 全部 蓍龜數이다 甲十一子九 合二十

甲子月　天干地支가　全部　先天數이다　甲九子九　　合十八

甲子日　天干은　先天數　地支는　蓍龜數이다　甲九子九　合十八

土亭數의 活用

土亭秘訣數理로　이册의　各卦를　보고　各自가　갖고있는　土亭秘訣　説文과　맞춰 보면　엄청난　차이

가 날것이다。이책 說文을 一年間 經驗해 보면 이책 的中率이 많이 높음을 경험하였다。

土亭秘訣　太歲月建　日辰數理表

甲子 20年/18月/18日	庚午 17/17/15	丙子 18/16/16	壬午 15/15/13
乙丑 21/16/19	辛未 20/15/18	丁丑 19/14/17	癸未 18/13/16
丙寅 17/14/15	壬申 18/13/16	戊寅 15/12/13	甲申 21/16/19
丁卯 16/12/14	癸酉 17/11/15	己卯 19/15/17	乙酉 20/14/18
戊辰 18/10/16	甲戌 22/14/20	庚辰 21/13/19	丙戌 20/12/18
己巳 18/13/16	乙亥 19/12/17	辛巳 16/11/14	丁亥 17/10/15

戊子 16/14/14	甲午 18/18/16	庚子 19/17/17	丙午 16/16/14	壬子 17/15/15	戊午 14/14/12
己丑 22/17/20	乙未 21/16/19	辛丑 20/15/18	丁未 19/14/17	癸丑 18/13/16	己未 22/17/20
庚寅 18/15/16	丙申 19/14/17	壬寅 16/13/14	戊申 17/12/15	甲寅 19/16/17	庚申 20/15/18
辛卯 17/13/15	丁酉 18/12/16	癸卯 15/11/13	己酉 21/15/19	乙卯 18/14/16	辛酉 19/13/17
壬辰 19/11/17	戊戌 18/10/16	甲辰 22/14/20	庚戌 21/13/19	丙辰 20/12/18	壬戌 19/11/17
癸巳 14/9/12	己亥 20/13/18	乙巳 17/12/15	辛亥 18/11/16	丁巳 15/10/13	癸亥 19/9/14

第五章 卜 筮 法

占 筮 法

1. 本筮書法十八變法을 쓴다。
2. 中筮法又는 六變筮法을 쓴다。
3. 略 筮 法

可 令ㅣ一一은 乾爲天

1. 솔잎代用可
2. 筮竹八個로 三抽(三번 뽑는 식)
3. 솔잎 六十四個로 三抽하는 식
4. 솔잎 五十에 太極數一을 빼고 四九個로 三抽하는 식
5. 엽전을 던져서 作卦하는 식

本 筮 法

五十個의 「대가지」를 왼손에 잡고 한個를 빼서 따로 놓고 太極으로 한다。 남은 四九個를 兩

손에 나누어 가진다。 左의 것을 天策 右의 것을 地策이라 한다。 地策을 책상위에 놓고 그 中에

서 一個를 뽑아서 人策으로 定해 둔다。 다음에 天策을 四四로 除之餘○은 爲四로 하여 손에 끼

운다。 이것을 책상위에 놓고 地策을 가지고 天策과 같이 한다。 이렇게 하여 남어지 策數를 合

計하면 五아니면 九가 된다。 이것이 第一變化이다。

이五 또는 九를 제해서 四十四或은 四十個의 筮竹으로 第一變과 같이 되풀이 한다。 손에 낀

策數는 반드시 四、 또는 八이다(第二變)。

다음 이것을 제하고 한번더 먼저와 같이 되풀이하면 손가락에 策數는 四 또는 八이다(第三

變)。 三번까지 한손에 策數의 合計는 반드시 二五、 二一、 十七、 十三의 어느 한개인 것이다。 따

라서 제해지지 않고 남은 策數는 二四、 二八、 三二、 三六等의 四의 몇倍이며 六은 老陰 七은 小

陽 八은 小陰 九는 老陽이므로 二四、 三二개 남은것은 陰 二八 三六개 남은것은 陽이며 이렇

게 初爻가 決定되는 것이다。

뒤에는 같은 것을 되풀이 해서 一、 二、 三……六爻로 정한다。

卽 一爻를 定하기 爲해서 三變하므로 六爻는 十八變이 必要하다。 故로 十八變筮法이라고 한

다。

中筮法

太極을 세워서 天地策 가운데서 한 個를 뽑아 人策 손가락에 끼우기까지는 本筮法과 같다。地

策은 두고 왼손의 天策을 八個씩 셈하여 그 나머지(꼭 맞을 때는 나머지 없이)에 앞에 낀 一個

를 더 한다。그 수에 依하여 다음 表와 같이 老陽老陰小陽小陰을 定하여 이것을 六번 반복하여

六爻를 정한다。이것을 六變筮法(中筮法)이라 한다。

一개	乾	老陽	五개	巽	小陰
二개	兌	小陰	六개	坎	小陽
三개	离	小陰	七개	艮	小陽
四개	震	小陽	八개	坤	老陰

略 筮 法

中筮法과 꼭같은 方法으로 하고 단 一變一爻를 定하는 것이 아니고 下卦를 定하는 것이다。

即 三個 남았다고 하면 下卦(离)이다。이것을 다시 되풀이 해서 上卦를 定하고 二變으로 六四

개의 어느 한 個를 얻게하는 것이다。

다음에 之卦를 求하기 위한 조작을 한다. 太極天策地策人策에 限해서는 지금까지 같지만 이

번에 왼손의 天策을 六六除하여 남어지에 人策을 加한수가 變爻를 나타내고 四個였으면 四爻가

變爻이다. 略筮法에는 變爻가 하나밖에 없으나 本筮、中筮法에는 六爻 全部가 變爻한다.

주 문

천하언재며 지하언재리오 고지즉응하나니 감이수통하소서

금유 부산시 동구 초량동 五九一번지 거주 성명 〇〇〇 생신정묘 三월 十五일생 신수길흉을

미능상지 하오니 복걸 신명은 물비 소시하소서

(눈감고 묵념하면서 세번 암송한다)

擲錢作卦法

葉錢 셋닢을 鐵印없는 곳을 숫돌에 갈아 平面을 만들고 鐵印이 있는 곳은 陽이되고 없는 곳

은 陰이 됨.

한번 投擲함에 一爻를 얻게 됨으로 六擲에 六爻를 얻게 되는 것임.

셋닢을 投擲하여 全部가 陽이면 〇표를 그리고 全部가 陰이면 ×표를 그림 또 두닢은 陽이고

한닢이 陰이면 隔가 되는 것이니 ㅅ 를 그리고 두닢이 陰이고 한닢이 陽이면 ㇐ 을 표시한다. 이

에 六次擲錢에 上卦와 下卦가 成立하니 八는 靜陰이요 、은 靜陽이며 ○은 陽이나 老陽이다。

變하면 八 陰이 되고 ×는 動한 陰이니 變하면 靜陽이 됨으로 老陰인 것이다。

古錢字面을 表하면 다음과 같다。

陽
字
有
面

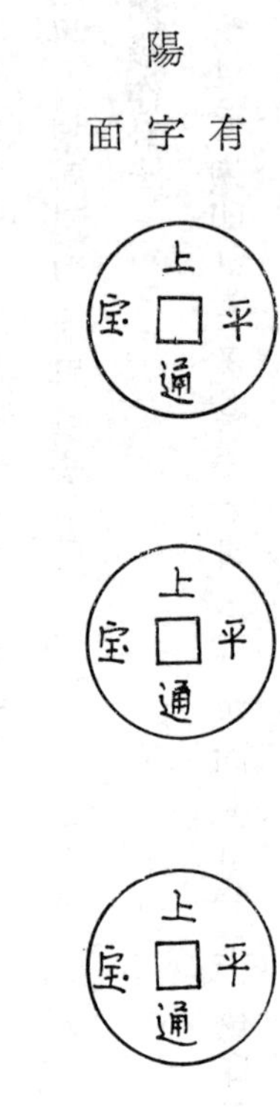

右 記鐵印있는 것을 陽이라 하며 乾卦인 것이다。

陰
字
無
面

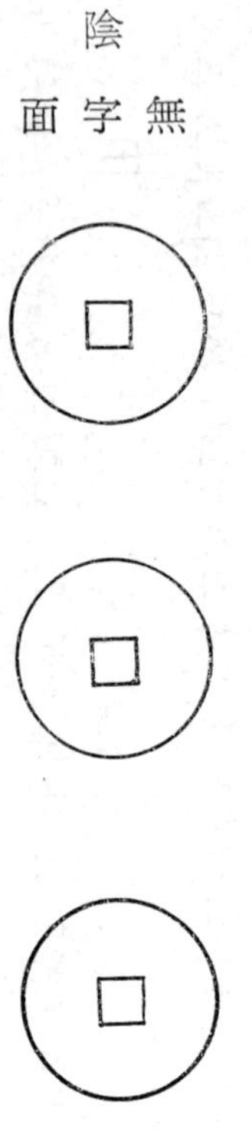

이는 坤卦인데 動하면 必變한다。

前者乾卦小成과 合하여 大成卦가 되니 重이라 하여 全部가 動했음으로 天地否卦가 된다。以下 그림 參照

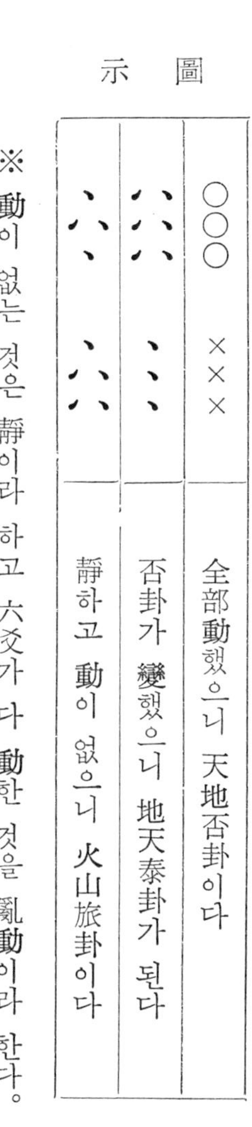

※ 動이 없는 것은 靜이라 하고 六爻가 다 動한 것을 亂動이라 한다。

필자약서법

솔잎 五十개를 두손으로 쥐고 눈을감고 암축한 다음 첫번째 오른손에 솔잎을 한개 뽑아 자리에 놓는다。 그 다음 정중히 암축하고 왼손 엄지 손가락과 약손가락으로 눈을 감고 뽑아 자리에 놓는다。 두번째 상괘는 얻었으나 하괘로 모르니 앞에와 같은 마음으로 솔잎을 왼손에 쥐고 오른손으로 눈을 감고 정중하게 뽑아 자리에 놓는다。 세번째 솔잎은 오른손에 쥐고 암축하면서 상하괘는 얻었으나 동효를 모르니 가르쳐달라는 마음으로 합장하고 빌며 눈을 감고 왼손엄지 손가락과 약손가락을 뽑아 자리에 놓는다。 첫째것을 八八로 제하고 나머지를 상괘로 삼는다。

八 이남으면 八로 상괘로 한다. 둘째것도 전자와 같이 八八로 제하고 나머지로 하괘를 삼는다.

세번째 뽑은것은 六六으로 제하고 나머지를 동효로 삼는다.

주의 솔잎을 쥘때 간추려서 五분내지 六분쯤 올라오게 한다. 뽑다가 흘리면 안되니 주의해서

뽑아야 한다. 또 많이 잡고 뽑을려 말고 잡히는 대로 뽑는다.

例　첫째　七이면(艮)　十六이면 八로 제하면 나머지 八(坤)

둘째　六이면(坎)　十五이면 八로 제하면 나머지 七(艮)

셋째　四이면(震)　十三이면 六로 제하면 나머지 一(乾)

八七一은 　　　　　地山謙 初爻動이 된다.

卦象觀察方法

大自然속에사는 우리는 空間을 母体로 한 時間의 變化에서 吉凶禍福이 發生하는 것이며 그

原因이 있기 때문에 結果가 있는 것이다. 因果論은 哲學이라 하기 보다는 科學이라 함이 妥當

度가 높다. 因果에서 이루어진 發達課程은 어떠한 經路와 法則이 있다. 原因에서 結果로 옮긴

工程은 原因의 母体인 時間을 잘라서 그 變化를 說明하는 것이 周易學이다. 卦象説明은 千枝萬

葉이므로 卦象의 細胞組織이 含有하고 있는 因子를 多角的으로 索察하고 諸般吉神과 凶殺을 摘

出하여 通辨하는 것이다。 質問이 있을 時는 卦象의 意義를 捆撫하고 卜筮正宗 其他를 活用하여

整頓된 槪念을 通辨해야 한다。 通辨良否에 따라 的中率이 決定되겠으나 四柱의 用神과 大運을

分析綜合하여 함께 解說하면 確率이 높아질 것이다。 別紙爻辭 甲은 易理學的으로 判斷한 訣文

이고 乙은 神人堯夫先生이 卜筮學的으로 判斷한 訣文이다。 文章内容이 神受文이어서 解得이 至

難한 곳이 있으나 鑑定後에 幾個月지내면 的中率이 大端하여 挿入하였다。 丙은 筆者가 平生經

驗한 것을 集成한 것이다。 三者間에 矛盾된 곳이 없지 않으니 全體 文意를 綜合하여 그 核心을

解說하여 주기 바란다。 各種 數理 活用法을 列擧하였으니 諸賢이 實驗에 研究를 더하여 取良捨

否하고 斯學發展에 큰 寄與가 있기 바란다。

周易身數鑑定法

(가)、 卦 찾는 法(索卦法)

1. 이 책의 편집이 八篇으로 구성되어 있다。 한괘가 여덟개씩 있어 六十四괘가 되고 또 한 괘

가 여섯번씩 변하여 三八四효로 되어 있다。

2. 제一표에 六十四卦가 서열별로 적혀있으니 첫머리 글자 一乾 六坎 七艮 四震 五巽 三離

八坤 二兌 元八卦를 암기해야 한다。

3. 기본 八卦 여덟자는 첫머리에 있으므로 수괘(首卦)라 한다.

4. 수괘를 암송하고 제三표 六十四卦를 암기하면 폐ー지 번호없이 책장만 넘겨도 찾아진다.

六十四卦를 暗誦하는 사람은 제一표만으로 충분하지만 초심자를 위해 二三표를 첨부하였다.

(나)、 괘효처리법(卦爻處理法)

1. 별지 작괘법에 의하여 숫자를 얻었거나 솔잎을 뽑아 숫자를 얻었거나 처리하여 보는 것은 동일하다.

2. 가령 얻은수가 五四三이라면 제二표 수순에서 五四(風雷)益 五의四를 찾고 제三표에 五의

一에서 내려가면 네번째가 五의四益이 나온다.

3. 益자의 아랫쪽에 甲乙丙이 있는데 一부터 六까지 숫자가 있다. 甲乙丙 다같이 三번을 찾는다. 다합한 것이 五四三이다.

즉 五巽괘의 네번째 있으므로 五四가 나왔고 三효가 동해서 三이 된 것이다. 자꾸보면 안보고도 알게 된다.

(다)、 卦 찾는 例

其一─가령 五六六수를 얻었다면 제二표에서 五六(風水)渙 三의六을 찾고 제三표에 渙

패 밑쪽에 있는 甲乙丙 一二三四五六숫자 六번을 찾으면 五六六이 된다。 甲乙丙 六번만 찾아 읽으면 된다。

其二─가령 八六三수를 얻었다면 제二표에서 八六(地水)師 六의八을 찾고 제三표에 六의一에서 내려가면 八번째 師패가 나온다。 그 밑에 甲乙丙에 있는 三번만 찾아 읽는다。

(라)、감정용지 사용(초심자는 꼭 사용)

1. 사주를 적고 대운용신을 적는다。
2. 작괘법에서 얻은 수를 六爻로 풀이 한다。
3. 괘격예판법(卦格豫判法)을 보고 그 格을 적는다。
4. 평、상격、시단、해패의 줄거리(大意)를 적고 당년결의 대의도 적는다。
5. 병자는 병상을 적는다。
6. 甲乙丙의 대의를 적고 종합해서 해설하면 된다。
7. 자꾸하면 전부가 암기되어 용지도 필요없게 된다。 어떤 질문도 六爻諸占 定位表에 맞추어 풀이한 패의 바닥을 파서 설명하면 충분하다。

(마)、바닥을 파는 예

卦 찾는 예

모 운전 기사의 辛酉年 신수

一二三　履之無妄

```
巳　句　朱　青　玄　白
、　世　、　八　×應　、
戌　申　午　丑　卯　巳
兄　孫　父　兄　官　父
　　子伏財　　　　寅　官
```

履卦의　判斷

1. 「괘사」범의 꼬리를 밟아도 물지않고 가버리니 사람은 안전하다.

2. 이괘 二爻사는 가는길이 탄탄하여 유인 정길하다로 되어 있다.

3. 자손이 지세하고 태세가 비아하여 관효를 극하며 또 세가 응을 극하니 만사가 근심없다.

(이상은 초심자의 판단이다)

바、패 바닥을 파는 법(卦底掘索法)

1. 二爻 집이 발동했으니 집안이 복잡하고 이사하기 쉽고 부모가 아프다.

2. 子爻伏財가 원방에 있어 세와 반합하니 도움되게 보이지만 관爻가 흡수하니 무력하다.

3. 자기 실수로 손재수있고 북쪽 친구는 해치고 남쪽 친구 때문에 또 손해 본다.

4. 응동은 의심이 생겨서 파탄 이별이 되기 쉽다.

5. 巳午가 극세하니 화재조심하여야 한다.

6. 복덕 지세라도 태세가 관귀를 극해도 당파가 와서 도우면 강해진다.

7. 태세 신유(辛酉)가 金生水 天干이 변하여 丙辛化水官鬼를 生한다. 절후에 따라 그 강약이 달라 진다. 당파가 센것이 이긴다.

8. 官은 벼슬 또는 직장이니 퇴직 파면 당할 운이다.

9. 세(世)申이 申子辰水局(수국)을 이루니 辰月(진월)에 배타면 위험하다.

10. 卯(묘)爻가 (變)변인 (退神)퇴신이 되니 一、二월은 물론 봄은 불길하다.

11. 世(세) 금(金)과 태세가 협력하여 木爻(목효)를 극(克)하니 官(관)이 부드럽게 보인다.

12. 세(世)가 응(應)을 극(克)하니 겁이없고 자존심이 강해져 권세를 부리고 싶다.

사、종합평(綜合評)

1. 履卦(이괘)는　禮也라　二爻는　履道坦坦하고　幽人貞吉이니라(朱子曰幽獨守貞之象也라)

2. 예의를　지키고　깊숙한　곳에서　수양하고　志操를　지키면　허물이　없다.

3. 本人은　正月末醉中에　運轉하다가　車가　轉覆하여　손님에게　重傷을　입히고　自己도　다리를　다치고　교도소에　갔다.

4. 충분한　수양을　하고　임무에　충실　했다면　안전　했을　것이다.

5. 飮酒過速運轉이　禍根이　되었다.　많은　水爻가　官을　도운　때문이다.

6. 前記十二項과　다른　理由는　당파가　강하여　이렇게　되는　것이다.

7. 卦爻辭는　수양한　聖賢이　定義를　내린　것이니　보아주는　사람도　어진　마음으로　해설　해야　한다.

第一　六十四卦一覽表

①

卦	번호	페이지
乾爲天	1	一九
天風姤	2	一二六
天山遯	3	一三三
天地比	4	一四○
風地觀	5	一四七
山地剝	6	一五四
火地晋	7	一六一
火天大有	8	一六八

②

卦	번호	페이지
坎爲水	1	一七五
水澤節	2	一八一
水雷屯	3	一八八
水火既濟	4	一九五
澤火革	5	二○二
雷火豐	6	二○九
地火明夷	7	二一五
地水師	8	二二一

	③	④	⑤	⑥	⑦	⑧
1	艮為山 二三八	震為雷 二八一	巽為風 三三四	離為火 三八五	坤為地 四四〇	兌為澤 四九五
2	山火賁 二三五	雷地豫 二八七	風天小畜 三四一	火山旅 三九二	地雷復 四四七	澤水困 五〇二
3	山天大畜 二四二	雷水解 二九四	風火家人 三四七	火風鼎 三九八	地澤臨 四五四	澤地萃 五〇九
4	山澤損 二四九	雷風恒 三〇一	風雷益 三五三	火水未済 四〇五	地天泰 四六一	澤山咸 五一六
5	火澤睽 二五六	地風升 三〇八	天雷無妄 三五九	山水蒙 四一二	雷天大壮 四六七	水山蹇 五二三
6	天澤履 二六三	水風井 三一五	火雷噬嗑 三六五	風水渙 四一九	澤天夬 四七四	地山謙 五三〇
7	風澤中孚 二六九	澤風大過 三二一	山雷頤 三七二	天水訟 四二六	水天需 四八一	雷山小過 五三七
8	風山漸 二七五	澤雷随 三二七	山風蠱 三七八	天火同人 四三三	水地比 四八八	雷澤歸妹 五四四

第二　數字順序表

數順	卦名	卦番	數順	卦名	卦番	數順	卦名	卦番	數順	卦名	卦番
一一	乾	一의一	二一	夬	八의六	三一	大有	一의八	四一	大壯	八의五
一二	履	七의六	二二	兌	二의一	三二	睽	七의五	四二	歸妹	二의八
一三	同人	三의八	二三	革	六의五	三三	離	三의一	四三	豐	六의六
一四	無妄	五의二	二四	隨	四의八	三四	噬嗑	五의六	四四	震	四의一
一五	姤	一의二	二五	大過	四의七	三五	鼎	三의三	四五	恒	四의四
一六	訟	三의七	二六	困	二의二	三六	未濟	三의四	四六	解	四의三
一七	遯	一의三	二七	咸	二의四	三七	旅	三의二	四七	小過	二의七
一八	否	一의四	二八	萃	二의三	三八	晋	一의七	四八	豫	四의二

數順	卦名	卦番
五一	小畜	五의二
五二	中孚	七의七
五三	家人	五의三
五四	益	五의四
五五	巽	五의一
五六	渙	三의六
五七	漸	七의八
五八	觀	一의五
六一	需	八의七
六二	節	六의二
六三	既濟	六의四
六四	屯	六의三
六五	井	四의六
六六	坎	六의一
六七	蹇	二의五
六八	比	八의八
七一	大畜	七의三
七二	損	七의四
七三	賁	七의二
七四	頤	五의七
七五	蠱	五의八
七六	蒙	三의五
七七	艮	七의一
七八	剝	一의六
八一	泰	八의四
八二	臨	八의三
八三	明夷	六의七
八四	復	八의二
八五	升	四의五
八六	師	六의八
八七	謙	二의六
八八	坤	八의一

第三 卦爻索出表

一의 乾一
- 甲 一二三四五六(一二〇)
- 乙 一二三四五六(一二一)
- 丙 一二三四五六(一二三)

一의 否四
- 甲 一二三四五六(一四一)
- 乙 一二三四五六(一四二)
- 丙 一二三四五六(一四四)

一의 晋七
- 甲 一二三四五六(一六二)
- 乙 一二三四五六(一六三)
- 丙 一二三四五六(一六五)

六의 坎一
- 甲 一二三四五六(一七六)
- 乙 一二三四五六(一七七)
- 丙 一二三四五六(一七九)

六의 既濟四
- 甲 一二三四五六(一九六)
- 乙 一二三四五六(一九七)
- 丙 一二三四五六(一九九)

一의 姤二
- 甲 一二三四五六(一二七)
- 乙 一二三四五六(一二八)
- 丙 一二三四五六(一三〇)

一의 觀五
- 甲 一二三四五六(一四八)
- 乙 一二三四五六(一四九)
- 丙 一二三四五六(一五一)

大의 有八
- 甲 一二三四五六(一六九)
- 乙 一二三四五六(一七〇)
- 丙 一二三四五六(一七二)

六의 節二
- 甲 一二三四五六(一八二)
- 乙 一二三四五六(一八三)
- 丙 一二三四五六(一八五)

六의 革五
- 甲 一二三四五六(二〇三)
- 乙 一二三四五六(二〇四)
- 丙 一二三四五六(二〇六)

一의 遯三
- 甲 一二三四五六(一三四)
- 乙 一二三四五六(一三五)
- 丙 一二三四五六(一三七)

一의 剝六
- 甲 一二三四五六(一五五)
- 乙 一二三四五六(一五六)
- 丙 一二三四五六(一五八)

六의 屯三
- 甲 一二三四五六(一八九)
- 乙 一二三四五六(一九〇)
- 丙 一二三四五六(一九二)

六의 豊六
- 甲 一二三四五六(二一〇)
- 乙 一二三四五六(二一一)
- 丙 一二三四五六(二一三)

明夷 六의七

甲	乙	丙
一二三四五六(三一六)	一二三四五六(三一七)	一二三四五六(三一八)

艮 七의四

甲	乙	丙
一二三四五六(三二九)	一二三四五六(三三〇)	一二三四五六(三三一)

損 七의四

甲	乙	丙
一二三四五六(三五〇)	一二三四五六(三五一)	一二三四五六(三五三)

中孚 七의七

甲	乙	丙
一二三四五六(三七〇)	一二三四五六(三七一)	一二三四五六(三七二)

震 四의一

甲	乙	丙
一二三四五六(三八二)	一二三四五六(三八三)	一二三四五六(三八四)

師 六의八

甲	乙	丙
一二三四五六(三二二)	一二三四五六(三二三)	一二三四五六(三二四)

賁 七의二

甲	乙	丙
一二三四五六(三三六)	一二三四五六(三三七)	一二三四五六(三三九)

睽 七의五

甲	乙	丙
一二三四五六(三五七)	一二三四五六(三五八)	一二三四五六(三六〇)

漸 七의八

甲	乙	丙
一二三四五六(三七六)	一二三四五六(三七七)	一二三四五六(三七八)

豫 四의二

甲	乙	丙
一二三四五六(三八八)	一二三四五六(三八九)	一二三四五六(三九一)

大畜 七의三

甲	乙	丙
一二三四五六(三四三)	一二三四五六(三四四)	一二三四五六(三四六)

履 七의六

甲	乙	丙
一二三四五六(三六四)	一二三四五六(三六五)	一二三四五六(三六六)

解 四의三

甲	乙	丙
一二三四五六(三九五)	一二三四五六(三九六)	一二三四五六(三九八)

四의四 恒
- 甲 一二三四五六（三〇一）
- 乙 一二三四五六（三〇三）
- 丙 一二三四五六（三〇五）

四의七 大過
- 甲 一二三四五六（三二二）
- 乙 一二三四五六（三二三）
- 丙 一二三四五六（三二四）

五의一 巽
- 甲 一二三四五六（三三五）
- 乙 一二三四五六（三三六）
- 丙 一二三四五六（三三八）

五의四 益
- 甲 一二三四五六（三五四）
- 乙 一二三四五六（三五五）
- 丙 一二三四五六（三五六）

五의七 頤
- 甲 一二三四五六（三七三）
- 乙 一二三四五六（三七四）
- 丙 一二三四五六（三七五）

四의五 升
- 甲 一二三四五六（三〇九）
- 乙 一二三四五六（三一〇）
- 丙 一二三四五六（三一二）

四의八 隨
- 甲 一二三四五六（三二八）
- 乙 一二三四五六（三二九）
- 丙 一二三四五六（三三一）

五의二 小畜
- 甲 一二三四五六（三四二）
- 乙 一二三四五六（三四三）
- 丙 一二三四五六（三四四）

五의五 無妄
- 甲 一二三四五六（三六〇）
- 乙 一二三四五六（三六一）
- 丙 一二三四五六（三六三）

五의八 蠱
- 甲 一二三四五六（三七九）
- 乙 一二三四五六（三八〇）
- 丙 一二三四五六（三八二）

四의六 井
- 甲 一二三四五六（三一六）
- 乙 一二三四五六（三一七）
- 丙 一二三四五六（三一九）

五의三 家人
- 甲 一二三四五六（三四八）
- 乙 一二三四五六（三四九）
- 丙 一二三四五六（三五一）

五의六 噬嗑
- 甲 一二三四五六（三六六）
- 乙 一二三四五六（三六七）
- 丙 一二三四五六（三六九）

三의一 離
甲 一二三四五六(三八六)
乙 一二三四五六(三八七)
丙 一二三四五六(三八九)

三의二 旅
甲 一二三四五六(三九三)
乙 一二三四五六(三九四)
丙 一二三四五六(三九六)

三의三 鼎
甲 一二三四五六(三九九)
乙 一二三四五六(四〇〇)
丙 一二三四五六(四〇二)

三의四 未濟
甲 一二三四五六(四〇六)
乙 一二三四五六(四〇七)
丙 一二三四五六(四〇九)

三의五 蒙
甲 一二三四五六(四一三)
乙 一二三四五六(四一四)
丙 一二三四五六(四一六)

三의六 渙
甲 一二三四五六(四二〇)
乙 一二三四五六(四二一)
丙 一二三四五六(四二三)

三의七 訟
甲 一二三四五六(四二七)
乙 一二三四五六(四二八)
丙 一二三四五六(四三〇)

三의八 同人
甲 一二三四五六(四三四)
乙 一二三四五六(四三五)
丙 一二三四五六(四三七)

八의一 坤
甲 一二三四五六(四四一)
乙 一二三四五六(四四二)
丙 一二三四五六(四四三)

八의二 復
甲 一二三四五六(四四八)
乙 一二三四五六(四四九)
丙 一二三四五六(四五一)

八의三 臨
甲 一二三四五六(四五五)
乙 一二三四五六(四五六)
丙 一二三四五六(四五八)

八의四 泰
甲 一二三四五六(四六二)
乙 一二三四五六(四六三)
丙 一二三四五六(四六四)

八의五 大壯
甲 一二三四五六(四六八)
乙 一二三四五六(四六九)
丙 一二三四五六(四七〇)

八의六 夬
甲 一二三四五六(四七五)
乙 一二三四五六(四七六)
丙 一二三四五六(四七八)

八의七 需
甲 一二三四五六(四八二)
乙 一二三四五六(四八三)
丙 一二三四五六(四八五)

二의一 兌
甲 一二三四五六(四九六)
乙 一二三四五六(四九七)
丙 一二三四五六(四九九)

二의四 咸
甲 一二三四五六(五一七)
乙 一二三四五六(五一八)
丙 一二三四五六(五二〇)

二의七 小過
甲 一二三四五六(五三八)
乙 一二三四五六(五三九)
丙 一二三四五六(五四〇)

八의八 比
甲 一二三四五六(四八九)
乙 一二三四五六(四九〇)
丙 一二三四五六(四九二)

二의二 困
甲 一二三四五六(五〇三)
乙 一二三四五六(五〇四)
丙 一二三四五六(五〇五)

二의五 蹇
甲 一二三四五六(五二四)
乙 一二三四五六(五二五)
丙 一二三四五六(五二七)

二의八 歸妹
甲 一二三四五六(五四五)
乙 一二三四五六(五四六)
丙 一二三四五六(五四七)

二의三 萃
甲 一二四三五六(五一〇)
乙 一二三四五六(五一一)
丙 一二三四五六(五一二)

二의六 謙
甲 一二三四五六(五三一)
乙 一二三四五六(五三二)
丙 一二三四五六(五三三)

乾卦評曰　乾者　健也

乾上乾下六親
、　、　、　、　、　、
戌　申　午　辰　寅　子
父　兄　官　父　才　孫
未　未　未　丑　丑　丑
父　父　父　父　父　父
父　兄　官　父　才　孫
四月卦夏凶　春平　秋平　冬吉

大哉乾元　玄運造化　雲行雨施　東西任意
蔭覆無偏　萬物資始　變化不言　南北安然
六龍御天之課

象格
廣大包容之象

詩斷
進謀立用且潛藏　逆理狂圖必見傷
直待龍蛇興變日　從來名利始亨昌
望桂蟾宮遠　求珠海水深
終須名利足　只恐不堅心

解卦
元亨利貞象曰天行健君子以自強不息恐（朱子）曰文王以乾道大通而至正　筮得此卦六爻皆不
變當得大通而利在正因　然后可以保其終也。

乾卦當年訣
將得兵馬　龍成彩雲　食小事煩　手成文字　二人同心　財星照身　朴性莫近　堂上有憂
遠行成功　利見大人　身無閑日　利在田土　晚覺自悔　春必得財　李性相親　獻誠佛前

春末夏初　南人之言　三夏之運　六月炎天　七八金風　金人莫近　戌亥之月　書往書來
買賣見欺　慎勿聽從　因人成事　膝下添憂　身煩道路　信斧斫足　關身小祿　事必有欺
子丑之月　驅鳥入網
謀事公門　獵者得利

乾卦　疾病訣

幽宅泣鬼　青山鬼哭　水火相克　頭痛發熱　鬼多損神　句蛇爭哭　火入心臟　克害刑冲　秋霜殺草
禍及塚墓　玉魂舍淚　寒熱往來　盜汗狂言　不然色傷　夢驚怪起　咽乾口燥

乾卦

甲一一一
青山之下　一無侵害　惟動惟靜　怨含者誰　身兼奴僕　蘭宮之憂　徒勞無功　修身不悖
甲一一二
古松兀兀　完守其影　無害其德　凶心自退　在家無日　獻誠無妨　往則有咎　南來口舌
甲一一三
楚便武步　福雖付余　人不顧余　間間虛慾　以財求財　寅卯之月　勿迫女人　人間生活
疑信不能　金何薄得　余顧何人　人欺余心　反受其殃　喜中生憂　內有一怨　非勞何及

甲一一三
淮鄧互濟　同功同友　惡得陰去　南方之事　財路如何　文書不利　若爲待下　雖曰如此
而身傷家　何事相爭　好取有來　是非之心　生小用多　事事粉碎　春堂有遣　必無大凶

甲一一四
拜任經年　理解非凡　東轉西轉　貴氣當當　名高財小　小間道士　九流術士　黃絹幼婦
位登之象　聞一知十　定無躑處　執不愛讚　家門冷落　神明相應　黃金自付　外孫齏臼

甲一一五
海中探花　本非元理　經之營之　遠路非遠　客裡他鄉　寅申之月　守分居宅　四時周行
山上求舟　何其錯認　倒懸無常　不如移舍　悵古落淚　勿營大事　求飴財蜜　出他之意

甲一一六
時維九月　無禍無福　凶則避之　自風自息　心無歸定　財星無氣　勿望人德　經之營之
序屬之秋　平常之人　吉則隨隨　無事無關　指東指西　勞苦得利　自力更生　勿恤他人

乾卦

乙一一一
潛身勿動　金未鍛鍊　南方口舌　勤求必得　沃野千里　八月古道　修身不悖　徒勞無功
往則有咎　玉不盡琢　北不遠行　寶玉深潛　田土穰穰　往則有得　必得訟理　不如待時

乾卦

乙一二

女人戴珠　逢雲得意　人失火物　步步推進　趙換秦城　秦人甚奸　憤之南方　金木相冲

可渡隔水　魚獲瑞龍　訪于水邊　貴人未助　鎬地得璧　易見其欺　火物騰踶　巨富有客

乙一三

賢人出山　漑水成田　必定南方　藏身暗行　虞美婦心　劉邦先入　誰採明珠　嘆渡大川

風雨會澤　龍變得珠　遇良得利　雲捲晴天　項王不聽　秦塚已空　徃西小得　水人送害

乙一四

子失其父　慶事自東　是非有端　君子得勢　何必日利　有朋自東　陰陵失道　母戀其子

怪物變化　花登春風　莫近水邊　小人嘆也　東征見敗　無金難交　田父欺楚　蜀銅無價

乙一五

内居遇欣　身世先輝　田宅月暗　朱門聽政　金谷南窓　漢備魏操　女人集財　半消有柄

外出遇險　北見大人　宦路雲青　貴祿豐豐　有物無謀　會于赤壁　遲則難成　金在林間

乙一六

玉埋塵間　功成身退　咸陽市上　暮江天底　項羽失楚　退則有得　主人不應　貫璧謗秦

土崩城高　營事見敗　誰人嘆犬　哀猿痛頭　烏江亭長　進則有失　有財未得　以金買土

丙一一一

기반을 닦고 때를 기다려라 모든일이 한번 물러섰다가 다시 이루어 진다. 서북방 일은 때를 놓치지 말라 여자를 조심 않으면 구설이 있다. 봄은 자식 근심있고 八월은 재수 있고 이별수 있고 남방 구설이 있다. 마음을 안정하고 욕심을 적게하면 길한 운이다. 노력 해도 공이 없다가 이름을 얻을수 있다.

시험 합격 취직 승진 불성 혼인 불성 심 화병 회복 소송 승리

丙一一二

몸에 빚을 내려고 한다. 친구에게 사기 당한다. 남방인과 시비 조심하라 선비는 공명 을 떨치고 열녀는 정조를 지킨다. 동쪽 사람이 내것을 뺏으려 한다. 친구가 자주 유혹 하니 그 말들어 주면 사기 당하고 관청 문제가 일어난다. 겨울 철에 문서 잡는다. 이 사하기 쉽다.

시험 합격 취직 불성 혼인 불성 심 화병 회복 소송 승리

丙一一三

욕심이 과하면 후회 한다. 조상 묘가 발동 한다. 내말을 남이 불청 하나 나의 운이 왕

성하니 자연 굴복 해온다. 집안은 무고하나 좀 쓸쓸하다. 신체에는 큰 지장이 없으나 재운은 약하다. 가을에 서쪽에 가면 재수가 있다. 三、四월은 구설이 있고 복통이 있다。미리 참선 해야 사고가 예방 되고 후회가 없다.

시험 합격 취직 불성 혼인 성립 심 화병 회복 소송 승리

丙一一四

자루에든 송곳 끝이 밖으로 튀어 나온다. 세력을 갖고 싶은 영웅 심을 누가 알아주랴? 각박한 세상을 탄식 말고 정성껏 노력하라 남쪽 귀인이 유리하게 도와 준다. 동쪽이 불리하다。언어 행동을 조심 하라 물가 사람과 충돌 하면 손재가 크다. 사기 당할 운이 있으니 거래에 조심 하라 큰 공명은 없으나 훗날이 유망하다.

시험 불리 취직 불성 혼인 유망 심 화병 회복 소송 승리

丙一一五

군자는 관록이 높아지고 소인은 관재 구설이 있다. 집안은 평온하다 외출 하면 위험하니 서쪽 밤길 조심 않으면 습격 당한다. 봉급자는 몸에 빛이 나지만 상인은 급히 서둘러야 이익이 있고 느리면 빼앗긴다.

사험 합격 취직 성립 혼인 불성 김씨 강씨 조심 심 화병 희복 소송 승리

丙一一六

옥이 자기를 깎아줄 기술자를 기다리는 격이다。깨끗한 곳에 처신 하라 내웃에 때가
묻기 쉬우니 긴장을 풀지 마라 옳은 인도자를 못 만난다。애를 태우는 격이다。너무
큰것을 피하라 무리 하면 손재가 크다。강력히 하면 불리하고 순리 대로 가면 안전 하
다。심사숙고하면 그 낌새를 미리 알수 있다。

시험 실패 취직 불성 혼인 불길 심 화병 희복 소송 패배

姤卦評曰　遇也

姤者遇也　天風相引　不期而會　取女上息
以陰遇陽　以柔乘剛　非意所望　乃日勿用

乾上巽下六親

、　戌　父　未　父　　春不利
、　申　兄　未　父
、　午　官　未　父　　五月卦夏病
、　酉　兄　午　官
、　亥　孫　午　官　　秋吉
八　丑　父　子　孫　　冬半凶

象格　風雲相聚之課
　　　或聚或散之象

詩斷　天邊秋月又重圓　原上枯枝得雨鮮
　　　不識桃源歸去路　誰知今日遇神仙
　　　朦朧新月照人間　意外誰知喜事生
　　　別有貴人相接引　不須巧舌似流鶯

解卦　女壯勿用取女、象曰天下有風姤后　以施命誥四方。（朱子）曰一陰而遇五陽則　女德不貞而壯
　　　之甚也、取以自配必喜乎陽也。

姤卦　當年訣

邂逅逢人　官人有助　花笑蜂迎　姮娥抱珠　三春之運　食小事紛　辰巳之月　若作遠行
雲間見月　利在其中　片時春情　丹桂精神　畫中見餅　得不補失　因人見害　身憂難免

午未之月　三秋之月　亥子之冬　犬奪鷹食　更看伏惟　勞身勤力　九臘何月　兩人爭利

客來助主　白晝失金　還失其網　功者反虛　徘徊青山　晚得少利　憂及膝下　心藏釼戟

今年之數

近女見敗

姤卦
疾病訣

寒熱心腹　火攻肺臟　誰知病根　蠱邪侵身　月夜雖靜　子奪父席　風駈暮雲　西方速走

精神恍惚　喘甚吐血　火藏心經　病自支離　含怨進退　天理何逆　日冷月寒　神人可逢

姤
卦

甲一二一
老梅待雪　人瘦性剛　作之不已　金小治業　良弓已藏　居陋不憂　人間之福　人雖誘之
殘菊傲霜　事違心堅　乃成君子　害隱守福　走狗何烹　學小有知　不越于心　豫察事後

甲一二二
十尋碧梧　早生繁盛　近憶昔時　非人所遺　一喜一悲　胎地非緣　財生之數　文書有氣
先知秋氣　晚成衰微　歡不堅心　自成之害　心無預言　不利子孫　多見小逐　勤勉得利

姤卦

甲一二三

兎見猛虎　半生半死　害者在側　心阻事迍　非官則舌　雖云如此　財數如何　豫爲防厄
顛沛超躍　步短路長　難近難遠　前後不明　中外相起　身不遭傷　弛心無益　禍不及身

甲一二四

曹彬取印　勤苦有得　應來生世　怨嗔相爭　或者修道　或者讀書　或云有術　或云求財
終逢大官　富貴在中　人來助我　勿充私慾　能成其功　能成文章　手把黃金　勿見其敗

甲一二五

尋花玩月　家事何關　此在浮生　心浮客地　居家愁色　每事前程　勿思大財　閨門之憂
無事閑人　放浪生涯　安身而己　期於一動　出門喜色　苦悔茫茫　天運未廻　豫治無妨

甲一二六

遠交隱圍　雖日統合　虛欲歸家　世間諸人　文書雖吉　勤儉篤行　非勤不富　仰求財物
外親內疎　劉項奈何　居不知耶　歸怨者多　苦非欲言　時雨滋苗　非儉難得　害先隨之

姤　卦

乙一二一

口舌來動　三月九月　害及東城　累衣身上　家神逢空　千金一散　上天延頸　清心勿慾
上下憂心　危樑壓身　水邊爭土　一哭難免　怪變將出　四壁徒立　綠木求魚　失物失本

乙一二二
哭涙西揮　人自東南　家神發動　何人挾水　東喪西敗　明珠沈水　雪逕雲路　窮山獨臥
其害自塚　財上有文　寶林落實　其丑尾長　子盗父兵　落葉懸木　汗馬蹄穿　謀餘破産

乙一二三
堂憂棣涙　田土有損　竹雨北山　虎臨長津　往之無得　強進有咎　喘牛可休　北人誘之
水旺有咎　是非子月　月笠上頭　愼之莫渡　以損本物　愼行無咎　死馬何買　投金水中

乙一二四
落花三月　危墻可避　北人之言　美哉東風　鳳凰和音　遙海採珠　密懷東歸　家人弄財
膝下何憂　風波之場　愼勿聽從　外人進財　以木求成　麗水得金　北客欲奪　楚人逸財

乙一二五
動土有利　秋風之運　他人之事　弄金半城　河氷已分　病於春風　不勞得之　肥海觀魚
家無主張　喜在膝下　土掘藏動　上憂難免　初損後益　蘇于秋聲　水下之金　何人欲奪

乙一二六
親戚之間　若無凶音　踏水愼足　愼之驚夢　漁人孤舟　江聲如哭　夜貪金氣　烏啼三更
分派之象　膝下有憂　一哭之人　女人懷胎　貪魚沈水　哭子損物　往則有咎　一笑歸東

姤卦

姤卦 경험 결

丙一二一

옥이 먼지 속에 묻혀 있다. 단체에 가입이나 임무를 맡지 마라 실수 하여 큰 구설이 일어 난다. 책임자가 도망가니 남은 송사리가 괴로움을 당한다. 신규 사업이나 욕심을 부려 여러가지 불의 사고로 중구 난방이 된다. 손재수 실물수 부동산으로 인해 싸울수 가 있으니 참선 해야 나무가 봄을 만난 격이 된다. 이동운이 있고 상주가 될 수다.

시험 낙방 취직 불길 혼인 불성 심 화병 회복 소송 패배

丙一二二

오강 언덕에선 항우 신세다. 보물도 미인도 다 버려라 오직 참선과 수양으로 극복해야 한다. 먼곳에 일이 있으나 발이 없어 못간다. 도우는 자 있어도 마음대로 안된다. 부자 가 서로 근심하고 문서 재산으로 인한 근심과 부모 복이 있고 하절에 심장병 이 온다.

시험 낙방 취직 불성 혼인 불성 병 두 족 통 회복 소송 불리

丙一二三

나의 소원을 상사가 불청하니 답답하기 짝이 없다. 옛 것을 고치고 새로운 방법으로 가 는게 좋다. 부모 형제로 인해 눈물 흘릴 일이 있다. 손위 사람에게 병이오고 토지 시

비가 있으며 겨울은 불리하다。배를 타면 손재가 크고 북쪽 사람과 거래 하지마다。

시험 낙방 취직 상관 불응 혼인 성립 병 회복 소송 불리

丙一二四

화류계에 가지마라 불의의 관재수가 있다。명예와 이익을 위하여서는 돈을 아끼지 마라

늦게 목적이 이루어 진다。북쪽 사람과 거래 말라 남의 말을 믿으면 손재수가 있다。

재수 있고 자식 근심이 있다。만사를 화목 위주로 추진 하면 편안할 운이다。봄은 길

하고 여름은 불길하다。

시험 실패 취직 돈 아끼면 불성 혼인 구설 소송 패배 상고 불리

丙一二五

집안이 불안하고 토지는 이동하는 것이 좋다。부모가 아플 운이고 자식은 편안 하다。

멀리가면 재수가 있고 집에 있으면 없다。봄 여름은 평범하고 가을은 길운이다。작은

벼슬은 승진있으나 고관은 승진 안된다。

시험 낙방 취직 먼곳은 된다。혼인 불성 소송 화해

丙一二六

집안 싸움이 일어나 고민하는 운이다。원방이 불리하니 교통 사고 조심하라 자식으로

姤 卦

一三一

인해 고민이 있고 상주될 운이다。 남을 과신 하면 손재가 크다。 자기 직장에 착실 하

라 낙직 운이 있다。 자식이 죽을 운이니 미리 절에 가서 빌고 참선 하라。

시험 낙방 취직 불성 혼인 성립 병 회복 소송 화해

遯卦評曰　遯者　逃也

乾上艮下六親

戌　申　申　父　六月卦夏凶
申　午　午　兄　春吉
午　辰　辰　官
申　　　　才
午　　　　孫　秋平
辰　　　　才　冬凶

父　戌　父　未
兄　申　父　未
官　午　父　未
兄　申　才　卯
官　午　孫　亥
父　辰　才　卯

處遯之時　惡事卽起　欲進欲退　以小制大
陽道欲衰　善事己衰　疑惑難爲　君子避之

象格
豹隱南山之課
守道去惡之象

詩斷
莫歎常蹇逆　從今事漸通
欲知成就處　須在馬牛中
危厄不須防　災除福漸昌
所爲遲則遂　陰小却須防

解卦
亨小利貞、象曰天下有山遯　君子以遠　小人不惡而嚴。(朱子)曰故其占於君子　能遯則　身雖
退而道亨、小人不可　以浸長之故　而遯浸道於陽也。

遯卦當年訣
玉埋塵土　驚弓之鳥　爭訟朱門　若非身病　三春之節　西南之人　幸得女助　時當三秋
世無知己　僅避曲木　青山有主　勞身官事　財上見欺　愼勿去來　利源自來　外莫動心

遯卦

鳥見弓矢　思在宅中　金風秋月　公事無德　愁雲滿庭　秋末冬初　六花之冬　福星近助
離樹隱山　家憂不絕　魚失江湖　因人損害　荊門有憂　行商不利　文上有欺　井魚出海
口舌不利　謹避爭外

遯卦　疾病訣

心悶腹痛　喘咳不止　火旺水衰　胸膈不寬　客邪隨物　越人雖在　祭祀不嚴　人良不納
間有嘔吐　呼長吸短　庭柯自鳴　病乃危篤　心經熱鬧　經脉難通　餘殃嘯生　何惜青銅

遯卦

甲一三一
原頭病犢　身有殘憂　父兮生我　基地逢克　二爻無氣　移于吉處　祿星陰執　非徒無益
夕陽呼母　恩思一願　母兮育我　早運不吉　宅神晤動　豈不宜耶　勿營大事　反者損失
甲一三二
秋風飄飄　山南山北　六十四卦　草家三間　鬼聲啾啾　早不移居　爻象逢冲　祈于宅神
燕子收影　殺氣冲天　遯者第一　風雨無疵　憂苦不絕　後悔莫及　財運逢霜　以除其厄

甲一三三
種一頃荳　人生世間　不顧家事　是何緣由　六親無德　有財難聚　計算不中　秋風之節
落而爲萁　富貴幾何　浪遊自寬　心中多憂　三友無情　有物難收　趑趄不已　愼之事頭

甲一三四
投筆龍門　萬戶長安　佳娥爭唱　貴綠如此　浩氣有源　勿失好期　貴星照身　凡庸之器
獨自春風　捲盡珠簾　橘滿車中　連步科程　擲地金聲　天與之時　謁貴最好　九想虛名

甲一三五
跋扈之狼　基神發動　損友相待　而已乎哉　新營之事　財運否塞　但用路費　居官貴人
進退兩難　在家爲愁　出路無益　何取何捨　猶豫未決　未得橫財　紛忙而已　與此小違

甲一三六
天堂消息　余之心思　回顧宅舍　恒顧身後　天地中間　百思不中　愼之爭訟　祈天祈斗
坐而願聞　緣何理由　治產無味　閒居無暇　知余何人　恐致身病　官人隨後　庶免此數

乙一三一
遯跡不出　性好陰事　春風之運　與人同心　三人言之　急擊勿失　與人相謀　懷金夜行
事多聰明　密謀何用　子孫有喜　家事昌喜　一人得之　衆人爭財　合以不多　人在東林

乙一三二
父與兄弟　三可爭文　鼠入空倉　以火捉金　財帛不多　往秦往楚　西有黃金　至于鷄月
有憂度日　是非于北　子孫何故　損財之象　空手歸東　寶物分散　人不贈我　自知其害

乙一三三
西風入樹　家平身旺　愼之莫渡　清江明月　玉包盤盤　西人送何　二人相扶　至于度子
喜來兩處　金物有利　南方是非　與鴻同心　金橐煌煌　論上無利　所勞必中　聚則莫出

乙一三四
子孫之事　寡婦青山　人自亥方　遇然與人　齊楚之間　狐疑虎畏　月山風川　釣魚無餌
與人爭鬥　散金一哭　外有凶聞　來助身世　獲策未得　不如早破　虎奪狐得　渡海無楫

乙一三五
商山四皓　虎嘯猿啼　莫作南行　家神欲動　謀事南方　見火卽發　野牛耕田　東南之方
一人何歸　賊人入門　損害無比　三足之金　支離有月　遊金在東　山僧擊鍾　得不滿心

乙一三六
落葉誰掃　渡水逢人　自南孤兒　家宅比和　楚老送金　日在子午　水路千里　齊人泛舟
西江人歸　得金西箱　添口有害　諸怪自退　損而有得　往西有金　鷄鳴三更　往則有得

丙一三二一

비밀리에 일을 꾸미고 싶으나 뒤에는 불리하다. 봄에는 길하나 가을은 불리하다. 가족
은 편안한 운이고 동업은 잘 된다. 급히 서둘면 얻어지고 늦으면 잃는다. 남과 싸울
운이 있으니 동쪽사람 조심하라 공명은 얻어지나 괴롭다. 강행 하면 이루어지나 서쪽
은 불리하다. 너무 욕심을 부리면 화가 미친다.

시험 합격 취직 승진 성립 혼인 춘길 추불길 병 회복 소송 화해

丙一三三二

공명이 이루어지지 않는다. 못에 물이 없으니 고기가 식량이 없는 격이다. 근심 시비
손재수가 있고 도둑이 들어 온다. 고정 수입으로 극복해야 하고 손아래 사람과 여자로
인해 큰 화가 오니 만사에 신중을 기해야 한다. 배는 타지마라 부모 형제 궁에 병이
온다.

시험 실패 취직 불성 혼인 불성 병 회복 소송 불길

丙一三三三

직장을 옮기면 불길하다. 있는 곳에서 착실하면 승진이 되는 격이다. 남쪽에 시비가

일어나고 화성을 불리하다。 사업가는 만반의 준비를 하고 기다리면 선전 없어도 경기

가 회복된다。 가족은 편안하고 가을은 재수가 있다。 모인 재산은 지출 하지말고 이해

를 넘기라

시험 낙방 취직 불성 혼인 성립 병 회복 소송 화해

丙一三四

물가에서 적을 만나니 막을 길이 없다。 자본에 넘치는 큰 사업을 경영하면 고통만 크

고 실패한다。 재산으로 인해 남과 싸우기 쉬우니 각별한 조심이 필요하다。 제갈양이 밭

가는 격이니 천한 일이라도 착실하면 길하고 공명을 과이 탐하면 관재수가 일어난다。

시험 낙방 취직 불성 혼인 불성 병 회복 소송 패소

丙一三五

만사를 사양 위주로 진행하고 합리적으로 추진하면 뜻대로 된다。 군자는 무고하고 소

인은 사건을 일으켜 큰 손해를 본다。 남쪽이 아주 불길하며 이상한 일이 생겨서 손재

가 크다。 동쪽사람 손을 잡으면 큰 도움을 받는다。 함정에 빠지고 도둑 만날 운이다。

시험 낙방 취직 불성 승진 불성 혼인 지리 불성 병 회복 소송 패소

丙一三六

서북간의 소망은 이루어진다. 타인을 집에 머물게하면 손재가 있고 집을 증축 또는 수리하면 손해를 당한다. 어떤 물건을 막론하고 시비하면 손해가 온다. 서북쪽 사람과 거래하면 재수가 있다. 남의 식구를 들여 놓으면 불길하고 대문을 옮기거나 고치면 큰 재앙이 온다.

시험 합격 취직 되어도 불만 혼인 불성 소송 실패

否卦

否卦評曰　否者　塞也

乾上坤下六親

、、、八八八

戌申午卯巳未　春吉
父兄官才官父　夏凶
未未未申辰子　七月卦秋平
父父父兄父孫　冬凶

天地不交　夫妻不和　君子道消　人物乖違
陰陽閉塞　別離南北　小人道長　不動之象

象格

天地不交之課
人口不圓之象

詩斷

百里迢遙千里遠　冲天難得一回程
彩雲秋色真堪愛　酌酒高歌對晚晴
天將未至日無光　逐祿求名事可傷
但得良辰花欲發　此時着力有何妨

解卦

否之匪人不利　君子　貞大往小來。象曰天地不交否君子　以險德、避難不可　榮以祿。（朱子）
曰正與泰反故　曰匪人其占不利於　君子之道、乾往坤來　居内又自漸而來也。

否卦　當年訣

天地運否　鴻罹魚網　離別家人　雨露無恩　春夏之運　身困三春　莫行市門　巳午之月
人物不平　欲飛不飛　行身道路　庭花不明　塞兎逢狗　財反成憂　女口不正　謹避朱門

橫厄及身　求謀不得　七八金風　意外逢禍　金耶帛耶　秋去冬來　人有求助　運回三多

因官損財　虛用中心　手不成文　他孽橫來　近則有害　莫守舊基　身運漸通　手弄金銀

文星近照

食祿在土

否卦　疾病訣

往來心腹　飲食不進　胸膈不寬　百草無靈　心經熱鬧　忍苦亦難　河泊所侵　逐鬼畏醫

頭痛寒熱　泄瀉嘔吐　三焦否塞　欲食不納　陰虛火動　病症頻變　厨鼎發動　黃泉解免

否　卦

甲一四一

飽花爛慢　初何遷合　天時人事　兼善兼惡　今年之運　文書係身　子未月令　若圖大謀

不遇一文　晚何風散　與心小違　預察奸人　莫近文書　難可脫出　勿圖大謀　終有後悔

甲一四二

洛陽之都　勿言有德　人間生活　憂在古宅　世無福人　避凶就吉　論其財數　雖無利害

四面受敵　速遷咸陽　豈越於此　離而勿顧　世無禍人　事在心思　別無利害　慎之起訟

否　卦

一四一

甲一四三

四顧無人　時運極寒　莫持大財　如兄如弟　東耶西耶　靜則無害　盧荒之慾　卯申之月
聲在樹間　霜落九天　天賊隨後　朝夕其人　欲去何處　動則必害　勿附心上　慎之慎之

甲一四四

瞻彼垂楊　如折非折　經之營之　勵心以行　微愁細疑　資財囑托　財源論之　子丑之月
微風撓幹　如乱非乱　盡如欺態　不見冲破　留意無妨　利見大人　細流連海　慎之慎之

甲一四五

東西兩方　東濁西清　清無若水　水深還黑　自古神龍　龍伏江海　欲識其財　弓弓乙乙
險岐怛路　疑信之間　高莫如天　天遠似低　元來靈鳳　鳳栖梧桐　私心虛欲　往於溪邊

甲一四六

日出東天　東陰西陰　天時地理　錦屏華燭　文星來照　卦逢六合　一出財路　千經萬營
世界明朗　惡余者無　符合人心　佳人含笑　文書多利　創業者余　到處春風　舉皆成功

否　卦

乙一四一

子業歸風　无草難飽　東風桃李　浮槎八月　春鳥宿林　勿爲貪金　棄我如屣　無舟難渡
鵲哭青山　老馬痛鳴　莫移北園　橫厄水邊　越人不應　人不許之　往則無得　以水杜路

乙一四二
北田欲移　事事不通
症虫入胸　落葉枯風
大海欲塞　財力還費
百怪並出　人宅不合
東方論事　破則無害
北來李姓　言甘事辛
西人相論　一害一得
魚貪其餌　不惜其身

乙一四三
財上雖吉　損氣外物
西方有損　秋風何故
子孫之事　晝夜心乱
北人何言　移宅不吉
白雲浮心　高山有論
與盡回舟　更待雪時
西人何言　求於子方
秋風石頭　周郎病臥

乙一四四
東色官至　營事可得
所得雖多　財帛有損
誰人納室　子孫得官
教耕南山　與誰合心
地上風起　水月不利
活星照身　往東有吉
文書乱動　田土何事
東人來助　支離有得

乙一四五
堂上有喜　月滿東山
海物入夢　南行得病
是非如雲　莫行北程
琴瑟不和　恐有室憂
大事何罷　一人自退
美哉春風　所求何得
財祿雖好　女逢獨夫
其人欲退　急擊勿失

乙一四六
水土之病　泄氣難生
心中有刀　兩人自北
見人言苦　東去求生
水神攪魂　二江莫渡
女舌爭地　是非而已
東南風急　戰水船破
愚者欲得　智者自罷
家破財盡　齊人笑煩

否卦

否卦 경험 결

丙一四一
강풍이 집을 흔든다. 가정이 불안하고 부부싸움이 일어난다. 이사는 불길하고 八월은
액운이 있어 비관할 일이 있으나 남쪽에 사는 윤씨 박씨가 도와 전화 위복이 된다. 여
행 도중에 질병을 얻거나 교통사고가 있겠으니 미리 조심해야 한다.
시험 낙방 취직 불성 혼인 불성 억지 성립은 이별 병 지리 소송 불리

丙一四二
큰 일을 도모 하면 일이 자꾸 막힌다. 동쪽이 불길하고 화성을 조심 해야 한다. 소득
은 크지만 이해가 상반이다. 벼슬을 얻기 위해 투자하면 사기 당한다. 조씨와 김씨를
조심하라 서쪽에서 사건이 일어나고 남쪽은 운이 통하여 두사람이 도와준다.
시험 낙방 취직 불성 혼인 불길 병 회복 소송 승리

丙一四三
상관이 말려도 자꾸 퇴직하고 싶다. 가정이 불안하고 몸이 곤하다. 집에서 놀면 불길
하니 미리 다른 직업을 구해두고 사직하는게 좋다. 이사는 불길하고 가을 철과 서쪽이
불리하며 유혹에 말려들면 큰 손해를 당한다. 힘이 빠져 있다가 겨울에 소득이 온다.

丙一四四

동쪽 사람이 나를 도운다. 봉급자는 직장을 옮기고 싶어도 수입 많은 곳이 나타나지 않는다. 소개하는 사람이 마음이 두갈래여서 의심이 생긴다. 사업은 경영이 잘되고도 지 등으로 시비가 일어나 손재를 당한다. 급하면 불리하고 느리면 길하다.

시험 낙방 취직 성립 혼인 불성 병 회복 소송 손재

丙一四五

상관이 곁으로 말만 해두고 지리하게 끌고 있다. 내심은 돈을 바라니 이루어 질수 없다. 동쪽사람에 부탁하면 十一월에 이루어 진다. 남쪽은 불길하고 부부 싸움이 있고 사고 팔 때는 급히 서둘러야 유익하다. 봄은 길하고 여름이 불길하다. 부모궁은 안전 하고 북쪽이 불길하다.

시험 낙방 취직 승진은 힘이 든다. 혼인 불성 병 회복 소송 패배

丙一四六

누구도 따를수 없이 근면 착실하면 이루어 진다. 평범하면 내가 하려고 하는 것을 도 우는 사람이 있어도 중역 회의에서 기적적으로 타인에게 빼앗긴다. 재차 끈기있게 매

달리면 늦게 이루어 진다。 집수리하면 병자가 생긴다。 남과 충돌을 피하라 봄은 길하

고 격울은 흉하다。 토성을 조심하고 여자 구설 있다。

시험 낙방 취직 성립 혼인 불성 병 회복 소송 패배

觀卦評曰　合也

觀者觀也　風在地上　財不破散　求官得位

巽上坤下六親

爻象	地支	六親	伏神	伏親
、	卯	才	子	孫
、	巳	官	子	孫
八	未	父	午	官
八	卯	才	申	兄
八	巳	官	辰	父
八	未	父	子	孫

春平　夏凶　八月卦秋吉　多凶

象格

觀國之光　萬物與昌　去處難強　爵祿加影

雲捲晴空之課

春花競發之象

詩斷

鞍轡利遇行　觀風容俗情

秋來聞撓括　見虎不消驚

弓滿定穿楊　登樓醉一場

醉中有失錯　於何有何妨

解卦

盥而不薦　有孚顒若、象曰風行地上　觀先王　以省方　觀民設教。（朱子）曰觀以中正而示人所以為觀盥將祭而絜手也　荐奉酒食　以祭孚信而顯可抑者也。

觀卦當年訣

鳧雁窺魚　所望何事　書雁往來　智謀合時　路柳墻花　春風入戶　遂兔易獲　春末夏初

徘徊江南　見機進退　二人同心　求名得利　豈可同室　求財兩處　取虎無益　財上有害

觀卦

買賣不利　午未相合　斬巳大道　｜唔成易謀　猿啼鷄昌　身命隨鬼　虛事欺心　亥子寒風
親人不睦　幸得他助　獨喜自負　其誰知之　莫行遠方　惟恐疾病　東人莫近　人來爭土
文書反虛
豈可信聽

觀卦　疾病訣

寒熱頭痛　樂中得病　雲霧滿庭　腹部不安　風馳老陰　香火禍物　病起南方　先治鬼神
心寒拘急　進退留連　鬼跡成陣　他染之病　東哭西痛　三焦不寬　殃連竈君　後用其藥

觀　卦

甲一五一
四皓圍碁　風塵時代　仙席風流　歸山歸家　所謀必遂　財程若何　終日清談　木陰東西
消遣世慮　泛泛觀之　世界一味　自由無禁　所求皆得　以生補用　人多悅聽　夕陽遲遲

甲一五二
秋月皎皎　聖朝明察　換改衣服　朱門不閉　利在謁貴　時當揚名　外地財緣　今年之運
桂枝照筵　恩書到門　不是舊形　家庭熱鬧　定然成功　遐邇一体　徒費心神　成敗可辨

甲一五三
老僧嘯聲　阿彌陀佛
閑坐寂寞　別無滋味
書人來時　何人求人
自合以後　歲月支離
三更夜月　琴聲不振
勿望人財　勿失我財
陰中行順　可得天運
官災口舌　不必憂兮

甲一五四
出必名將　入則良相
堂上竭孝　行里立教
無不中節　世稱振華
印文照明　豈貴可知
莫恨無財　財自隨人
七年大旱　人亦無飢
人心符合　神明感應
天地生德　執力于此

甲一五五
弱小滕國　間於齊楚
飄飄此身　不知歸定
他鄉有鬼　故鄉有鬼
兩處無益　中間最利
財路如何　利害無關
節用節食　可扶其安
雪裡風寒　出入氣象
乾坤大道　獨喜自負

甲一五六
天遮雲兮　不明其心
山陰水兮　自倒沼中
鬼動難靜　看花自動
慎之慎之　恐生一魔
清廉爲吉　虛欲敗家
心如浮雲　潛心勿動
居鄉不安　安分守分
余之所心　筆頭難畫

觀
卦

乙一五一
身世擾擾　地上風起
膝下有憂　涙沾白衣
是非如雲　莫遊南方
火旺之節　家故連綿
棄彼野猫　憂鼠入倉
南客欺情　无心步月
求之不得　四面無親
東方小物　區區乃得

乙一五二
他人之事　事來致敗　家憂仍生　三人必死　他人受功　隣人失火　何處兩老　土者靜物
無端得談　金物何利　基有伏尸　即移其宅　散金之象　爛額上客　於我寄生　動則害財

乙一五三
花損一枝　兄弟何故　膝下有慶　木鳴之節　鳴如人聲　四月南風　丑未之方　謀事易成
涙流棣原　一家不和　外人納財　家多好事　北柱可移　東伐有功　有財難言　後悔莫及

乙一五四
父母之事　寅申之月　外人雖助　憂患連起　大厄難免　辰戌之方　黃金欺人　土財易成
累月在憂　官訟難免　大厄奈何　家宅不吉　移居辰戌　田土可論　李人莫同　憂物不利

乙一五五
他人之害　八月古江　雖云生財　吉運已盡　害及子孫　北人誘之　小女之物　西方女家
及于我身　慎之莫渡　身憂亦添　地亦老也　莫移水邊　渡水失計　是非之機　非理之財

乙一五六
若無哭人　兒竟何罪　南方之物　與人莫爭　空火戴水　徘徊水頭　心無元氣　水運已盡
古家難守　載水及死　無償欲求　中道害我　其勢不及　四求無得　行潦易渴　宅神無主

丙一五一

먼곳에 여행하면 도중에 병을 얻는다. 여름과 남쪽은 불길하고 집안은 불안하여 남에게 속아 근심할 일이 있다. 시비가 일어나니 사전에 조심 하여야 한다. 힘에 겨운 일을 과감하게 추진하면 손재가 크다. 슬하에 근심있고 집안이 복잡하고 상주가 될 운이다.

시험 낙방 취직 불성 혼인 불성 병 회복 소송 승리

丙一五二

자본 부족을 한탄한다. 남이 나의 일을 밀어 주다가 중도에 배신한다. 금성과 거래하면 손재가 더 크다. 가족 사망, 손재 구설이 있다. 교통사고와 이동 불리 등이 있다. 힘에 겨운 일을 강력하게 추진하면 재물과 나의 힘이 같이 빠진다. 정월에 이사 하면 가족 사망을 면한다.

시험 낙방 취직 불성 혼인 불성 병 회복 소송 패배

丙一五三

가정 불화에 조심하라 형제 때문에 근심과 눈물이 있고 배 타면 생명 잃는다. 옥은 하나인데 둘이서 가지려 한다. 내가 양보하면 무사하고 그렇지 않으면 손재가 있다. 동

북사람과 서남쪽에 구설이 일어나 부부싸움이 있다. 과욕하면 직장에도 불화가 일어난

다.

시험 합격 취직 성립 혼인 파괴 병 회복 소송 화해

丙一五四

명예도 얻고 재수도 있다. 윗사람 근심과 액운이 오고 가택이 발동하여 토지 싸움이

있고 집안이 불안하다. 문서 시비는 손해보고 三、九월은 길운이다. 금년은 직장이 생

기는 운이며 사업가는 신규사업 해도 재수 있다. 三、四월은 이사、 一、七월은 소송、

남씨는 대길、 이씨는 불길、 여름은 불길、 이씨 조심하라.

시험 낙방 취직 성립 혼인 불성 병 회복 소송 실패

丙一五五

먼곳에 가면 도중에 도둑을 만난다. 동업은 불길하다. 배 타면 손재오고 신병이 생기고

자손이 피해를 입는다. 의리에 안 맞는 것은 손해있고 강력하게 추진하면 적은 것은

얻어지나 큰 것은 도리어 손해가 온다. 보물이 깊이 숨어 있으니 물가를 조심하라. 타

인에 피해입고 낙루하는 운이다.

시험 낙방 취직 불성 혼인 불성 병 회복 소송 패배

丙一五六

먼곳에 여행하지마라 교통사고가 있고 도둑을 만난다. 지혜 있는 자는 은둔하고 무지

자는 뛰어 나온다. 물가나 밤길을 조심해야 한다. 친한 사람이 나를 해칠려고 하니

싸우면 손재가 크다. 큰 것을 구하면 눈물이 올뿐이다. 싸우면 상대가 죽는다.

시험 낙방 취직 불성 혼인 불성 병 회복 소송 실패

卦

剝卦評曰　剝者　來也

山高岌岌　陰道將旺　臨臨九月　人離財散
其形似剝　陽道衰弱　震其彫落　求官失爵

艮上坤下六親

六親	地支	線	伏神支	伏神親
才	寅	、	酉	兄
孫	子	八	巳	官
父	戌	八	酉	兄
才	卯	八	申	兄
官	巳	八	辰	父
父	未	八	子	孫

春吉旺　夏平　九月卦秋凶　冬不利

象格　去落生新之課

群陰剝盡之象

詩斷　剝至事雖傷　陰人恐在床
久歷霸分事　年來始息爭
朝雲無定處　得雨始无妨
卦冠眞活計　洗耳適林泉

解卦　不利有攸往、象曰山附于地剝上、以厚下安宅。（朱子）曰、剝落也、九月之卦　陰盛陽衰、小人壯而君子病故、占者得之不可　以有所往。

剝卦　當年　訣

事有他方　西北相通　青山古寺　墻外墻內　群陰剝陽　三春之節　花月當窗　若不愼察
利在攸往　金性有助　白衲有情　二花爭蜂　女人何近　化身狂蝶　黃金自損　損財傷身

赤蛇帶馬　雲霞滿庭　天賊入門　六月之運　申酉之月　福星照宅　菊月寒風　非理爭訟

宅中有憂　閏月無光　失物何免　憂及膝下　朋友有信　因人成事　舌乱門前　因人逢害

運廻三冬　雪中寒梅　來年事業

身運漸亨　花開結實　當今謀計

剝卦　疾病訣

寒熱往來　心經鬱鬱　內有雜病　病能變化　鼠雖藥神　雖有藥石　若入墓庫　艮外坤門

心腹疼痛　內熱昇然　齒牙亦痛　支離難免　猴去無救　未得其効　病乃支離　危哉其命

剝卦

甲一六一

顚木之枝　胎地無緣　上不愛下　欲建新業　運未亨通　借問財程　欲求吉處　午未之月

移植生榮　祖業何利　下不敬上　苦毒奈何　路過大笑　渇龍求水　寅卯之月　愼之身憂

甲一六二

龍入火口　妖魔邪鬼　棣花蘭孼　是何故也　財運如何　清心寡慾　辰巳之月　若不然也

紫雲能聚　濁乱家庭　未得春風　不淨入家　淺水蓮花　自然生利　南方之害　事如倒麻

剝卦

一五五

剝卦

甲一六三
大富石崇　銅山欲頹　交人交官　秋風之節　福德持世　梅花香落　四時之序　今年之數　平世榮華　珊瑚將碎　不如獨往　愼之事頭　身上無憂　桃花綻紅　成功者去　喜悲兼全

甲一六四
彌月不雨　棄林古裡　求名求業　張弓射魚　若無熱病　財在古基　多金季子　戊月之數　稼穡焦苦　咸陽不來　頗多違心　垂釣待鳥　苦毒奈何　外求不利　還故生榮　走兔見虎

甲一六五
木雖有虫　子美先生　求財遠處　勞力太甚　巳午之數　吉月良宵　至誠感天　水月之中　知春亦花　抱褓衣綿　治家古基　未免病恨　身厄間疊　見斗七拜　運數漸昌　鏡中之花

甲一六六
江南勿色　事多反復　身無疾病　救活人命　莫探美花　隨時應計　害者自退　女人暗動　朝變夕化　風散落葉　碧天明月　養狗反咬　己付他人　知識自避　一年亨通　括囊無咎

剝卦

乙一六一
黃果落節　摘桃秋山　經營虛事　無主之家　指我瘠兔　夜出深林　山人設網　落日西峴　白雲歸山　落馬之厄　一實在山　但望秋實　換彼健虎　無食徘徊　蹇而歸山　一男獨行

乙一六二

必在塚墓　死地保生　子孫之事　門神招盗　聞其猫聲　北伐未勝　太倉之粟　坐被碩鼠
上憂難免　父母之恩　是非西南　種種損財　身動見害　西往得功　食者官吏　終嚙朽粟

乙一六三

穿山爲掘　胸多滯隔　手捧文書　北隣妒人　事無主張　南山豆田　親朋自南　登山有斗
家眷疾病　堂上之憂　家故層生　每見血光　心多出遊　虛爭牛功　臨事不變　合心而已

乙一六四

山上有火　木旺之節　經火之後　移宅無妨　死亡無常　潛火易成　長江舟落　徘徊宇宙
修身勿出　身家不安　家神逢空　是非吉地　家無其主　虎爭牛功　糧乏東走　空然落羽

乙一六五

疾病誰何　田土散亡　鴻陣漸高　不富不貧　金旺之節　淚沾父宮　臨淵羨魚　空川乃鎖
堂上白髮　損財非一　先事紛起　地則明基　小有膝憂　動土不利　不如結網　得物易失

乙一六六

純陰剝陽　北人甚奸　水旺之節　婚于何處　得失相半　久居此宅　無夫西山　強弩未勢
動墓何事　爭財何事　頭上有痛　空家人死　何不滿腹　無財無孫　二女何哭　未能穿孔

丙一六一

직장에 불화가 일어난다. 명예운 등은 중도에 파괴 되고 교통사고와 손재수가 있다. 옛것이 싫으면 다른것을 구하라 늦게 이루어 진다. 금년은 부당한 이득을 취하면 감봉 또는 파면 당할 운이다. 참선하고 정직 착실하면 모든 재화가 사라진다. 봄에 좀 아프고 八월은 대길하다.

시험 낙방 취직 불성 혼인 불성 병 회복 소송 패배

丙一六二

재수있으나 지출이 많다. 군중을 헤치고 나가야 어두움이 밝아진다. 손위 사람 근심 있고 자손 근심 있고 집을 옮기면 손재가 크다. 남을 내 같이 믿으면 피해 입을 수니 금전 대차에 조심하는 것이 좋다. 서쪽에 얻고 북쪽에 잃는다. 경거망동은 손재있고 내 일보는 관리가 도둑이니 조심하라.

시험 낙방 취직 불성 승진은 된다. 혼인 불성 병 지리 소송 패배

丙一六三

북쪽 사람이 시기하니 그 고통이 태산에 오르는 것 같다. 집안이 불안하고 뜻하지 않은

사건이 생기고 손위 사람 걱정이 생긴다. 부부싸움이 있고 남에게 빈축 받을일 있으니 미리 조심하고 후회 없이 해야 한다. 친구와 합심마라 병이 오고 북쪽질투로 마음이 불안하다.

시험 합격 취직 불성 혼인 불성 심 화병 회복 소송 화해

丙一六四

몸도 불편하고 집안이 불안하다. 집을 옮기면 불리하고 싸울일이 생긴다. 먼곳에 가지 마라 가족에 걱정이 생긴다. 아이들 실수로 근심이 크고 가정이 쓸쓸해 진다. 특별한 참선을 하고 청심과욕이 있어야 면한다.

시험 낙방 취직 불성 혼인 불성 병 회복 소송 패배

丙一六五

과거사 때문에 근심 있고 집이나 몸을 이동하면 손재가 생긴다. 자승 자박하는 운이니 배를 타면 불길하다. 객지에 나가면 일이 유두 무미가 되고 부모님이 병을 앓다가 사망한다. 또 정신 황홀한 병이오니 미리 유의 하여야 한다. 이사 하면 액운을 면한다.

시험 낙방 취직 불성 혼인 서쪽길 심 화병 회복 소송 승리

丙一六六

만사가 돈이면 된다고 생각지마라 군자의 일이 아니므로 이루어지지 않는다。 북쪽 동남쪽은 불길하다。 포수가 노루를 잡아 호랑이에게 바치고 놀라 도망가는 격이고 수왕절은 불길하다。 여자와 싸울 일이 있으니 미리 조심해야 한다。

시험 두번쳐도 낙방 취직 불성 혼인 불성 병 안질 두통 회복 소송 승리

晉卦評曰　晉者　進也

離上坤下六親

日出於地　巡運照耀　居官益位　利見王候

柔而上行　昇進其明　禍滅福生　任意必亨

象格　龍劍入匣之課

以臣遇君之象

詩斷　雪山月當空　牛前鼠後逢

張弓方挽處　一箭定成功

二姓合新君　資財滿目前

從今百事泰　兩處保圓圓

六親	地支	六親	地支	爻	
父	戌	官	巳	、	三月卦春吉
兄	申	父	未	八	夏平
父	戌	兄	酉	、	秋凶
兄	申	才	卯	八	冬吉
父	辰	官	巳	八	
孫	子	父	未	八	

解卦　康侯用錫馬　蕃庶晝日三接、象曰明出地上晉、君子以自招明德。(朱子)曰、晉進也、康侯安國之侯也、晝日三接　言多受天賜而顯彼親禮也。

晉卦　當年　訣

日相往來　有人相助　移都彭城　受辱他方　虛欺財物　春無遺財　晝中紅桃　若借人力

必有親信　如兄如弟　楚失天下　豈可遠行　愁多夢煩　見利難取　摘不入手　幸得小利

四五月間　莫行南北　如不慎察　夏末秋初　晚得利路　鷄鳴犬吠　移都洛陽　財運自阻
必有身憂　必被橫厄　禍起朱門　破鏡重圓　下受上恩　改舊從新　漢祚更新　莫行商路
舌乱三多　若近吊門　藏盡臘月
外不動身　身病難免　謹避訟門

晋卦　疾病　訣

上熱下冷　四肢酸痛　無髪火鬼　火強木虛　眼赤尿黄　蒼赤杖魂　藥靈不現　至誠祭天
難免頭痛　進退留連　未忘其怨　陰虛痰來　人良不甘　周行呼主　病何救之　枯木回春

晋　卦

甲一七一
萬卷詩書　若不勤儉　雖有父蔭　利在文書　身安心平　借問財程　勿望橫財　吉在何處
平生活計　何望成功　坐食不可　時乎失物　家富人睦　用多生小　如撈水針　宜乎揚名
甲一七二
東宇將焚　生時則生　痴哉痴哉　修身齊家　若不知哉　憂在家庭　君不覺耶　午是旺方
燕雀不知　死時則死　愚哉愚哉　治國平世　橫禍及身　卽去吉方　經事惹災　寅是生方

甲一七三
東國蝴蝶　失花獨飛
西舍孤客　損財獨悲
兄神旺動　不宜春秋
月下三更　彈琴無聲
家中寂寞　與誰論恔
先吉後凶　數也奈何
見事勿強　臨財勿欲
與世違我　復言何求

甲一七四
一枝春風　一枝秋風
月旺無頑　到處春風
揚名時代　豈可閒遊
出遊酒席　坐中結事
榆葉自落　步步秋風
勿爲大事　有名無實
南經西營　紛紛而已
身財不均　仰天大笑

甲一七五
陌巷顏子　德高家寒
高名四海　執不仰視
世皆歡迎　步步中節
身數康寧　邪魔自退
財在遠路　行而無慾
財運不足　勿望人財
簞食飽飲　足且足矣
人口皆正　必無橫厄

甲一七六
近水惡虎　執能殺否
彼今自斃　彼己當老
害餘深仇　執能禦否
愼避山峪　池邊是吉
八年風塵　僅僅滅楚
關虛財耗　餘熱尚存
若云太平　曾無頭緒
婦人之事　空然損財

晋卦　乙一七一
東木克土　好事多魔
水哉旺矣　自家不安
欲爲分門　西風何憂
莫爲爭訟　凶變重重
衆木泄氣　移家不吉
三人同心　可求東方
望望有得　人去之後
近程跙躅　有損其財

乙一七二　手執山文　木旺之節　五月江南　家道漸昌　久居有凶　文書往來　南人納財　夜半東山
得財何處　先事紛起　魚得其志　有子獻榮　宅木不吉　求於何人　金銀滿箱　明月未滿

乙一七三　於山小畜　身世困極　東西淚添　損財憂生　乞人凍手　長江危船　見敗南北　日出東海
水中難生　客地徘徊　上下有憂　門在凶方　北門納災　不愼沒死　徒費筋力　魚頭出沒

乙一七四　奔走東西　身病可畏　一果落地　家無主張　空倉鼠入　主長死亡　必得身病　四面日光
病樹多風　巳亥之月　古木逢火　何不曲突　豈食金鐵　久居此宅　覓財南方　飢腸未飽

乙一七五　病枕支離　秋風入水　兄弟之事　基址不吉　爲人見敗　鴻門大宴　張良奉璧　田土何論
一哭父母　西遊得病　是非朱門　風病種種　卽移北方　兩人同心　樊噲擁盾　求於西方

乙一七六　寅申之月　動土不吉　西山暮雨　每招家禍　豈能久居　西門小吉　申酉之日　無父兒孫
動基之象　眼疾蔽目　春哭祖母　樑神何去　壓樑人死　種得外財　西人納寶　不如善遇

丙一七一

천지가 밝아오니 눈앞이 훤하다. 귀인을 만나니 생기가 돌고 재수가 있다. 집안이 불안하고 일이 막히고 흉년이 생겨서 마음이 번거롭다. 이사는 불길하고 친구를 과신하면 손재수가 있다. 六、十二월이 길하나 과욕하면 큰 손재가 있으니 내실 위주가 최길운이다.

시험 합격 취직 불성 혼인 성립 병 회복 소송 지리 패배

丙一七二

과거사가 우발하여 걱정한다. 가도는 창성하고 문서 계약이 있고 남쪽사람이 도와 세력 얻고 재수가 있다. 먼곳에 가면 불리하고 가까운 곳이 유리하다. 봄은 손재수 있고 여름은 유리하고 가을은 힘을 얻고 겨울은 길하다.

시험 합격 취직 불성 혼인 성립 병 회복 소송 화해

丙一七三

가족이 불안하여 상하에 근심 있고 실패와 손재수가 있다. 북쪽사람이 내것을 뺏으려한다. 부부불화 있고 서남쪽에 손재당할 일 있으니 미리 조심해야 한다. 배를 타면 큰

화를 만나고 물가에만 가도 위험하다。 공명은 지리한 후에 이루어지나 녹이 박하다。

시험 합격 취직 불성 혼인 불성 병 회복 소송 패배

丙一七四
부부 싸움 있고 가족이 가출할 운이다。 토지 싸움 있고 심장 병이 나서 번거롭다。 내

능력이 약하여 남쪽 사람에게 속는다。 과일을 벌레가 파 먹으니 미리 살균제를 쳐서

예방하여야 한다。 백방으로 노력해도 명리는 없다。 부부 싸움과 중병이오니 산에 빌어

야 한다。 불연이면 주인이 사망한다。

시험 낙방 취직 불성 혼인 시비 병 회복 소송 패배

丙一七五
부모 중병 토지시비 형제간의 근심 부부 싸움 있고 자식 근심이 있다。 백방으로 노력

해도 사업은 전진이 없고 평평하다。 참선에 지극하면 가슴 아픈 병이 사라지고 불연이

면 상주 실물 손재수、 있고 관재수、 서쪽이 불길하다。

시험 낙방 취직 불성 혼인 속는다。 병 회복 소송 화해

丙一七六
집과 직장을 이동마라 재운이 집에 있다。 원한을 없게 하라 복수가 있다。 큰 공명은

없고 작은 공명은 있다. 급히 서둘지 마라 가을에 얻어 진다. 못 이루면 다시 끈기 있게 구하라 八월에 이루어지고 주저하면 깨어진다. 조모 사망 동티가 나서 눈병 압사운 있으니 서쪽으로 피신하면 면한다.

시험은 돈써야 합격 취직 남에게 뺏긴다. 혼인 성립 병 회복 소송 불리

大有卦　評曰　大有者　出現也

柔德專位　掩惡揚善　廣納包容　自天祐之

官爵日寵　豐財和義　成物之美　吉无不利

象格　金玉滿堂之課

日麗中天之象

詩斷　欲進文徘徊　心危事下危

貴人相指引　名利得榮歸

汨沒因塵泥　逢羊事漸新

要求眞與寵　木口是恩人

解卦　元亨象曰火在天上　大有、君子以陰惡陽善順　天休命。(朱子)曰、大有所有之大也、乾健誰

明居尊應天、有亨之道、占者有其德則、大善而亨也。

大有卦　當年　訣

雲開日出　文星照身　往來邯鄲　喜中憂生　旺財三春　如無生理　四五夏月　幸得他助

憂散喜生　先窮後達　財寶滿車　隱女不美　黃金滿箱　反成身憂　食祿自至　謀事可成

離上乾下六親　　正月卦春吉

父	戌	官	巳
兄	申	父	未
父	戌	兄	酉
父	丑	父	辰
父	丑	才	寅
父	丑	孫	子

夏平　秋凶　冬吉

一六八

秋末冬初　三秋之運　求財不得　亥子三冬　瑞日照門　口舌不利　損後見厄　三冬何頃
小憂膝下　身煩小利　用力虛多　必有家慶　手弄千金　木姓莫近　濫貪之孽　說滿公庭
身及三刑　今年之數
路出長沙　得而還失

大有卦　疾病訣

寒熱往來　朦冒進退　心神過勞　事遲心速　火克其金　夜猊長吠　敗家巫物　上清下補
頭痛目昏　精神恍惚　難免疲眩　心火上沖　肺腸不安　盲巳含毒　忽然作孽　病根自消

大　有　卦

甲一八一
雪白萬里　煮菜而食　丈夫生活　雖有項羽　雖有商紂　勿望人財　公正中心　子丑之月
高松特立　溫水而飲　若此是足　難奪其志　難禍其身　勿失我財　於斯可知　喜憂兼來

甲一八二
聞道夫趾　美人在傍　下不敬上　勞心焦思　忽看其中　躍入爐中　身數不健　層無鬼數
女王政治　必投其禍　家宅不閒　未有歸定　黃金自躍　終成寶器　如草生長　若何如此

甲一八三
聽彼雲雀　明日作巢
心中所願　有志未就
雖有多智　懶怠爲魔
小少不爲　既老奈何
利在文書　事有中正
借問財程　種粟得雨
六爻有榮　勞心不知
若有同業　必有所得

甲一八四
桃之夭夭　其葉萋萋
和雲房中　月照窗前
問臥春風　心思可知
初則中節　世稱貴男
求事未得　青雲背人
我亦求彼　彼亦求我
事人付合　心清志歸
心誠亦正　何也不遂

甲一八五
庭前寶樹　採藥向山
山間道士　名高祿小
祈山祈水　神明府成
文書雖吉　不可連滯
入家出路　吉凶相半
月明吳州　遠書到門
若論財運　用多生多
論其身數　如見不覺

甲一八六
月照春垲　梅花分明
能作貴人　可得天恩
神明所佑　所願成就
世無其侶　號曰獨夫
九流術士　最利今年
舉目遠視　四海黃金
平步難得　世稱英雄
大有計策　所謂言從

大有卦

乙一八一
雷行大威　事聞西海
門神發動　天賊可畏
爭土何事　鬼火東照
兒沒洛井　外有凶變
貪泉洋洋　所得何物
有田無價　無器難飲
來夜明月　莫求水東
　　　　　南樓弄珠

乙一八二

凶中有喜　木旺之節　子孫之事　貴祿積倉　門神納災　海底藏珠　君子愛之　東方華燭
文明之象　夫婦相別　是非起東　家宅得吉　每爭田土　魚無其眼　有節有物　見欺於女

乙一八三

火照澤上　有形無聲　堂上有憂　家宅每動　意欲生財　入網之魚　心分黃金　見物何心
魚疑其火　身疾鬼神　膝下添愁　口舌種種　東南奔走　他人得之　失金東方　財難力聚

乙一八四

長安乾坤　刑殺間侵　一身外處　家神不平　花落林中　弄鳥出林　散盡黃金　所謂親己
夢遊先山　金刀羊落　間於齊楚　函中鐵物　鳴春老蜂　一戰西城　餘者愚謀　貪金夜走

乙一八五

人老無功　伊尹耕莘　若非堂憂　宅神變化　馬驚飛雉　唯我碩鼠　空袖其家　人貪其利
哀淚泣親　日程勞心　雁影分落　盜賊出入　落水何故　無食徘徊　婦愁自嘆　損物水市

乙一八六

仙下人間　水漲前江　莫聞于野　家神招禍　西方歸日　賈生泣玦　雷在青天　商婦怨之
雲暗天地　魚失父母　龍血玄黃　邯鄲離別　屑金乃得　千里長沙　聞聲難執　年年離別

大有卦

大有卦 경 험 결

丙一八一
귀인이 도우려고 돈써도 공명이 이루어지지 않는다. 부동산 싸움 있고 봄철은 노상에
서 도둑을 만난다. 남쪽에 놀러 가지도 말고 돈 거래도 하지마라 매 맞고 내 물건을
빼앗긴다. 가을은 문서를 잡고 지리한 병이 온다. 참선이 있으면 재화가 적어진다. 참
선 없으면 토지 싸움 화재있고 자식이 물에 빠진다.
시험 합격 취직 타력으로 성립 혼인 불리 병 회복 소송 패배

丙一八二
고명은 조상의 은덕으로 이루어 진다. 부부 싸움과 자식 걱정과 토지 싸움이 있다. 사
기 당할 운이다. 또 문서 잡고 이사할 운이다. 남쪽은 불리하고 서쪽은 유리하다. 친
구 말 들으면 교통 사고 있고 또 옥에 갇힌다. 동쪽 사람 조심하라 시합하면 이길 운
이 많다 취직 성립 시험 합격 혼인 성립 병 지리 회복 소송 승리

丙一八三
손위 손 아래 근심 구설 있고 집이 발동한다. 재수 있고 분주하나 남에게 재물을 빼앗
긴다. 냇가에 사는 사람이 재앙을 보내어 괴롭힌다. 사실 무근한 것을 만들어 악선전

한다。동방 구설로 인해 신경을 쓰다가 퇴직하고 싶다。참선으로 참는 것이 길하다。

시험 합격 취직 불성 혼인 성립 심화병 회복 소송 패배

丙一八四

넓은 세상이나 갈곳이 없다。가정이 불안하고 마음도 분주하다。서쪽 사람과 싸우면 손재가 있다。친구에게 속아 황금을 탕진 했으나 설욕할 곳이 없어 애태운다。내가 꽃을 피우면 열매는 친구가 가져간다。공명 사업 운이 없으니 하는 일에 충실하라 새 사업은 안된다。

시험 합격 취직 불성 혼인 불성 병 회복 소송 패배

丙一八五

부모 복 입을 운이다。나의 보좌인이 죽는다。북쪽사람 사기술에 넘어간다。서로 지혜와 싸움하다가 내가 지는 격이다。실물 손재수 있고 큰 명리는 이루어 지지 않는다。도둑이 기웃거리니 집 단속하고 물가에 가면 불의 손재가 있다。싸움과 여자와 교통사고를 조심하라。

시험 합격 취직 불길 혼인 불길 병 회복 소송 불리

大有卦

丙一八六

내가 가지려는 것을 남이 빼앗긴다. 정직과 성실로 추진하면 상관의 마음이 달라진다. 경거망동하면 울어도 눈물없고 웃어도 소리가 없게 된다. 이별수와 슬하에 근심 있고 여자와 윤씨를 조심해야 한다. 만약 같이가면 큰 재앙이 발생한다. 집에 우환이 자꾸 생기니 모든 싸움을 피하라.

시험 합격 취직 불성 혼인 불성 소송 불리

坎卦評曰　坎者　陷也

逢流則注　出入艱險　陰愁伏悶　千里辭家
遇坎則止　隨坎則已　共相謀計　始免迍否

象格
船漏重灘之課
外虛中實之象

詩斷
坎難重加險　逢牛漸脫時
更逢寅卯地　別立創根基
因禍方成福　逢厄却是亨
木邊人借力　安穩過平生

解卦
有孚維心亨行有尚、象曰水洊至習坎、君子以常德行習教時。（朱子）曰、此卦上下皆坎自為
重險中寔為有子心亨之象以、是而行必有功矣。

坎卦當年訣
夢驚風波　茫茫水上　散金虛地　外虛中實　財多費處　正二春風　財上所謀　辰巳之月
魚網落雁　扁舟關楫　晚來自恨　經乱就安　遠行不利　求利東方　半虛半實　家憂不絕

坎卦

子　兄　卯　孫　　春吉
戌　官　亥　兄　　夏凶
申　父　亥　兄　　秋凶
午　才　酉　父
辰　官　巳　才
寅　孫　巳　才　　十月卦冬平

若非失物　午未之月　若不愼之　誰知利源　金風秋月　路上逢辱　若近崔鄭　運否戌亥

疾病難免　女禍將至　朱門口舌　畫中之餅　西不出行　雪念無處　損財非一　豈往北方

歲暮寒風　門有慶祥

失寶還尋　漸通喜榮

坎卦　疾病訣

飲食不進　病入心抱　不知人良　肪胱虛冷　溺水之鬼　壓死抱怨　暴落井水　無他鬼祟

腹中有塊　必虛大腸　非酒則肉　其脉不通　誰家女子　依木付木　越人在西　何必祈禱

坎　卦

甲六一一　桃含宿雨　言言出花　心志好鏡　窓前濟濟　經營事業　身上無恙　如干財數　事事符心

柳葉欲咽　步步春風　福祿如海　盡是高明　何恨不成　潤如玉光　如雪消消　高枕而臥

甲六一二　敗軍之將　家庭不安　吉宅無祿　福神不睦　當事周旋　千里遠程　所行之事　天地憎我

無面渡江　心神擾乱　他福何望　身不安寧　小人從間　淚別何人　守而勿失　戰之何益

甲六一三
滿天旱魃 百失小事 雪消官災 美風入窓 金入火中 邪魔不入 虛散金銀 今年之運
聞雨自遊 一喜可洗 冰消口舌 黃金自躍 可成名器 人心安閒 晚來自悔 奔走而已

甲六一四
團團璞石 萬卷詩書 寸器過人 口出一言 勞後得吉 若不如此 財寶如何 庶幾合運
中有寶玉 眞是活計 名譽千里 千人諾諾 行後爲平 文書得利 別無利害 成功之數

甲六一五
屈原何意 惟餘清心 駿馬嘶風 河耶海耶 祿在基地 事多奔忙 世無親人 禱厄山川
行次澤畔 不染塵垢 千里遠程 水鬼悲泣 圖近勿遠 計算相違 明察心理 可免此數

甲六一六
新風清兮 宜可詠詩 富貴功名 自生其業 安分守分 奸佞之人 若論財運 勿失舊業
秋月白兮 宜可溫觴 夢外視之 精神爽然 身數康寧 定相我吉 號曰實小 自有後榮

坎卦

乙六一一
深海采薪 有意東西 門戶移動 口舌自北 明珠難載 北雁嫁禍 虎臨危津 金鐘有舌
陸地行船 汪浪忽起 金鬼啼血 路險難行 以舟行津 西鵲報喜 妄動散金 十分無形

坎卦

乙六一二
江山如夢　波深難渡　青山涙歔　天涯路長　明珠沈難　散金得利　南人心險　馬鳴之月
文魔自隨　風忽綠林　高堂涙歔　徐徐有得　水深難采　田土欲廣　藥餌投入　往北有得

乙六一三
水厄何防　不可以動　險小身登　家神發動　潛龍噴雪　雨灑遠程　雲散海門　土坪之人
子孫難養　雨中花落　車破舟破　燕雀焚巢　危舟莫登　偶墜深井　勞勞小得　不可以親

乙六一四
莫嘆事遲　水雪高澤　勿用深憂　楚竿立水　事在支離　釣魚南津　逢厄勿愁　小金易散
西山有期　魚龍必困　大事當前　終得其平　一得一費　錦鱗滿筌　終濟大海　將進無退

乙六一五
喜鵲來報　客枕多煩　雖有小憂　五月瀘江　東人有音　客中得寶　俯視龍宮　貪買反禀
一番悲歌　春夢不成　高登不危　行師之格　春眠不覺　滿筐不溢　雖危易安　事必半成

乙六一六
佳人一悲　人間何世　莫向其北　五土來格　喜悲双至　西風撓樹　殺妻求將　夕陽悲歌
落紅滿地　青山路長　可免其厄　子孫之危　九疑青山　無人採珠　葬花西山　渡水躊躇

丙六一一

두 가지 일을 추진하는 도중 갑자기 파동이 일어난다. 집이 움직이고 구설수가 있다.
경솔하면 북쪽에서 사건이 발생한다. 가는 길이 험하고 자꾸 막힌다. 사공이 바람을
기다리는 격이다. 때를 기다리면 꼭 바람이 온다. 나를 도울 사람이 마음이 흠하니 미
리 알아야 한다.

시험 낙방 취직 불성 혼인 불성 엎힌 병 회복 소송 손재

丙六一二

산을 올라도 중턱에서 내려오고 물을 건느니 바람이 가로 막는다. 농민은 경지를 넓히
고 기업가는 공장을 넓히려고 한다. 내힘이 약하니 꾀를 부리지 말고 강력하게 추진하
면 성공한다. 귀인의 도움있고 부모상을 당할 운이다. 이사하면 손재가 크다.

시험 낙방 취직 불성 혼인 중도에 파괴 병 회복 소송 불리

丙六一三

다리 저는 토끼가 함정에 빠진다. 북쪽 사람 말을 들으면 배도 차도 전복한다. 집이 발
동한다. 이사해도 무방하다. 내가 추진하는 일을 여자가 가로 막는다. 제비와 참새가
지저귀어도 강력 추진하면 내 노력으로 이루어 진다. 십일월은 길하다.

시험 낙방 취직 불성 혼인 성 립 위장 병 회복 소송 패배

丙六一四

일의 진행이 느리지만 끝내 이루어 진다. 중도에 액운을 만나 근심하게 되고 관재구실이 있다. 도우는 사람 있어도 실속은 없고 남의 꾀임에 빠져 약간의 손재수가 있다.

시험 합격 취직 불성 혼인 성립 병 회복 소송 승리

참선하고 정직하게 추진하면 십일월에는 돈 주머니가 부르다.

丙六一五

공명 길을 구름이 막는다. 이루어진 것을 여자가 깨어 버린다. 직장에 불만이 있어 그만 두고 다른 곳으로 가려고 한다. 사소한 근심으로 머리 밭이 번거로우나 희소식이 오고 객지에서 옥을 얻고 미결된 일이 九월에 다 이루어 진다. 직장 옮기면 손해 본다.

시험 낙방 취직 불성 혼인 성립 병 회복 소송 승소

丙六一六

공명은 반쯤 오르다가 파괴된다. 기쁜일 슬픈 일이 한꺼번에 일어난다. 배타고 물을 건너가면 거센 바람이 온다. 자손에 근심있고 사기당할 운이 있다. 부동산 시비가 일어나니 사전에 완벽을 기하라 十一월과 북쪽이 대 불길하고 동남쪽은 길하다.

시험 낙방 취직 서쪽 성립 혼인 성립 병 회복 소송 승소

節卦評曰　節者　止也

坎上兑下六親

、　、　八　、　、　、

子戌申丑卯巳
兄官父官孫才
卯亥亥辰寅寅
孫兄兄官孫孫

十月卦　春吉　夏吉　秋凶　冬凶

天地得節　節以制度　内憂外悦　於身謹節
四時所成　儉以豐盈　不出戶庭　無不康寧

象格
船行風息之課
寒暑有節之象

詩斷
前途險阻不堪行　順處安身道自亨
守節操心無過慮　須知樂處恐交爭
欣樂中生禍　驕滛罔克終
節貪併謹事　守靜却無凶

解卦
亨苦節不可貞、象曰、澤上有水節君子以制度謙德行。（朱子）曰、爲之下兑上坎澤上有坎其
容有求固爲節、節固有亨道故曰亨道大亨則苦矣。

節卦
當年訣
寒往暑來　如水滿器　動則有損　文星近照　寶樹春風　三春之數　和風滿庭　火旺之節
人事有時　必動有傾　移宅不利　因人成事　花開成實　財利亨通　家有喜事　莫起煩訟

節 卦

訟反爲害　誰與怨之　成事反壞　北人無信
仰見堂上　未申之月　愁雲敵日　至誠得功　高秋孟冬　春夏所謀　子丑之月
白髮亦悲　鶴失雲巢　仰天自嘆　退禍爲福　開雲見月　當此乃成　財何去來

節卦　疾病訣

寒熱氣急　上冷下熱　肝克脾胃　酒色傷腸　喪門眼白　事神何薄　鬼化尩來　病根強硬
心腹腰肚　四肢沈重　血虛之症　多費精神　殺生逢殃　返魂泣鬼　新舊兩端　何休湯劑

節 卦

甲六二一
南風薰兮　命耶福耶　財源綿綿　粮道不絕　天地中間　福在基地　脚不費力　忽見天地
解吾慍兮　天其佑之　不羨金谷　稱曰太倉　伊誰之侶　世之吉地　斜合千里　人皆應視

甲六二二
天地數應　忠孝傳家　家門太平　福亦如山　官災口舌　妖魔自退　福位退神　若不明察
萬物和暢　子子孫孫　一室和榮　不可濫用　視如浮雲　病者自瘥　明察事頭　信人無信

甲六二三
月浮萬里　事通一年　誰知財數　修理門扉　官文旺盛　身苦不貴　中間之運　兄耶弟耶
雲遮中間　魔戲間隔　自生用處　不爲吉兆　折桂之數　時運小違　在於家中　未覺之憂

甲六二四
旱天甘雨　空蠹黃金　與人謀事　事在文書　凡事當頭　成敗之間　無閒無舌　今年之數
尚未洽意　猶不滿足　合而復散　定非些小　急而勿緩　定無情戾　心無大慮　何無財利

甲六二五
羑里之獄　清清白白　皇天不眷　勿貪人財　戌亥之方　時運不吉　察于事機　獻灯禱佛
文王何罪　何事被害　干誰而怨　勿與人訟　土姓爲仇　入夢寐中　愼之言頭　少免其厄

甲六二六
穿井無水　傾樽無酒　如成不成　東耶北耶　宜愼且忍　若過勞心　天地之數　安心守分
心身不快　興味不生　趑趄不已　仇者恔釦　口舌而已　來遇病魔　誰能禦之　以待吉運

乙六二一
春水滿澤　火土相居　身光宅廣　藤花回春　玉鳳欲琢　無擊自鳴　西月半丹　水人起山
必受人恩　利在相生　西樹結實　祿得其人　秋樹多實　鐵耶金耶　鼠子得氣　西鵲含珠

節　卦

乙六二二

鳳失其雛　石物變化　山頭草綠　未得安平　立月抱狙　二十七人　此時非吉　如上蜀天

憂心在多　東出奇恠　月落水聲　其玉失土　有井有水　草人三口　口含鐵棘　道路險難

乙六二三

片雲無去　一悲一喜　有子得榮　春意在角　秋多不同　良匠不棄　魚釣有約　紅粧妒花

金土未能　秋風病氣　古樓塵清　不得落嫗　隱人出世　埋木出世　水物得利　三二我女

乙六二四

一身撓撓　悅而無終　若非生子　北事方起　子泣水頭　是非有機　秋蛇未行　秋實入倉

鳥舌巳舌　徃論二事　財將大至　謹守勿動　其根皆空　可執其文　有頭無尾　鷄不得肥

乙六二五

秋多否塞　望魚何事　鳥心自喜　明月出林　事多危機　士口含何　寶樹春歸　秋葉有聲

堂上之憂　渴澤撫水　東風畫採　驚者其誰　如臨大澤　一日掛木　玉堂塵生　先散後聚

乙六二六

兄弟之事　老虎難嚙　財散還來　路長雲愁　南月照東　人情相違　以手擊之　卦體相生

財産土空　隱欲非吉　文書之喜　北行非吉　人必有信　若成不成　可捕其虎　困否小得

丙六二一

귀인 도와 재수 있고 서쪽에서 희소식이 오고 가을은 대 길하다. 봄에는 양처에 일이 있으나 평지에 불평이 일어나 좀 슬퍼도 뒤에는 길하게 된다. 이름이 높아지고 무엇을 사고 몸에 빛이나고 집이 넓혀진다. 가을에는 내 힘에 겨운 일도 추진하라 다 이루어 진다.

시험 합격 취직 성립 혼인 성립 병 회복 소송 승리

丙六二二

마음 먹은 일이 흩어 진다. 지리하게 끌다가 깨어지니 화가 나서 술을 마시고 사방을 배회하는 격이다. 방탕하면 손재 근심으로 중병에 걸린다. 괴로운 가운데 흠할 일 당할 운이니 미리 참선하면 재앙이 줄어질 것이니 성실 위주로 추진하라 재수는 조금있고 여자가 생기고 十一월에 딸이 죽고 복을 입을 운이다.

시험 낙방 취직 불성 혼인 성립 병 회복 소송 승리

丙六二三

산중 처사가 출세하는 격이다. 청염한 마음으로 추진하라 봉급자는 재물로 인해 견책

이 있고 과욕하면 관재수가 일어난다。 사업가는 수산업이나 선박에 실어온 물건은 재

수 있다。 첩 얻으면 부부 싸움있고 상주될 운이다。 실물 구설 신병 희비 쌍곡이 일어

난다。

시험 낙방 취직 성립 혼인 불길 병 회복 소송 승리

丙六二四

모든 일을 심사 숙고 후에 진행하면 예정보다 느리기는 해도 이루어 진다。 재운이 있

고 문서 계약할 운 있으나 북쪽을 조심해야 한다。 생남수 있고 가을이 길하다。 삼가히

처신하고 참선하면 내년 초봄에 동쪽에서 희소식이 올 운이다。 모험을 하여 풍랑에 울

고 대해를 건너가서 웃은 격이다。

시험 합격 취직 성립 혼인 성립 병 회복 소송 승리

丙六二五

처음은 흩으졌다가 뒤에는 얻어진다。 마음이 일정하지 않아 어쩔줄 모르나 서서히 이루

어 진다。 놀랄일 있고 손위에 근심있고 광명이 있지만 겨울은 불길하다。 자식이 행패

부리기 쉬우니 미리 조치해야 한다。 재수 있으나 지출이 많다。 부모에 근심있고 재수는

조금있다。

시험 낙방 취직 불성 병 지리 소송 승리

丙六二六

갈증이나서 우물 파는 격이다。목적 진행은 느리고 마음은 급하다。서쪽 사람이 추진

하면 속히 이루어 진다。형제 근심 손재수 북쪽 불리 희소식 김씨 이씨 때문에 구설이

있고 만사가 지리하니 늦게 희소식이 온다。여러번 반복 후에 재수가 온다。

시험 낙방 취직 성립 혼인 성립 병 회복 소송 불리

屯卦

坎上震下六親

```
八、八、八、八、、
子 戌申辰寅子　　　　　　　　　　　春吉
兄 官父官孫兄　　　　　　　六月卦夏凶
卯 亥亥卯未　　　　　　　　　　　　秋吉
孫 兄兄孫官　　　　　　　　　　　　冬平
```

屯卦評曰　屯者　難也

象屯之時　如常之事　時方屯難　婚姻卽吉

動財難生　先易後爭　切忌遠行　來所往明

象格　龍居淺水之課

萬物始生之象

詩斷　施討不須多　提携出網羅

一登平穩地　從此少風波

過盡波濤險　如今穩泛舟

江邊人指引　活意可營謀

解卦　元亨利貞　勿用有攸往　利健候象曰、雲雷屯君子以經綸。(朱子)曰、其占、爲火亨而利於
正、但未可據有所往矣。

屯卦　當年　訣

雲雷未晴　百事多災　行商無德　窮途自嘆　勿求他利　寅卯之月　莫作虛慾　龍尾巳頭
出頭行方　中心不安　求官不利　心如阮籍　自作處事　身必無咎　貪時反害　逢賊之嘆

買賣見欺　馬羊之月　若近吊門　金風動窓　風亂庭樹　家禍層生　寒風九月　遠路無益
必有他害　南不渡江　禍及堂上　二竪驚夢　驚鳥墮卵　至誠防厄　外不動身　人有欺凌
運反三冬　北人相助
身運亨通　所望如意

屯卦　疾病訣

寒熱頭痛　飲食不進　廟堂神驚　夢見女人　虛木昏鳴　怨痛死鬼　先逐鬼祟　健胃散熱
目昏心悶　腰脚俱痛　子孫何安　病狀多恠　寡家邪物　虛驚問殃　後用其藥　病乃自瘥

屯卦

甲六三一

清閑道士　時不遇兮　數之此也　心如滄海　察而卦象　樹雖欲靜　借問財程　勿爲抑進
意在高山　事不中兮　與我相違　欲成大名　如彼庭樹　風何不止　尋常之數　安分無咎

甲六三二

九天日月　開昌吉運　華日促新　三陽泰回　福星倍光　照耀前事　邪魔自退　庭前一菊
萬里風雲　起伏圖事　物物還生　萬象威墾　百事周旋　定無咎蟄　吉慶自至　花如斗大

屯　卦

甲六三三

龍出水邊　群蟻來侵
有德君子　受辱蒼蠅
無端口舌　掀天動地
若不愼之　舌化爲災
雖云如此　吉星照身
必無大害　勿求大福
正是蜜飴　自得林泉
百事多災　愁雲未散

甲六三四

龍戰于野　其血玄黃
平地風波　精神散亂
傷人傷身　運數否塞
成敗多端　黑雲遮前
甌破路上　仰天大笑
心壓奔走　運也奈何
時代變遷　清白無効
吉運在何　亥子之方

甲六三五

井中之魚　不知海濶
居村之士　勿作遠行
虎嘯路上　盜隨道中
如此不利　明然可知
靜處守分　不見其害
福德持世　勿慮身病
高山流水　大天神志
財數如何　守分最利

甲六三六

赤城朝日　綠樹春風
丸般幽景　樂在誰家
楚香默坐　消遣吉慮
江山之外　但見河鳥
有財有慶　其喜洋洋
花風之節　預有機微
雖不橫財　自適共用
家和人睦　心無所滯

屯　卦

乙六三一

一山重重　臨事盤桓
千里走馬　貴客入門
上憂難免　德業維新
物散難訪　財上有意
一步雖遲　謀近乃遠
夕陽走馬　但得人心
溪上路遠　捧文乃還
古樹花殘　新江明月

乙六三二
反覈無常　事遲心速
可待歲寒　花落果熟
功名事業　雖遲有成
梅花一笑　能耐其寒
新地有光　守正不失
志雖速速　事必遲遲
松栢入村　雪後能知
此時不成　經得貞吉

乙六三三
身陷險中　失物之嘆
求名未得　求財不成
身家不安　傷心踰日
凡事緩緩　不可強進
猶豫未決　所得反失
佳信欲到　林風一嘆
強取非吉　晚圖最吉
不成事期　吳國麋遊

乙六三四
婚姻之場　乘馬如進
隨時有用　缺月重圓
若非登梯　膝下多慘
百世好緣　祿馬西鳴
馬登高山　明月已缺
古樹花發　花多實小
財祿兩全　更待春風
馬鳴蕭蕭　急圖不成

乙六三五
妄動無功　虛名滿世
小謀可成　大事必凶
珠玉相爭　田庄有論
子孫之事　傷心無日
小利雖得　大謀不成
膏澤難施　有名無功
信人欲行　心多虛動
双金無用　到处見敗

乙六三六
心中有曲　蓮塘雨過
新月上幹　文書之喜
邯鄲夢斷　月鈎釣魚
是非自北　有眉一顰
春風有光　心事難伸
新月徘徊　必悅不已
南方之物　雖得不美
雁書到來　香川雨下

屯卦 경험 결

丙六三一

현재하고 있는 직장을 지키면 무사하고 바꾸면 중도에 손재가 온다. 원방에서 희소식 온다. 손위 사람 근심 돈을 욕심내면 중도에 깨어진다. 전도는 차차 밝아져 겨울은 소원이 이루어지고 여자가 생긴다. 이사하고 퇴직 하면 손해본다. 부모 근심 있고 귀인이 찾아 온다. 인심을 얻어야 스스로 재물이 온다.

시험 낙방 취직 불성 혼인 불성 병 회복 소송 실패

丙六三二

진행하는 일이 자주 반복되다가 늦게 이루어 진다. 조급히 서둘지 마라 앞이 점점 밝아 진다. 찬 바람이 불어야 송백의 인내를 알게 된다. 유가 증권 취급을 삼가 하라 사기 당하기 쉽다. 겨울은 재수가 있다. 이사는 불길하다.

시험 낙방 취직 승진 불성 혼인 불성 병 회복 소송 실패

丙六三三

몸과 집이 불안하고 실물수 있다. 재수는 강진 하면 손재 상심이 된다. 형제의 근심있고 몸이 고단하다. 모든 일이 느리니 마음을 여유 있게 가져라 구슬 한개를 여러 사람

이 가질려 하는데 시일이 걸린다. 여자 구설 조심하라 함정에 빠질 운이니
속임수에 말려 들지 마라.

시험 낙방 취직 불성 혼인 파괴 위 병 회복 소송 실패

丙六三四

부부 불화 있고 슬하에 근심, 재수 있고 급히 서둘면 깨어진다. 구설수 있고 노인을
조심하라 직장에 불만 있고 싸우면 손재가 크다. 적은 공명은 얻고 서북 쪽과 거래하
면 길하다. 귀인이 도와도 효과가 없다.

시험 합격 취직 불성 혼인 성립 병 회복 소송 실패

丙六三五

노력은 커도 공은 적다. 부동산 싸움 있고 큰 일은 실패하고 작은 일은 이루어 진다.
신규 사업 하면 완전 실패 한다. 경거 망동 하면 뜻하지 않는 화를 입는다. 귀인이 도
와도 힘이 약하고 상관이 불청하므로 이루어 지지 않는다.

시험 낙방 취직 불성 혼인 불성 병 회복 소송 승리

丙六三六

꿈은 좋았는데 깨어 보니 허망하기 짝이 없다. 상관의 마음이 불공평하여 나의 승진

屯 卦

차례가 바뀐다。 마음이 불안하여 상을 찡그리고 세사람과 싸울일이 있다。 의심을 하지

말고 조급히 서둘지 말고 가을까지 기다려라 북방은 불길해도 동남은 길하다。 문서 잡

고 여자가 온다。

시험 낙방 취직 불성 혼인 성립 병 회복 소송 패배

既濟卦　評曰　既濟者　合也

坎上离下六親

水火相遇　徃渡得船　所求必從　斯不失時
會合之義　成功必濟　所欲必逐　謂之既濟

八　兄　子　　孫　卯
、　官　戌　　兄　亥
八　父　申　　兄　亥
、　兄　亥　　官　辰
八　官　丑　　孫　寅
、　孫　卯　　官　辰

正月卦春平　夏凶　秋平　冬吉

象格　舟楫濟川之課　陰陽配合之象

詩斷
仙舟已到綠楊隄　險難經過已脫離
禍去福來終不錯　不須回首預前程
莫待祿高崇　須思禍與凶
預防兼早備　方可保初終

解卦　亨小利貞　初吉終亂、象曰水在火上既濟、君子以思患而預防之。（朱子）曰、水火相交　各得其用、六爻之位　各　得其正故、爲既濟亨。

既濟卦當年訣

禍福難測　安不忘危
既破敵國　反害謀臣
前功無迹　自嘆奈何
妄動損財　愁多夢煩
與人同事　先利後害
楊柳春風　客來害主
因人損財　自作其孽
辰巳兩月　身運不平

居家不吉　午未兩月　營事多違　—金風入戶　困時得祿　高秋九月　亥子冬月　損多益少
三災並起　口舌南來　財上多魔　手成文字　金性有助　行路何益　身旺財否　自行虛慾
時值季多　身運不吉
身及官災　脫衫燒庭

既濟卦　疾病訣

脾腰俱弱　上熱下冷　將神昏暗　水縮肺金　火侵氣穴　晝重夜休　湯材解熱
血光之疾　進退留連　症候突變　四肢不利　經脉難通　鬱鬱喘喘　必有所祟　明朝卽瘥

既濟卦

甲六四一
雲間之月　如快未快　時未適中　家有香臭　春風之節　財祿絕勢　事業經營　至誠專進
非明非暗　精神恍惚　事遲心速　菊枝生花　活氣屠屠　龍頭蛇尾　吉半凶半　雪裡生筍

甲六四二
魴魚赬尾　鳴呼島歸　獨步花田　鬱陶聲心　不愼厥德　家庭治產　勿安恒居　吉方何在
王室如燬　萬如處豫　豫將疇依　顏布忸怩　後悔可進　朽索禦馬　速涉害方　在於東方

甲六四三
瞻彼青山　無情此世　心中之恨　明天在上　勿與人鬥　前後左右　速行天祭　欲知吉運
墳塚累累　不合於心　間是何人　應知吾心　勿與人訟　一無助我　以禱其厄　以待明年

甲六四四
漏船渡江　時乎時乎　知我聖人　心海極大　小人職業　以外之務　人心和合　身安心平
終日戒之　來耶否耶　自然而來　九州如島　田宅文書　僅僅成財　遠朋自來　太平乾坤

甲六四五
荊軻何意　千里遠程　危哉危哉　安心愼身　扁鵲安在　貴人安在　知耶否耶　難知吉運
入秦逢災　鬼旺盜恐　愼勿遠行　苦毒而已　在於寅方　在於申方　勿違其時　以待明春

甲六四六
瞻彼淇澳　觀此卦象　雖有踈食　兄神有氣　經之營之　清心寡慾　小事雖中　知運終過
殘花受氣　身旺財變　自有其樂　膝下無危　廣費資財　晚來漸安　大事不中　別無利益

既濟卦

乙六四一
新欣生煩　遠朶其祿　子宮何事　琴宮不和　趙錐無用　子盜父兵　夕陽臨水　心神散亂
人從月城　權從天降　千里相逢　更歌新曲　行処無財　反損我物　嘆之何益　五月不熱

乙六四二

水火既濟　前程夢寒　千里有憂　臨事多違　土克其水　兩月自東　孤尾自顧　遠方有憂

濕尾無咎　進退有限　可望山月　輕舟行人　勤苦之象　不得其意　濟江沾裳　遲遲得成

乙六四三

山日斂斂　木潛水下　渭柳青青　家宅得吉　古意難堪　進退之間　九九佳人　莫論四方

易入出難　非腐何至　別淚難堪　動則不利　分路行之　一家一得　問路問山　思慮重重

乙六四四

落紅滿地　若得北人　身帶文書　兩処得生　何人暗助　春風入園　以誠求之　登山文月

霜加一占　春風有喜　田庄賣買　子宮有喜　事在紛紛　桃李花開　福祿自來　木物有利

乙六四五

白髮蕭蕭　以金懷金　巳亥之分　文書之事　是非之場　一緒相分　分金食之　花殘古樹

堂上塵生　惡聲必聞　欲動家庄　東南奔走　必見血光　人在其隙　先空後得　不如待時

乙六四六

文起土上　若非生子　青煙曉起　田庄之事　雲散月出　風波中道　憂心忡忡　換物非利

酌費漸大　損財可嘆　鳥入空宅　日夜憂心　秋木逢斧　進退亦難　物散人餘　伊人保意

丙六四一
좋은 기회가 왔으나 자본이 없어서 이루어 지지 못한다. 부모 걱정과 자식 걱정있다.
마음이 불안하여지니 청심 과욕하면 七월에 서광이 온다. 부부 싸움, 첩이 생긴다. 미
혼은 결혼한다. 三、六、九、十二월은 손재수가 있다. 자식은 도둑 누명 쓰고 애비는
군대에 끌려가는 격이다.
시험 낙방 취직 불성 혼인 불성 병 회복 소송 손재

丙六四二
강력 하게 추진 해도 자꾸 늦어 진다. 동업이나 단체가입을 하지 말고 타인과 재물 거
래에 조심해야 한다. 내가하고 싶은 대로 추진하라 배를 타면 화를 입는다. 천리 밖에
걱정이 오고 앞길이 막힌다. 이별의 눈물 있고 이사는 불리하다. 신허 복통을 조심하
라 시험 낙방 취직 불성 혼인 불성 소송 지리 득송

丙六四三
목적 달성해도 근심이 있다. 얼마나 견딜련지 의심이 생긴다. 남을 건드리면 도리어
손해 본다. 북쪽은 길하나 남쪽은 불길하다. 동업하다가 갈라지는 격이니 괴로움이 있

다° 이별 눈물 신곤이 있고 친구가 도둑으로 변하니 손재가 크다° 하나 얻고 하나 버리니 불쾌하다°

시험 낙방 취직 지리 혼인 불성 병 회복 소송 승리

丙六四四

마음이 번거로워 실을 흩트려 놓은것 같다° 연꽃이 못에 피어 오르니 고기가 먹어 버린다° 먹기전에 내가 따야 한다° 부동산이나 세간을 팔려고 한다° 봄은 길하고 복록이 오지만 여름은 사건이 분분하다° 六、十二월에는 뜻을 이룬다° 망동하면 손재와 이별이 있다°

시험 낙방 취직 불성 혼인 성립 병 회복 소송 승리

丙六四五

마음 먹은 일이 이루어지고 재수도 있다° 손위 사람의 근심있고 집을 움직이려고 한다° 시비로 피 흘릴 일 있고 먼저 주고 많이 받는 격이다° 곤한 말이 산에 오르니 피로가 많다° 남쪽 북쪽은 길하고 모든 것이 八월에 이루어 진다° 자손 궁에 기쁨 있고 문서 잡고 늦게 얻어 진다°

시험 낙방 취직 성립 혼인 성립 병 회복 소송 패배

丙六四六

공명은 없고 사업가는 가을에 희소식이 온다。귀인이 있어도 속셈이 다르다。토지 근

심 진퇴 양난 무엇이 든지 바꾸면 손해 본다。나무가 도끼를 만난 격이니 분한 일을

참고 참선 해야 길운이 찾아온다。토지 세관과 자식 때문에 근심이 있고 재산이 나가

려고 하니 진퇴 양난이다。

시험 낙방 취직 불성 혼인 성립 병은 가을이 불리 소송 손재

革　卦

革卦評曰　革者改　也

改故就新　交易其所　時有不過　不可守舊
變易之道　君子豹變　並宜改革　而景象也

兌上离下六親　二月卦春凶　夏平　秋凶　冬吉

八、八、八、八、八、八

未酉亥亥丑卯　官父兄兄官孫
戌申申辰寅辰　官父父官孫官

象格
改舊從新之象
豹變爲虎之課

詩斷
本是迍邅久　雖憂不用疑
取新宜自舊　方得兩相宜
革故仍還新　施爲利變更
東南爲穩地　西北是深根

解卦
己日乃孚　元亨利貞悔亡　象曰澤中有火革君子以治歷明時。（朱子）曰、變革之初　人來之信
故必己日而後信故、其占爲有所更革　大亨而正悔亡也。

革卦當年訣
觀此卦象　巴蜀非地　改舊從新　琴破無聲　手中黃金　寅卯東風　食小身忙　辰巳兩月
先否後亨　鬱何居家　乃得其安　月落烏啼　久不成寶　爲他身勞　用力多盧　豈作吊客

若不愼之　必有身憂
午未之月　財上口舌
莫行水路　舟是賊國
三秋之運　大人有助
文星暗照　利在其中
時當三多　膝下有慶
所望成敗　助友有助
子丑之月　掘土逢金

革卦　疾病訣

水火相克　寒熱氣急
上膈咽喉　糞尿不利
皮如秋梅　形容憔憔
同鼎換形　回心成疾
上焦中逆　雷鼓腹中
飲食不下　三焦必隔
宅舍兩鬼　欲爭瞽盲
改舊從新　病乃危險

革卦

甲六五一

陟徃東山　不高不低
花枝杜宇　不食而飽
腹中雷聲　胎耶臍耶
靜無滋味　動無滋味
利害關係　進退一般
凡事當頭　誠心得利
曲心見惡　順而得利
東風之節　必有慶事

甲六五二

瞻彼江山　奇岩撑天
以動不動　欲落不落
鬼泣門前　有憂無傷
盜窺門前　有盜無害
轉禍爲福　先利其宅
勿治大財　借問財數
僅渡今年　勤苦待時
問于明春　餘外書信

甲六五三

耕彼水田　牛何有罪
自作之孽　及於良善
輕妄言語　豈曰丈夫
若不愼之　必有大禍
辰巳兩月　西北之間
凡事經營　有始無終
庫中有鼠　守之愼之
年運如此　密雲不雨

革　卦

甲六五四

曉天瑞旭　將照萬里
丈夫心鏡　能觀千里
揚名時代　不顧家事
驛馬長嘶　到處春風
何得財路　金庫無用
有錢不用　守錢庸夫
揚各以外　豈有他事
力行成功　不羨石崇

甲六五五

雪裡梅花　霜中菊花
雖曰奇麗　耐寒困難
凡事經營　龍頭蛇尾
捨勤取怠　理合無實
文爻發動　利在筆頭
就職為吉　從商則凶
心在遷蹉　欲起未起
雖曰成業　必有小憂

甲六五六

蚌鷸相持　漁人得利
慾氣然矣　惡意然矣
空然妄舉　初不如罷
與人隨後　慎之無咎
福不幷臻　禍不單行
福神隱伏　身不安寧
財星難艱　勿為強進
拜佛何方　西寺最吉

革　卦

乙六五一

古澤龍吟　必憂子孫
以下克上　不吉之兆
心煩無主　自動家宅
花根欲移　橫財可畏
與人相爭　笑中有淚
綠水花殘　行処無人
地分東西　事必不成
兩水相逢　分流之象

乙六五二

害及隣人　口舌必起
頻徃其東　事在兩番
小有生財　宅不安処
火克其金　夏月小利
欲渡青江　兩人路蹰
雖得如意　非義之物
晝夜心戰　天人有期
物必盛衰　春得夏失

乙六五三
心驚西山　其水旺兮　田間草綠　水星照木　五祿失志　北物多利　秋風舉羽　二事關心
古墓一哭　吉事有期　自損黃金　門戶自安　財無其**本**　兩処徘徊　鴻必見機　人強勿柔

乙六五四
若無堂憂　欲濟未濟　水木相生　西方事起　賣土買木　鳳巢彼棘　人心多變　三人幷爭
事在古墓　心多猶豫　產業必通　南方呼戰　利害之間　鷄失其粟　潛謀何用　是非必起

乙六五五
勞心有缺　厄星照水　有事東南　子孫之力　夜半貪物　猶豫未決　雖得其益　事必無根
身病可畏　荊布亦痛　身不在家　庶得其安　再渡北水　有期不來　兩人不利　古樹花殘

乙六五六
心中不平　路鬼夜哭　若有作客　秋水動關　四方無助　晦夜登樓　人只面從　若無恒心
四方無主　莫作北行　青山一暮　悲歌一曲　獨夫渡江　望望山月　終得其凶　財不歸之

革卦 경험 결

丙六五一
아랫 사람이 윗 사람에게 이길려 하니 불길한 징조다. 집이 움직이고 서로 다투어 눈
물 흘리고 갈라지는 형편이다. 승진과 영전은 곤란하다. 가정 또는 직장에 혁명이 일
어 난다. 동업하면 중도에 쪼개진다. 봄 겨울에 여자 조심 처의 근심있고 이사 하고자
한다. 양사 난처한 일이 있다. 관재 수가 있어 근심할 일이 있다.
시험 낙방 취직 불성 혼인 불성 병 지리 회복 소송 실패

丙六五二
두가지 일을 추진해도 이루어 지지 않는다. 동업은 처음은 잘 되다가 중도 실패가 된
다. 자식 근심 여자가 온다. 의리에 맞지 않은 행동은 안해야 한다. 봄에 술 조심 하
라 실수를 하여 연말까지 불쾌하다. 십이월은 도둑 맞는다.
시험 낙방 취직 불성 혼인 성립 병 회복 소송 승리

丙六五三
공명 운은 약하다. 재물은 북쪽이 유리하고 금성과 같이 진행하면 유리하다. 서쪽 사
람이 보물을 준다. 집안은 편안 하건만 七、八월은 손재수가 있다. 봄 여름은 몸이 곤

하고 마음이 비관적이다。겨울은 여자 얻고 또 경사가 있다。

시험 합격 취직 불성 혼인 불성 병 회복 소송 가을은 패배

丙六五四

설정한 목적이 추진해도 이루어 지지 않는다。토지로 인한 구설 시비가 있고 거액을

투자하면 망한다。하늘은 녹을 안주고 사람은 마음이 변한다。조상 묘가 움직이고 부

모가 아프며 서쪽에 사건이 발생하고 남쪽은 불리하다 사업 공명은 목표의 반으로 보

는 것이 좋다。

시험 낙방 취직 불성 혼인 지리 병 회복 소송 패배

丙六五五

수양없이 마음대로 행동하면 파면 당한다。손위 어른이 아프다。기회가 와도 안되고

봄은 불길하고 동남쪽은 길하다。밤에 재물을 탐내면 하늘이 용서하지 않는다。겨울은

의문이 되니 모든 것이 해결 난다。부부싸움 있고 모든 것이 괴롭고 바쁜 해 이다。

시험 합격 취직 불길 혼인 성립 병 회복 소송 승리

丙六五六

너무 먼곳에 가지마라 여행、사업、출장、전근、등은 실수와 신병 등으로 곤란이 온다。

떳떳한 마음씨를 가지면 재물이 돌아오는 격이다. 부부간 불화가 있고 모든 일을 심사

숙고 후에 시행하라 불의 사고가 발생하여 큰 손재를 당한다. 북쪽이 불리 하다.

시험 낙방 취직 불성 혼인 성립 후 이별 병 위험 소송 불리

豐卦評曰　豐者　大也

日月中闇　此事適大　水中見日　求財未得
幽而不明　隱映其形　無所取早　事卒難明

象格
日麗中天之課
背暗回明之象

詩斷
進退意況吟　心傷事未成
若逢龍虎日　百事漸安寧
有釣還如夢　無緣又阻程
若求亨泰處　須用見寅辰

解卦
亨王假之勿憂宜日中、象曰、雷電皆至豐、君子以折獄致刑。（朱子）曰、豐威大之勢故、有亨道然戲極當弱大有憂道、憂不可戲故、戒以勿憂、宜日中之象也。

豐卦當年訣
彩雲龍從　文書入手　勤於事業　家庭雲暗　樂盡憂生　財上有事　掘地得金　身困三夏
以臣遇君　祿在其中　少利橫來　父子相分　安不忘危　身勞三春　用力成功　莫行市門

震上离下六親

∥∥、∥∥、∥∥、

戌　官　　巳　才
申　父　　酉　父
午　才　　丑　官
亥　兄　　辰　官
丑　官　　寅　孫
卯　孫　　辰　官

春吉　夏平　九月卦秋凶　冬平

豐　卦

一〇九

豐卦

親人反害　金風仲秋　標不相信　菊月滿庭　亥子月間　望事多違　時當季冬

口舌相侵　北人爲賊　財不去來　公門得祿　水路不利　因人損財　幸得他祿

豐卦　疾病訣

寒熱頭痛　痰極夜甚　痰火相觸　何棄古跡　胸下臍下　上焦中逆　痰火相搏　烈味之湯

心悶脹滿　浮脉遍身　腹中有塊　久廢受殃　亂鬼引扁　雷鼓腹中　精神昏迷　千金之保

豐　卦

甲六六一

春風花開　盛衰不均　身兼奴僕　日出臨事　借問財數　堅心所致　鬼在宅中　有德君子

秋風花落　悲憤兼全　心得勞碌　日沒還家　積小成大　何恨不成　避之無妨　食飲何恨

甲六六二

死者還生　困而歸泰　家有一鬼　病魔侵身　速遷家宅　勿思故基　如論財數　丑寅之月

仙人之術　憂中見喜　晝夜來訴　偶得良醫　莫謀莫術　新地得吉　有耶無耶　慎之事頭

甲六六三

風亂草木　事冲耳目　波耶雨耶　謀議遂成　憂在雁宮　官兄秉權　晝思夜度　凶運漸來

江山搖蕩　精神撓亂　如驚刧身　事事多舛　仰見青天　何望財數　不見其益　撲擊何益

豐

卦

甲六六四

大旱太雨　喜中有損　祿神傷世　火星有氣　若逢耗星　午月之數　水旺之節　寒蟾食祿

田園沈沒　身痛奈何　勿貪利義　財勿戀情　項王難當　餓食不利　勿與人鬥　玉山見月

甲六六五

兩財為豐　一台一亂　老柳青青　順風千里　有識君子　無學野人　誠心則成　橫行四方

早則為凶　當此之時　有意他鄉　書雁到門　筆端生金　殺獸成錢　心滿則敗　紛紛忙忙

甲六六六

鵬程萬里　誰先步行　車胤不忘　李白多思　貴人臨終　福貴求名　洛橋青雲　他之行務

今世英雄　自有期日　囊螢讀書　磨鐵詩練　後人譽之　終得有益　龍失其珠　難得繁華

乙六六一

風波歌清　未登青雲　田間是非　有車無駕　嘉平未年　八年戰後　謀人得意　江東雖小

舟行安平　事多辛苦　必在三月　有費其力　項籍渡江　烏江水咽　洛宮高安　亦足以王

乙六六二

勿為妄動　先難後易　月在土旺　秋風之節　三國并立　帝室之冑　吳漢一合　五丈原宵

金多變生　上下相交　佳瑞并至　仁聲遠聞　益州疲幣　三顧草盧　赤壁風雲　天室微弱

豐

卦

乙六六三

夕陽掩門　燈火影落　膝下之憂　隣家晚烟　慱浪椎後　秦兵尚強　英雄並起　叢祠老狐　夜鳴無靈

花影綿綿　伴坐黃昏　花殘古林　夜來播舒　陳勝先起　弱卒何勞　已失秦鹿

乙六六四

月中損牛　天香滿手　若無此慶　懷玉藏珠　寄食漂母　去楚何官　杖釰入蜀　蒯徹有計

離別之嘆　可步蟾宮　天涯夢長　畏失夜行　韓信渡淮　都尉而已　劉公善遇　胡不信聽

乙六六五

音信入門　家庄一遷　南置別業　青燕報信　臥龍先生　草當掛圖　誤出兵間　流端作表

乙六六六

天涯消息　必得生涯　各守一陳　財祿豐豐　早畊南陽　風雨經豈　漢祚奈何　五月渡瀘

風去花殘　行水無舟　笑中藏刀　月上朱扉　若非自薦　夜徃楚城　抱釰歷階　平原門下

悲歌夕陽　徒泄其氣　別淚沾裳　明暗未分　奇才誰知　諸人自笑　楚人一驚　毛遂自薦

豐卦 경험 결

丙六六一

공명은 여러가지 고통을 지난 후에 얻어진다. 부동산 관계로 시비 구설이 있다. 동북

과 서남은 길하고 정남방은 불길하다。 부모와 자식 근심이 있고 봄이나 겨울에 집을

움직이면 손재가 크다。 상주가 될 운이 있다。 재산은 조금 얻어 진다。

시험 합격 취직 사후 구설 혼인 성립 위장병 회복 소송 패배

丙六六二

일을 시작할 때는 컴컴하지만 차차 밝아 진다。 내 마음에 늦기는 하지만 녹은 얻어진

다。 가정에 불미한 일이 자주 반복이 된다。 경솔 하면 손재가 있고 침착하면 가을에

풀린다。 참선이 없으면 재수도 없고 하늘의 견책이 있다。

시험 합격 취직 성립 혼인 성립 병 회복 소송 견책 후 화해

丙六六三

눈썹을 가리우고 울 일이 있다。 근친이 죽어 복을 입는다。 나의 실수로 인해 문서상

불길한 일이 생긴다。 강력히 활동 하면 잃고 용의주도 하면 의외로 잘 넘어 간다。 三、

四、十월은 실물 구설수와 친구가 도둑으로 변한다。 형제 근심, 신허, 복통이 온다。

자식들 행동 주의 시켜라 교통 사고 위험하다。

시험 합격 취직 불길 혼인 불길 병 회복 소송 화해

豊 卦

丙六六四

이별하면 벼슬이 오고 이별 없으면 깨어진다。三월에 싸우면 상대가 죽는다。五、十一

월은 왕운이 있어 하늘에서 식녹이 내려 사업이 잘된다。내 구슬을 밤에 잃은 격이니

부부 싸움하면 마누라가 나간다。자손 근심으로 꿈이 쓸쓸해 지는 운이다。

시험 합격 취직 十一월 성립 혼인 병 회복 소송 화해

丙六六五

만사를 양보 위주로 하고 관대한 마음으로 살아야 한다。욕심을 부리고 강진하면 손재

와 망신을 당한다。남과 싸우기 쉽고 부부 싸움이 일어난다。사업은 힘에 맞도록 밀고

가면 재수가 있다。여자와 교제하면 소득이 더 크다。

시험 합격 취직 성립 혼인 병 회복 소송 승리

丙六六六

공명이 이루어 질 때가 되어도 소식이 없어 답답하다。가족과 친척등으로 불화가 일어

난다。소송으로 변할 운이다。웃음 속에 칼이 숨어 있으니 침착한 언행으로 처리해야

한다。느낀대로 강행하면 여러 사람이 다치고 이별의 눈물이 있고 내 힘이 다빠진다。

시험 낙방 취직 만성 혼인 성립 병 회복 소송 불리

明夷卦評曰　明夷者　傷也

坤上离下六親

八　酉　父　　寅　孫
八　亥　兄　　戌　官
八　丑　官　　午　才
、　亥　兄　　辰　官
八　丑　官　　寅　孫
、　卯　孫　　辰　官

春平　夏凶　八月卦秋凶　冬吉

火入地中　君子在厄　文王之難　凡百有事
掩傷明德　三日不食　困於叢棘　且宜休息

象格
鳳凰垂翼之課
出明入暗之象

詩斷
大人地中伏　明夷事必傷
陰人煩保殺　疾病恐難安
驚惶損夫兩重翼　謹慎須防暗算來
虎尾蛇頭知度得　身安能自恐傷財

解卦
利艱貞、象曰、火入地中　明夷　君子以莅象用悔而明。（朱子）曰、夷傷也　日入地中　明而見
傷之象故、占者利於艱難　以守正而自悔其明也。

明夷卦　當年訣
心上多憂　孤身無德　伴狂爲奴　六親無德　時運不和　正二春風　李朴木姓　三四兩月
臥不枕席　營事多遲　麒麟隱跡　獨力保身　身憂一病　幸得小利　莫論心意　身病可畏

明夷卦

二一五

明夷卦

若近趙朴　午未之月　缺月重圓　三秋之運　孔明去吳　運回三多　若爲同事　歲暮之運

橫及官災　財路可通　心中得幸　因人成事　借勢成功　東人莫近　陰中見害　渴龍逢水

明夷卦　疾病　訣

寒熱往來　食欲不進　眼赤舌燥　多寒腎部　鳩鳥落糞　誰知所祟　病根極深　天山不祈

四肢沈重　客鬼侵身　支離之病　入火所侵　殃及池魚　月下情人　百草不靈　危險千萬

明　夷　卦

甲六七一

一見鬼謫　白衣殺犯　天罡星下　草野人民　採薪之憂　藥不叮嚀　事有一喜　先愼吾身

遠渡瀟湘　官家風塵　焚香解殺　何望大志　必有服藥　病未除根　喜中生魔　病自瘳之

甲六七二

繞過泰山　福不幷臻　在家多愁　晝思夜度　其地逢害　心有多滯　如干財數　吉日良辰

又有長江　禍不單行　出他無祿　憂鬱煩悶　福居一般　事有逃遭　烘爐点雪　豫爲安宅

甲六七三

偶逢恩人　紫雲場中　讀書徹夜　連樂連接　若無科慶　憂苦不絕　身不安處　豫爲安宅

顯名雁塔　一步生光　今日榮光　貴氣無雙　凶兆可期　鬱悶奈何　家不安廸　災禍大減

甲六七四
長天萬里　時乎時乎　貴星照門　祿星照懷　兩手執餅　雖有小欠　當此登彼　病魔臨身
大鵬展翼　正當斯時　丹桂可折　黃金可抱　何先何後　人不爲過　多多益善　不宜此卦

甲六七五
雨過蒼波　風起遠程　明月清雪　心中所恠　若有身病　去去一般　瞻彼銅山　居其家宅
浮萍無影　客心散亂　望鄉一曲　千端萬緒　含淚歸東　是何運也　忽地無影　楊柳撓繞

明夷卦

甲六七六
平地一竿　富貴如夢　歲月無情　顧我一身　寧生復求　心無恠事　君子不知　借問財數
開坐江頭　興亡不言　美花無緣　何以生世　以雪前恥　淡淡無味　小人不知　徒費心神

乙六七一
白鶴愁雨　鬼哭道路　經營在東　心多勞費　何謂逆理　其木過盛　人慾可除　然後往北
有翼難飛　遠行可愼　自動門戶　鬢髮星星　密謀非吉　秋風有得　謙遜最吉　魚欲登船

乙六七二
明月滿樓　雲散四方　每事遲鈍　有期難進　利害相半　天在地下　陰人暗窺　困而小得
雲暗風捲　心馳不定　悲歌動關　行裝之費　往山經營　豈非逆理　必失其財　如登泰山

乙六七三

祿馬欲求　月影沈沈　一片彩雲　是非自北　心事難察　春風始吹　衣沾細雨　鸚鵡洲邊
鄉郭虛名　任在九浮　欲移星宮　高廈方殿　北人甚奸　執文爲害　無得有失　言語可憎

乙六七四

恐有悲傷　事在碌碌　七縱七擒　火旺之節　微金入火　海南船浮　夏物有損　花期難逢
一登尊祿　垂竿釣魚　諸葛奇謀　子孫有憂　其勢不久　有志未推　南鴻肯顧　散金一笑

乙六七五

心亂如麻　西物不顧　留神自北　萬事不利　東人之物　財來生世　守心勿動　得財非喜
事多關鎖　小節不吉　忍慾不動　心中火熱　西方起事　與人同心　東風有利　白髮誰悲

乙六七六

一足登船　一人二心　清風欲吹　浪遊不吉　財上有病　山上煙起　經營何事　火生其土
其危可知　三葉一枝　身憂可欠　門戶逢空　心無所定　祭山得吉　無得有決　回心莫動

明夷卦 경험결

丙六七一

날개가 있어도 날지 못하고 마음이 무척 괴롭다. 의리에 맞지 않는 것은 멀리하고 겸손하면 무사하다. 신규 사업이나 단체 가입은 불길하다. 집을 수리하면 불리하고 부동산을 매매한다. 병이 와서 백발이 성성해 진다. 二、三월은 불리하고 실물 수가 있고 자식 걱정이 있고 재운은 약하다.

시험 낙방 취직은 있는 곳이 안전하다. 혼인 불성 병 회복 소송 패배

丙六七二

용이 있는 자리에서 구름을 이르키고 움직 이기는 싫은 형편이다. 희망하는 일은 늦어지고 직장은 풍파가 일어나니 자숙하는 것이 길하다. 十二월은 실물 화재 자식 궁에 근심있고 몸이 피곤하고 재수는 조금 있다. 직장이나 집을 움직이면 불리하다.

시험 낙방 취직 불성 혼인 성립 위 병 지리 회복 소송 패배

丙六七三

북쪽 사람이 나를 해치려하고 김성은 내것을 뺏으려 한다. 문서 연락 있어도 소용이 없다. 부모에 근심있고 천리 밖에서 부고가 온다. 명리 사업은 불합리 하다. 친한 사람이 도리어 해친다. 몸이 곤하고 실수로 손해 보고 상처 할 운이다.

시험 낙방 취직 불성 혼인 불성 병 지리 소송 패배

丙六七四

공명은 시기가 어긋나서 깨어 진다. 사업은 일의 진행이 느리다. 남쪽은 희망 있으나

明 夷 卦

북쪽이 불길하여 계획이 깨어저 답답한 심정이다。 여름에 자식 걱정 있고 눈물 흘릴

일 있다。 낚으려 해도 고기가 오지 않는다。 제갈양 재주를 부리다가 도리어 손해 보는

격이니 침착 함이 길하다。

시험 낙방 취직 불길 혼인 불성 병 회복 소송 불리

丙六七五

수하가 상극하니 불길한 운이다。 손위 사람을 이기려 하니 이것이 화근이 되어 구설

실망이 있다。 동북과 서남은 구설이 있고 겨울은 길하나 여름은 손재수가 있다。 물욕

이 과하면 화를 만나고 불연이면 무사하다。 노인이 죽으니 소득이 있어도 기쁘지 않고

마음이 복잡하다。

시험 낙방 취직 불길 혼인 불성 병 회복 소송 불리

丙六七六

내 몸에 병이와서 탄식할 일이 있다。 배나 차를 조심하고 위험한 길을 건지마라 교통

사고 운이 있으니 마음을 가다듬고 여행을 하지마라 부부 불화로 눈물 흘릴일 있다。

금년의 운은 내 마음을 실을 흩으려 놓은것 같으니 참선으로 막아야 한다。 동업 하면

상대의 배만 채운다。

시험 낙방 취직 불길 혼인 불성 병 생병 위험 소송 실패

師卦評曰　師者　象也

坤上坎下六親

爻	六親	納甲	伏神	
八	父	酉	寅	孫
八	兄	亥	戌	官
八	官	丑	午	才
八	才	午	酉	父
、	官	辰	巳	才
八	孫	寅	巳	才

七月卦

春平　夏凶　秋吉　冬吉

獨行越師　最不宜動
君子有命　小人勿用
共相克伐　政道成訟
天馬出群　寡而伏眾

象格
天馬出群之課
以寡伏眾之象

詩斷
衆力推挽處　無心逐有權
雖然繁與冗　利祿勝當年
凶至終成至　功利未便享
日高安樂處　莫戀百花主

解卦
貞丈人吉無咎、象曰地中有水師、君子以容民畜象。（朱子）曰、師兵衆也故、卦名曰師丈人長老之稱　用師之道、在老成人　乃得吉無咎。

師卦當年訣
將得兵馬　行処有功
燕雀反舌　鷗鷺落網
鷄山玉簫　能散楚兵
財星照身　行商有利
何方兩人　近則逢害
三春佳節　事不違心
黃金入手　損益相半
行夏之時　勞身財上

師卦

以杖爲馬　金風秋月　負義何人　九月寒風　亥子北方　若不愼之　丑月之數
採金南山　崔李何信　訟起官門　棣花添憂　遠行有害　財破人病　門亂口舌

師卦疾病訣

寒熱心腹　病入田月　陰虛火動　病強氣弱　血神助風　三丘泣鬼　女則陽虛　若不服藥
雙脚無力　不知人良　流汗不乾　浮沉無常　可畏雷公　先塚不安　男則陰虛　難救其命

師卦

甲六八一
碧天萬里　茅屋三間　有琴有友　詞訟不起　回首遠路　福德連連　必有吉慶　心神爽快
明月徘徊　吉星照溢　有酒有肴　和樂自生　金園四繞　近乎太平　煩聲不絕　安過歲月

甲六八二
雨谷長虹　蝴蝶紛紛　問是世間　天北天南　吉地在何　男兒出吉　成功不疑　問其年運
雲間明月　蟾蜍緩步　有財有利　一驚溪前　溪後滌塵　貴人指路　運也奈何　有憂有驚

甲六八三
獨坐林間　不顧人目　然後成功　人多欲害　堅心固持　匹夫牛尾　勿爲過欲　福德無氣
自稱山君　但知自身　多怨多仇　未見其害　以成其財　不如其耳　物有限度　強進有咎

甲六八四

陟彼高崗　財耶厄耶　若不慎之　勿取非義　財數若何　改門修宅　雖有食祿　無情無益
我馬玄黃　愼之心頭　心生病根　勿視非禮　有財有憂　無益於余　坐不安食　側目眈視

甲六八五

晋門楊柳　托根路邊　散財言也　溫土生土　遠路口舌　勿窺人財　靜處安分　今年之運
怨深別離　其理非也　余何路上　弓弓乙乙　來拍耳輪　勿失我財　自生其祿　動則必害

甲六八六

雪中寒梅　愁中有義　百計無敗　心無善惡　日日勤勵　財政所治　吳州明月　東耶西耶
獨帶春光　疎食自甘　百戰除萃　閑辯盛衰　創業之機　積小成大　思在古人　吉福重重

師卦

乙六八一

若無生子　終是可慎　秋風之南　口舌紛紛　若行其南　酌酒無量　心神亂動　損益相半
蕭墻之禍　心中鬱鬱　喜散憂生　家宅不利　黃金盡散　往北小得　夏月求雪　董歌悲南

乙六八二

長嘆復起　等閑之事　芳草邯鄲　陰陽相換　天風下地　可謂同心　馬愁長路　白鹽非吉
秋月欲圓　隅成是非　春夢一驚　作家不吉　順德致平　一四之人　南機一解　山月無味

師卦

乙六八三

進退皆憂　不中不正　心難專一　地遠天高　一羽之鳥　荊棘四方　雨沾春木　山鹿夜走
擧屍必至　吉告成吉　奇功何望・憂患重重　千里徘徊　困而無啄　進則無咎　哀哀一聲

乙六八四

莫爲一喜　經營小成　枝上果紅　事在南北　危而獲全　我足一失　以金孕火　得財雖好
悲風遠生　守而勿失　兒爭不吉　青氈難尋　暗謀非吉　人受其害　不吉可知　殃及子孫

乙六八五

回首看雲　心諸多亂　門戶欲動　千里送人　江山之東　東西之間　楚歌忽苔　雪場無花
勞心勞力　費力無功　可得龍吟　雁信不來　樓月分明　以文得寶　往北利吉　春花結實

乙六八六

勞心勞力　若不知足　良謀已定　名利雖吉　徘徊四方　初吉後凶　西客來往　赤草無春
衣食豐足　吉變爲凶　何事又起　財利不吉　木蛇無足　危鴻見機　無金難交　魚困無水

師卦 경험 결

丙六八一

앞뒤를 잘 돌아 보고 전진 해야 한다. 집안이 불안하며 마음이 요란하다. 의문이 생겨

서 곤란 하거든 공격 말고 순리 대로 추진하면 북쪽은 재수가 있다. 동방은 구설 남방
은 손재수가 있다. 금년의 수는 수입도 많지만 지출도 많다. 담장 안에서 재화가 생
기니 마음이 답답하다.

시험 낙방 취직 불길 혼인 구설 위장 병 회복 소송 손재

丙六八二
쓸모 없는 사람으로 생각 했는데 나를 추천하여 일이 이루어 진다. 봄은 불길하고 가
을은 대길하다. 집을 지으면 불길 하고 시비 하면 손재가 온다. 넘치는 양심은 불리하
고 사건은 여자와 친구의 도움으로 해결난다. 집을 옮기려하고 처의 근심있고 놀랄일
이 있다. 이사는 해도 좋다.

시험 합격 취직 성립 혼인 성립 병 회복 소송 승리

丙六八三
전진도 후퇴도 이익이 없고 집안이 불안 하다. 우환이 거듭와도 기적을 바라지마라 천
리밖에서 부고가 온다. 또 부모 복이 있다. 만사를 정직과 성실로 추진 하면 차차 풀
릴 것이다. 세상을 원망 말고 나의 고독을 탄식하라 재수는 있고 마음이 복잡하다. 비
리를 피하면 길하다.

시험 합격 취직 불성 혼인 불성 신장 및 위장 회복 소송 불리

丙六八四
슬픈 바람이 먼 곳에서 불어오니 자손에 근심이 있다. 경영 하는 일은 이루어지나 잘
지키고 잃지 마라 비밀리에 진행 하면 불길하고 탐재하면 재앙이 온다. 먼곳은 재수
있고 가까운 곳은 불리하다. 박봉으로 견디어라 과욕하면 일시는 기쁘나 얼마 못가 탄
로 난다.

시험 합격 취직 성립 혼인 불성 병 회복 소송 승리

丙六八五
노력해도 마음만 요란하다 이익은 없고 북쪽은 손재만 있다. 부탁 해둔 것이 소식이
안오니 답답하기 짝이 없다. 동쪽 사람이 도와 봄은 길하나 노력에 비해 댓가가 적어
불만이다. 헛비용 들었다고 후회마라 늦게 보물을 얻을 운이다.

시험 낙방 취직 불성 혼인 불길 병 회복 소송 화해

丙六八六
봉급자는 직위와 봉급이 오르고 상인과 농부는 재수가 있다. 자기 분수에 넘치는 큰

일은 시작하지 마라 흉액으로 변하여 후회가 크다. 교제는 돈이 적고 의식은 풍부하다. 서쪽 사람과 거래 마라 길한 것이 흉으로 변하고 손재가 있다.

시험 합격 취직 성립 혼인 불성 병 회복 소송 실패

師 卦

艮卦評曰　艮者　止也

純艮危危　時止卽止　錢財失散　尋求不得
安靜無虧　時移卽移　失在小兒　東北宜之

艮上艮下六親

```
、    官 寅    孫 酉
八    才 子    父 巳
八    兄 戌    孫 酉    四月卦
、    孫 申    官 卯
八    父 午    才 亥
八    兄 辰    官 卯
春凶        夏平    秋凶    冬吉
```

象格　遊魚避網之課　積小成高之象

詩斷　抱玉懷珠久逐塵　近來名利尚蹉跎
　　　不須嗟嘆成功晚　必待陽和借力多
　　　征行移北又移東　千祿求財事兩通
　　　去就朝天今有路　不惟成始又成終

解卦　其背不獲、其身行其庭、不見其人无咎。象曰兼山艮君子以恩不出其位。(朱子)曰、
艮其背不獲其身行其庭、不見其人、動靜各得其所其背、主失靜所以得无咎也。

艮卦當年訣

當年訣
重山遮路　家道相違　地分吳楚　世無同志　病符官星　三春之運　若非呻吟　四五夏月
懷人不見　男女不知　雁陣各飛　獨不成功　身憂何免　不宜遠行　必有口舌　莫近官人

艮卦　疾病訣

暫察他事
露結爲霜　夏末秋初　成事反壞　朱金兩性　三冬之運　與人謀事
横被官災　庭蘭不長　親人反害　恓勿去來　女人爲魔　財運橫來　利在北方

頭痛身熱　冷觸風雨　山外亦山　祖上嚬口　或醉或醒　若非宅鬼　惡鬼木下　病不在人
浮腫脹氣　出外傷感　雪上加霜　病不尋常　似夢非夢　結死之鬼　先退所祟　莫如保元

艮卦

甲七一一
高山谷深　早何隱身　初不如意　君子則貴　九流術士　百工技師　雁歸南天　遠外千里
鳥出夏天　晚何出身　后必如意　庶人則憂　金銀滿箱　謀議符心　雲間獨飛　消息必至

甲七一二
草綠江邊　中心煩惹　古基無緣　欲遷未能　萬頃滄波　於南於北　勞后成功　亥月之數
呼母其犢　有死誰解　緣叛親離　守門不能　孤船何歸　吉地何處　植松觀亭　錦上添花

甲七一三
楚漢風塵　未結雌雄　就官口舌　樂后成禍　佛前祈禱　月下玉兎　子丑之月　時旺身財
戰火冲天　結局如花　窓外紛紛　正是天運　反爲吉祥　可呑清光　庶可恩布　年運不均

甲七一四

岫彼南山　必欲勤儉　秋月三更　潯陽西坐　靜居宅內　思思又思　前門過虎　平沙落日
阜盛荳稀　自然怠惰　彈琴孤坐　何人誘我　勿出門外　百思慮思　后門有狼　兩雁背飛

甲七一五

花爛春城　美酒佳肴　所求必得　財在路中　對人對物　若志大高　亥子之月　今年之運
錦繡江山　醉視乾坤　所謀必遂　往則成功　勿爲煩亂　必有失意　必有勝事　勿近李姓

甲七一六

老樹千年　必中不寧　若信親近　紛撓歲月　寂寞山中　朔風吹袂　靜寂家中　歲末運數
花生虛中　事不安定　信斧斫足　多疑多劫　猛虎嘯起　霜飛落葉　勿出門外　不動無害

艮　卦

乙七一一

身在南北　衆水連疊　前路平平　山燈忽落　與人相分　得失相半　雖得其財　三川得氣
千祿求財　無舟難行　有憂無憂　別淚一沾　事必支離　可無其憂　奔走東西　往西得利

乙七一二

進退不一　喜事之頭　修身勿動　膝下之憂　人不應之　能思進退　得物歸程　潛心默行
始終皆難　風波忽起　乃得其平　花落空林　有意難遂　可得其寧　風雨將至　隘門自開

乙七一三
傷心無定　其根豫防　三金影聚　火旺之節　亂緒亂治　楚客相踏　凡事至純　親戚不吉
禍在蕭墻　凶變爲祥　心緒紛紛　自打其鬢　憂在門戶　悲歌過夏　豫防勿失　往南失財

乙七一四
以葉似花　客地悲歌　棣原淚歔　知足知止　木旺之節　輕舟在江　風捲雲霄　家君一散
守本得吉　小恥難雪　北堂淚歔　一生得平　子孫有喜　欲止未止　勤守古業　平生所恥

乙七一五
功名有日　言雖正平　花非生子　佳編把人　利在其中　急圖有失　莫嘆時晚　春來吉事
磨釖待時　事多遲滯　損財可畏　鄉祿入門　藏器遠行　緩營有得　金哭有用　不在早知

乙七一六
隱金同居　造物弄人　快脫紅塵　肥馬輕裝　人意相合　管仲鮑叔　得意揚揚　山影快洗
良友契合　寶影欲明　事事得吉　一遊長安　鏡面無塵　東西分列　一騎肥馬　明月有光

良卦 경험 결

丙七一一

이별하고 싶으나 자주연기가 된다. 둘이서 모은 재물을 분배하려고 한다. 물을 건너고

싫어도 배가 없어 못한다。서쪽을 가면 재수 있고 동쪽은 불길하다。七、十一월은 녹

이 있고 四월은 불길하다。먼곳에 가면 액운이 온다。서쪽 귀인에게 돈쓰면 시험도 취

직도 다 된다。

시험 합격 취직 성립 혼인 불성 병 회복 소송 화해

丙七一二

시작하지도 안하지도 못하고 주저한다。벼슬 길이 막혔으니 때를 기다려야 한다。재물

을 얻지못해 마음이 불안하다。물건을 신고 돌아올 때도 바람이 무섭다。서쪽 사람을

조심하라。요행을 바라지 말고 자중하라。참선하고 안분 수분하면 편안하다。자식을

먼곳에 보내면 큰 근심이 온다。

시험 낙방 취직 불성 혼인 불성 병 위험 소송 화해

丙七一三

옥을 갈아 그릇을 만들려고 한다。친척과 불화가 일어나 마음이 분분 하다。내 집안에

서 사건이 발생하니 비관할 일이 있다。일의 진행이 느리기는 해도 몸과 마음을 닦고

정직과 성실 위주로 살면 화가 복으로 변한다。여름 철이 불길하다。

丙七一四

이루어질 시기인데 이루어 지지 않으니 견디다 못해 사표를 내고 다른 장소를 구하려
고 한다. 이를 악물고 직장을 지켜야 한다. 어머니 형제 때문에 눈물 있고 조그만한
분을 못풀어 애를 태운다. 시작은 있고 끝이 없으니 불만이 많아 안분으로 살아
야 한다.

시험 낙방 취직 성립 혼인 불성 병 위험 소송 승리

丙七一五

공명을 위해 사력을 다했는데 일이 자꾸 막힌다. 일이 너무나 느려 사람을 모욕하게
된다. 복녹이 깊이 묻혔으니 시기를 기다려라 급히 서둘면 전부 깨어진다. 아들 낳으
면 면할수 있으나 불연이면 동방이 불길하니 손재가 있을 수다.

시험 합격 취직 만성 혼인 불성 병 회복 소송 실패

丙七一六

친구와 뜻이 합해지고 일이 합리적으로 진행되니 득의 양양하여 달빛이 산 그림자를

艮　卦　　二三四

씻어준다。 봄에 과음 하지 말고 여자 조심 해야 한다。 부부간 싸움 있고 시기 하는 자

가 나의 희망을 뺏으려 하니 미리 그 낌새를 살펴서 막아야 한다。 동방은 불길하고 서

북쪽은 길하다。

시험 낙방 취직 소인전진 군자는 퇴보 혼인 불성 병 회복 소송 패배

賁卦評曰　賁者　飾也

光彩烜赫　文章交錯　進退榮益　小有攸往
火色含丹　應雜其間　束帛箋箋　剛柔不偏

艮上離下六親

、、、、、、

寅　官　酉　孫　　春平
子　才　巳　父
戌　兄　酉　孫
亥　才　辰　兄
丑　兄　寅　官
卯　官　辰　兄　十一月卦　冬平
　官才兄　夏凶　　酉巳酉辰寅辰　秋吉

象格　猛虎靠岩之課
　　　光明通泰之象

詩斷
行舟無險阻　輕泛自通津
雨露從天降　求謀事漸新
祿從天上降　喜至不須求
昔日憂愁事　逢祥始見週

解卦
亨小利有攸往、象曰山下有火賁、君子以明庶政、無敢折獄。（朱子）曰、
陽動則陰助而離明于內故、爲亨以其剛、上文柔而艮山於外、小利有攸往也

賁卦當年訣
勞身事業　運籌帷幄　見其負義　勞身求利　三春之運　若非子憂　身運亦否　木星帶鬼
營事非一　先決后事　謀罪公門　財上多煩　家憂不絕　同氣有患　獻誠佛前　宅不修造

賁　卦

舌乱三夏　無根女人　白晝失金　三秋之運　官溫之人　亥子兩月　海不揚波　時當季多
橫厄難避　不可同室　尋之無處　西金作害　財上去來　外財必進　張網得魚　與人爭利
心中懷釗　男女爭處
忍之無德　愼勿言訂

賁卦

疾病訣

寒熱往來　股肱無力　肝臟過勞　腹中藏火　墓門相射　頭足共痛　木鬼含怨　先頭后腹
難免頭痛　飲食不進　未免吐血　鬱鬱喘喘　一斧作禍　内臟不安　先退鬼祟　安肝湯材

賁卦

甲七二一
竿天微雲　夢得佳人　心勿太煩　南窗睡目　經之營之　財在丹程　求官福貴　道高德重

甲七二二
合而復散　無緣奈何　不遇病根　起欲何知　結局不多　中入友間　掛名金榜　楊名四海

甲七二三
九重丹桂　走馬紅塵　無窮亨福　是反同伴　家庭之間　棣花小光　臨事有進　莫望橫財
我先折揷　人稱貴男　孰不稱頌　到處春風　妖魔一戲　玩中一怡　疑中成功　中有奸人

賁

甲七二三
見而不食　畫中之餅
涙灑屏間　欲見遇人
尋花暮春　無花獨蝶
寅卯月事　辰月敗耶
雖有急雷　不致其禍
申酉之事　亥月敗也
聆音察理　是亦無咎

甲七二四
夏日小雨　木不長榮
同心者誰　西北女人
人心頻變　事事倒懸
借問財程　步步有道
虛荒多思　不如作心
靜處守己　安分則吉
文書有滯　勿慕保證
寒菊逢秋　晚結一花

甲七二五
黃金橫帶　得意男兒
富貴無病　視者羨欽
賁於丘園　束帛箋箋
勿爲大高　事不結末
駿馬嘶風　遠行之數
財在遠處　往則成功
亥子之月　身臥玉帷
如差雄圖　不是之厄

甲七二六
天上白雲　藹然聳飛
天地中間　我何滋味
富貴非願　帝鄉不明
自養自足　知我天神
時是難時　謀何不斷
一日金色　終年未決
與人舉事　人傷我氣
千思然后　慎心遠方

卦

乙七二一
駈馳千里　道路險難
虎聲難堪　心緒紛紛
先勞后益　我生家宅
是月將安　馬走牛鳴
北月影沈　驅馳得病
虎北風驚　龍澤水渴
勞勞小得　奔走四方
牛馬相爭　殘草沒原

賁卦

乙七二二
春花再發　魚不同惜　月色嬋妍　辰巳之月　月圓花發　人民偶合　火旺之節　北方來人
事事悠人　天意人心　謀在遠方　膝下之喜　爭爭不合　魚肥水長　好文來生　封雲增土

乙七二三
東風借力　明月蘆花　潤色暗憎　鳳飛龍起　門庭喜事　潤土潤屋　芳蘭有香　東風最好
好歸天涯　何人為薦　門庭多喜　水田得寶　人力致平　東風最吉　是月得福　揚名之像

乙七二四
寂雲歸散　身在危機　在家不利　家宅不安　曲直相半　北方何事　臥枕思鄉　事急難成
曲中有直　千里風流　遠行有益　東風之運　心事可察　水田寶得　遠程有益　方物欺人

乙七二五
去奢從儉　一事在口　家宅逢空　雖有上憂　用財得慶　一物歸虛　長久勿失　善從其人
危事易安　損財可期　欲動未動　門欄喜氣　喜氣動門　一事歸休　明月更圓　一心欣欣

乙七二六
山月重圓　風雲際合　家宅來生　龍虎變化　往南無害　河海歸宗　畎畝之事　莫論其東
顏色欣然　世祿綿綿　如事從天　非吉非凶　管鮑分利　風雲會合　喜氣揚揚　口舌紛紛

丙七二一

갈길이 험하다。마음이 분분하다。처음은 괴롭고 뒤에는 이익이 온다。五、十二월은
일이 잘 된다。재수는 경쟁자가 있어 부지런 해야 얻어진다。나의 실력은 인정되나
추진하는 일이 자꾸 늦어진다。마음이 분주하여 이익이 적다。二、三、十월은 몸이 곤
하다。욕심을 채우려고 북쪽에 가면 손해 본다。

시험 낙방 취직 불성 혼인 파괴 병 심장 위험 소송 패배

丙七二二

천지와 뜻이 상합하니 산위에 달이뜨고 고목에 꽃이핀다。재수는 보통이고 공명은 늦
게 이루어 진다。四、五월에 소식이 있고 북인이 나를 도와 농부는 토지 사고 군자는
취직이 된다。큰일은 합리적으로 된다。여자가 생기면 손재수 있고 상주가 된다。

시험 낙방 취직 성립 혼인 성립 병 회복 집이 발동 한다。소송 패배

丙七二三

봄은 귀인이 도와 입신 양명이 되고 외지에 나갈 운이다。친구의 추천으로 문서를 잡

는다。토지 매입、집이 커진다。직장이 생긴다。집안에 경사가 있다。一、二三월은 길하

다。밤에 배 타고 약속한 일에 의심이 있었는데 결과는 이익의 크다。

시험 합격 취직 성립 혼인 성립 병 회복 소송 봄은 승리 가을은 패배

丙七二四

천리길을 나가면 이익이 있고 가까우면 불리하다。고요한 구름이 산을 넘어서 다른 구

름을 만나야 비가 오는 격이다。가만 있으면 느리게 오고 손재가 있으며 활동 하면 빨

라 진다。북쪽 토지는 잘 못하면 손해 본다。봄은 집이 불안 하고 가을은 사기 당할

운이다。

시험 낙방 취직 불성 혼인 성립 병 회복 소송 패배

丙七二五

캄캄한 밤이 밝아진다。말을 잘 못해서 손재가 온다。움직이고자 해도 움직이지 못하고

손위에 근심이 있으나 가문에 경사가 있다。장구한 기간이 지나면 재물이 들어온다。

하나는 헛 일이 되고 친구를 따라야 내 마음이 기쁘다。너무 큰 사업은 손재를 초래

한다。

시험 낙방 취직 불성 혼인 만성 병 회복 소송 손해

丙七二六
부부정이 새로 좋아지고 돈이 자꾸 들어 온다。좋은 일이 생기며 내 마음이 기쁘다。
뜻을 이루니 의기 양양하다。만사가 만족하나 봄은 불리하고 가을은 길하다。정직 성
실하게 추진하고 조금도 원망 없게 하면 금전이 많이 들어올 운이다。

시험 합격 취직 성립 혼인 성립 병 회복 소송 패배

賁 卦

大畜卦評曰　聚也

艮上乾下六親

、八、、、、　　三月卦春吉

官	寅
才	子
兄	戌
兄	辰
官	寅
才	子

孫　酉
父　巳
孫　酉
兄　丑
兄　丑
兄　丑

夏凶　秋凶　冬平

大畜剛健　居官食祿　論訟自益　利涉大川
積聚不通　正立勳功　道理又通　後吉先凶

象格
龍潛大壑之課
積小成大之象

詩斷
大明初出處　萬里見光輝
九喜塵中客　麻衣換彩衣
物中多蹇滯　換歲始亨通
當雪凋零後　青青獨秀松

解卦
利貞不家食吉、利涉大川、象曰天在山中大畜、君子以多識前言往行以畜其德。（朱子）曰、
以艮畜乾、又畜之大者故、其占為利貞為、利川大川不畜食而食祿于國也

大畜卦　當年　訣
食泉在前　陶沙見金　大利奉祿　花下得病　樂盡憂生　春事多煩　求謀有二　月黑寒天
鬱何居家　積小成大　小剩積金　酒中損物　慎之酒色　宜慎官災　一虛一實　歸雁失群

外來人物　四五月令　爲他人謀　未申兩月　三人同事　黃花時節　黃姜兩姓　亥子水旺

不可同室　手執文券　必有餘望　遠行不利　利在其中　口舌到門　愼勿去來　手弄千金

一發弓矢　若近酒色　若及任祿

得雉得卯　難免身病　丑月官災

大畜卦　疾病訣

寒熱往來　飲食不進　死物招禍　心經已虛　鬼來攻擊　呼吸吟吟　財化爲文　本命逢空

腹部浮脹　日經夜重　重喪加服　夢囈情談　三焦命門　口乾舌燥　病無頭緒　病甚危也

大畜卦

甲七三一　鮒魚登天　佳娥美曲　無窮亨福　周流四海　東山蝶客　身入金谷　公私之間　一年之運

霹靂驚天　爭唱壯元　天祐之福　無處不利　偶逢香花　步步金聲　何所不利　念念皆宜

甲七三二　九龍爭珠　平原廣野　若不爲貴　東邊霹靂　時乎時乎　英雄出陣　與苦敗逆　東風之節

其血玄黃　風沙激天　憂苦不絕　西迫雲霧　一生衰旺　號令秋風　事則其天　預有機微

大畜卦

二四三

甲七三三
海低撈月　雲頭作家
如取難取　似成不成
依賴朋友　但問惟惟
臨事有疑　難辨黑白
荊山璞石　恢玉未解
閏月沉沉　琴絃不調
奇計妙策　遠為紛紛
辰丑之方　愁雲遮日

甲七三四
斜陽歸商　淺水行舟
年運小否　難得閒處
兄神發動　損財之餘
君子勞心　小人勞力
財爻逢劫　何望橫財
勤苦得食　夜夜灯愁
未決孤疑　獨坐昏中
秋月之節　黃花有慶

甲七三五
月出東海　天開地明
出門轉晴　愁雲捲盡
欲耕得牛　欲遷得馬
任意所望　無所不成
勿爲大過　或恐失手
君子得官　小人得財
遠處黃金　偶來入宅
明月紗窓　美人對酌

甲七三六
長江在前　泰山在后
鬼在宅中　居住不穩
虎嘯山上　遠行不利
運籌漢祚　諸葛流計
先福居宅　取吉文物
借問財程　小得多用
申酉之月　事頭隨魔
若當服制　庶免此數

大畜卦

乙七三一
木入金庫　口舌少多
秋木逢蠱　內外撓乱
魚尾亦赤　勞苦垂比
一棹標然　萬里風險
二姓其東　費力無比
二人隨后　牧溪無魚
妄動非吉　無得有失
子孫之事　以物換童

乙七三二

四方無家　蝸角生涯
草頭人笑　可憐身勢
得財還失　過則傷廉
若無身病　斷金可長
促魚未得　病拾利水
動則災生　北渡失手
石心未堅　事事不利
登山得獸　以納其虎

乙七三三

姻緣相遇　向尊祿大
火旺不吉　霜舟泣雨
千里相贈　位何寶也
功名富貴　可得其機
向南費力　往北損氣
口舌必起　財損漸大
海南何事　登舟徘徊
西風一吹　失金還來

乙七三四

行人古渡　半道踟蹰
鳥鳴非吉　落日愁生
狂風吹帆　難濟大川
意分之變　春夏之間
火旺之節　往東得物
水鈴易渴　魚物不利
外倉貯金　手弄千金
可向其處　東來月白

乙七三五

青山禍及　是非多起
二人渡水　疑慮兩三
功高德重　可輔人民
善良有光　世稀孝烈
空水逢金　必多非力
二人自北　其言莫聽
守本勿動　缺月重圓
東山欲崩　馬嚙其蛇

乙七三六

與誰有恐　永報聲名
堂上何憂　日月不明
庭蘭泣兩　疾病可畏
基地來生　有喜有憂
山門寂寞　無主空堂
無得人笑　論財非吉
妄動東南　損書非一
事事歸虛　山日欲暮

大畜卦

大畜卦 경험 결

丙七三一
금년은 구설이 많다。집안이 복잡하고 괴로움이 많다。두 친구 때문에 헛 힘만 쓴다。
경거망동하면 손재가 크다。공명은 七、八、九월이 대길하고 재수는 노력에 비하여 소
득이 적다。배 타지마라 동쪽은 불리 관리가 아니면 폐병이 발생한다。과도한 노력 하
면 대장병과 신경통이 온다。
시험 낙방 취직 성립 혼인 불리 병 지리 소송 불리

丙七三二
집없는 달팽이가 먹이를 얻어 남에게 빼앗긴다。병고가 아니면 손재수가 있다。여행중
에 친구를 믿지마라 기다려도 득이 없다。구설수 실물수 분주할 수다。관리가 아니면
눈이 흐려지는 병이온다(흑은 사망)。
시험 낙방 취직 불성 혼인 성립후 파괴 병위험 소송 패배

丙七三三
공명운 있으나 하늘이 말린다。여름에 가정이 분분하다。공명 부귀를 얻어야할 형편인

데 남북이 불길하고 구설 손재가 있다. 나의 의무는 다 했지만 상관이 불청 한다. 봄은
길하나 재운이 약하고 몸이 곤하고 복통이 온다.
시험 합격 취직 성립 혼인 불성 병 회복 소송 화해

丙七三四
봄에 뜻을 얻어 입신 양명이되니 가정의 경사가 크다. 여행도중 강을 건녀지 못해 애
를 태우다가 이루어 진다. 직장 고참은 불리하고 새로 취직한 사람은 녹을얻어 기쁜
격이다. 뜻밖의 괴변이 있고 천금을 만질 운이다. 여름은 재수있고 수산물은 불리하
다. 동쪽은 불리하다.
시험 합격 취직 불성 혼인 불성 병 회복 소송 자퇴

丙七三五
조상묘가 움직이어 시비구설이 일어난다. 북쪽 사람 말 들으면 재산만 허비하고 공은
없다. 옛 것을 지키면 재수 있고 동쪽 사람 말들으면 실패한다. 서북쪽이 길하고 여자
를 조심 않으면 많은 재산이 나간다. 친구를 믿지마라 믿을분이 없다. 남을 때리면 구
속되는 운이다.
시험 낙방 취직 불성 혼인 성립 병 회복 소송 자퇴

大卦 畜

丙七三六

객지에 가면 근심이 많고 상하에 근심이 생긴다. 있는 직장에 있으면 사고가 없다. 공명이 없다고 탄식마라 범이 살 굴을 구하는 중이다. 동남이 불길하여 일이 수포로 돌아가니 몸에 병이 생긴다. 연말에 공이 오르니 기다려야 한다.

시험 낙방 취직 불성 혼인 불성 병 회복 소송 불리

損卦評曰　損者　益也

損上益下　本非走失　必損而已　動往有孚

艮上兌下六親

、　寅　官　酉　孫
八　子　才　巳　父
八　戌　兄　酉　孫
八　丑　兄　辰　兄
、　卯　官　寅　官
、　巳　父　寅　官

春平　夏吉　七月卦秋吉　冬凶

象格　鑿地見水之課　埀土爲山之象

後易先難　事主憂官　何以爲安　或可無愆

詩斷　望斷浮雲事轉虛

當時許我平生事　及到終時不似初
望斷浮雲事轉虛　相逢陷上意皆殊

月下散欣事　翻成夢一場
晴雲初散處　日暮始光亨

解卦　有孚無吉無咎可貞利有攸往、象曰山下有澤損君子以懲忿窒慾。（朱子）曰、損兌澤之深益、艮山之高損下益上利民奉君之象、損所當損而有孚。信則無害也。

損卦當年訣

掘土如山　費力虛地　失寶難尋　居基不利　春運暫否　東權西朴　時常夏月　晚得利源
不見其玉　買用不言　更求無益　移宅則吉　損中加害　二竪侵身　井魚出海　大人有助

損　卦

夏末秋初　幸借人力　八九秋月　實反爲虛　運回三冬　謀事多違　僅得財利　魚雁相通

隨人出他　小得財利　與人爭利　後悔無窮　求利北方　女人爲魔　必有小費　益更有損

子丑兩月　丑月之數

客舘慎之　西不求財

損卦　疾病訣

四肢沈重　心臟不安　言語必遲　新葬何山　何冤爾家　兩目疼痛　杜花橋西　枯木回春

寒熱往來　種種嘔吐　股肱瘈瘲　掘地逢變　無關木神　風起頭邊　越人在何　以此治方

損卦

甲七四一

雲捲青天　之東之西　無窮遐算　恤我者誰　見鬼則厄　東南之間　如問財數　青鳥傳風

白日明朗　定無拘碍　一歲康寧　火姓木姓　求名則利　一書千金　小入多出　鱞夫詩乱

甲七四二

旱天望雨　火氣充腸　逐兔海中　夢造瓦家　鬼燧閃閃　公私之間　寅卯之月　禱木祈宅

日光杲杲　不可安居　萬人皆笑　覺來虛事　濁乱家庭　勿爲干預　戍亥之令　禍退吉進

損

甲七四三
山藏雲裡　難見其形
清清白白　何近獄中
守口如瓶　勿與人爭
四季之中　辰丑又怕
兄耶弟耶　忽然無情
東南之間　東北之間
莫修家宅　勿改門扉
瀟湘八景　總在江邊

甲七四四
滄浪之水　常清非濁
可以濯纓　可以濯足
釣釣貫月　無事坐磯
閱事多端　別無利害
秋風之節　閨中有憂
龍潛大墅　意外得珠
虛欲求財　恐反為害
堅守勿失　於我為德

甲七四五
夢渡麗水　步步黃金
橫財數下　一代豪傑
黃昏佳約　美人招我
春風桃李　新日芙蓉
東西南北　無處不利
春夏秋冬　無所不吉
財在路上　遠行成功
雖有兄神　靜居無咎

甲七四六
逢虎山中　矢客適至
願我所讐　人來雪恥
天降壽星　死中求生
鬼嘯山上　勿向他方
經之營之　利害無關
愼勿爭訟　大有損傷
天運循還　木姓頻來
謁見貴人　難掛金榜

損卦

乙七四一
膝下何憂　蒙而未發
費力無功　鹽車上板
悲歌在山　雨打江竹
春風之事　小喜生頹
登山悲歌　無人之嘆
幾失之地　東人偶助
人心不合　經營未中
損財可畏　謹守勿失

損卦

乙七四二
枯木逢蠱　是何事也　衆土居門　子月辰月　鳥形徘徊　北往往東　若定其心　勿爲猶豫
其欲亙天　分子之象　食之無餘　財運小通　意在兩處　得此惜彼　北人送物　割地相分

乙七四三
東風吹花　變化無窮　家宅不吉　秋風節之　幾成之地　得財易失　李人先入　西南之間
必受其澤　神童入雲　炎天鳥飛　憂患連綿　西客欲戲　使人非吉　莫論南方　費力而己

乙七四四
古林殘花　腸肺欲枯　家宅乱動　東方之事　長巳出穴　自塵影散　東方之物　憂心日生
春風不和　日夜憂心　恒在憂中　損土可期　往無其頭　兩處有損　偶然得吉　無得有失

乙七四五
損氣秋風　長津徘徊　每事至鈍　重金相逢　遠行難期　如兄如身　古園雪白　徘徊四方
上憂難免　白衣吊山　家空無物　非鳴則厄　登馬無鞭　一言難吐　前江魚肥　費力無得

乙七四六
金鷄曉唱　不動在家　憂散月圓　種竹東園　先費莫惜　千里遠程　含笑歸東　風流長安
何人納財　好事自南　鄉祿入手　欣欣不己　手弄千金　樂而不歸　暖日梅花　白馬貴客

丙七四一
용이 구름을 잃은 격이니 七、八월은 희망있고 그 외는 기대에 어그러 진다。자식 걱정
있고 노력 있어도 공이 없고 초 봄은 기쁨이 있으니 여름이 탐탁치 않다。동쪽 사람
의 도움을 받으면 배이상 좋아지는 수다。복 입을 수 있고 몸이 아플 운이다。
시험 낙방 취직 불성 혼인 불성 병완치 소송 손재

丙七四二
활을 쏘아도 적중하지 않는다。공명은 十一월 뿐이다。큰 욕심은 깨어지고 자식과 분
리되는 운이다。서로 뜻이 맞지 않는다。사직 이사 봄 겨울 실물수 어깨 다리아프다。
사업이나 농사는 늦게 이익이 온다。
시험 낙방 취직 十一월 혼인 불성 병 지리 소송 패배

丙七四三
영웅의 뜻을 품었다가 도리어 돈만 쓰는 수다。노력 있어도 공이 적으니 안분이 제일
이다。서쪽 불길、집이 불안、실물수、가을에 우환 있고 땅을 서로 가른다。교통사고、

損　卦

넘어지는 수 있다。 사람을 잘못 쓰면 손해가 크다。 이씨 조심、 재운은 적고 옮기려 한

다。 어깨와 배에 병이 온다。

시험 낙방 취직 불성 혼인 불성 병 회복 소송 패배

丙七四四

사방을 돌아봐도 도움받을 곳 없으니 귀록을 얻기 어렵다。 동쪽은 액운이 있고 일이

어그러지니 서로 만나는 것도 불리하며 눈물을 머금고 강을 건너는 격이다。 봄은 불화

근심、 집이 발동 손재 양처、 전체적으로 손해보는 운이다。

시험 낙방 취직 불성 혼인 불성 병 위험 소송 봄은 패배

丙七四五

얻은 것을 잃으니 불쾌하다。 찾을 길이 없어 근심 하다가 힘이 빠지는 운이다。 손위

걱정 사업 운은 느리고 헛 노력만 한다。 상주가 되고 집은 비고 물건이 없으니 쓸쓸하

다。 멀리 가지마라 일이 막힌다。 다른 달은 잃은 운이고 十一월은 재수가 있다。

시험 낙방 취직 불성 혼인 지리 병 위험 소송 손재

조상 묘가 발동한다。 상반은 흉하고 하반은 길하다。 먼 곳에 가면 눈물뿐 무덤 또는 집에 손을 대면 손해본다。 집에 있으면 이익이 없고 외부에 활동해야 경사가 온다。 투자하면 천금이 온다。 동남은 길하고 겨울은 상쾌하다。

시험 합격 취직 원방 성립 혼인 성립 병 회복 소송 화해

損 卦

睽卦評曰　背也

離上兌下六親

、	巳	父	戌	兄
八	未	兄	申	孫
、	酉	孫	戌	兄
八	丑	兄	辰	兄
、	卯	官	寅	官
、	巳	父	寅	官

二月卦春吉　夏凶　秋平　冬凶

睽者背也　大事非吉　口舌相伴　病者不瘥
兩情相違　小事無違　財散人離　行者不歸

象格

猛虎陷阱之課
二女同居之象

詩斷

劉郎別后路迢迢　鴻雁來傳有信牢
欲問故園當日事　東風依舊綻紅桃
同類須防反目時　從來交好變乖離
堂前貫朽空存日　江上萋萋草正齊

解卦

小事吉象曰上天下澤君子以同而異。（朱子）曰、睽乖異也、以卦体言則、六五得中而愿九二之剛、其占不可大事而可小事也。

睽卦當年訣

上下相違　獨不成功　二女相爭　六親無德　凡事多災　家憂不絕　四五夏月
營事難圖　恨無知己　射鳥不中　家道不平　一身自孤　困困三春　移宅西方　父子相分

若非身憂　未申兩月　禍去福來　八九秋風　勤身自求　三冬之運　得金反損　運否三冬
訟起官門　身行道路　朋友有助　望事如意　利在西方　財上有害　南人莫近　勿營他事
官災有損
逢賊之嘆

睽卦　疾病訣

寒熱往來　心神過勞　中天鬼泣　妖孽先動　肝克其胃　如非吊喪　先退鬼祟　數日之間
心腹疼痛　人艮未調　何廢家風　三焦不寬　舌燥口荒　沙草之地　後用百草　病可得瘥

睽　卦

甲七五一
萬里秋聲　心欲安定　待人不來　上下相違　寒來暑往　有小無多　入室多怨　修養心神
懶婦先驚　事何紛擾　不如不待　營事難圖　倉卒奈何　之東之西　無暇無緣　以待吉運

甲七五二
神馬尻輿　氣數流行　一家紛紛　哀我人生　塋頭似近　其地無緣　身持福星　年運不閉
孰爲輪輿　誰能知耶　火起心中　滄海一粟　不欲治產　移宅則吉　有憂不傷　諸事愼之

睽　卦

二五七

甲七五三　籠中之鳥　無罪之人　以吾一身　牛斗相隔　福星不旺　丑月之數　未月之數　經營之事
不知逃出　不如不閃　緣何理由　不堪窘迫　心無喜榮　月入雲中　日麗中天　第待吉運

甲七五四　玉兔向東　家有一慶　鴛鴦比翼　心活補快　家庭治産　愁雲期盡　雖不遠圖　能知黑白
清光可吸　堂上寶玉　其樂陶陶　剩得有大　自生其財　厄運全消　傍有助我　人稱其正

甲七五五　月到天心　精神清清　望裡江山　驛馬長嘶　寶樹春風　瓊言當當　塵俗浪語　自南轉北
風來水面　意氣揚揚　盡是喜見　出行何意　花影水映　醉舞仙仙　洗耳清江　人無誹訪

甲七五六　夜逢猛虎　偶逢惡人　心無憂疑　身無疾病　吉運不同　借問財程　文書不利　遠行無益
虎先入陷　彼先爲害　快活之象　康寧之兆　意外一服　無常尋常　勿爲于預　安處守分

睽　卦

乙七五一　若無失業　上下分憂　家宅來克　愁決千文　財帛無根　與人相爭　紅日欲暮　莫近西方
子孫之憂　孝子難愛　凶變漸大　秋月徘徊　人物所托　無得有失　客愁漸新　病于攄苗

乙七五二
一得一失　善爲周旋　東風之節　水旺之節　往東得吉　猶豫未決　知足知止　清江有助
委曲心多　缺者易圓　潤屋可期　凶門入門　向北損財　一心兩處　乃得安寧　輪月更圓

乙七五三
孤舟渡河　別離長漸　滔滔白浪　秋風忽起　半帆易傾　往西小得　武陵難辨　水落石出
鼎沸波濫　人來蹉跎　危船汎汎　百憂漸解　風波忽起　分利何益　落桃呑魚　秋風得利

乙七五四
一喜一惡　雲中佳約　火旺之節　家宅欲動　獨立徘徊　善爲周旋　帶金夜歸　草伐其木
狐疑何多　見月徘徊　心稱意合　凶變必出　東人奪我　兩意相合　南城月高　其害必多

乙七五五
春風之節　堂上憂耶　家宅欲動　憂中欣生　散財虛無　東風之節　失財可期　小得之時
事寧心煩　青山訟耶　秋運否塞　必得外財　浮屠之人　空然心勞　初吉后凶　上財得吉

乙七五六
霹靂聲下　立志不動　長夏江村　文書以東　大海無舟　巳午之月　白鶴高鳴　出入極難
恐俱復驚　須臾風雨　事事悠悠　賣買田庄　恐俱難渡　風雨漸起　松島何處　謹愼無咎

睽卦 경험 결

丙七五一
상하가 상합하여 진행이 순조로우나 얼마 안가 유명무실이 된다. 집이 불안하고 가을에
액운있었고 재산 시비가 있다. 싸움을 계속하면 기쁨이 슬픔으로 변한다. 사직 자식격정
상하 근심 이동불리 十二월은 손재수다.
시험 낙방 취직 불성 혼인 병 위험 소송은 피하라

丙七五二
상관을 모욕하면 녹을 잃는다. 봄은 길하고 겨울은 불리하다. 동방이 길하고 재수도
있다. 내뜻을 이루어도 자랑하지마라 남의 싸움 말리면 큰 손재가 온다. 집이 넓어지
고 사직 이사 봄 겨울 소녀근심 이동불리 간과 폐, 다리에 병이 온다.
시험 합격 취직 불성 혼인 성립 병 회복 소송 재발 불리

丙七五三
갑자기 풍파가 일어나 집이 시끄럽다. 남이 내 칼을 뺏으니 대처할 훈련이 필요하다.
봄 이별, 동쪽사람 불리, 모함에 빠진다, 서쪽과 가을은 이익이 온다. 여자가 생긴다.

상처수 있고 겨울은 신장병으로 고통이 있다. 언행을 조심하고 충돌을 피하라.

시험 낙방 취직 불성 혼인 불성 병 회복 소송 화해

丙七五四

하나는 기쁘고 하나는 슬프다. 여름은 합의가 된다. 집이 움직인다. 동쪽 사람이 내것
을 뺐는다. 고목을 베면 화를 입는다. 공명은 없어도 구름속에 해가 나오니 차차 길
해진다. 먼 곳에서 희소식이 온다. 二, 十二월 길한 운이다.

시험 낙방 취직 성립 혼인 지리 병 지리 소송 손재

丙七五五

봄은 길하고 재수도 있다. 번거롭게 여기지 마라 차차 좋아지는 운이다. 풍랑속에 노
가 없는 배다. 문서 관계는 처리가 쉬우나 조상묘지 나 논밭 관계로 시끄러울 운이다.
마음을 가다듬고 냉정히 처리하면 실수가 없으나 남을 믿으면 매매 관계로 손재수가
있다. 집이 움직이고 가을은 막히지만 외재가 들어온다.

시험 합격 취직 성립 혼인 불성 병 회복 소송 승리

丙七五六

봄은 불리하고 진행은 느리고 부부 싸움 있고 동업은 불가하다。 집안에 골육 상쟁이
있으니 미리 조심해야 한다。 손재수가 있으니 부동자세로 밀고가면 무사하나 남을 과
신하면 불의의 사고가 난다。 여름은 유유하나 토지 매매로 바쁘고 놀란다。 안전한 대
책을 세워라。

시험 낙방 취직 불성 혼인 불성 병 지리 소송 패배

履卦評曰　履者　禮也

乾上兌下六親

如履虎尾　兢兢戒懼　安中慮危　眇而能視

不示其心　視之若氷　憂中望喜　跛而能履

戌　兄
申　孫　　未　兄
午　父　　未　兄
丑　兄　　未　兄
卯　官　　辰　兄
巳　父　　寅　官
　　　　　寅　官

三月卦春凶　夏平　秋凶　冬吉

象格

如履虎尾之課

安中防危之象

詩斷

見立未回身　傳此用敬心
幾回驚險處　方得遇知音
逢山須涉險　遇水亦防淵
到得相關日　方知二尾牛

解卦

虎尾不咥人亨、象曰上天下澤履、君子以辯上下定民志。(朱子)曰、履虎尾而不見傷故、其
卦爲履而占者如是、則處危而不傷也。

履卦當年訣

如履虎尾　胸藏隱慮　首陽高山　所懷何事　逢虎林間　口舌侵身　移宅他方　辰巳兩月
安不忘危　風枝鳥夢　伯夷避紂　身在他鄉　春數難安　吊客到門　幸免其危　南不渡江

履　卦

二六三

履卦

東來人物　風波忽起　午未之月　時當三秋　魚逢澤水　三冬之運　二人同志　若非官災
非理謀訟　輕舟關楫　官不近身　身運漸亨　虎得山林　積小成大　隱財可得　或驚八人

疾病訣

寒熱往來　脾胃所傷　咳喘非常　釋氏含怨　女鬼抱怨　夏暑多冷　進退爭怨　夢乱讒語
壓心腹痛　面如瓜色　畫輕夜重　呼吸障害　事神何薄　水土所傷　病乃支離　庶圖其命

履
卦

甲七六一
北海萬里　故鄉山川　鍾鳴古宅　累積心恍　福祿自現　吾之所有　卦雖如此　三刑值犯
蘇公還國　倍重生光　六親相感　今則快活　勿望人德　平生完全　求利他鄉　小有身憂

甲七六二
猛虎作亂　妖邪入門　福在遠處　顛木移植　水炎無氣　惟吾獨夫　心有隱憂　陷之苦海
千人共懼　家庭不穩　速治行裝　枝葉更生　外財難得　自手成家　外有喜生　然后成家

甲七六三
孤立青山　子子單身　吾顧吾身　近吾付吾　北人之言　言似甘蜜　財數如何　祿神無氣
遠在雲中　係于何處　未能任意　似吾非吾　嗔勿聽從　先甘后苦　勿望人財　事不補情

甲七六四
行客遠路　欲住難住　與人求得　深勿憂災　福德臨身　財程所關　百步千步　午未之月
風雨無常　欲行難行　中有隔山　來而復退　何慮有之　雪裡求筍　僅成一望　慎之事頭

甲七六五
經來棘田　花開結實　昔日風霜　福在遠處　樓頭日夜　如兄如弟　口舌橫厄　財數運何
遇逢花園　人皆來習　洗於滄浪　君勿疑正　望鄉一曲　自來以助　風頭片雲　可合自得

甲七六六
坐望東西　無端世人　富不吞地　仙人生活　歡迎明月　文書雖利　危中得安　人不凌我
閑居忘世　求官求富　貴不上天　世界第一　禮送白雲　恐有還退　心應体胖　我不欺人

乙七六一
蹈其虎尾　金逢微火　巳午之月　是非己息　莫論其南　東人同心　白壁有缺　雲散月落
乃得其吉　鍊金之象　紫厄入家　晚樹花紅　反損其物　抱器東行　乾物不利　蒼城非吉

乙七六二
一徃江海　火旺之節　家近祿林　北方之人　風雨江城　看魚未釣　有錢難買　九月人來
生財何利　一驚心神　午方鄭李　害我百端　一葉片舟　憂心在水　南馬驚人　眞得好便

履　卦

二六五

乙七六三
船在浪濤　若無叩盆　宅近靑山　險路當前　家無意緒　莫登空船　路中得病　花飛東西
行船不利　人間一別　有家無主　門在凶方　改舊從新　狂濤接天　損財可畏　落水之家

乙七六四
月落事否　幾翻風羽　田土之事　浪靜波平　悲歌動樹　鑿地千丈　進退亦難　行行不已
完物見人　窓空人愁　奔走無暇　順水行船　前后皆憂　乃得微金　憂慮反復　産業盡散

乙七六五
迍邅反覆　亥子之月　家宅逢空　陰人好出　不顧家産　龍吟黑雲　寂莫空山　寶玉非寶
定損家財　一哭難免　欲移何方　間多離別　東西奔走　犬吠狂風　臥思千里　得罪人倫

乙七六六
憂喜反覆　巳午之月　家在明堂　兄弟之間　偶逢貴客　范蠡浮湖　宴罷南城　春鳥弄春
雲散月明　喜星照門　外人納財　小有其憂　琢玉琢石　多得寶物　歌舞其家　禮浦得財

履卦 경험결

丙七六一
먼곳에 가면 액운이 있다。 남의 선동에 부화뇌동하면 손재가 있고 불의의 화가 온다。

동남방에 속을 일 있고 여름에 액운이 온다。친구와 동업하면 불길하다。공명은 고사
하고 도중에 놀랄일 있다。여름은 자식근심、구설、마누라근심이 있다。

시험 낙방 취직 불성 혼인 불성 병 지리 소송 패배

丙七六二

모든것이 돈을 아끼면 깨어진다。여름에 놀랄일 있고 북쪽에 사람이 자꾸해 친다。욕
심나는 것이 많으나 살수없어 근심하는 괘이다。여자를 원망할 일 있고 남쪽사람 때문
에 손재가 크다。순간적 실수로 큰 사고가 생긴다。데모 단체에 들어가면 교도소에 간
다。퇴직 이사 실망이 있다。발 다치기 쉽다。

시험 낙방 취직 불성 혼인 불성 병 지리 소송 실패

丙七六三

공명운 있으나 화가 미친다。이별、구설、손재 형제 걱정、상처할 운이다。결심한 일
이 노력에 비하여 공이 적다。옛것을 고치고 새로운 것을 취하려 한다。배 타면 큰화
를 입는다。멀리가면 도중에 손재가 있다。참선이 있어야 화가 줄어든다。

시험 낙방 취직 불성 혼인 불성 병 지리 소송 백전백패

丙七六四

창밖에 비오고 방에서 수심한다. 부동산 때문에 분주할 운이다. 비바람 그치기를 기다려야 한다. 재수는 땅을 깊이파도 금이 적게나와 진퇴 양난이다. 우락 상반 운이니 정신을 차리고 살아야 한다. 일을 할려했다가 정신적 물질적 손해를 입을 운이다.

시험 낙방 취직 불성 혼인 불성 병 지리 소송 패배

丙七六五

시기와 질투로 사람을 원망하지마라 군자는 양보하고 소인은 싸우게 된다. 최후에 눈물과 손재를 탄식말고 잘못을 자기에게 구하라 사방으로 쫓아다녀도 이별만 있고 소득은 적다. 일이 자꾸 반복되니 빨리 산중이나 부처님께 기도를 올려라. 시험은 적은 것은 성립, 고시는 안된다.

취직 성립 혼인 불성 병 회복 소송 실패

丙七六六

귀인을 만나 큰도움을 받는다. 三、六、九、十二月은 재수가 있고 승급 승진이 된다. 여름은 대길하며 형제간에 근심이 있다. 귀인의 지시로 옥을 갈아 보물을 만들고 보물을 팔아 많은 소득을 올린다. 부지런하면 성공

시험 합격 취직 성립 혼인 성립 병 완치 소송 승리

中孚卦評曰　中孚者　信也

巽上兌下　六親

爻	地支	六親	地支	六親
、	卯	官	子	才
、	巳	父	子	才
八	未	兄	午	父
八	丑	兄	辰	兄
、	卯	官	寅	官
、	巳	父	寅	官

春平　夏平　八月卦秋吉　冬吉

天地養育　澤被草木　利涉大川　君子議獄
萬物安居　信及豚魚　厄難消除　緩治徐舒

象格
鶴鳴子和之課
事有定期之象

詩斷
鶴鳴和子本誠心　千里相傳自有音
所望須成圖必遂　兩重喜事在秋深
預備到頭能謹備　有危終是保無危
一心常到存亡計　富貴安能事不齊

解卦
豚魚吉利　涉大川利貞、象曰澤上有風中孚、君子以議獄緩死。（朱子）曰、信乎感
豚魚涉險　不失正故、占者能致豚魚之應、則吉而利涉　大川又利干正也。

中孚卦當年訣
風濤亂起　事不如意　鶴失其侶　身無依處　歸雁轉書　運否三春　李朴之事　四五月令
虛舟未繫　中心未定　啼向青山　夢枕不安　大人有助　疾病難免　身及橫厄　避身僧家

中孚卦

移宅西南　幸得他祿
文書見喜　下受上恩
金風秋月　遠行不利
喜得財路　小往大來
戌亥兩月　莫親西趨
若論心志　禍不單行
子丑之月　莫行水路
盧舟失路　白日無光

中孚卦　疾病訣

寒熱心悶　腹脹不安
四肢無力　精神昏迷
無主孤魂　絕禮抱怨
風盛疾苦　耳鳴眼赤
句陳入宅　未免內腫
兄動財伏　飲食不納
多聳齒牙　豈無頭熱
生死可知　以待日破

中孚卦

甲七七一
十年讀書　今日衣錦
修道成功　世稱浩然
筆端生利　可保今年
柴門不閑　親友往來
若云無識　恨之奈何
外他求財　徒弛心神
在京貴人　又加一層
今年之數　位高祿少

甲七七二
祿山入朝　國家將亂
荒涼古基　秋風蕭瑟
風射雨竹　金變石俑
養虎遺患　誰惡孰憎
古基生活　不如客地
若不如此　憂苦不絕
財路消息　綠木求魚
吉月良辰　預爲安宅

甲七七三
楚漢相戰　智勇救國
人來害我　如何安居
鬧熱耳邊　不得乙午
移亦不可　居亦不可
猶豫心上　日中不決
財上極難　守株待兔
求利未得　害己隨之
食在遠處　飢客忙步

甲七七四

孔孟顏曾　道德貫天
以文會友　以友輔仁
書閣合吉　文友家邦
揚名千載　其香馥馥
如日無學　勞苦倍重
利生何處　審之曲辰
以外求財　旱天望雨
雖不求飽　和合之格

甲七七五

甑破路上　觀之何笑
往事勿論　來事研究
此事彼事　晝夜審擇
心擇不中　憂兮心兮
福神不現　心無快樂
祿星無視　財不洽意
之東之西　虛忘之思
守分而處　以待吉運

甲七七六

一葉片舟　萬頃滄波
今年之運　危哉危哉
利我者少　害我者多
不分東西　心皆混濁
吉事溢險　勿作遠行
賦聲隱隱　客魂動耶
與心相違　經營之事
以待吉慶　勿爲委任

中孚卦

乙七七一

一点陽春　枯枝得榮
志雖得合　二心徘徊
門月寂寂　分金難交
秋風之節　憂患必生
南飛孤鶴　兩處徘徊
春木逢蠹　事事歸虛
橫人無木　太村乙日
西南之間　無得費力

乙七七二

千里有音　鶴鳴子和
望謀遂成　圖志必成
兩番吉事　在彼深秋
月映層樓　珠簾上鈎
一泄一克　心緒多亂
所望雖得　費物必多
兩月出山　管鮑之交
坤方之人　於我寄生

乙七七三

銀漢重回　欲行且止　未決懷疑　修身勿動　魚失其眼　秋風忽起　以水生財　危器在前
清秋有光　徘徊未已　三心兩意　可抱神器　無得蹉跎　銅山欲圖　必遊海邑　進退可進

乙七七四

潤屋之期　倚欄怊悵　蛾眉多情　多動多憂　魚在兩川　得物非喜　楚越相對　若不知足
必生秋風　紅粧半減　不得欣歡　或喜或悲　踟躕未渡　東人受害　各心有力　得失相半

乙七七五

瞬息光陰　一盃之水　情緒關心　前程茫茫　外人納財　親戚貪利　久行有失　坤艮之方
片刻千里　難求車薪　蹉跎呻吟　孝盡双親　堂憂必期　園中一爭　急歸無咎　損財之地

乙七七六

鶴豈登天　花逢驟雨　不宜妄進　謹守其身　月落高山　欲奪人物　借人之物　病于其財
折翼且凶　五更風寒　恐有橫厄　可免其厄　風動南溪　中夜無寐　徃海無利　西風送禍

中孚卦 경험 결

丙七七一

돈이없어 귀인을 못만나는 격이다. 두개의 목적을 다이룰려고 하니 추진이 곤란하다.

봄은 생기가 나고 가을은 근심이 온다. 너무 큰 일은 허사로 되고 서남은 불길하다.
공명을 못 이루어 애 태우다가 술로 세월을 보내는 격이다. 손위의 걱정 자식걱정 활
동할려고하나 재물운이 없다. 두통 신장병이 온다.
시험 낙방 취직 불성 혼인 불성 병 지리 소송 패배

丙七七二
먼곳에서 희소식이 오고 마음먹은 일이 이루어 진다. 기쁜일 거듭있고 심정은 복잡하
고 지출이 많다. 친구를 만나 가을에 공을 세운다. 원망과 마음의 동료가 있고 여자의
반목이 있고 봄 겨울은 몸이 곤하고 재운이 없으며 이사는 불리하다. 위, 간, 다리에
병이 온다.
시험 가을에 합격 취직 성립 혼인 성립 병 자기가 더하게 한다. 소송 승리

丙七七三
공명승진은 없고 계획은 추진이 안되니 불안할 뿐이다. 봄 여름은 불안하고 가을은 길
하다. 미결로 의심한 것이 해결나고 내몸을 닦고 참선하면 복이 오는수다. 접수리 불
리, 재운없고 몸이 곤하다. 손재수 있다. 위장병이 온다.

中平 卦

시험 낙방 취직 불만 혼인 불성 병회복 소송 패배

丙七七四
바쁘고 근심많고 기쁨과 슬픔이 섞여있다。과욕하면 동쪽사람에게 해를 입는다。서로
심산이 다르니 실력대결이 생긴다。여자가 가로막아 일이 안된다。아랫 사람이 윗사람
을 이기려하니 좋지못할 징조다。참선과 수양을 하고 쉬고싶은 심정이다。

시험 낙방 취직 곤란 혼인 불성 병 회복 소송 실패

丙七七五
집안에 경사가 없으면 상주가 될 운이다。공명도 영달도 버리고 싶다。직장을 버리고
봉급많은 곳으로 가고 싶다。친척끼리 이익을 탐 내며 집안이나 마음이 편치 못하다。
동북 동남간은 손재수가 있고 서쪽은 마음이 상한다。참선이 없이는 고통이 크다。

시험 낙방 취직 성립 혼인 불성 병 지리 소송 실패

丙七七六
명예는 얻기 어렵고 배 타거나 물가에 가면 큰 화가 온다。내몸을 조심 조심 지켜라 액
운이 거듭 온다。재물에 너무 신경쓰면 몸에 병이 온다。남의 것을 빌리지 마라 과욕
하면 불의의 화가 닥쳐 온다。一、五월은 길하나 서쪽 액운이 무섭다。

시험 낙방 취직 불성 혼인 불성 병 지리 소송 패배

漸卦評曰　漸者　進也

漸進之義　食無求飽　婚姻必得　即日相見
觸事進宜　疑曲施爲　行人必歸　開門待之

巽上艮下六親

、　卯　官　　子　才　正月卦春吉
、　巳　父　　子　才
八　未　兄　　午　父　夏吉
、　申　孫　　卯　官
八　午　父　　亥　才　秋吉
八　辰　兄　　卯　官　冬不利

象格
積小成大之象
高山植木之課

詩斷
已達平安地　前途可進程
綠陽芳草路　風快馬啼輕
幾度江邊釣　游魚未上釣
瀟湘一片錦　得意快心頭

解卦
女歸吉利貞、象曰、山下有不漸、君子以居資德善俗。（朱子）曰、漸之爲卦、上於下而巽於上爲不處進之、義有女歸之象、雖吉而又戒以利貞也。

漸卦　當年訣
不求官祿　恨無手足　猫見邪鼠　謀害不義　三春之運，出行道路　謹避東女　辰巳之月
先知危機　人口必添　藏身壁間　何事結怨　難免口舌　失物可畏　必免橫厄　愼之八人

漸卦

意合木子　事有定朔
馬羊之月　勿入東女
意外失物　養虎遺患
幸察此事　餘無橫厄
三秋之運　所求必成
華風搖宅　膝下有憂
三冬之運　以文求財
往來西北　利源滾滾

漸卦疾病訣

寒熱往來　四肢沉重
惡寒頭痛　日輕夜重
先推症候　有傷心胞
精神昏迷　肺藏鬱鬱
眞元大脫　益氣無妨
病狀捉命　其禍知否
飲食不納　急圖周旋
祈之祖上　卽時回春

漸卦

甲七八一
塵裡白玉　未吐光彩
志在高達　事漆間隔
清白心上　邪物來戲
勿近官訟　蚌鷸相持
箕裘世業　恐有損傷
無神無鬼　勿論人德
自求多福　枯木逢春
藕曾有孔　不染塵埃

甲七八二
病逢名醫　幾死回生
門前一仇　轉禍為福
如逢侍下　親愛奈何
文書不破　宅爻逢利
水中流財　偶然尋覓
傍看卦象　不幸之爻
朱雀含水　口舌漸漸
不羨石崇　不畏竟且

甲七八三
春桃雖繁　不如無花
家口雖美　不宜其福
初云慶幸　終無其喜
元辰更發　可知卯月
財路如何　自得根源
祿神不現　有名無實
愼之飲酒　恐傷其身
運日何歸　吉半凶半

漸

卦

甲七八四
海中清山　壯哉氣象　美哉形容　不貴不富　心無所求　福身有氣
獨立撐天　誰能折志　孰敢相侶　仙人之態　天子難招　身數康寧

甲七八五
蓁蓁者莪　哀哀父母　若無親憂　路爻發動　文書逢破　財路如何　妖魔自退　官憂自消
非莪伊蒿　生我劬勞　有志先山　決有遠行　必無大益　可以自用　身數康寧　人心太平

甲七八六
夕陽歸鴉　不宜遠行　福德持世　心清志白　求財四方　勿治藩籬　意外口舌　庶幾無事
癡雲埋卵　必有虛刼　傷我者誰　魔來難襲　如補云影　宅中蕭條　有亦無傷　作心謹慎

乙七八一
春夏影同　無跡無踪　快馬蹄輕　門戶安平　芳草之節　平地得寶　含笑過年　林鳥多情
膝下添憂　有意生財　彬泉養氣　優遊渡日　良馬啼風　其氣揚揚　好進前程　楊柳翻風

乙七八二
憂心在春　桃源遊舟　家宅來克　鵲不安巢　為人之事　曉鵲傳信　武陵三月　山水未記
瑤島採珠　勞心無比　百怪競出　草木欲枯　得寶還城　東風何憂　漁舟汎汎　後悔莫及

乙七八三
狂風吹東　事在魂夢　女怨必長　伊州古家　三人合心　無網何得　東窓月明　錦城何樂
花落泥雨　婦孕不育　征夫不歸　怨彼流鶯　往陸求鳴　有財不殖　女怨何深　魂夢未返

乙七八四
欲捉玉鬼　若有登梯　姮娥宮裡　巳午之月　江山半夜　飛兎可捨　莫行南方　子孫之貴
須憑雲梯　堂上有憂　與花共宿　南行不吉　得兎得魚　彼害必受　以女損財　費力無窮

乙七八五
否不通泰　欲折高枝　危波帆舟　双眉一顰　欲向何處　人物不塞　危浦行船　欲下未得
前程漸塞　百謀欲散　家神已動　涙沾青山　雲暗前道　謀散事憂　險山乘車　終遇風波

乙七八六
眉帶双喜　登樓吉梯　名利有關　不迷不寬　事雖不迷　鼠入太倉　但讀其書　得寶贈人
徐出重關　有志未行　不負儒冠　謾讀五車　必愁遠程　欲食未食　腐朽之士　後悔莫及

漸卦　경 험 결

丙七八一

달밤에 배띄우고 멋있게 노는 격이다。 집안이 편하고 풍경이 좋고 재수 있으니 의기

양양하다。 하늘에서 녹이 내려오니 사업이 잘 진행 되고 가문이 즐겁고 나날을 의의깊

게 보내는 격이다。 평지에서 보물을 얻으니 남들이 부러워 하는 괘이다。 一、 五월은

길운이다。

시험 합격 취직 성립 혼인 성립 병 회복 소송 승리

丙七八二

봄은 근심걱정이 많고 집안이 편안하지 못해 마음이 괴롭다。 지난일을 생각하니 후회

가 많다。 공명은 마음에 안차고 산이나 숲속을 가면 다친다。 동쪽은 손재가 있고 七월

은 길운이다。 적은 것으로 큰것을 바꾸는 운이니 과욕을 버려야 한다。

시험 합격 취직 성립 혼인 성립 병 회복 소송 승리

丙七八三

전쟁에간 남편이 소식은 없고 여자는 전쟁을 원망한다。 친구들과 뜻을 같이하여 지혜와

힘으로 소득을 얻으려 한다。 四월이 불길하고 一、十二월은 길하다。 동쪽 도둑이 집을

엿보고 있으니 방어대책 수립이 급하다。 얻는것 보다 안빼앗기게 하라 남을 믿으면 함

정에 빠진다。

漸　卦

시험 합격　취직 성립　혼인 성립　병 회복　소송 승리

丙七八四
큰 공명 얻으면 부모가 아프다。큰 재산을 얻으면 반드시 피해를 입는다。자식걱정 있
고 남쪽이 불길하다。직장 생기고 재수있고 여자 구설이 있다。유흥을 과도히 하면 큰
후회가 온다。만사를 겸손 위주로 가면 자꾸 발전하는 운이다。
시험 합격　취직 성립　혼인 성립　병 지리　소송 승리

丙七八五
조상묘를 손대지 말고 집을 짓지마라 상주가 된다。구름이 앞을 막으니 계획이 깨어지
고 근심만 남는다。먼곳에 직업을 구하면 그곳에 오래 살수 없으며 산에 오르면 넘어
질 운이 있다。남서쪽은 길하나 서북은 불리하다。
시험 낙방　취직 불성　혼인 성립　병 회복　소송 실패

丙七八六
금전을 아끼면 아무것도 안된다。보물을 얻어 남에게 빼앗기니 후회가 막심하다。봉급
자는 공명이 약하고 사업가는 투자하면 많은 이익이 온다。돈으로 사다리를 사지 않으
면 오르지 못하는 운이다。동방은 길하고 남방은 불길하다。
시험낙방　취직성립　혼인성립　병회복　소송실패

震卦評曰　震者　動也

震上震下六親

才　戌　　孫　巳
官　申　　官　酉
孫　午　　才　丑
才　辰　　父　亥
兄　寅　　兄　卯
父　子　　才　未

春旺　夏吉　秋吉　十月卦冬吉

重雷發響　無事之者　求謀和遂　空聞其響
千里飛聲　愕然而驚　官爵難成　不見其形

象格
震驚百里之課
有聲無形之象

詩斷
紫樹門闌特地開　恩波初逐一陽來
乘猪跨鼠當年月　從此亨光綴玉階
先時招悔後時通　震動華春始得中
鶯語來時花爛熳　從此相約自相違

解卦
亨震來虩虩笑言啞啞震驚、百里不喪匕鬯、象曰洊雷震　君子以恐懼修省。（朱子）曰、震有
亨道震來當震之時也、虩虩恐懼　驚顧之貌、震驚百里以雷言不喪匕鬯以長子言此卦之占
能爲恐懼則　致福也。

震卦
當年訣

雷聲忽驚　傷弓之鳥　安坐無德　因人逢害　正二三月　莫近東人　三夏之運　琢玉成文
恐懼必慎　謹避曲木　行動見利　自作之孽　間有橫財　口舌橫來　南行得利　名聲自高

震　卦

震卦

三秋之運　蜂含野花　若在官祿　亥子之月　若克日辰　舌亂路柳　臘月之中　今年之數
取利市井　成家釀蜜　手弄花餅　呻吟之厄　必有喪妻　幸免叩盆　以功得祿　以膝行之

震卦　疾病訣

寒熱往來　氣血攻上　血風成疾　鷄鳴月市　腎部虛冷　風起臍中　熱藏肪胱　活人神劑
骨節酸痛　重風傷肝　四肢難收　言語有障　流汗不乾　風淚遮眼　多吐嘔逆　中和為主

震卦

甲四一一
市中賈人　要得富心　造物不均　余財人財　家中不亂　明月千里　祿神隨后　堅心之餘
成敗無常　卒地泣客　反復難尋　人財余財　隱憂何論　美人含憤　必無受困　可得安身

甲四一二
寒霜着愁　故鄉山川　大賢奈何　朱雀氣勝　居家多愁　近我付我　紅花綠草
落葉蕭蕭　望裡寒風　心浮千里　口舌如火　勞而無財　出他多喜　書中加刑　不宜大計

甲四一三
龍虎相戰　無端兩人　若不愼之　戰鬭東城　身是的的　節用吾財　春色已暮　窗前蝴蝶
爭一犬兎　以財傷心　衝突奈何　至于西北　謀財閃閃　勿貪人財　美人無情　尋花獨飛

甲四一四

堯之日月　太平乾坤　深讐自解　財源如何　稻熟魚肥　災害自去　出逝瓊筵　天時地運
禹貢山川　鼓腹而歌　貴人常助　綿綿不絕　身興自飽　福德自進　到處清風　符合人心

甲四一五

翠竹逢霜　完全我心　勿求他人　年運受沖　勿出遠行　凶方何處　經之營之　吾守吾身
雖貴不榮　何人欲害　恩反為仇　事不求合　客魂啾啾　申酉之方　有頭無尾　勿求他人

甲四一六

陽翟大買　市中生金　身在他鄉　財上形容　卦逢六沖　靜則無味　器滿則溢　終日思慮
精算千金　可謂橫財　勝於古基　驟雨速速　不可大慾　動則有望　月盈則虧　不如一義

卦

乙四一一

散財有數　辰戌之月　家神多驚　田土之事　田夫欺之　夢鬭虛場　半月入門　土缺難圓
事必無形　身家不安　埋兒青山　是非東方　泰鹿易失　困馬登山　千斯已空　皮石文至

乙四一二

並執文書　秋風入樹　文書多動　西釵犯俎　東風古林　文書之場　事事歸虛　老牛耕田
婚場橫財　虎痛其子　必選家庄　往則必厄　鳥舌多煩　飛鳳含去　橘林夢罷　西鬭失物

震　卦

乙四一三
一門不睦　空釖入樹　家神並爭　奔走東西　伐木無釖　小得何論　危天見星　上天有足
不足盡言　身病可畏　百怪層生　無家之客　終身經營　東方之物　空壁畵山　回能相接

乙四一四
論土何事　身運漸通　鳥圖其南　水旺之節　其雉無足　紅塵埋玉　是日有成　老女無夫
書中有費　萬物始生　必買田庄　往北有損　登山一退　以文得物　牛失其尾　虛機織雲

乙四一五
東風之節　老蜂舉頭　膝下有憂　基老無靈　西方動金　危船欲犯　山月有欠　各足首走
綠林窺門　財帛必臻　必在寅月　一驚白虎　見敗小女　白虎臨津　青樓損才　次食其血

乙四一六
秋風之節　塚墓動欤　田宅逢空　釖殺犯身　大魚無穴　山影倒水　財上得病　有翼無飛
金舌嚙人　父母哭欤　一身難容　死亡必多　四方徘徊　虎嚙其狗　金散東西　秋霜橫樹

震卦 경험 결

丙四二一
용이 천리밖에서 구슬을 얻지 못해 돌아오지 못하는 괘다. 사소한 일로 시비가 일어난

다。조상 묘와 집을 고치지 마라 토지 매매로 손해본다。만만한 사람에게 속아 큰 손

해가 있다。여름에 문서임수 부모 근심 자식 걱정 한다。강진하면 손해가 더 크다。폐

병 조심하라 三、九월은 몸과 집이 불안하다。

시험 낙방 취직 불성 혼인 불성 병 반생반사 소송 손재

丙四一二

집을 옮기면 손해본다。남에게 돈을 떼인다。실물、사기조심 금성에게 해를 입는다。

노상강도 만날 운 이니 위험한 곳에 가지마라。과욕하면 서쪽에 액운있고 여자를 가까

이하면 꿈이 깨어지고 중병에 걸린다。봄 겨울 구설 복통 설사 성병 조심。

시험 낙방 취직 도중 액운 혼인 불성 병 회복 소송 후회

丙四一三

집에 괴상한 일이 생긴다。분주하고 가족이 화목치 못하고 몸에 병이나고 노력해도 공

이없으나、동쪽은 이익이 있다。객지에 가면 눈물흘릴 일 있다。친척과 불화 여자걱정

재산싸움 부부싸움 죽고싶은 심정이다。몸에 보물이 없으니 강적과 맞서지마라。

시험 낙방 취직 불성 혼인 불성 병 지리회복 소송 실패

震　卦

丙四一四
토지 때문에 분쟁이 일어난다. 취직복직 또는 문서계약이있다. 집이 움직인다. 겨울은 손재 칼자루는 내가 잡았으니 사필귀정으로 진행하라 끝내 내것이 된다. 강력하게 나 가면 피 흘린다. 침착하게 진행하라 남쪽이 유리하다. 시험 합격 취직 성립 복직 혼인 성립 병 회복 소송 패배

丙四一五
봄에 실물수 있다. 재수는 있으나 동쪽사람이 해 친다. 처와 자식 근심있고 모든것이 번거럽고 지리하다. 공명을 얻지못해 욕구불만이다. 여자를 좋아하면 큰 손재가 있다. 내가 도둑을 모르고 같이 자고나니 알봄만 남은 쾌다. 시험 합격 취직 불성 혼인 불성 병 지리 소송 실패

丙四一六
먼 곳에 가면 병이나고 부모가 병 들었다가 사망한다. 조상묘를 손대면 집안이 불안하 고 몸이 아프고 도둑 맞는다. 먼곳 친구가 불러도 가지마라 달빛이 자꾸 어두어져 유 치장에 간다. 돈을 너무 좋아하면 큰 손해가 있다. 시험 합격 취직 불성 혼인 불성 병 지리 소송 실패

震上坤下　六親

、、　、、、、

戌　申　午　卯　巳　未　　春平
才　官　孫　兄　孫　才　　五月卦夏吉
巳　酉　丑　申　辰　子　　秋吉
孫　官　才　官　才　父　　冬凶

豫卦評曰　豫者　悅也

雷出於地　天地順動　先王制禮　凡事無疑
開蟄鼓翼　日時不忘　殷薦崇德　上下悅懌

象格
鳳凰生雛之課
萬物發生之象

詩斷
門前有慕客　早備不宜違
在德心休怠　身守務見遲

一卷文書未得員　翻來覆去致淹延
未通貴客如開眼　方得從初事再全

解卦
利建候行師象曰、雷出地奮豫、先王以作樂、崇德殷薦之、帝以配祖考。（朱子）曰、豫者和樂也、人心和樂以應上也、以坤遇震故　其卦為遇而其占　立君用師者也。

豫卦當年訣
開雲見月　所望如意　乃成婚姻　莫遊大堤　財上多憂　勞身無益　路上口舌　堂上有憂
却破愁夢　上下合德　若非生男　心如盤舟　前事未決　寅卯東風　忽逢橫厄　若非官事

辰巳之運　午未兩月　反璧歸趙　七八金風　西行不利　避危治安　李朴木姓　莫近官人
身入獄中　憂散喜生　相如有功　莫近市門　身在病中　幸得他助　北人來助　喜變爲災
子丑之月
孟嘗出關

豫卦　疾病訣

咽喉痺痛　外寒內熱　齒牙必痛　其效如神　必在爾家　病無頭緒　藥効未得　善治回生
熱攻上焦　氣急咳嗽　熱攻肺臟　肺兪針灸　刀兵死物　靈藥隱伏　支離在枕　東方老醫

豫　卦

甲四二一　西楚伯王　流一天下　世上人心　人間事勢　財帛將至　婚姻已結　心中所關　與人相和
甲四二二　未得天運　一計歸虛　初何符合　晚何乖塵　用處已生　修有追悔　勿爲自高　應無其財
甲四二三　霖雨初時　惡魔將退　風來古基　珠玉滿堂　財在何處　吉夢來報　福星照窗　其進其退
碧天萬里　百福成臻　落葉歸根　喜笑不絕　莫圖其遠　覺來黃金　家厄永消　人皆歡迎

甲四二三

猛虎隨后　快哉快哉　天降壽星　口舌官災　同人成事　財星云何　勿營他欲　寅卯之月
吼聲忽起　何人救余　死中求生　動而還熄　勝於望鄉　幾失還存　自求多福　木姓不利

甲四二四

漢高坐國　初起南京　既定事業　離合後事　今年之數　非從身數　折見知機　忖度吾心
諸將相叛　人心相合　人心相離　君不知耶　只恨小金　財數亦然　心無致財　亦知人心

甲四二五

秋風起兮　白雲飛兮　虛思勞兮　勞心為恨　怵吉事兮　有遠行兮　道不通兮　知足自近
事未成兮　歲月流兮　財將聚兮　事中有魔　文書至兮　吊不利兮　蹣鬼嘯兮　直定基地

甲四二六

夢得良弼　太平聖代　知己吐情　萬里江山　家依金谷　有琴有瑟　事從順理　若為侍下
重事漸輕　歲和年豐　萬事亨通　忽然春心　身煖心飽　風流自足　家和人睦　北堂有憂

豫

卦

乙四二一

月林春鳥　木鳴空樓　劫殺在宅　有花無實　楚人釣竿　西分東分　常山獵火　東秋夜月
夢驚千山　身病可畏　八人可慎　損土之數　誤垂南川　柳葉虛火　魏國樂手　虎髦虛無

乙四二一
舞智容人　吉事入門　凶殺在機　南北之間　秦人欲貪　二人同心　項羽學釼　漢人間程
墨場有名　身煩無暇　家無怪變　得財之格　南玉在水　易成有哭　瀧水勝戰　不如急擊

乙四二二
離別之嘆　銀河影圓　西移北遷　子孫和睦　東人作戲　渭水釣翁　放牛邯鄲　落葉滿也
在被天數　有子獻榮　田宅有益　家道豐隆　土旺非吉　風鱗滿霜　得意之戰　老物助我

乙四二三
日月催人　水旺之節　能有其凶　一雁東風　莫人無夫　向南失魚　子胥南行　船浮楚江
涙沾高堂　吉星入門　又有其慶　揮涙洞庭　空窓間月　往北射雁　餘恨尚存　漁歌可聽

乙四二四
南人送舌　膝憂難免　巳月之節　南方之厄　弄金如水　邯鄲付夢　口舌亦起　如兄如弟
身在是非　田土有光　變凶入門　在我子孫　必有後悔　洛陽間酒　南楚何言　反爲仇讐

乙四二五
東風入樹　日月含雲　家空神動　子孫失道　無主空堂　東場風起　雛聖見王　于髦得權
百憂層生　天地變形　春風困厄　田土有損　宮燕獨飛　賊人暗窺　未行其道　伯業何用

丙四二一
부부 불화가 일어나고 부동산으로 인해 손해가 있고 화재 조심해야 한다. 활을 쏘았으
나 잘맞지 않는 괘이다. 이별수 있고 금성이 도와 목적이 이루어 진다. 꿈속에 놀라고
몸이 아프다.
시험 낙방 취직 불성 혼인 성립 병 놀란다. 소송 패배

丙二二
공명을 얻고 재수있고 집안이 편안한 괘다. 집에 경사있고 남북쪽이 유익하고 두사람
이 협력하여 공을 세운다. 이별을 애석하게 여기지 마라 이로인해 병이난다. 금성이
도운다. 다치고 피 흘리니 몸을 돌봐야 한다.
시험 합격 취직 성립 혼인 성립 병 회복 소송 패배

丙四二三
자손이 화목하고 집안이 편안하다. 토지 매매에 이익이 있고 이별수가 있다. 노인이
도와 목적이 달성되고 높은 자리에 앉아 권세를 부릴 운이다. 마음이 불안하여 공명도

반갑지 않다. 과욕을 버리고 신중을 기하면 길할 것이다.

시험 합격 취직 성립 혼인 성립 병 지리 소송 패배

丙四二四
손위 어른 걱정 형제걱정 눈물흘릴 일 있고 경사있고 재수도 있다. 마음은 자신이 만
만하나 공명은 이루어지지 않는다. 다른 소망도 잘 안되나 겨울은 광명이 오고 편안하
다. 먼곳에 가면 통곡할 운이 있다.

시험 낙방 취직 불성 혼인 성립 병 지리 소송 패배

丙四二五
목적 진행중에 사고가 발생한다. 남쪽 사람이 시기를 하니 사업진척에 방해가 된다.
시비 자손 걱정 액운 구설이 있고 형제간에 원수가 될수 있으니 조심해야 한다. 부동
산을 매입하면 소득이 크다. 부귀를 탐내지 마라 후회가 따른다.
시험합격후 고의로 낙방된다. 취직 불성 혼인 불성 병 회복 소송 손재

丙四二六
먼곳에 가면 울 일이 있다. 녹을 얻어도 곧 잃어 버린다. 봄에는 자손 근심 실물 토지

손해 주머니 조심하라 도둑이 뒤따른다. 동쪽 절에 가서 공 올드려라 봄에 액운이 무섭다. 나비가 꽃을 찾아가 벌에게 빼앗기는 격이다. 대책을 세워야 한다.

시험 낙방 취직 실패 혼인 파괴 병 회복 소송 실패

豫 卦

二九三

解卦　評曰鮮者　散也

出於險難　獄訟無休　憂財不集　久在床枕
惡事消散　共相歌贊　人有隔面　今無病患

震上坎下六親

八　八　、　八　、　八
戌　申　午　午　辰　寅
才　官　孫　孫　才　兄
巳　酉　丑　酉　巳　巳
孫　官　才　官　孫　孫
春平　夏吉　秋凶　十二月卦冬不利

象格
草木舒伸之象
因人出獄之課

詩斷
本是龍門客　　　年來始跨鯨
瀛洲留不住　　　金殿綴公卿
謝家臺舘久荒涼　　一日東君信又還
携手幾人同賞外　　縱歌鼎沸不教開

解卦
吉利西南無所　往其來復吉有攸往夙吉、象曰雷雨作解、君子以赦過寶能、(朱子)曰、解難之散也、難之既散利有西南乎易之地、若無所往則宜來復其所而安解　尚有所往則、宜早往早復不可久煩擾也。

解卦　當年訣
狡兔脫網　西南得朋　深藏金玉　利反絕義　結怨不解　正二春間　東人暗害　春末夏初
井魚出漁　利源自來　勿換地寶　骨肉相爭　必是謀害　憂及荆妻　妄動損財　莫行西路

馬陵山路　桂花成實　馬羊之月　謹避山葬　申酉多病　棣花逢秋　子丑之月　戌亥之月

伏兵可畏　庭上回春　外財入手　夜不出行　北不遠行　同氣有患　手成土文　商路有利

解卦

疾病訣

寒熱胸膛　句虎相擊　涙洒垓下　家有陰鬼　香馬逢空　先人事神　胸頸寬治　祭山致誠

咽喉咳嗽　癱瘓疾毒　河泊吐水　骨肉相殘　不思人良　何廢前例　乃得其効　病可得瘥

甲四三一

小蟻拖夢　力小任重　於理不當　勿禦強塞　兄動不利　寅卯辰月　身財不利　以待吉運

登壁何心　汗出沾背　失敗可知　必有傷身　莫問財數　害我者多　事后隨鬼　運也奈何

甲四三二

狂風掃雲　愁魔遠退　食祿陳陳　一動一靜　財政如何　勿爲丹砂　花席挑燭　如意之寶

霽月滿天　心鏡月明　吉事重重　不無中節　到處春風　他爲黃金　美人前坐　不在近遠

甲四三三

沃野千里　余之所居　無窮福祿　災禍自退　明月三更　之東之西　佳聲入宮　莫用太高

天厨之地　可活之地　綿綿不絶　家宅安寧　美人同坐　心無畏處　賀慶珍珍　衆口內怨

解卦

解卦

甲四三四
崑山美石　眼前好友　窗前美人　門外寶樹　階前榆葉　墻外災孽　官災口舌　一年之運
盡是白玉　勝於明月　美於紅花　光於明珠　紅於黃金　消如花露　散如浮雲　令令皆宜

甲四三五
深山隱士　酒者亡國　賭博浪行　若不愼之　心浮虛空　夕陽山影　若論財數　勿救他人
愼勿出外　色者亡身　流覽蕩心　必有被害　踰魔招余　綠林有聲　不多不少　恩反為仇

甲四三六
紂兵何交　餘戈何事　勿覺人訟　配此心者　如兄若弟　勿聽其言　秋風之節　心銘愼字
倒戈自傷　反為自沖　勿與人鬪　未免此數　行為誘余　恐不安閒　心動身疲　心無大欠

乙四三一
秋風得意　緩步蟾宮　家神逢空　若無家慶　可得經綸　玉樹之南　華堂客散　玉龍落頭
大展經綸　抱器玉堂　吉變為凶　白雲歸山　空家執文　秋實團團　口舌必多　金蟾退步

乙四三二
青山不改　若無堂憂　子宮有損　富歉貴歉　珠玉滿水　坤方得物　青山月下　風雨聞天
路出重關　可動先墓　高樓無主　兩次求謀　水舘有得　往北反損　往往可得　月犬擾擾

乙四三三
小人當負　自招我寇　賊人入門　兩三勞力　以馬換牛　辰戌之月　小人亦羞　水火相爭
乘馬有憂　亦可致羞　志實無實　欲休未休　三煩勞力　困馬還山　負荷之物　所營未得

乙四三四
可求名利　行師渡瀘　賣買田宅　奔走四方　釣魚釣鰲　寄生吾家　多得寶小　封候之家
有鈎釣龍　喜中有憂　文書双動　若非大貴　江湖之間　持竿何人　衆人分利　往則得寶

乙四三五
秉公持正　福祿洪深　德業日新　莫遊東方　論金之場　莫論其東　土上有交　南人奪寶
邪黨影散　初凶后吉　自起田庄　金火相爭　何人暗窺　月影半缺　福德滿掌　可憐一老

乙四三六
青山路遠　雜語虛多　客入空樓　直行長安　歌笑之場　所求乃得　反覆無常　東風路長
所營可得　翻作歌笑　玉堂憂深　加官進祿　是非許多　雲蒼古樓　西人心事　家空奈何

解卦 경 험 결

뚜꺼비가 사다리를 오르는 격이다。일의 진행이 처음은 느리다가 차차 빨라진다。화살로 버들잎을 뚫으려는 격이다。가을에 큰일을 계획한다。힘에 겨운것은 흉액으로 변한다。동북간은 길하고 동쪽은 구설있고 불리하다。폐、대장병이든다。신경통 조심。

시험 합격 취직 성립 혼인 가을성립 병 회복 소송 화해

丙四三一

공명이루고 가을에 부임한다。다른곳에 구해도 또 성공한다。사업은 재수있고 이사 또는 집수리 한다。조상묘와 부모 근심、북쪽과 자손궁에 근심있다。부기를 함께 구하려고 한다。물가에가면 재수 있다。어머니가 병나기 쉬우니 미리 조치하는 것이 좋다。

시험 합격 취직 성립 혼인 성립 병 회복 소송 지리패배

丙四三二

지혜와 힘을 다해도 공명이 안온다。소득에만 신경 쓸 것이 아니라 먼저 도둑을 막아야 한다。지키는 사람이 도둑이다。집에 도둑을 불러 드리고 있으니 남의 말들으면 망

한다。 교통사고 있고 바꾸면 손해 자식걱정 여자근심 폐、 대장 신경통이 와서 좀 번거롭다。

시험 낙방 취직 불성 혼인 불성 병 회복 소송 화해

丙四三四

권세부리는 공명이 이루어 진다。 봄은 하는 일이 이루어지고 동남쪽이 길하다。 토지 문서 때문에 근심있다。 목적을 구한후에 근심오고 소인은 짐이 무거워 괴롭고 군자는 크게 귀해지고 간곳마다 소득이 있다。 자기힘에 맞추어 나가면 무사할 운이다。

시험 합격 취직 성립 혼인 불성 병 회복 소송 화해

丙四三五

처음에 곤란해도 뒤에는 길하다。 자력으로 살림을 일으키고 소득을 올리려 한다。 남과 싸울일 있으니 칠성에 기도하라 지성이면 감천이다。 덕성있는 신하가 들어가니 간신이 물러가고 바른 정치가 되는 격이다。 사업가는 재수있고 봉급자는 직위 승격하고 봉급 도 오른다。

시험 합격 취직 불성 혼인 불성 병 회복 소송 화해

丙四三六

목적은 달성되나 집안 근심이 크다。 반복한 후에 직위 승격하고 봉급 오른다。 상관이
좋은 자리에 보내주니 식록이 풍부하다。 다른곳에서 불러도 가지마라 가면 손해본다。
부모 근심있고 재산시비 여자근심 있다。 북쪽에 가지마라 불의의 화가 덮쳐 부상을 입게
된다。

시험 합격 취직 성립 혼인 구설 병 회복 소송 화해

恒卦評曰　恒者　久也

震上巽下六親

戌　申午　酉亥丑
才　官孫　官父才
巳　酉丑　午午子
孫　官才　孫孫父

正月卦春吉　夏凶　秋財　冬平

恒久安靜　四時變化　日月運轉　君子以立

不動爲良　天道之常　普照其光　不易其方

象格　日月常明之課

四時不沒之象

詩斷　貴人相接引　不久對天門

險難從茲脫　榮華出等閑

風送鵾鵬入九霄　羨期雲路去迢迢

翻翔得遇西風便　從此昇騰總不勞

解卦　亨無咎利貞有攸往。　象曰雷風恒君子以立不易方。（朱子）曰、

恒久也、爲能久道則　亨而無咎然、必德於正則　爲得所常久之道而利有所往也。

恒卦　當年訣

恒心不變　營事有二　齊楚之間　破鏡復圓　世在謀臣　正二月間　臨事必變　辰巳之月

臨事有實　心上成家　二心徘徊　前約不負　求官得祿　文上見喜　勞力成功　飢虎得犬

財祿生身　午未之月　杏花村中　流火之節　人雖通志　鷄犬秋月　投金夜歸　三冬雪寒
事不違心　莫行市門　女口不正　與人爭利　中心自異　渴龍逢水　天知地知　勿近北商
無端逢厄　文上有害
損多訟庭　丑月可愼

恒卦
疾病訣

先寒后熱　腹中不安　肺膓不安　虎視蛇猪　胃不蠕動　無月東方　申酉相爭　助胃涼肺
四肢沈重　血光之疾　脚骨酸痛　祖宗必侵　飲食不納　玉魂含惡　病無頭緒　必得其効

恒　卦

甲四四一
日月星辰　潯陽城裡　勿聽其言　因女招災　身憂間疊　勿爲出向　勿爲求官　曉來八星
長在雲間　何人誘志　身入巨家　不知其由　心疑未決　敵來將圍　日月長沙　祭拜則吉

甲四四二
説人罔極　來人去人　無端仇者　其地相刑　業常反復　鬼臨身上　求財形容　萬事藏置
交乱四國　盡是害人　惡心如刧　家事紛紛　萬分疑訝　必有隱憂　竿竿摘星　以待吉運

甲四三　霖非六花　仇人磨齒　難居難出　虛事仙藥　未其雪恥　百事經營　財上形態　一年厄運

天寒地涼　神寒膽涼　家中徘徊　反遭其毒　還見其辱　一不如意　步步荊棘　午酉之月

甲四四　古木老枝　外有喜色　人云好稱　雖有寶貨　誰敢傷心　心浮清天　論之財數　愛身守志

其葉二三　內有隱憂　實不如好　眼前不視　我自傷心　欲離此地　雲旱不雨　吉祥自至

甲四五　秋月三更　高樓巨閣　頭上烏紗　皇恩自重　出將入相　若不大貴　官災口舌　身免窮達

桂花獨發　一品貴人　身上錦衣　速步蟾宮　一代英雄　反爲貪財　疾病憂疑　判於其仁

甲四六　月出東天　天祿自降　非我求爾　卦得相生　圖南謀北　豐富之象　明月湖水　長道一年

萬里光輝　家中豐足　彼是助焉　萬事和合　財源陳陳　榮貴之格　鴛鴦相戲　賀聲不已

恒

恒卦

乙四一　明月有缺　紅花沈雨　事事歸虛　外方之事　深澤明月　野人無信　山夜靜靜　小得何論

鏡面生塵　女宮有慶　門神發動　損財可畏　無處求之　落花無實　損財之機　紅桃在東

乙四四二
鳳將其雛　飛入九霄
西風得好　聲名遠聞
前程無雲　賣買田庄
東方之事　擾擾未得
鹿出之野　鳳鳴之谷
鳳翔得順　西風好期
莫嘆遲遲　懷玉夜歸
海柱高浮　潤土潤屋

乙四四三
憂心悄悄　濟江無楫
事多不成　上下不及
橋木入家　變化難測
子孫之事　憂中度日
山陰雪滿　虛舟夜泛
前江舟斷　古山路遮
山栗無實　鳥飢無啄
動反爲凶　不如安分

乙四四四
往佃青山　無獲乃還
求誠未得　好戰無功
其心太拙　得財易失
水滿船腹　離別之嘆
風頭拂羽　拙鳥無啄
逐鹿未捉　射鴻不中
張弓發失　不正其心
欲得反損　費力無功

乙四四五
孤舟夜泊　江山豪興
夕陽山樓　吝欲得吉
可擇其居　峯巒隱隱
野家居山　生計有通
風送狂舟　殘照高樓
湖山月明　來人未識
居山何人　從權乃得
生活在此　黃金聚西

乙四四六
各利不好　東風何事
驟雨東至　凶事可知
辰戌之方　綠林窺門
何以防變　殘花落林
營財綠林　殘花無價
東風何事　不相惜情
靜守其東　可免其厄
欲動防變　無得有失

丙四四一
여자로 인한 부부싸움 있다。집이 발동하고 손재수가 있다。용이 꼬리를 짤려 활동을 못한다。비바람이 치니 소리만 있고 형태는 가버린다。큰것을 바라면 실패하고 동방이 불길하다。돈을 모으고 싶으나 겨울이 되어야 살림에 보탬이 되는 것을 산다。八월은 실물 수 있고 몸이 곤하다。
시험 낙방 취직 불성 혼인 불성 폐병 지리 소송 손재

丙四四二
공명이 먼곳에 있으니 봄은 곤란하고 가을에 얻어진다。부동산의 싸움이 있고 동방은 시끄럽고 서쪽은 길하다。토지가 넓혀지고 집이 넓어진다。겨울은 자식걱정 이사 부부 불화가 있다。돈을 쓰면 녹이 얻어지나 불연이면 사라진다。나에게도 겸함이 있으니 보완해야 한다。
시험 낙방 취직 성립 혼인 성립 병 회복 소송 실패

丙四四三
용이 구슬을 얻고자하나 하늘이 허락하지 않는다。위험한 다리 위에 서니 태풍이 온다。

말이 발이 아파 녹 얻으려 갈수가 없다. 근심있고 자식걱정 진행도중 이상한 변화가 있고 움직이면 손재, 가만있으면 안전하다. 배 타면 도둑맞고 상주가 되고 감봉이 된다. 가을에 병이 난다. 폐 다리병 퇴직 운이다.

시험 낙방 취직 사기당함 혼인 불성 병 회복 소송 불길

丙四四四

노력이 있어도 공명이 적다. 얻은 후에 빼앗긴다. 내 실력이 부족하다. 서쪽에 재수운이 있으나 욕심에 차지는 않는다. 생계 운은 발전하나 벼슬운은 약하다. 멀리가면 동쪽사람이 해친다. 나의 심력을 연마하고 때를 기다려야 한다.

시험 낙방 취직 성립 혼인 불성 병 지리 소송 패배

丙四四五

낚싯대를 내려놓고 고기를 기다리는 격이다. 바람과 조수가 고기를 유인하나 가을 고기가 살이적다. 맡은 일은 많은데 소득이 적다. 늦게 살길이 열리고 서쪽에서 황금이 생긴다. 큰 것은 안되고 작은 것이 되니 욕구불만이다. 고등 고시는 낙방이다.

시험 합격 취직 성립 혼인 성립 병 회복 소송 손재

恒 卦

공명 얻으려 가는길에 세찬 비바람이 길을 막는다。실물등으로 공명은 없고 조그만한 녹은 얻었으나 흉액이 닥쳐온다。꽃이 얻는것은 없고 잃은것이 많다。고요히 근본을 지키고 정성어린 참선 있으면 액을 면할수 있다。배는 타지말고 아껴쓰면 길하다。

시험 낙방 취직 불성 혼인 성립 병 지리 소송 손재

升卦評曰升者　進也
水生於土　積小成大　宜見主公　出時向明

地上巽下六親

爻象	地支	六親	伏神支	伏神親
八	酉	官	寅	兄
八	亥	父	戌	才
八	丑	才	午	孫
、	酉	官	午	孫
、	亥	父	午	孫
八	丑	才	子	父

春吉　夏吉　八月卦秋平　冬平

象格
高山植木之課
萌茸漸長　什進而上　利有攸往　亨達之象
積小成大之象

詩斷
自下升高必有梯　因人倍力更無疑
鼠牛若到逢龍地　獨把絲綸亦未遲
攸往利東南　青天日正明
命亨宜自去　名利自然成

解卦
元亨用見大人勿恤南征吉。象曰地中風木升君子以順德積小以高大。(朱子)曰、
卦自解來內與外憤九二剛中而五應之見以其占如此、南征歲進也。

升卦當年訣
以下親上　有利南方　二人同心　往來南北　身無他業　正二春月　西金東木　龍飛巳走
積小成大　勿失此時　壹成二謀　憂中望喜　商路有志　勞心財上　標不相信　他財到身

升卦

午未之月　福星隱照　金風入戶　門前花柳　如無口舌　九月見欺　亥子之月　身雖勞力
催馬南行　利源橫生　兩處求謀　莫作狂蝶　財上多魔　慎物買賣　兩手執餅　門前喜事
子丑之月　非南則北
利在其中　貴人有助

升卦　疾病訣

大腸引疼　內禍連綿　蚯血間落　痛送歲月　藥無其効　夜呈山殃　先治致誠　病乃自瘥
肺熱嘔吐　鬼攻兩脚　病源在肺　治病支離　陰盛陽衰　往來惡害　塚墓發動　寬肺補胃

升　卦

甲四五一　秋清玉淑　繁華光景　一曲清歌　喜聲重重　秋風之節　金風入袖　慧星隱光　其人相約
蓮花滿發　正當其時　萬事悠悠　步步生榮　天外求財　銅山在前　家平人穩　不違歲月

甲四五二　元亨利貞　仁義禮智　家內相刑　萬事在余　衣之食之　豫有相約　家宅發動　芝蘭之憂
天道之常　人性之綱　忍之爲德　不堅何得　不至飢寒　彼心同余　有志更張　讓則可免

升　卦

三〇九

甲四五三
九年洪水　我當苦楚　未暇入門　爻化爲德　謁貴求官　世官求財　可謂柔物　然后成功
今己完治　歸之天數　紛走爲吉　轉禍爲福　必難求望　庶幾如意　可制強暴　安閒無矣

甲四五四
稻熟魚肥　田野豐登　飽食煖衣　酒后耳熟　舊災消滅　閒坐武陵　然后元嗔　蝶宿花枝
秋興自饒　人心和悅　逸居無憂　仰天岳俯　新福雲興　世稱仙界　夢魂亦乱　一聞怨聲

甲四五五
傾蠹得海　勿出遠路　靜則必利　凡事所營　論之財數　鷹入雉中　莫爲虛慾　小有一欠
元來不當　人皆大笑　動則必害　隱行最利　不多不少　何取何捨　恐難一取　春萱之憂

甲四五六
先知安危　凶方宜避　吉方在何　靜處守分　間病問喪　凶方在何　論之財數　官兄秉政
貴乎人命　吉方何隨　子午之方　有驚無傷　不利於身　寅酉之方　有害無得　愼之口訟

升　卦

乙四五一
花泣暮雨　東風口舌　家宅不吉　田宅之間　雖有金玉　東顧無得　天厩乃空　越人開弓
膝下有憂　難緒難治　危檊壓主　小執文書　往難逢人　必是狐疑　牛馬無主　所求不中

乙四五二

千里有光 上下受祿 莫謂訟田 東人來言 寶照千里 天日有光 中神爲戲 揚州月白
得寶之象 百事歸順 吉變爲凶 買田之象 西倉月滿 鼠馬之間 龍月無得 腰帶黃金

乙四五三

雁欲南飛 志在四方 秋風之節 林鬼來侵 往東有論 西方之客 一分未分 不如早靜
鳥失其母 空木無根 家故連綿 西移不吉 與人同者 偶送禍胎 白璧有缺 鳥哭空林

乙四五四

東人送書 與人合心 東柱半燒 以小成大 進東可畏 蝶探其香 古江魚老 半成之日
事在是非 不至危殆 是必禍根 進其田宅 往南無得 蜜心在西 黃金無色 崔李爲魔

乙四五五

千斤壓身 豈謂平安 淚落兩頃 離別何事 胡得人寶 散金在此 西方論事 若不靜守
殘林逢秋 披雲上天 宅神招怪 千里送人 損我貴物 快眼無得 必成是非 田土盡散

乙四五六

若非成胎 君子必利 門納好信 辰戌之月 流川必通 西北之間 水魚得肥 山犬競骨
雲間離別 可望青雲 美事必至 眞外吉事 得意廻山 人心相合 鵲報好音 知足乃吉

升卦

升 卦

升卦 경험결

丙四五一
공명은 올라갈 사다리가 없다。 만사를 순리로 추진하고 겸손한 마음을 가져야 한다。 불
연이면 관재수와 질병、 실물수가 있다。 一、七월은 길하나 강진하면 도리어 손재가 온
다。 동쪽과 슬하에 근심있고 집안이 불안하고 큰 것은 깨어지고 겨울에 문서를 잡는다。
시험 낙방 취직 성립 혼인 성립 병 지리위험 소송 화해 제일

丙四五二
공명은 성취하나 집이 불안하고 겨울은 불리하고 먼곳에서 보물을 얻는다。 부부간 싸
우지마라、 녹이있고 토지사는 격이다。 사업운은 재수가 있다。 봉급자는 봄이 불리하고
가을이 길하다。 사업가는 五、十一月이 길하다。 젊은이는 아들낳고 늙은이는 아들이
벼슬하는 운이 있고 十월은 자식 근심과 이동 운이 있다。
시험 합격 취직 성립 혼인 불성 병 회복 소송 불리

丙四五三
공명은 없고 어머니 근심 형제 근심 있고 뼉이 없어 마음만 있고 뜻을 이루지 못한다。
가을은 자식 근심 하초에는 다리병 조심 할것 가을은 불의의 사고로 집이 불안하고 서

쪽에 재화가 일어난다. 동업을 하지마라 중도에 불화가 생긴다. 서쪽에 이사하면 가을
에 놀란다.

시험 낙방 취직 불성 혼인 불성 병 회복 소송 불리 견책

丙四五四

녹을 얻어도 기쁘지 않다. 동쪽에서 재화가 일어나 시끄럽다. 적은것이 커지니 겸손이
최상이다. 동남은 불길하고 서방은 길하다. 일이 다 이루어졌 는데 최씨 이씨가 방해
한다. 반신 반의한 일을 추진하다가 크게 다친다. 서쪽은 길하나 남의 말 안들으면 무
사하다.

시험 낙방 취직 성립 불쾌 혼인 불성 병 회복 소송 화해

丙四五五

공명 운은 용이 멀리 사라지니 객지에서 병을 얻을 운이다. 나무가 가을 만난 격이니
쓸쓸한 기분이다. 집에 괴상한 일이 일어난다. 내것을 빼앗기는 운 이니 지키기를 잘
하여라 서쪽에 시비가 일어나니 참지 않으면 토지가 없어진다. 꿈에 여자가 보이면 익
일은 불쾌한 일이 있고 상주가 된다.

시험 낙방 취직 불성 혼인 성립후 불화 병 지리 소송 패배

升 卦

丙四五六

공명은 이루어 진다. 군자는 녹이 오르고 영광이 온다. 소인은 이별 있고 재산 싸움
있다. 서북은 길하고 기쁜 소식이 온다. 七、十월은 몸에 빛이 나고 봄에 주석에 가지
마라 술 자리에서 시비가 일어나 망신과 손재가 대단하다. 모든 일을 조심성 있게 하
면 액운이 없다.

시험 낙방　취직 성립　혼인 성립　병 회복　소송 손재

井卦評曰　井者　盡也

邑乃可改　安身勿動　所作於人　逃亡難得
井不可移　守道無虞　且宜修之　應沒還期

坎上巽下六親

　、
　、
八、
　、
　、
八、

父　子　兄　卯
才　戌　父　亥
官　申　父　亥
官　酉　孫　午
父　亥　孫　午
才　丑　父　子

三月卦　春凶　夏平　秋吉　冬有無

象格　珠藏深淵之課　好靜安常之象

詩斷
好靜安常之象
九仞功成後　千山步不勞
要逢歡藥地　先必見英豪
暗中爲陷穽　江山謹風波
沒水如逢貴　亨通出網羅

解卦
改邑不改井　無喪無得往來井　井汽至亦未繘井羸其瓶凶　象曰水上有井　君子以勞民勸用。
(朱子)曰坎水之下而上出水故　爲井改邑、不改井故、喪无得而往者來者皆井其井也。

井卦當年訣
井不移動　中心所謀　自行其意　鬼在門戶　當此歲暮　三春之運　若移家宅　妄動謀新
守舊勿改　欲行難行　不從他言　必有家憂　至誠防厄　分口不利　家出三災　財破人病

井　卦

慎之守舊　三夏之數　金風秋月　秋霜冬窓　西南古寺　禍變爲福　戌亥之月　口舌到門
可免其厄　困困保身　家多憂患　厄及妻子　拜佛成功　晚秋得祿　西不出行　勿入人口
子丑兩月　以文書人
申金莫親　訟起官門

井卦　疾病訣

血氣攻心　飲食嘔吐　脾胃何安　連夜夢裡　大腸有炎　五門誰人　促壽天命　病根雪消
寒熱往來　四肢痠痛　肝肺相克　未得陰隙　腎部虛冷　壽夭藥怨　病人傷感　補肺補胃

井　卦

甲四六一
七月七夕　東方花燭　黃菊丹風　人不侵我　若不其然　家道興隆　火旺之節　情有何人　見月徘徊
牽牛織女　佳興綿綿　又擅新業　安亨華榮　身入金谷　鼓腹而歌　一次速成

甲四六二
江南燕子　一別六親　善哉善哉　九月丹風　菊花失色　夕陽歸谷　極力周旋　布衣出故
飛去江北　遠去他鄉　君之爲福　勝於牧丹　心頭一慮　榆葉青青　何恨不成　錦衣還鄉

井

甲四六三
一攫寶釲　害我者誰　凡事當頭　養虎爲患　轉禍爲福　勿改門扉　雖有奔走　勿安宅中
能斬大蛇　先當其禍　急無勿失　常顧其後　先嚬後笑　妖魔來窺　財政自開　客路慎之

甲四六四
窓外老樹　灯前孤客　北海萬里　隱憂悠悠　借問財程　勿求古基　貴人身數　掛名金榜
中虛外青　外笑内嚬　雁信未來　向誰悶念　庶可安身　財虛路邊　與此小違　福任他方

甲四六五
非鷄有鳴　創業之心　自生滋味　運數所關　路花旺發　無窮財數　時乎時乎　春後到園
蒼蠅有聲　夙興夜寢　不畏奔走　離故成家　商業爲利　動則陳陳　勿訪官人　美姬獻酒

甲四六六
春風秋月　有業有粮　有金有財　之東之西　回顧親戚　且顧身上　他鄉故鄉　今年之數
不寒不熱　不多不少　不虛不實　不吉不凶　無害無德　不勞不安　不福不禍　不紛不靜

井卦

乙四六一
事多遲滯　十年後煩　八人可憐　金家花美　佳期在夜　山狐必疑　白虎哺山　山影重重
長巳入水　得文何喜　木葉盡脱　用水得吉　東月有光　北水滔滔　寅日有得　更徃無咎

井卦

乙四六二
寅卯之月　以土成山　時鳴東柱　成月卯日　祿材之財　孟嘗夜歸　東人之言
出外得災　膝憂何添　金人有舌　家近綠林　寶箱塵生　鷄唱函關　斷我九腸

乙四六三
飢熊在山　釘神入家　西金非寶　若移東方　魚躍其出　楊柳多風　埋玉塵間　龍吼山前
無獄自囚　勞之四方　欲作家變　可免其厄　失金還笑　長弓射人　世人何知

乙四六四
月在丑未　田庄欲動　費寶無防　如僕之事　一徍可得　馬洞之事　東得西敗　蕭墻之禍
東出執文　黃金無用　營事勞心　奔走百里　東田有寶　不知其足　損土損精

乙四六五
鵑哭秋山　移文之事　火影投水　散金東南　北人設坎　虎入木庫　愽浪神椎　財不隨人
水月分明　一戰北山　神無其家　恒在憂中　空物何信　兎落金井　所望難中　不如早破

乙四六六
玉堂欲頹　紅桃有言　雉鳴古鼎　有聲無啼　千樹一喧　前山嘆日　南城嵬嵬　頻往無得
哀鴻南飛　文閣賊入　此非吉兆　鳥守空林　風言何言　古陵無花　耕文以食　寶箱無金

丙四六一

오랫동안 애쓴 일이 성취 된다. 봄은 길하고 가을은 불길 하다. 귀인이 도와 성취 되
었으나 녹이 적어 불만 이다. 화재운이 있으니 만사를 미리 대책을 세워라 몸이 곤하
고 이동이 있고 매도 계약이 성립 된다. 폐、대장、신경통이 온다(혹사망)。
시험 합격 취직 불만 혼인 불성 병 위험 소송 화해

丙四六二

공명 길은 발이 아파 못가고 뜻을 이루지 못해 답답 하다. 봄에 액운이 있고 자식 근
심있고 동쪽 사람은 거래 마라 신용이 없다. 이사 운이 있고 문서 계약이 있다. 금성
을 조심하고 동쪽 사람 말을 들으면 땅을 치는 원통한 일이 생기고 사기 당한다.
시험 낙방 취직 불성 혼인 불성 병 위험 소송 낙송 토지 손해

丙四六三

용이 마른 곳에서 구름과 물이 없음을 탄식 하는 격이다. 옥에 갇힌 기분이 어서 멀리 나
가고 싶다. 서쪽은 실패하고 동쪽이 길하다. 옥이 진간에 묻혔으니 누구가 알아 주랴?
욕심을 부려 심하게 덤비면 손재가 크다. 가을은 자식 근심 있고 구류 또는 신곤이 있다.
시험 낙방 취직 불성 혼인 불성 병 지리 소송 실패

丙四六四
토지를 이동 하려고 한다. 일이 복잡 하다. 동쪽에서 보물 얻고 서쪽에서 빼앗긴다. 집 안이 시끄러워 토지로 인해 손해 보고 남쪽에 가면 얻어진 것을 다 빼앗긴다. 귀인이 도 와도 효과 없다. 구설수 있고 돈 아끼면 모든 일이 안된다. 십이월은 조금 나은 편이다.

시험 낙방 취직 불성 혼인 지리 병 회복 소송 패배

丙四六五
문서가 잘못되어 복잡하고 부모님에게는 근심이 있다. 동남 쪽에 투자하고 근심이 계속 된다. 밀수품이나 장물을 사서 큰 돈을 먹으려 하면 더큰 화를 입고 청렴 과욕하고 참 선하고 살면 물에 빠져도 하늘이 도운다. 돈이 사람을 안따르니 때를 기다려야 한다.

시험 낙방 취직 불성 혼인 성립후 파괴 병 위험 소송 낙송

丙四六六
부모가 아프고 형제 간에 눈물이 있다. 공명 운은 천리밖에서 근심만 한다. 편하게 살 기위해 노력을 했지 마는 귀인이 죽고 없으니 공명을 얻을수 없다. 문서가 발동하여 움직이려 하다가 도둑 맞고 근심하는 격이다. 돈에 관심이 강하면 병이난다.

시험 낙방 취직 노력 성립 혼인 불성 병 회복 소송 승리

大過卦評曰　過者　闌也

澤下有風　憂以大過　兩刑兩剋　枯楊借主
觸事不貞　事卒難明　所謀不成　自滅之徵

兌上巽下六親

八	未	才	戌	才
、	酉	官	申	官
、	亥	父	申	官
、	酉	官	午	孫
、	亥	父	午	孫
八	丑	才	子	父

二月卦　春吉　夏平　秋凶　冬平

象格

寒木生花之課
本末俱弱之象

詩斷

大器成時自不尋　軒昂頭角出埃塵
鷄鳴豈是尋常物　自趁風雷過禹門
綉衣初着十分榮　千里顒望使君
只恐輅車雖久住　又隨春色到王庭

解卦

棟橈利有攸往亨。象曰澤滅木大過　君子以獨立不懼遯世無悶。（朱子）曰陽過乎盛而不勝其重故、爲大過其卦內巽外説有可行之道故、利有所往而亨也。

大過卦當年訣

上下無助　霧中風棹　欲左欲右　楚之中郎　三春無德　木性之言　若信文標　辰巳之月
志大身孤　不知所之　心無一定　不滿雄心　莫營他事　愼勿聽從　損財風波　事上多魔

官人暗謀　午未之月　若非失物　運回三秋　食祿自至　鴻門晚厄　臘月之數

不覺禍至　必逢女害　財上反舌　利見大人　謀事可成　勞身事業　財反成憂

大過卦　疾病　訣

腰脇疼痛　五臟不通　風魔雖煩　雖下人良　晨鷄一聲　兎伏羊下　藥伏兎下　長期服藥

氣急引喘　疾作內膚　修道除惡　肺宮不安　別症可畏　色界所傷　憔憔血脉　病可得利

大過　卦

甲四七一
高鳥既盡　鴛鴦所謀　熱心成功　勿添人口　貪神發動　外笑內嚬　與誰論悋　春林獨鳥
良弓可藏　人來奪取　反作虛事　大有防害　心動心疲　不勝憤鬱　與誰論情　孤坐悲鳴

甲四七二
春燕含泥　新宅未建　創業之基　文書用權　利在就職　至誠達動　欲行商業　舟車衣服
意在作業　何徨猶豫　實是金力　勞苦生利　不如值貨　無不感應　利在他物　宅舍文書

甲四七三
五穀未熟　經之營之　搔首躊躇　借問其業　九世張公　求財求謀　南方遠路　午酉之月
霜降何早　一但慮事　舉事何處　得忍心上　家內全睦　有得怊悵　害人待坐　此數慎之

甲四七四

月中丹桂　心登龍門　祿在文書　終日清談　出外謀事　四時長春　五福難全　卦無福德

先照我頭　貴事凌雲　無窮生涯　聽者益氣　貴人在傍　如松之盛　必有一欠　隱憂何論

甲四七五

燕惠召毅　治之則進　隨時變通　既已成功　知音難逢　行營之事　錦衣夜行　朝庭貴人

毅逐奔趨　乱之則退　英雄手段　心思兩端　絶絃可矣　當此成矣　誰有知己　宜見此卦

甲四七六

萬頃滄波　波翻萬象　微身致財　雖云財數　莫貪花女　色耶魔耶　樂中見損　土旺之節

一葉片舟　飄然一心　東收西捨　財多人害　易及禍根　未報其讐　仰天大笑　愼之此數

大過卦

乙四七一

愁雲滿山　花影沈水　是非自南　營財不吉　心中有得　春風歌悲　雖日多謀　人笑南天

困鳥遊澤　四月泣山　老金逢冲　費力而已　行力不足　白髮依杖　無實奈何　借力非奇

乙四七二

平地生棘　秋風動樹　婚姻之事　家宅逢空　花發上下　可徃葛處　王母之村　得意夜歸

風波忽起　上憂難免　畫錦夜歸　變故必多　仙桃消息　受人恩澤　三望一得　風煙滿目

大過卦

乙四七三

憂心四方　東風之運　花神啼南　虛樑月明　平地極難　但聞禽聲　丑寅之月　輕舟已沒
怊悵依閭　吉事兩處　家空如船　移東得吉　宿浪無起　夕陽在山　有得怡悵　渡頭遇風

乙四七四

事有遲遲　春花欲落　貪人之財　自作難活　事在遲違　秋月有光　虛然有盈　龍傷其首
一身勞勞　各有其時　偶罹南網　其罪如水　龍宮化鄉　楚商可見　方知靜月　貪珠有悔

乙四七五

玉堂塵生　北方之事　是厄難免　一事支離　新川花亭　有琴無聲　渡水高山　哭父哀兄
卯月不利　密謀成功　家汜水中　心緒兩端　臨事兩心　一夢怳惚　不遇之音　徃北有得

乙四七六

一時驚陷　古壁風生　古墓已圮　水火相克　憂水憂山　荊軻發鈚　秦頭未得　客舘鬼哭
古樹葉落　山下深愁　人心無主　身病可畏　老貝無珠　魯國風波　反害其身　於心何快

大過卦　경 험 결

丙四七一

공명은 강력히 추진 해도 헛 힘만 쓰고 공과가 없다。 근심이 많고 몸이 괴롭다。 四월

남쪽은 시비 있고 재수도 없다. 봄에 슬픈 일이 있어 머리가 센다. 꾀를 부리고 남의

힘을 빌려도 실상이 없다. 화재 조심 해야 한다.

시험 낙방 취직 불성 혼인 불성 병 회복 소송 실패

丙四七二

공명 운은 옥에 바람이 와 먼지를 씌우니 빛이 덮혀진다. 집안이 불안하고 손위 사람

근심이 있다. 주색 가무를 즐기면 큰 풍파가 일어나 손재가 크다. 사업 운은 남의 도

움을 받아 소득이 크지만 몸이 괴롭다. 四、七、八월 신병 겨울은 문서 입수 운이다.

시험 낙방 취직 불성 혼인 불성 폐병 회복 소송 패배

丙四七三

공명은 얻겠으나 중도에 파탄이 있다. 큰 녹을 얻으면 부모에 근심도 크다. 봄에 동쪽

은 기쁜 일이 두곳에 있으나 다른곳 은 깡그리 불길하고 돈주머니가 빈다. 五、十一월은

길하고 여름은 몸이 곤하고 자식 근심、 관재수、 복통、 위、 폐、 다리병에 조심해야 한다.

시험 낙방 취직 성립 혼인 불성 병 회복 소송 화해

丙四七四

공명은 얻지 못하고 돈만 허비한다. 옮기지 말고 그대로 있는 것이 안전하다. 일은 ㄴ

리고 마음은 급하니 몸과 마음이 괴롭다. 남의 재물을 탐내면 교도소에 간다. 가을에
는 귀인을 만나 목적 달성이 되지만 후회가 크다. 시비하면 그 화가 부동산에 까지 미
친다.

시험 낙방 취직 불성 혼인 불성 병 회복 소송 후회

丙四七五

공명운을 구름이 막으니 비관이 생긴다. 집이 불안하고 북쪽에 도모하는 일은 성공이
된다. 일이 지리하여 마음이 복잡하다. 부모의 복을 입고 형제의 슬픔 부부 근심 이
있다. 조상무덤을 손대면 가족이 위태롭다. 서남방은 이사 하면 재수 있다.

시험 낙방 취직 불성 병 회복 소송 六、十二月은 승소

丙四七六

공명을 얻기 위해 먼곳에 가면 생명이 위험하다. 조상 묘가 발동하니 근심한 후에 몸
에 병이 난다. 사업 운은 목적을 달성 하려다가 도리어 실패한다. 자기가 몸을 상하게
했으니 객지에서 마음이 편안할 수가 없다. 부부 간에 대립이 생겨서 수심한다. 배 타
도 안전하다.

시험 낙방 취직 불성 혼인 불성 병 위독 소송 패배

隨卦評曰　隨者　順也

上剛下柔　改故鼎新　士子得官　凡百遂心

象
隨時之義　象美俱至　宜增祿位　吉無不利
良工琢玉之課
如木推車之象

詩斷
時節當亨奮　遷延未遇緣
黃梅三月發　不在杏花天
辰日相見事意乖　名場利路兩相諧
東床女子須防謗　若是蛇羊定撓懷

解卦
元亨利貞無咎。象曰澤中有雷　隨君子以向晦入冥息。(朱子)曰己能隨物物來隨己。彼此相從故其占為無亨然　必利子正乃能無咎也。

隨卦當年訣
二人通志　琢玉成文　張弓發矢　寅卯之月　若近酒色　客不利主　辰巳之月
不信其信　桃李爭蜂　能成寶器　高鳥落地　因人損財　二豎侵身　必是東人　宅添人口

兌上震下六親

爻	卦象	本卦	伏神
上爻	八	才未	才戌
五爻	、	官酉	官申
四爻	、	父亥	官申
三爻	八	才辰	父亥
二爻	八	兄寅	兄卯
初爻	、	父子	才未

七月卦　春平　夏吉　秋凶　冬吉

喜得財路　林李兩人　午未之月　若非女助　申酉金風　酒色不美　秋末冬初　夏月所謀

渴龍逢水　不可同心　赤子逢母　朋友有德　遠行不利　他鄉得病　開庫入穀　當此乃成

子丑之月　客言莫聽

隨卦　疾病訣

間歇頭痛　咽喉痺痛　破家器物　月市之痛　有鬼無藥　禍在祠門　門下邪鬼　若不曾治

四肢沉重　嘔吐不止　何在爾家　命門重月　越人難尋　暗氣陰襲　吾家侵害　大患難免

隨　卦

甲四八一

困魚得水　乞人行路　南田北田　綿綿福祿　指鹿謂馬　無窮興趣　驛馬春風　雖有福業

其喜洋洋　黃金如斗　轉入東家　一生之榮　人皆信聽　如水滔滔　紅桃自笑　有限盡理

甲四八二

日旱穀焦　救我貴人　家庭翻蕩　安分不能　求財外地　辱勿求爭　物必盛衰　有此時代

一時尚難　睡臥南窗　何以整理　心浮何處　至處專力　害者家人　因其天理　宜可變也

隨

甲四八三
稻熟魚肥　陰衣孤衰　台裡乾坤　出席一言　東西南北　春夏秋冬　身安心平　閒臥北窗
風海登豐　霜風不寒　歌舞揚揚　千人同諾　無處不利　無所不吉　家門雍睦　羲皇上人

甲四八四
海不洋波　人不余害　趣味淡淡　武陵桃園　有友樽前　無事灯下　晝興夜寐　勿近陋服
鳳不鳴條　余不人害　可笑熱客　今在何處　勸酒遣日　扭劵消日　一身安閑　怨致膝憂

甲四八五
掛名春台　前有玉笛　勿作嬌心　今年之運　路通西風　晚秋青山　無日白雲　勿出遠程
壯元一郎　後有華蓋　必有風波　還改衣服　越女楚嫁　桂花寒寒　何以出岫　有損無益

甲四八六
梧桐生兮　君子居兮　意外得財　有心無心　有情何人　回首東南　臨事不拘　土旺之節
于彼朝陽　可得吉之　黃金滿箱　貴人來助　千里相思　處處春風　人必先知　丹砂化金

隨卦

乙四八一
隨力拔萃　渡江衣沾　地陋憂生　辰戌之月　輕帆遇風　進步有功　大川何涉　入掌之魚
名高衆人　必憂萱堂　斃尸必至　雁憂南天　渡江心乱　何貪南寶　風浪接天　無得一嘆

隨　卦

乙四八二
江水洋洋　兩事關心
邊人奪金　寅申之月
一事雖成　人無桔橰
東窓月明　東閣無信
魚頭出沒　一喜一悲
寶玉落水　家多怪變
一事不成　難波其澤
南林葉落　川馬虛鳴

乙四八三
南樓破軍　黃金滿屋
求謀必得　口舌必動
火入金倉　無爵得祿
秋江老鰲　白骨甚滑
誤讀兵書　貴客爲助
賣買田庄　北登北樓
廉價五之　貴客可見
貪利傷身　蒼苔已落

乙四八四
功業未施　天人一驚
困厄仍生　文書入手
賣買東南　東山細柳
桂洞月川　若捨其南
魚呑其釣　膝下有憂
如登百層　門多動南
田土有光　有財無人
半得半損　無處求之

乙四八五
小人得財　推轂恩重
龍在其田　得塵望牛
但貪其利　土車滿載
黃金欲散　一眼難明
君子得祿　百里雷驚
福祿俱臻　貴祿登壇
財鈍難成　寶玉照北
見欺西人　楚越相對

乙四八六
可畜牛羊　其利從何
辰巳之月　綠林雖窺
木物無利　倍得其利
神農業歟　月氏傳信
片土得珠　耒耜之任
子孫獻慶　風事皆吉
虎臨山家　南有嘉魚
始教其畊　草園多金

丙四八一

고시에 합격하여 이름이 천리에 떨친다. 배를 타면 풍랑이 두렵다. 일을 조심 있게 진행하라 경솔 하면 三、九월에 시비가 생겨 칼을 만난다. 어머니 근심 있고 상주가 될 운이다. 녹이 들어 와도 지출이 많고 남쪽에 형제 근심이 있다. 너무 탐 하면 구설이 생긴다.

시험 합격 취직 된다. 혼인 성립 병 회복 소송 승리

丙四八二

목적 달성을 위하여 노력 했으나 성취 되지 않아서 울고 싶다. 두가지중 하나는 성립 안된다. 집이 편하지 못하고 내힘이 모자라 마음대로 안된다. 동남 쪽이 불리하고 구설수 있고 여자와 이씨를 조심하라 봄 여름은 손재 있고 겨울은 대길하다. 문서 입수와 자녀 결혼 운 있다.

시험 낙방 취직 불성 혼인 성립 병 회복 소송 승리

丙四八三

공명은 귀인이 도와 이루어 진다. 재수 운은 남의 도움으로 이루어진다. 토지 매매로

소득은 있으나 구설 수가 있다。봄에 사둔 것이 값이 오배나 오른다。 무슨 일을 해도

소득이 있으니 너무 큰 것은 도리어 실패 한다。四、七、八월은 몸이 곤하고 겨울 문

서입수 十一월은 길하다。

시험 합격 취직 성립 혼인 성립 폐병 재발 소송 패배

丙四八四

공명은 귀인이 도와도 늦다。극력 주선 하면 끝내 이루어지고 전근은 안된다。사업은

잘못하면 속는다。슬하에 근심 있고 문서가 잡히고 집안이 흔들린다。토지 매매로 소

득이 크다。남쪽은 믿지 말고 침착 하게 나가면 무사 할 운이다。

시험 합격 취직 불성 혼인 불성 병 지리 소송 패배

丙四八五

공명 보다 재산이 중요시 된다。자기 임무를 완수하여 공을 세우고 싶지 않다。우선 복

녹에 만 신경을 쓰니 욕심에 차지 않는다。북쪽은 재수 있고 서쪽은 사기 당한다。재

산에 치우치지 말라 남이 밀고하여 벌금을 무는 격이다。七、十一월은 길하다。

시험 합격 취직 성립 혼인 성립 병 회복 소송 패배

丙四八六

공명 운은 여름에 있고 자손에 경사 있고 집안도 편안하다。 남쪽 사업은 이익이 배나

되지만 도둑이 따르니 조심 해야 한다。 농산 물을 매매 해도 이익은 크다。 도와 주는

귀인이 없으니 힘을 들여야 목적을 이룰수 있다。 동쪽 조심하라

시험 합격 취직 성립 혼인 성립 병 회복 소송 패배

巽卦評曰　巽者　順也

乃順成天　消息交通　惡事不同　所作隨順

動用相向　无諸薇障　風飄其響　達進之象

象格　風行草偃之課

上行下効之象

詩斷　山頭顯我無青眼　水畔相親是有候

物小在初終大獲　到頭遇主得榮歸

秘策不輕傳　經成象理權

一朝風雨順　功業至朝天

解卦　小亨利有攸往　利見大人、象曰隨風巽君子　以甲命行事。（朱子）曰陽陰爲主故、其占爲小

亨以陰從陽故、又利有攸往　必知所從故　又利見大人。

巽卦當年訣

行處有利　雖定關中　養狗反咬　損財虛地　三春之運　好事多魔　去來之間　三夏之數

下受上恩　又怕鴻門　惠德無痕　自作其孽　食少事煩　身勞無益　口舌橫來　財如畫餅

巽上巽下六親

、	卯	兄	子	父	春平
、	巳	孫	子	父	
八	未	才	午	孫	
、	酉	官	午	孫	夏吉
、	亥	父	午	孫	秋凶
八	丑	才	子	父	十月卦冬吉

家無留財　熊夢必成　運當三秋　笙簧利口　出入市門　三冬之運　飢虎得犬　取利不成

見利難取　弄璋有慶　金姓必害　積罪公門　錦囊倒佩　文上見利　大人必助　祿多口舌

秋月有服

冬季官災

巽卦　疾病卦

腹足風疾　內臟不安　宅醉人驚　一喜一悲　戰手之症　來襲中風　越人難逢　藥靈如神

寒熱往來　金克其木　風物在家　家中混乱　風氣嘯血　三鬼來侵　雖有百草　內堂挑燭

巽　卦

甲五一一

夏雲千峯　作事閃閃　知己安在　捨近取遠　卦逢六冲　黃金天地　經之營之　入于家中

無花無草　末見其益　難得其人　元來失計　紛走渡歲　見而不食　身無閑日　綺衣相遠

甲五一二

九年洪水　危波險津　明月窓下　多金季子　舟車行人　外他求財　君子得此　小人得此

偶得一船　我得生處　望鄉一曲　還鄉生榮　正是好時　僅僅待時　必有揚名　必有勞碌

巽　卦

三三五

甲五一三

風急東南　餘運尚好　鬼來化病　仇者恢鈞　時運如此　如望大財　行其權謀　而今而後
以下攻曹　雖苦無傷　明醫適至　恩人効解　用財必無　心中虛火　以禦佞人　太平江山

甲五一四

伊尹竭忠　輔人業兮　大事經展　勞吾力兮　勞心焦思　莫患此身　若無活動　財營之數
以輔殷室　輔人政兮　無益吾家　勞吾心兮　形容憔悴　雲積山頭　運何解之　多見小益

甲五一五

片雲何意　高飛遠鳥　財名雙全　青雲瞬間　寓形宇內　回復何時　若此於心　堅心修德
去無定處　不如世悶　一生志矣　亨福影裡　曷不委心　任務去留　求進丈夫　旺運自至

甲五一六

詩外無興　酒外無味　富貴功名　不如自祿　祿後成悲　歎恨昔時　丈夫無徃　治其隱微　財雖浮物　勿爲恝視　一次恝視　強求不來　天下之福　不如一心　正心順理　任意所欲

巽卦

乙五一一

巨舟千里　金強武利　其實落兮　一振武名　三人同謀　一人疑多　辰戌之月　鳥難啄金
進退皆險　東風聲名　出入憂心　身登高車　一珠相爭　分金無用　鵲飛抱卵　相害無益

乙五一二
先察其機　魯國一罷　急扶危機　鳳凰失羽　江頭門高　吳人送信　叢竹成陰　議論一成
中道不迷　許心不吉　可保安樂　無主之宅　無主之物　北閣無語　枝葉難分　范公古宅

乙五一三
智窮力盡　先可修身　三月何事　堂上有憂　心無其根　玉山各立　子丑之月　山崗歸路
疑信之間　悖人可畏　宅神逢空　園影可怪　二人徃北　明月欲頹　所得在海　白牛一笑

乙五一四
煙波上竿　悲歌一發　家道漸昌　危船更安　酌費漸大　坐氈不安　乾亥之方　禍根從此
江漁悠悠　乾坤浩蕩　萬事從容　歌笑流中　貪財非利　東出多煩　無得有失　雜毛之物

乙五一五
堂上之憂　燕語傳情　兩庚之日　客欲自守　楚寶難得　白骨何罪　必有後悔　江月三更
辰戌可畏　鵲聲報意　家變必出　終得其安　有意兩處　屈原深澤　得物非吉　一雁飛秋

乙五一六
不叩自鳴　銅山西崩　家宅相生　莫救鄰我　江河遠接　衆人合心　西人長弓　江月沈沈
鏡月欲缺　子不離母　萬物得宗　古林悲歌　沙月分明　臨水弄金　射我無情　勞勞小得

巽卦 경 험 결

丙五一一

군인은 공을 세우고 이름이 높아진다. 구슬은 한개인데 셋이 싸운다. 三、九월은 길하고 배 타면 위험하다. 봄은 길운 이므로 월급 오른다. 죄수는 감형되어 석방되고 귀향 간 사람도 복직된다. 겨울은 손재수 집수리 이사하면 불리하다.

시험 합격 취직 성립 승진 혼인 성립 병 회복 소송 화해

丙五一二

기적적인 재주를 부리면 공명이 얻어지나 견책을 듣고 곧 잃어 버린다. 북쪽 사람이 나를 속이려 하니 미리 그 낌새를 살피면 안전하다. 금년 운은 정직 성실 근면 위주로 추진하면 안락하게 지나갈 운이다. 十월 자식 걱정 가택 발동 재수는 없다. 폐와 다리 병을 조심하라.

시험 합격 취직 불성 혼인 성립 병 지리 소송 지리

丙五一三

욕심으로는 달을 따고 싶은 심정이나 손이 안자란다. 의심하는 중 이상한 사람이 온다. 전력을 다해도 진척이 느리다 몸을 닦고 참선이 없으면 정신병이 온다. 봄은 집이 불

갈하여 손위 근심 이상한 사건이 발생하고 겨울은 재수가 있다。여자가 생긴다。三월

은폐 다리병 조심 八월 처의 걱정。

시험 낙방 취직 불성 혼인 겨울 성립 병 회복 소송 화해

丙五一四

노력에 비해 공이 적으니 욕구 불만이다。마음 속 눈으로 사방으로 돌려도 뾰쪽한 것
이 떠오르지 않는다。부당한 이득을 꿈꾸지마라 이것이 화근이 되어 큰 손재가 온다。
우주를 마음속에 담고 삼라 만상을 눈안에 넣어라 광대 호탕한 기분으로 살면 집이 번
창해지고 만사가 풀리는 운이다。

시험 낙방 취직 불성 혼인 후회 병 지리 소송 화해

丙五一五

공명 운은 약하다。집안에 근심이 생긴다。재수 운은 양처에 있으나 얻어도 후회가 크
다。욕심을 꾹 누르고 옛것을 지켜라 편안하게 넘어갈 운이다。간사한 관리나 친구가
찾아와 거사를 도모하면 훗날이 두렵고 내 고집대로 강행하면 또 손재가 온다。

시험 낙방 취직 성립 혼인 불성 병 수술 소송 승리

巽卦

丙五一六

있는 힘을 다하여 공부했지만 하늘이 허락지 않는다. 화개 별이 너를 도우니 사업 운은 트인다. 여러 사람이 협력하여 천금을 얻어도 나의 배당은 불리하다. 혼자 사업하면 노력을 해야 소득이 오지만 동업보다 조금 소득이 크다.

시험 낙방　취직 성립　혼인 성립　병 완치　소송 승리

小畜卦評曰　小畜者　塞也

巽上乾下六親

象格

　匣藏寶劍之課
　密雲不雨之象
　夫婦反覆　信行却伏　欲遲欲速　有所疑慮

密雲不雨　信息不通　求事不成　君子正凶

、、、、、

卯巳未辰寅子　春平
兄孫才才兄父　夏凶
子子午丑丑丑　秋口舌
父父孫才才才　十一月卦多吉

詩斷

　雲散暮天晴　氷輪皎潔明
　音書空有望　水畔見其眞
　欲過亀山去　水中事頗危
　橫舟對明月　悽象有誰知

解卦

　亨　密雲不雨、自我西郊　象曰風行天上　小畜、君子　以懿文德。（朱子）曰、文王演易於　羑里、神岐周爲西方　正小畜之時也、筮者得之　亦如其象。

小畜當年訣

　匣藏龍釼　時不利兮　求其食祿　功塔不壞　寅卯之月　爲地人事　龍尾蛇頭　勞處有功
　不得其志　事多違心　奔走東西　女反背恩　應求書祿　空費虛力　遠行可期　必有橫財

小畜卦

午未夏月　酒中花發　金風多損　是何東人　秋末冬初　路通西北　子丑之月　莫論木人

市門得利　往蝶沈翼　愼勿去來　陰謀害己　事有定期　勤身得祿　望事如意　財不相通

小畜卦　疾病　訣

寒熱往來　飲食不進　無月昏夜　雲霞不齊　月市之痛　青春少女　平生所愛　補肺安胃

心腹疼痛　眞病難痊　鬼跡成陣　家變難察　類似風疾　冤怨之鬼　非釵則鏡　天醫所逢

小畜卦

甲五二一

窗前蝴蝶　身運雖衰　花屏錦枕　事多稱心　黃金入箱　傷心之餘　金雖不請　勿爲過欲

偶逢紅花　必有慶幸　美姬獻酌　結局無味　反傷余心　初不無益　人來相合　世皆側視

甲五二二

不都關中　智不圓滿　何憶古家　一生樂處　借問財程　兄神有氣　勿恤他人　家庭形便

而都彭城　但知生光　開花結實　思不如隣　多用小積　身必受苦　無益於余　雖擾無愁

甲五二三

探花狂蝶　財耶色耶　若當其數　付人生活　雖不撼動　雪月寒風　若不侍下　朽索係心

反遭灯火　愼之心頭　有口難言　最利今年　多見金穴　春望之憂　愼之自身　透出何處

甲五二四

石村細竹　薄土細民　別無大運　天下甲富　彼一時也　欲求財運　順守天運　與人同謀
不盛不衰　不貧不富　別無大財　時不二滄　此一時也　間間損財　亦不宜乎　合三剋七

甲五二五

歲寒然後　刺傷百腸　誓死守勤　天雖作孽　遠行之意　苟求財物　灸背生活　膝下之運
知其松竹　不知其苦　不謂丈夫　猶不遠也　恐有不利　徒費心神　不亦宜平　禱厄龍王

甲五二六

老將廉頗　仇欲我害　近謀最利　勞身勞力　在家出他　欲求外財　身無大厄　雖無吉兆
苦處留連　欲害難害　遠方不利　功塔不壞　必是一般　如登泰山　是則僥倖　亦無大厄

小畜卦

乙五二一

輕舟宿汀　吉慶在何　家道見良　月出東方　南銅自鳴　巳亥之月　黃金如粟　暗奪其物
雲散青天　田土有光　安靜之象　安樂天眞　梅閣一笑　喜鵲調音　莫求東方　木人無情

乙五二二

金鱗入水　議論之場　膝下之憂　橫厄可畏　雪月空山　琴掛山水　荊卿擊釰　易水東流
須防其厄　謹言含口　金箱撲天　防意如城　蹇兔無足　古調誰知　不遇之音　釰事不利

乙五二三
陽長陰消　斷橋難行　轅車脫輻　存心修正　龍巳之月　無得有害　博浪沙晴　我去之後
夫婦反目　走馬當愼　以致內怪　可免災厄　虛遊南方　女舌甚奸　椎客失計　群雄必起

乙五二四
上下不和　鑿地得金　然後得宗　財帛心散　三人合心　六國咸怨　東金半頹　虎貪其獸
勞而無功　衆口一心　出門大路　金神變化　欲奪人物　其心如秦　醉裡逢狼　反受其殃

乙五二五
東人相副　小女入侵　石中蘊玉　鵬程廣闊　二人居間　笑中有刀　寶玉自見　莫吐其餌
自有通功　他時患難　誰能琢之　其力何用　意不相合　吳越相對　更求北方　西論更起

乙五二六
陰人暗助　欲遷未遷　出入未定　水月陰沈　是人爲助　西女有財　反成是非　必得其吉
龍出大淵　吉外留連　舍己從人　北路得病　其名曰龍　北場一戰　一杯可惜　人指聽從

小畜卦 經驗訣

丙五二一
공명 운은 하늘이 미워한다.　사업 운은 동쪽은 불길하고 四、十월은 남쪽이 길하다.

七、十一월은 조그마한 직장 재수 집안 경사 한꺼번에 이루어 진다。토지를 사면 이익

이 크고 집안 편안하다。법적 수속이 미비된 것 사면 복잡하다。부모 복 입을 수다。

시험 낙방 취직 七、十一월 성립 혼인 성립 병 회복 소송 실패

丙五二二
공명을 얻고 싶으면 입을 병 같이 막아라 불연이면 시험장에 풍파가 일어나 깨어 진

다。대화 충돌 음주에 조심하라 자식 근심 있다。욕심을 강행하면 생명이 위태롭다。

간사한 친구가 해 치려 한다。봄 겨울 구설 조심 이동 하려고 한다。

시험 낙방 말 조심 취직 안된다。혼인 깨어진다。병 회복 소송 실패

丙五二三
공명을 얻기 위해 먼 곳에 가면 교통사고、상처、손재수가 있다。부부 불화 三、九월

은 눈물 흘린다。사업 운은 있으나 먼곳에 가면 배는 전복 차는 충돌 많이 다치고 육

망은 허사가 된다。주색을 멀리하고 본심을 찾고 참선이 없으면 액운을 면할수 없다。

시험 낙방 취직 불성 상관이 불응 혼인 성립 병 회복 소송 패배

丙五二四

공명 운은 올린 서류가 각하되니 억울하기 짝이 없다. 위 아래가 화목하지 못하니 이루어질수 없다. 처음은 친구와 협력하여 재물은 얻지만 최후는 손재가 온다. 노루를 잡고 기뻐 하다가 병이 들어 후회한다. 사필 귀정으로 살면 화가 없다. 교통사고 조심할 것.

시험 낙방 취직 성립 혼인 파괴 병 회복 소송 패배

丙五二五

공명 운은 귀인이 협조 있어도 도중에 끼어 진다. 구슬을 먹었다가 도로 토하는 격이다. 의리 아닌 것을 취하지 말고 여자를 조심하라 재산 관계로 친구가 찾아오나 웃음 속에 칼이 숨었으니 낚시에 걸리면 망한다. 서쪽과 금성을 조심하라 북쪽은 길하다.

시험 낙방 취직 불성 혼인 성립 병 회복 소송 패배

丙五二六

공명 운은 귀인이 사리에 꼭 맞는 권유를 할 것이니 그 말대로 진행하면 대 성공 한다. 재산에 인색하지 마라 깨어 진다. 천재 일우를 놓치지 말라 다시 만나기 어렵다. 북쪽과 수성은 불리하다. 서쪽 사람을 꼭 잡으면 만사가 해결이다.

시험 합격 취직 된다. 혼인 성립 병 회복 소송 패배

家人卦評曰　家人者　同也

巽上离下　六親

陰陽得位　田土增廣　婚姻之道　不求自合
夫婦克隆　財入本宮　以存始終　家業融融

```
　　父　子　兄　卯　、　　　　　　春吉
　　父　子　孫　巳　、
　　孫　午　才　未　八　　六月卦夏凶
　　才　辰　父　亥　、
　　兄　寅　才　丑　八　　　　　　秋平
　　才　辰　兄　卯　、　　　　　　冬凶
```

象格
入海求珠之課
開花結子之象

詩斷
良金美玉內含英　磨琢須憑巧匠成
大器必然成大用　渭川資立合時行
家道年來成　　陰功存祖宗
君恩覃一子　　兩子又扳龍

解卦
利女貞象曰風自火出、君子以言　有物而行有恒。(朱子)曰、九五二外內　各得正故　家人
利女貞者欲其正乎內也。內正則外正也。

家人卦當年訣
商路救財　禍自他人　福星逢官　生道在手　寅卯春月　莫出商路　若非妻憂　辰巳之月
必得恒產　豈可同室　分口不利　身必紛紜　利小害多　勿近李朴　夜驚八人　膝下有害

困處見利　馬羊之月　若不得利　申酉之月　因人成事　戌亥之月　憂及膝下　子丑之月

幸得他助　橫財潤產　花下作蜂　船上取利　旱草逢雨　東愴吊門　秋不移宅　文書入手

所營何事　若逢貴人

惟待北鴈　祿在其中

家人卦疾病訣

寒熱往來　病根在何　風火幷起　三焦所傷　翻胃上逆　白虹貫日　伊人尋訪　無氣所候

久困眩迷　疲癆之疾　喜中不樂　六鬱並侵　何免嘔吐　妖孽可知　天命可圖　安胃最吉

家人卦

甲五三一　天地雖合　風吹江皺　成敗有數　聆音察理　害人安在　在近不遠　信斧斫足　申是生方

甲五三二　黑雲變化　雪峰頭白　恨歎奈何　不至狼狽　應在東南　勿聽其言　百藥無効　子是旺方

甲五三三　兎逢猛虎　欲避難避　如兄若弟　貪我財乎　視其貌樣　身雖不死　避凶就吉　安宅爲吉

魂驚胆落　欲隱難隱　乘昏而來　貪我物乎　應是爾人　心則幾死　英雄手段　移宅不吉

甲五三三
凱風自南　夙興夜寐　若非侍下　清風北窓　借問財程　不近不遠　意氣活潑　衆口安閑
吹彼剋心　誠在北望　一点無愁　倉皇上人　銅山近家　貴人來助　步態崚嶒　兩耳從寬

甲五三四
階前綠花　閏月再輝　若不如此　暮行此事　借問財程　害者來處　比肩相冲　靜處家安
而金安在　一代壯觀　月下有情　財上有害　先淡後濃　事人中阻　不可相鬪　別無其害

甲五三五
川流連海　意在遠行　強去不利　熱心求財　雖不成功　喜聲報耳　看雲送忟　經營之事
誰知其深　緣何事由　不去上策　何人阻意　禁不乏錢　不如不聞　隱中滋味　凶在北方

甲五三六
雪起遠天　一見一聽　謹之愼之　彷徨悶悶　福德在南　官人無情　如干財數　勿伴邪友
電光近地　精神迷迫　庶幾免乎　不知出路　急致得玉　不如近交　烘爐点雪　勿合他人

家

人　卦

乙五三一
貴在制防　和樂無比　膝下何事　勳門不吉　深林無食　豈食塚骨　偶投北林　雖飢何向
治家有道　一家春色　家道自昌　先業可從　餓虎下山　不如老虎　瘦骨之熊　吳人在東

乙五三二
人心難定
鸞鳳分飛　新人入門　越梳上頭　佳釣黃昏　北渡大川　金鍾卦門　鳴則大聲
一鏡破照　金釵有光　彈琴多味　散金何事　美人一笑　衣裳空沾　河舌懸天　搗則有語

乙五三三
桃李暎門
秋運不吉　石廩繞星　婦人相爭　暗窺人財　白頭川翁　無得夜歸　子午之月
怨婦在家　終多鄙客　我心不足　凡事皆遲　反損我物　作戲百端　牛走南城　事機明斷

乙五三四
珠玉照盤
田舍皆滿　上獻奇珠　為人之首　筆蠅可笑　金夫採桑　赤壁江頭　賊物人家
田園豊足　貫朽粟陳　奏名成功　如臨尊位　七升之糠　得寶遠山　歸鞍月滿　世人皆喜

乙五三五
家道雖貧
堂上堂下　不用憂煎　為愛山陰　金玉何寶　黃犬一吠　草堂神翁　益州疲幣
六親相愛　憂心忡忡　吊客入門　百祿自臻　穿人之塚　黑龍三顧　長臥不起　玄德艱難

乙五三六
心中有事
月影團圓　子孫妻財　良宵登山　柳花庭下　雪堂步月　魚釣丁寧　正心發矢
悠然周旋　終有其慶　常得不足　金辰得寶　白馬客到　巨口入網　水中明月　畫鵠可中

丙五三一
공명보다 살림에 관심이 크다。외부 위세보다 실속을 채우려고 한다。가택은 편안하
다。자손 근심이 있다。신규 사업은 하지 말고 하던 것을 열심히 하라 남북은 재수있
고 봄에 동쪽 사람이 나의 재운을 파괴하니 거래를 끊어야 한다。여름 가을은 재운 오
고 구설 수가 있고 이사 하려고 한다。
시험 낙방 취직 성립 혼인 불성 병 위험 소송 패배

丙五三二
공명은 상관이 불응이다。내가 가고 싶은 자리는 타인에게 빼앗긴다。여자로 인해 한
때 즐길 운이나 많은 재산이 없어진다。동쪽 친구 말을 들으면 사업이 파괴된다。주색
을 끊고 긴장하면 무사하다。부부 불화 十一、十二월은 여자가 생긴다。
시험 낙방 취직 불성 혼인 성립 병 회복 소송 패배

丙五三三
공명 운은 없고 집안에 원망스러운 여자가 있어 일이 지연된다。냇가에 사는 영감의
말을 듣지마라 손재가 크다。가을이 불리하고 욕구 불만이다 여자와 싸워서 일이 늘어
진다。문서가 발동하려고 한다。十월 자식 및 부모 걱정 있다。

시험 낙방 취직 불성 혼인 성립 병 위독 회복 소송 패배

丙五三四
광산이나 농장을 경영하는 사람은 소득이 크다. 생산 성적이 좋아 상을 받는다. 남쪽
은 기쁜 일이 있고 높은 산에 오르면 불길하다. 남이 내것을 뺏으려 하니 서쪽 사람
말을 듣지마라 밀수품 이나 도둑 물건을 취급하면 관재수가 있다.
시험 낙방 취직 성립 혼인 성립 병 지리 소송 화해

丙五三五
시험은 해자년이면 합격하고 벼슬은 늦게 얻어진다. 범이 털 빛이 진하지 못해 불만이
다. 세상 사람은 다 풍족 한데 나는 경제적으로 쪼들려 불평이다. 봄과 동북은 대길하
고 남쪽은 불길하다. 집에 노인이 있으면 병이 올 패다.
시험 낙방 취직 성립 혼인 성립 병 위험 소송 승리

丙五三六
마음을 유유하게 하면 경사가 오고 조급하면 망신 당한다. 느린 걸음으로 밤길을 걷다
가 보물 줍는 격이다. 돈을 써야 벼슬이 오고 그물을 쳐야 고기를 잡는다. 긴장된 마
음으로 활을 쏘아야 새를 잡는다. 서쪽 조심 동남 쪽은 길하다.
시험 합격 취직 성립 혼인 성립 병 회복 소송 화해

益卦評曰　益者　損也

風雷相舉　小人達情　君子位變　利有攸往

象格
益道始然　刑獄之愆　見善則遷　行人速還
鳴鴻遄風之課

詩斷
滴水添河之象
平地起雷聲　虎鬪日漸明
小人素有貌　終久不相離
賈人暗取利　盈錢且待時
莫要花開早　須知結子遲

解卦
利有攸往　利涉大川　象曰風雷益君子以見善則、遷有過則改。（朱子）曰下震上巽皆木之東
故、其占有所往而利涉大川也。

益卦當年訣
細流添河　舟行順風　益中有損　因人逢害　正二春月　東北之人　辰巳之月　鼠窺穀阜
能成其大　利在水邊　信斧斫足　豈掌他物　勿求他利　物莫去來　訟門爭利　宜養班猫

巽上震下六親

　　父　子　兄　卯　、
　　父　子　孫　巳　、
　　孫　午　才　未　八
　　父　亥　才　辰　八
　　兄　卯　兄　寅　八
　　才　未　父　子　、

冬平　七月卦秋凶　夏平　春凶

益　卦

三五三

午未之月　小利橫來
利難再得　莫作虛慾
秋八九月　橫被他厄
若非火災　夜窺群客
亥子之月　北友有助
丑月半日　東不出行
若非口舌　病中損財

益卦　疾病訣

寒熱往來　血光之疾
過勞傷肝　肝攻其胃
鬼器吹噓　不攻自傷
鬼入月市　家宅難安
冤鬼侵身　赤立雪裡
安宅安祠　渠魁自去
大傷小痺　小有搖弱
補肺大腸　病魔自退

益卦

甲五四一

桃李爭春　繁花天地　馬上乾坤　擇思而進
昨日一夢　清光躍金　家有清琴　害者和合
春日和暢　某不愛見　意氣男兒　一一稱意
滌身麗水　錦鱗遊泳　路有良朋　一無所得

甲五四二

柑橘爭貴　家庭爭言　山寂水空　陰踈葉落
年運否塞　日望橫財　六親無德　萬事求宜
誰黃孰青　誰是誰非　故人無情　古基不利
堅持倉庫　步步有道　自求多福　以待明春

甲五四三

天中日月　運備五福　倉有餘粮　坐有筑聲
眼對玉鏡　豪華望望　進退之中　福德在南
旭粧山河　心臟九靈　厨有餘薪　出有喜聲
手把金鑾　意氣洋洋　經營稱意　亥是旺方

益

甲五四四

歌聲之席　玉女把琴
二人同衿　所恢悠悠
隣家家饒　澤及我家
四寸之富　福及我身
運數如此　勿分物我
財在心中　求之則得
一動一靜　無處不可
所謀必遂　號曰富者

甲五四五

他人之心　余既忖度
人奪我功　叮嚀之事
雖曰知之　無可奈何
雖不橫財　心願橫財
禁中有錢　豈不有命
驛馬逢空　出行不利
心浮路上　誰能抑制
決心而持　吉變爲凶

甲五四六

寒風入樹　落葉飄飄
閒坐西窓　無興無味
三間草屋　風雨來侵
門前犬吠　無定吉人
運數如此　豈問財數
捕雲摘月　虛荒之事
弱馬重馱　勞苦不知
白鳥羽翼　難得高飛

益卦

乙五四一

田庄欲遷　文書乱動
吉神相護　有処無憂
芙蓉滿塘　膝下添憂
執鞭遠行　雲中口酸
無網何致　觀魚深澤
黃花時節　大事必成
往則有咎　不如待坐
仙語西風　兩外徘徊

乙五四二

欲動欲靜　水邊潛計
初損後益　名利得宜
片帆江上　風煙助興
重逢喜事　家道有昌
水邊何物　有損有得
双文入手　水邊逢活
名利得安　雁門花紅
寅申可得　動則不吉

乙五四三

輔下爲功　玉堂花開　秋風之運　未得科慶　遠近難覓　舟行津頭　然後弄金　莫論西方
到処無得　天府名登　有喜有凶　妻宮有哭　事無踪跡　失物須尋　何勞費力　老夫無言

乙五四四

春風不利　子孫之方　南方之事　早年荊卿　桂香滿袖　桂月夜笑　以行正道　王府之物
殘花落林　高堂安樂　枯樹憂深　晚節張良　人人聽從　莫渡南津　雖損有得　先愼勿犯

乙五四五

宇宙歌悲　棟原淚落　怪依南哭　明月有光　花枯無實　晚得其樂　一往難成　失匣南城
天地蒼蒼　萱堂花飛　依杖看雲　膝上有琴　斗屋無春　子宮有力　事多遲滯　素釖無用

乙五四六

身登危木　立心無恒　人不相從　龍吟之月　溪花已殘　人心難定　不知其足　退則忘憂
花殘月虧　進則逢凶　貪財失望　買田一光　山月半虧　其變忽生　人情恐惡　進則逢凶

益卦 경험결

丙五四一

공명 운은 조건은 유리하나 기회를 놓친다. 준비없이 일을 하니 일이 막힌다. 덤비지

말고 침착하게 진행하면 가을에 이루어 진다。 문서가 발동하고 토지 및 살림을 옮기려

한다。 六월은 손위 걱정 十一월은 자식 걱정 함부로 이동하면 일이 흩어 진다。

시험 낙방 취직 불성 혼인 성립 병 회복 소송 화해

丙五四二

공명은 적고 소득의 반은 지출된다。 수산업은 유리하고 기쁜일이 있다。 귀인이 도와

문서를 잡으니 집안은 편안하다。 남을 해 치려 말고 내 몸을 살펴라 봄 겨울 구설 동

쪽은 손재수 있고 이사、 집 수리、 불리하다。 체증병 화병 조심하라。

시험 낙방 취직 성립 혼인 성립 병 회복 소송 승리

丙五四三

노력은 커도 공은 작다。 귀인도 소용없으니 때를 기다려라 집안에 꽃이피니 사람 들이

우러러 본다。 가을은 기쁨과 슬픔이 같이 오고 천궁에 근심이 있다。 사업운은 소득을

잃었다가 찾으니 마음이 상쾌하다。 三、 十월 문서 입수 진퇴 양난 경사 있고 복통 병

조심。

시험 낙방 취직 불성 혼인 성립 병 위험 소송 패배

益 卦

丙五四四

벼슬 길에 오르니 마음이 상쾌하다。부모가 기뻐하니 집안에 영광이 찬다。남쪽에 근심있고 이씨 남씨가 나를 해친다。이들과 싸우면 손재가 크다。남쪽을 조심하라 생명이 위태롭다。성실하게 살아가면 입신 양명이 되고 무사할 운이다。

시험 합격 취직 된다。혼인 불성 병 위험 소송 패배

丙五四五

녹은 얻지 못하고 손재만 있다。부모 때문에 눈물이 있고 여자 구설과 토지 싸움이 있다。자식은 안전하나 형제가 근심이 된다。사업이 실상이 없으니 일이 자꾸 막힌다。수입이 적어 가족 봉양이 근심되는 괘다。

시험 낙방 취직 불성 혼인 성립 병 위험 소송 화해

丙五四六

쓸쓸한 꽃이 비 맞은 격이다。긴장한 마음으로 활을 쏘아라 三、九월은 적중한다。만족을 모르고 욕심을 부리면 화를 입는다。봄은 토지 살 운이 있고 진정한 참선이 있으면 바람이 구름을 쓸어 하늘이 밝아지는 운이다。

시험 낙방 취직 불성 혼인 불성 병 회복 소송 패배

無妄卦評曰　無妄者　天災也

乾上震下六親

、
、
、
八、
八、

戌申午　辰寅子　二月卦春吉
才官孫　才兄父
未未未　亥卯未　夏平
才才才　父兄才　秋凶
　　　　　　　　冬平

象格　天雷震響　病勿與藥　先凶後吉　災不為害
　　　驚怖臨危　家鬼興威　散而復來　安居慮危

象格
石中蘊玉之課
守舊安常之象

詩斷
一箭初從天上來　始知無妄不為災
鹿含製綿須成喜　得到滄洲護外財
入仕本縱科甲喜　奮身不在禹門中
築岩釣渭非常士　須信英雄立大功

解卦
元亨利貞　其匪正有眚、不利有攸。象曰天下當行物與無妄、先王以茂對時省萬物。（朱子）
日動而不妄故、為無妄剛中而應六二故、其占而利大亨于正。

無妄卦當年訣
如玉蘊石　望事無成　萬頃波上　不正其心　拾常九害　正二春運　雖知利物　辰巳之月
守己安分　妄動何往　垂釣得魚　橫禍反至　同志無人　必成熊夢　無財難取　緣木求魚

無妄卦

求謀不得　午未之月　男女相和　若近爭処　七八金風　望事不成　戌亥之月　身運亦否

妄作虛心　幸得小利　事必隱隱　橫被口舌　莫行遠路　還失己物　憂及膝下　雪上加霜

子丑之月　官訟忽起　年運不吉

人謀害己　意外逢禍　祭山拜佛

無妄卦　疾病　訣

外寒內熱　双眼鬼白　申酉兩鬼　狂驚讝語　寒熱遍身　哀子不敬　臍下最冷　越人何在

氣急嘔吐　血濃之災　胃肺俱傷　每侵怔夢　遷葬之頃　藥在八人　何不濟之　卯日可治

無　妄　卦

甲五五一

春風解凍　苦盡甘來　無欲無勢　細流不息　勿可須乱　眼前森林　家中和氣　自上無病

樹樹紅花　禍盡福來　勞後發榮　必連大海　誠心以行　總是財數　蕙蘭之臭　白玉之瑩

甲五五二

一枝花開　吉凶不均　福神持世　兄神發動　蘭有香兮　恒思人德　自成其業　勿交官人

一枝花落　數也奈何　身數康寧　財上口舌　梅不香兮　不過私心　以導前程　徒費心力

甲五五三

養鷄一羽　化爲鳳凰
濟他一人　勤力成家
積善之家　必有餘慶
自此以後　永無災厄
自足其用　兼有餘錢
父兮母兮　尚有餘恔
經之營之　乍成乍敗
申是生方　子是旺方

甲五五四

天地相應　群生化育
福祿相合　萬事亨通
漆夜明月　旱天甘雨
忭躍歌舞　總是其興
千里情人　意外相逢
往來金谷　家道太平
堯天舜月　擊壤而歌
害者自退　高枕而臥

甲五五五

路逢妖虎　尚遮前去
豈不危險　心無安閒
此事在何　隱於在中
詳察機微　預防其詐
福星持世　有警無妨
心在遠處　太山高高
人之禍福　總係于心
安分靜處　實是吉神

甲五五六

虎入深山　可隱其跡
餘人富榮　可留此身
不知出行　徘徊中路
若不如此　荒滛色界
一身相繫　透出無地
財運如何　輔人之象
九分歸人　一餘歸餘
非地之憂　一不拘身

無妄卦

乙五五一

半道反衆　風波忽起
累世餘厄　道路險難
基地得吉　朝貧暮富
堂上堂下　憂患連綿
白鳥無啄　空山徘徊
河舌斷金　石角逢霜
猛虎在山　無虞欲得
宇宙悲歌　易水寒風

乙五五二

事多違期　得利還失　心無妄念　田宅欲動　燕儲之事　漏月抱琴　督亢之圖　忽斷我股

回顧無往　方遇好人　自有吉福　出海無心　擲釣秦宮　英雄事去　妄獻奏王　釣事無用

乙五五三

平地生棘　言語妄動　親戚不和　春風之運　青山月僧　忽驚天心　可問其事　一身難処

淺水起風　猶恐無跡　同席捧釵　沈沈流水　靜夜徘徊　猛虎出林　子美北征　北得東失

乙五五四

事上之憂　好聽消息　有子獻慶　志正心堅　猛猫夜守　仙童欲偷　灼灼其花　白壁何事

德廣猶謙　磨琢成器　光采九天　可齊其家　太倉無粟　春園桃紅　得志東風　泣我兄弟

乙五五五

春悲秋吉　憂強不解　桃李方語　紅白天然　鳥角戴天　後患奈何　江東楚羽　三老童公

身在南北　明月千里　刑罰之厄　蘭桂分明　以金損金　心中險刀　先得後失　同心分散

乙五五六

謀爲多端　月孕桂花　行謀非奇　欲求其利　金樽白酒　秋風一吹　龍貪其珠　不得其志

妄動不吉　狂犬吠人　只宜守舊　更待春雷　楚越相對　西樹實紅　犬吠孤雲　暮洲徘徊

丙五五一

경영하는 일이 자꾸 반복한다. 공명 사업을 찾아 사방을 헤매여도 성과가 없다. 경거
망동하면 손재가 오고 성실 근면하면 큰 화를 면한다. 조상이 지은 죄를 속죄하는 것
이니 긴장으로 풍파를 넘겨야 한다. 손위 손아래에 근심이 있고 복제와 우환이 있다.
범이 자는 송아지를 잡을려 하다가 주인 창에 찔리는 격이다.
시험 낙방 취직 불성 혼인 풍파 병 지리 소송 패배

丙五五二

귀인이 도와도 소용이 없으니 마음만 상한다. 새로운 계책을 써봐도 도덕적 체면만 손
상케되니 후회만 있다. 일은 어긋나고 소득은 잃고 집과 토지가 움직인다. 지극히 정
직 해야 행운이 온다. 이사운 있고 동쪽 구설, 망동 하면 손재와 다리에 병이 온다.
시험 합격 취직 불성 혼인 성립 병 회복 소송 패배

丙五五三

공명은 깨어진다. 범이 마을에 왔다가 사람이 무서워 산으로 도망가는 격이다. 안심한
일이 문제가 되니 말을 조심해야 한다. 친척간에 싸움이 칼부림으로 변한다. 동남과
서북이 위험하고 토지 싸움이 두렵고 이사수 있고 문서 잡는다.
시험 합격 취직 성립 혼인 성립 병 지리 소송 패배

丙五五四

힘 자라는 데로 충성을 해도 직위가 안올라 불만이다. 충돌하면 손해 본다. 상관이 가을에 승진시키려고 마음 먹고 있다. 부정을 하지마라 모진 눈이 부라린다. 임무 수행에 남보다 뛰어나면 공명과 재산이 그 속에 들어 있다.

시험 합격 취직 성립 혼인 불성 병 회복 소송 승리

丙五五五

두 갈래 목적을 가지면 늦게 이루어 진다. 여러 사람이 부정을 하여 갈라먹을 일 있으나 부정만 하면 다 토해 내어야 한다. 친구 말을 듣지마라 후환이 따라 온다. 봄은 불길하고 가을은 길하다. 탐욕하면 벌 받고 청렴하면 상 받는다.

시험 낙방 취직 성립 혼인 불성 병 위험 소송 패배

丙五五六

송죽같은 절개로 임무를 수행하라 경거망동하면 흉액이 따라 온다. 제갈양 재주를 부려도 부정은 드러난다. 신규 사업을 하거나 귀신을 울릴 꾀를 부려도 다음해 봄에 이루어 진다. 옛것을 지키는 것이 상책이다. 서쪽 산에 기도 드리면 재수가 있을 운이다.

시험 합격 취직 성립 혼인 성립 병 지리 소송 패배

噬嗑卦評曰　噬嗑者　爵也

离上震下六親

、八、八八、

巳未酉辰寅子　春凶
孫才官才兄父　夏吉
戌申戌亥卯未　九月卦秋凶
才官才父兄才　冬死

上下相合　飲食之事　財來持世　所爲事理
物在頤間　聚會相延　求之不難　盡獲周旋

象格
日中爲市之課
頤中有物之象

詩斷
自是姮娥宮裡人　寒梅分得一枝春
化工不負辛勤業　紫綬金章喜氣新
刑獄事須定　先防群小爭
若無明鏡照　安可定公平

解卦
亨利用獄。象曰雷電噬嗑光王以明罰勅法。(朱子)曰不過离之而合則亨通矣以陰居陽雖不當
位利用獄。

噬嗑卦　當年　訣
日中爲市　親人無德　爲其生道　香花村中　被人謀害　三春之運　若同鄭黃　齊之孟嘗
行商取利　不可同事　納履東西　莫近爭鬥　玉石難別　因人損物　以信逢敗　誤入秦關

噬嗑卦

三六五

噬嗑卦

春無利事　停之待時
三夏之運　財祿橫來
同事不利　獨作爲吉
三秋紛紜　坐不閑時
勤力得祿　以小易大
亥子身旺　求三得二
利見大人　祿在其中
丑月之運　同氣有喜
東北之人　愼勿去來

噬嗑卦　疾病訣

寒熱往來　飲食不進
手足偶痛　項齒並痛
西方鬼哭　家生傷變
木鬼石鬼　左噴右怨
虛費無功　心經熱閙
人良不寬　耳聾眼赤
鬼來水天　四肢酸痛
以此治方　藥在梳匣

噬嗑卦

甲五六一

春日漸和　桃紅柳綠
旺運自至　家道漸昌
尺月深春　思慕不已
耕田耕畓　不如商業
路邊致產　寄而運笑
在家無聊　出他多喜
利在南天　天祐之福
財帛上氣　榮貴誰知

甲五六二

與虎相鬥　進退兩難
欲逃不能　守守不能
六親害我　難守古基
蕭蕭落葉　戰鬥秋風
春間一事　迅雷驚天
求金狀態　茅田索針
與受難技　都不着手
人奪我居　憤恨奈何

甲五六三

園裏桃花　窗外富家　若不如此　欲脫未解　如問財程　若爲虛用　辰巳之月　層層侍下
以香留蝶　以財勞人　美人招余　無窮心緒　綿綿不絕　有名無實　有事關心　堂上之憂

甲五六四

投筆上草　同約成功　治人星照　抑鬱心怵　借問財程　酉戌之月　至誠感天　險中有順
他人登科　人成我虛　善活他人　數也奈何　是不安身　有驚有財　雪中生筍　出非吉利

甲五六五

欲渡長江　華星照臨　在家修身　心神俱發　如問財程　節用節食　勿爲現發　金木相爭
船人相待　步步春風　不如出動　未知定處　誓若橫財　滾滾不止　玄武隨後　家道不睦

甲五六六

南山鳳凰　禹貢山川　濟濟多士　東耶南耶　俯看箱中　心神安樂　志勿太高　枕上鸞愁
口含實物　飢民逢豐　來日遠方　吉運到之　黃金耀耀　可謂太平　事不中正　夜來多風

噬嗑卦

乙五六一

憂心許多　萬里不吉　辰戌之月　進步不退　忽然進步　千里之程　百事亨通　莫論坤方
無語憑欄　田土是非　家宅不吉　百事可畏　事必有終　無語之財　萬事無愁　波浪無聲

乙五六二
火照澤上　牛馬分啼　文書來往　巳午之方　進退之間　登車未登　困步歸南　龍得其珠
鬼泣多憂　南去一鬪　田庄紛鬧　必見血光　艱難之心　徘徊且止　其利未得　待春行雷

乙五六三
鬼神轉眼　膝下之憂　乱緒難治　扶桑日紅　傍人猜忌　事急霹靂　桑麻之宅　心漸得通
霹靂動下　必有三秋　黃葉西飛　先凶後吉　暗中失財　無処求之　往則有得　先損後益

乙五六四
東西之場　虎馬相當　開弓射鴻　等閑川邊　美人一笑　雲暗路險　等閑之事　孤鴻之村
一喜一悲　釼厄可畏　往西得金　百年興昌　北樓多金　往西無得　偶然得成　開口何難

乙五六五
一身顛倒　家法難調　若得和平　一門不和　心緒未吐　西山易頹　心神不安　遊誤未得
枕邊憂嗟　人偏失教　重好紫荊　意緒索縷　進步必顛　南水難渡　偶成一歎　荊棘在舌

乙五六六
滅家何由　枕畔憂愁　暗奪人財　罪得人偏　雲愁天邊　貪人之物　暗謀非吉　有人來助
失志孤鴻　門中焦爛　東方有論　凌侮其上　鴻不得意　失寶之嘆　乃成其憂　更待東風

丙五六一
공명을 얻으려고 눈물을 머금고 강을 건넜으나 얻지 못하고 근심만 한다. 사업 운은 말없는 재물이 오고 마음 먹은 것은 차차 풀린다. 먼곳에 가지마라 토지 시비가 일어난다. 중단 없이 추진하라 서광이 올 것이다. 근심이 많다. 무엇을 바꾸려고 한다.

시험 낙방 취직 불성 혼인 불성 병 위험 소송 화해

丙五六二
이름을 얻기 위해 천리를 가면 진퇴 양난이 된다. 공명을 얻지 못해 옮기고 싶지만 이것도 곤란하다. 남쪽에 근심이 있고 토지 시비가 일어난다. 三, 九월은 불길하고 내년 봄에 해결될 운이다. 이사, 실물, 구설, 집수리, 불리, 동쪽사람 조심하고 교통사고 조심하라.

시험 낙방 취직 불성 혼인 성립 병 회복 소송 패배

丙五六三
다른 사람이 시기하니 내 마음이 약해진다. 나도 모르게 손해 보게 되니 사전에 막아라 바느질하는 집과 돈거래 하면 이익이 오고 속이 풀린다. 놀랄일 있으니 긴장을 풀

지 마라 가을 운은 자식에 근심있고 복잡한 일이 생긴다。 三、十월 문서가 잡히고 집

수리 불리、 신장 복통 조심하라。

시험 낙방 취직 불성 혼인 성립 병 지리 소송 실패

丙五六四

참선 하고 마음을 가다듬고 활을 쏘아라 불연이면 안맞는다。 안될줄 생각 했는데 우연

히 된다。 서쪽은 불길하고 북쪽은 재수 있다。 남과 싸우지 마라 뒤에 칼 맞을 운이다。

사건 하나는 이루어져 기쁘지만 슬픈일이 곧 따른다。

시험 낙방 취직 성립 혼인 성립 병 지리 소송 불리

丙五六五

공명 운은 객지에 수심하고 밤 새운다。 집안이 화목치 못하니 내 지은 죄가 나에게 돌

아온 것이다。 마음이 복잡함을 말할 수가 없다。 과거를 잊고 평화 위주로 살면 불화가

사라진다。 이해 관계로 싸우면 의리 도덕이 파괴되어 가문 또는 친척 끼리 원수가 된

다。시험 낙방 취직 불성·혼인 불성 병 지리 소송 지리 패배

공명 운은 없고 근심이 될 뿐이다. 남의 재산을 탐내면 나의 보물을 잃는다. 비밀 계책을 세우면 집이 망한다. 내 몸도 수심 있고 집안이 초조해 진다. 참선 정직 근면이 없으면 태풍이 몰려온다. 보증 서면 물어 주어야 한다.

시험 낙방 취직 불성 혼인 불성 병 회복 소송 실패

頤卦評曰　頤者　養也

謹言節食　雷動艮止　惡事消散　君子戒慎
能養其身　萬物皆春　不害千人　動土得宜

象格　龍臥清潭之課
　　　近善遠惡之象

詩斷　莫道奔馳行路難　艱辛歷盡始清閑
　　　前途若遇朱紫客　不久騰跨入青雲
　　　分在隨緣未可移　強圖躁進召憂危
　　　龍行防謹無留意　可變災殃作福基

解卦　貞吉觀頤自求口實、象曰山下有雷頤、君子以慎言語、節飲食。(朱子)曰、頤養之義、觀其
　　　所養之道、自求口實言養身之術、皆得正則吉。

頤卦　當年訣

世無同心　出外無德　非理不食　三春運否　若非損物　三夏之運　北人同助　七八秋月
獨求養身　離鄉不吉　先察危機　有害無德　必有呻吟　財利橫來　手成利文　因人損財

艮上震下六親

官	酉	兄	寅	、
孫	巳	父	子	八
官	酉	才	戌	八
父	亥	才	辰	八
兄	卯	兄	寅	八
才	未	父	子	、
冬和	八月卦秋平	夏平	春凶	

頤卦　疾病訣

寒熱交爭　先神抱怨　衆虫食血　合是矢荒　血光赤鬼　家禮何廢　白眼何客　藥石隱伏

頭腦自暈　何恨爾家　萬身瘡痍　天狗奈何　支離喧嘩　江山風乱　豈非春虎　針灸第一

莫留家產　門乱口舌　小人多來　憂及子孫　愼之水路　反憂堂上　文上得祿

東來女人　若非失物　黃花時節　亥子之月　求財反失　丑月吊問　北人有助

頤

卦

甲五七一

泛舟長江　經之營之　財在土旺　基地逢刑　侍下之人　出他在家　南北消息　對琴對酌

非淺非深　別無利害　四時一般　穿井無益　春必有憂　身安心平　不如不聞　出月悠悠

甲五七二

夜出東門　危機危機　禍起蕭墻　木姓之人　我非害彼　經營之事　若不移居　吉方何方

猛虎處前　愼之愼之　出於門外　與人非緣　彼來害我　勿迕土木　禱于宅神　在於南方

甲五七三

興則君王　東西南北　春夏秋冬　吉凶禍福　自非豪雄　心不謹愼　以財生釁　平原廣野

敗則逆賊　盡是金山　都是風浪　非生則死　何以決事　何以經事　豈非數也　老將開口

頤　卦

甲五七四
飛龍在天　求官求職　心神遊跡　借問財程　雖曰大得　洛陽城東　勿近佳人　句陳守土
利見大人　最利今年　東耶西耶　有驚有憂　亦曰多用　貴人提手　思中得病　有事田宅

甲五七五
風撓細柳　志在所望　菊花之月　心無定處　借問財程　志在驛馬　他鄉遊客　文爻發動
如搖如舞　有進有退　香人門前　不知何止　有益無害　遠行何意　宿之貧家　必有辛苦

甲五七六
山不在高　人不在富　若非橫財　今年之數　東來一言　西來一言　寅酉之月　引壺自酌
有仙則靈　自福則安　幾生我財　自勤自粮　聞則口舌　聞則官災　此數慎之　風流自足

頤卦

乙五七一
百事總空　佳人一笑　鷄聲忽覺　悲歌動牛　無網羨魚　貝宮夢托　貝失其方　佳人一笑
紅葉凋零　泡影汎水　上憂難免　財子一痛　非夜求月　得玉還失　石白山崩　黃金盡散

乙五七二
一身勞勞　若無生子　鵲報采文　文籍散錯　徘徊東西　女抱花影　白日欲暮　進退無常
花開木枯　憂患連綿　金食其石　先事紛紛　重山可登　堆金積玉　雲山一退　江頭虛步

乙五七三
鼎沸不息　在家無日　身遊虛無　妄遇狂巫　徘徊四方　花橋月倒　西雲掩水　仙童夜下
枯魚赤尾　徘徊四方　雲捲白日　事有阻隔　事必無期　姜女欺金　妄動非吉　古樹無實

乙五七四
四方顛隮　營事不成　山前日暮　是月不吉　美玉可琢　楚羽悲歌　事在阻隔　木雪紛紛
營財未得　先難後易　悲涙一散　鼠牛爭功　空窓月入　錦衣夜行　往西再三　雖得未決

乙五七五
上下相從　暮澤遊魚　子孫之事　家庄欲遷　心乱不正　鳳來書至　強弩勢窮　行行未及
進退不安　却吞針緒　連月呻吟　四方無往　求無行方　鵲飛玉碎　三發未中　雲夜無月

乙五七六
月影沈水　臨山臨水　春風以清　舟泛靜波　鴻溝割地　慈母戀戀　二羽分飛　踟躕未達
柱下離別　萬里始生　閑閑之像　財利双全　漢楚合心　得銅可退　花笑鳳哭　江潤山高

頤卦 경험결

丙五七一
목적은 불성이다. 재산에 뜻을 두지말고 내몸을 생각하라 여자를 가까이 하면 손재가

크다。친구가 도둑으로 변한다。八월에 부모 근심이 온다。그물 없이 고기를 구하니

희망이 없고 얻은 구슬을 잃어 버리는 격이다。

시험 낙방 취직 불성 혼인 불성 병 지리 소송 패배

丙五七二

두개 중에 하나만 택하는 것이 길하다。만약 두개다 탐하면 큰 액운이 온다。경거망동

하면 여자에게 속는다。집이나 몸에 우환이 겹쳐 온다。동쪽은 불리하고 서쪽은 유리

하다。문서로 인한 사건이 분분하다。실패 많은 운이고 복 입는다。

시험 낙방 취직 성립 혼인 불성 병 지리 소송 패배

丙五七三

공명 못 이룬다。먼곳에 가면 몸이 아프다。하는 일은 기약이 없고 경거망동 하면 여

자에게 사기 당한다。내 마음은 조급 해지고 몸은 사방으로 가고 싶다。봄에 무당이

올것이니 그말을 들으면 손재가 크다。문서가 난동하고 손위 사람에 근심이 있다。

시험 낙방 취직 불성 혼인 불성 복통 병 회복 소송 패배

丙五七四

녹이 적어서 불만이다。공명이 있어도 실속이 적다。일의 두서가 없고 피해만 입는다。

서쪽을 가면 소득이 있으나 마음은 불만이다. 먼저는 실패해도 뒤에는 이루어 진다.

미리 낌새를 살피라 九、十一월은 길하다.

시험 합격 취직 성립 혼인 불성 병 회복 소송 지리

丙五七五
추진하는 일이 진퇴 양난이다. 재산을 허비해도 손해만 있고 일은 안된다. 내 마음이

흔들리면 구할수 없고 누가 도와 주어도 성공은 없다. 자식 때문에 한참 괴롭다. 살림

살이를 옮기려 해도 갈곳이 없다. 부모와 슬하에 근심이 있다.

시험 낙방 취직 불성 혼인 성립 병 회복 소송 화해

丙五七六
공명은 이루어 진다. 귀인이 도와 성립되고 정수입 보다 부수입이 크다. 서북 사람과

거래하면 재수가 있다. 생물이 봄을 만났으니 근심이 풀어진다. 동업을 해도 재수가

있으나 이별이 있다. 물가에서 싸우면 손재수가 있다.

시험 합격 취직 성립 혼인 불성 병 회복 소송 승리

蠱卦評曰　蠱者　事也

幹父之蠱　三蠱在器　厭昧之事　官鬼持世

任用於先　陰害相連　其疾難痊　憂病憂官

象格　三蠱食血之課

　　　以惡不久之象

詩斷　賜帶事須美　須防三裸中

　　　龍恩雖可行　且忌辱來重

　　　寶月有虧盈　長河濁又清

　　　雖然逢九事　端的不須驚

解卦　元亨利涉大川先甲三日後甲三日象曰山下有風蠱君子以振民有德。(朱子)曰、剛上柔下所為
蠱也、蠱壞之極則當傷治故、爲元亨利涉大川

蠱卦　當年訣

三虫食血　三人相爭　見敗鴻門　舊事重修　三春之運　舊事更起　前事未決　四五月間

以惡害義　男女相違　入蜀更起　家道必新　憂生閨門　以文爭舌　意外逢害　身數不吉

艮上巽下六親

、　寅　兄　酉　官
八　子　父　巳　孫
八　戌　才　酉　官　　正月卦春平
、　酉　官　午　孫　　夏吉
、　亥　父　午　孫　　秋利
八　丑　才　子　父　　冬凶

福宅分口　亥子三多　乘舟江上　李金同事　申月呻吟　長子分居　橫財市門　以此豫防
避凶就吉　小憂膝下　幸得千金　三人分金　難得越人　秋風得意　有厄公庭　先凶後吉
丑月不利
客來爭訟

蠱卦　疾病訣

寒熱往來　風勞氣急　鬼侵月市　病在鬼祟　命門之邊　誤藥攻病　伏在祠門　先治致誠
心腹疼痛　可畏瘡痍　喘咳吐血　必然塚基　疾深重月　突然變化　暗氣陰風　後用其藥

蠱卦

甲五八一
江之魚兮　勿貪小餌　非常非輩　夢見鬼燧　風流子弟　閨中婦人　寅月寅日　身在官舍
釣竿在前　大禍當前　近則有害　青山閃閃　愼之佳人　愼愼魂食　安宅則吉　庶免此數

甲五八二
千年古木　外富內貧　家宅發動　三刑聚會　借門財程　在鄉欲出　若居官舍　高樓巨閣
内蠱外青　空勞心身　應不閑居　唇胸相咻　百算虛計　在他欲歸　重重奉福　丹青圖畫

蠱卦

甲五八三

六月飛霜　草木黃落
皇天不春　心如蜂巢
靈醫在北　速往乞誠
午酉之月　前在泰山
紅塵如夢　不如不聞
夢得恩人　覺遠爲仇
公私之間　愼勿干預
啓明星下　獻誠四拜

甲五八四

萬里春風　百花齊發
携酒登樓　日煖風和
所求皆得　所謀必遂
歌舞之席　仙女獻酌
財程之數　每事如意
巳午之月　火營不利
時乎時乎　最利今年
子房何處　天雲有光

甲五八五

九天明月　桂花寥寥
一筆成章　掛名金榜
文星照身　無窮福祿
夢在他鄉　故基無緣
借問財程　以生以用
無窮多事　盡宵以計
身在外任　難同六親
若無科慶　必有一服

甲五八六

早禾倍莖　晚穀不實
既我所謀　得寶非奇
南陽之月　失寶何憂
勿與人鬪　忽驚之禍
預察奸人　先審爲吉
千里他鄉　何人言好
借問財程　多花小實
今年之數　公私不利

蠱　卦

乙五八一

東林採花　美哉春風
埋金江塵　受人恩澤
火旺之節　吉變爲凶
子孫之喜　幾至半道
至誠無咎　有弊可修
東河雖好　魚腹無水
寅亥之月　得意揚揚
木物有利　泰山之東

蠱卦

乙五八二

指財東西　牛腹逢空
土逢破鏡　形枯獨主
損精鶺飢　秋風不熱
奔走四方　有機無成
二人同心　損金無益
中道一笑　疑人不吉
肺情暗蔽　意多留連
不顧家產　四顧無食

乙五八三

無罪罷征　偶逢天譴
西方有論　事事歸虛
舍其擾堂　夢其江湖
一克一生　門堅堂空
前債尋常　力盡難報
白玉無光　可面北方
東人路遠　長愁白髮
有失有得　逐鹿坤方

乙五八四

生財非難　西方有喜
兩心難察　困馬南渡
家故連綿　恇變竟生
孰知其非　見寶生心
江河三間　獨商最吉
兩處得財　優遊度日
天賊暗窺　莫論其東
血鵑夜哭　東月無光

乙五八五

膝下有慶　堂上有憂
南風四方　欣欣不已
是何紛紜　東風不吉
淚添流水　其憂必生
金火相爭　所向無處
猿啼虎嘯　良謀小成
魚胎已驚　落葉歸江
意在湖山　志高獨夫

乙五八六

夫婦歸虛　綠林可畏
月色分明　羊角已解
安石乃得　蛇頭將舉
雖有外變　內無騷擾
何處寄生　哭其父母
牛羊一鬪　夜人欺人
心事難知　東人楚越
有竿欲釣　南海魚肥

蠱卦 경험 결

丙五八一
취직 운은 봄 겨울 두번 있다. 봄은 길 운이고 귀인의 혜택이 있다. 여름은 길 흉 상
반이고 자손궁에 기쁨이 있다. 성실 하면 과오가 덮어 진다. 一、十월은 의기 양양하
다. 동쪽은 유리하고 매매사건 있고 폐 다리에 병이 온다.

시험 합격 취직 불성 혼인 성립 병 지리 소송 승리

丙五八二
귀인의 마음을 알수 없다. 재물만 없애고 공명은 깨어진다. 동업하면 손해 본다. 의심
이 없어야 한다. 자칫하면 상대는 기뻐지고 나는 슬퍼진다. 부부싸움 있고 신경 쓰이
고 분주하고 때가 되어도 이루어지지 못한다. 손재수 자식근심 목적 파괴 퇴업、 이

사、八월에 몸 아프다.

시험 낙방 취직 불성 혼인 불성 폐병 회복 소송 패배

丙五八三
엎어다가 난장 맞히는 격이다. 서쪽 일은 허사가 되고 집이 시끄럽다. 공명은 가을에
된다. 과로에 젖어 탄식이 오고 머리가 센다. 남쪽을 달려라 득실이 상반이다. 사전준

비 없이는 소득이 적다。폐와 다리에 병이 온다。관재수、신병 있고 자식 걱정 여자를

가까이 하면 망신 당한다。

시험 낙방 취직 불성 혼인 성립 병 위험 소송 승리

丙五八四

시험은 안되고 취직은 된다。서쪽에 기쁜 일이 있다。집안에서 괴변이 일어나니 근심

이 크다。두가지 마음이 생긴다。보물을 보아도 비리는 취하지 마라 정직 성실하면 늦

게 두곳에서 재물을 얻는다。동쪽에서 도둑이 오니 미리 주의 해야 한다。

시험 낙방 취직 성립 혼인 성립 병 회복 소송 패배

丙五八五

응시는 곤란해도 취직은 된다。귀인이 도와 우연히 이루어 진다。손위에 근심 있고 슬

하에는 경사가 있다。남쪽은 기쁜 일이 있고 동쪽은 불길하다。눈물과 근심이 같이 온

다。재수는 조금 있고 집 공장 점포를 확장 수리하면 손해가 크다。여자와 싸움을 조

심하라。

시험 낙방 취직 성립 혼인 성립 병 위험 소송 승리

蠱 卦

丙五八六

공명은 없다。거듭 활을 쏘아도 안맞는다。지금부터 새로운 준비를 해야 한다。여자와 싸우면 망신 당한다。부모 궁에 곡 할일 있고 부부 싸움 있고 도둑을 막아라 동쪽에서 엿보고 있다。북쪽은 불길하고 남쪽은 큰 고기를 낚는다。

시험 낙방 취직 불성 혼인 불성 병 지리 소송 패배

离卦評曰　离者　麗也

离上离下六親

光明美鹿　二鳥並飛　文章上卦　口舌相尚

不利出師　雄失其雌　兵相衰微　財散人離

、　八　、　、　八　、

巳　未　酉　亥　丑　卯　　春凶
兄　孫　才　官　孫　父　　四月卦夏吉
戊　申　戌　辰　寅　辰　　秋疾病
孫　才　孫　孫　父　孫　　冬不利

象格

飛禽振羽之課

大明當天之象

詩斷

一生繁冗事多端　曆盡艱難尚且安
縱有貴人相引薦　從前危處始連官
險阻艱難總未常　幸然危裡保安康
忽逢帶口人惟惜　得際風雲在玉堂

解卦

利貞亨畜牝牛吉。象曰明雨作离　大人以繼明照于四方。（朱子）曰、离爲火体　陰而用陽也
物之所麗　貴乎得工而　畜牝牛則吉也。

离卦　當年訣

關身有處　如鳥入網　火起崑崗　運多橫厄　三春之運　祿小身勞　損財四五　南方之人
以事難行　欲飛不飛　玉石俱焚　遠行不利　文書入手　因官多費　自擘可知　愼勿去來

离卦

事在遠方　未申之月
二人合意　八九兩月
臨渴得水　亥子之月
風波忽起　水姓害人
去則無益　利在西方
借得他功　謀得隱財
女人暗助　南不渡江
舟中呼天　官災何免
丑月之運　慶星照宅
井魚出海　花開成實

离卦　疾病訣

上熱下冷　上盛氣急
心火攻肺　鬼鷄相沖
人鬼同室　君火燃上
鬼伏腎臟　若不急治
心腹並痛　嘔吐泄瀉
吳牛喘月　飲食不甘
玉經揮項　夜驚河泊
醫不得穴　病極危也

离卦

甲三一一

束螢讀書　勤儉篤行
利在文書　與人論事
若無知識　舟車衣服
外他求財　庭花結實

甲三一二

卒顯芳名　能成其功
坐享其樂　問於老人
何處有事　宅舍田園
僅僅保命　盡是無疑

甲三一三

火起巴山　心怀鬱積
若步沙汰　獨坐寒灯
憂生家宅　破産産物
子丑之月　雖云如此
故國難守　長行何處
寸進尺退　百思俱生
膝下不寧　招邪呼魔
愼之事頭　必無大欠

离　卦

甲三一三

菊花雖殘　却有傲霜
當我者北　害我者亡
東奔西走　在家無日
雖有剛氣　敗數迍邅
鬼花閃閃　身憂叮嚀
吉月良辰　祈禱則吉
今年之數　結局何歸
臨事謹慎　晏然太平

甲三一四

六龍御天　廣濟蒼生
積善之家　必有餘慶
救人得利　快活心神
於公於私　自然身大
心溫氣和　氣悅形和
先沖后合　先淡后濃
漁舟有緣　偶逢桃源
終日清淡　眞是仙界

甲三一五

龍潛大海　喜得明珠
福神有氣　必有一慶
殺犯望鄉　遠行之格
願反以遲　當月遂意
登山臨水　清遊一般
口舌細振　官厄永消
隨時應計　水火無妨
火變爲天　雷木動搖

甲三一六

日入黑雲　無形無踈
一身難容　如繫如囚
誰怨誰咎　自作之孽
勞身太煩　火起心中
曉夫起程　欲去千里
期於平生　緣分他鄉
兄神有權　損財頗多
聖君在內　伊尹輔弼

乙三一一

氣物難成　事多耗散
雉在豆田　有意生財
二女掛口　意多不睦
東事莫營　兵戈之厄
老龍貪珠　文變爲書
重瞳愛地　不封諸侯
山復已滿　盈欲不吉
不知其足　反損其物

乙三一二

金玉欲破　古木多風　門戶欲動　廣野莫動　船浮丹江　有得有失　問事空天　兩金之間
鳥鬪花爭　憂被枝葉　凶聞自外　寶鏡欲破　曹瞞敗地　水鷄虛鳴　耗星照西　退則無妨

乙三一三

含中有物　損土有數　家神不納　宅生其主　口中有物　急圖南事　以力難致　龍得雄文
事在疑信　大事西起　樂器何美　又制其變　嚙則有味　更送北書　寶不隨人　一得一失

乙三一四

牛變爲羊　分田分土　家多變故　戒得其貝　非賊失無　莫宿東方　莫言更來　若不經營
家近綠林　寅方多厄　為人所傷　是非多端　東方事亂　危樑可畏　散金如水　可免其厄

乙三一五

火變爲金　貴官每動　樑神逢空　喜事入門　東人同心　出金易粟　其事半成　無根之事
能成寶器　馬蹄虛穿　黃果已落　鏡面生塵　虎月有食　賣家賣物　求于東方　變爲其物

乙三一六

火變爲雷　春花無露　宅神變化　家多怪變　意大物小　東顧西之　今日日病　歸臥秋山
破竹之勢　身家不安　畫鳥無骨　雄變爲魚　奔走之象　一物不歸　偃苗其誰　病于金寶

경 험 결

丙三一一

유혹에 빠졌다가 기지로 탈출하는 격이다. 피임에 빠지면 함정에 빠지니 욕심을 부리면 본전을 잃는다. 내힘이 모자라서 허사가 된다. 여자 입 때문에 집이 씨끄럽다. 싸우지 말고 화목 위주로 처리하고 재산에 관한 욕심을 적게하라 처자 걱정 문서 계약 담화병이 온다.

시험 낙방 취직 불성 혼인 불성 병 위험 소송 실패

丙三一二

금성이 내 공을 뺏는다. 북쪽에서 구슬을 얻고 단체 가입은 물러서면 길하다. 내몸에 화가오니 서쪽에 가지 마라 집이 움직이니 재앙이 오고 후미진 곳에 가지 마라 부모 근심이 있다. 부부 싸움 있고 이사 자식 걱정 있다. 여름에 신경 쓰고 허리가 아프다.

시험 합격 취직 불성 혼인 불성 병 회복 소송 화해

丙三一三

직위가 낮아 불만이다. 승진은 없다. 남쪽 일을 급히 추진하면 먹을 것이 온다. 보물이 나를 따르지 않는다. 문서는 잡았으나 소득은 적다. 의심 되던 일로 인해 토지가 없어 진다. 서쪽에서 사건이 생긴다. 상처수 있고 관재수 신허 와 하 복통 이 있고 손재수와 자식 걱정이 있다.

시험 낙방 취직 불성 혼인 불성 병 회복 소송 패배

丙三一四

공명은 없고 동쪽집에 가지마라 들보가 무너진다. 재물을 얻으려고 하다가 물속에 버리는 격이다. 위험한 일 하지 않으면 액운을 면하리라 동쪽은 토지 때문에 복잡하고 집안에 괴상한 일이 있다. 도둑이 노리고 있으니 방위에 전력을 다하라.

시험 낙방 취직 불성 혼인 불성 병 위험 소송 실패

丙三一五

귀인이 말만 하고 돈 안준다고 무관심하다. 지혜가 모자라는 곰이니 재주를 부릴수 없다. 무엇을 팔려고 한다. 一、五월은 길하고 동방은 성공운이 있고 옥을 깎아 그릇을 만들려고 한다. 부부 싸움 하지 마라 큰 손해가 온다.

시험 낙방 취직 불성 혼인 불성 병 회복 소송 남쪽 실패 동쪽 승리

丙三一六

고기를 탐하지 말고 그물을 얽어라 부귀를 버리고 한가롭게 사는 운이다. 희망은 크고 물질이 적으니 분주한 형편이다. 고기없는 옹덩이를 종일 푸고 있다. 불이 너무 많으니 몸과 집이 불안하다. 집에 괴상한 일이 생겨서 여인이 운다.

시험 낙방 취직 불성 혼인 불성 병 회복 소송 불길

旅卦評曰　旅　客也

旅者客也　火行山上　如鳥焚巢　雖然先笑
羈旅恓恓　逐草高低　無窠可棲　後有悲啼

象格　如鳥焚巢之象　榮極哀生之象

詩斷
旅巢傾履更遭焚　謹事當無監獄連
羈人失所已多時　未遇猴羊不見歸
若見出行千里吉　遠聞哭泣在私門
杜石貴人頭戴斗　方日斗柄復光輝

解卦、小亨旅貞吉　象曰、山下有火旅、君子以明慎用刑而不留獄。(朱子)曰旅止而离麗于明故、其占可以小亨而能守、其詩之貞則吉、旅非邪心若可行之、霸道無不在故自有其正不可須叟　离也

旅卦　當年訣
所懷在他　與人同謀　食小事煩　寅卯不吉　東方木姓　辰巳之月　事不碌碌
欲作旅人　幸逢平原　事不違期　閑居無暇　逢人暗害　文不相通　杖馬南行　往處得功

离上艮下六親
、八、、八八
巳未酉申午辰　春半吉
兄孫才才兄孫　五月卦夏失財
戌申戌卯亥卯　秋凶
孫才孫父官父　冬不利

午未之月　若非作客　七八秋風　水路不利　合意西人　戌亥之月　困處得利　子丑三冬
憂及妻子　難免叩盆　勿入島中　必有身厄　財利橫來　客地勞困　得意歸家　同事有患
運多不吉
正初祈山

上熱下痛　賢部滯血　火滯咳喘　心神過勞　病強氣弱　靜伏宅內　蛇官泣鬼　夢魘太甚
心下病藏　難免疝症　胸膛不安　三焦積傷　不治則危　兩鬼出沒　丘隴何傷　先治鬼祟

甲三二一
霜路既降　土木發動　六親相擊　恩人爲仇　己而乎哉　脾胃欲吐　修養中心　三災並立

甲三二二
木葉盡脫　基地成災　家業蕭條　中道狼狽　事與心違　未雪其恥　勿爲病根　應事虛妄

甲三二二
東方未明　官耶邪耶　靜則多遣　恨哉恨哉　家宅發動　恨在春望　積小成大　擇心以待

顛到衣裳　無端撓身　動則生利　眼高手卑　虛無恒産　仰看明天　廣闊其功　苦盡甘來

甲三三三
雪水烹茶　一般清興　天下飢饉　夜視金氣　無窮滋味　月明林下　人來求我　中外相應
桂花煮酒　恐有離口　獨自豐饒　朝看鹿遊　晝夜不息　美人相招　我去求人　心無忌彈

甲三三四
早花之草　富何無双　早不見心　與人相約　貴妃花容　一別情人　始起豐仰　大事已成
夕而零落　貧何輒速　終來迫悔　合而后離　無端傷心　庶可扶持　何其壯也　何其怠也

甲三三五
彈琴竹裡　求財路上　西南之間　隨時應計　路花明發　吳商楚客　移鄉發福　今年之數
明月來照　貴人相助　一言千金　家事漸昌　心浮遠處　待事停船　君勿疑焉　萬事亨通

甲三三六
種桃望春　臨事望成　白日成論　權道亦通　財數如何　婚慶如何　身數如何　雖無大吉
傍樹先紅　傍人先窺　不如秘密　然後如意　自爲自用　順理之數　旺相之數　亦無大害

旅卦

乙三三一
在家每日　老虎下山　家宅雖和　子孫好出　飢虎走狗　紅日出海　歸路有得　太倉之鼠
奔走四方　群鳥侵之　事必耗散　家道不睦　衆人驚起　不如歸山　馬骨無肉　笑我虛浪

乙三二二

蛇咬龍吟　田土必論
虎哮之月　心煩如沸
家神來克　動木何事
南田欲換　文書出入
千金駿馬　欲嘶西風
伯樂遇歟　周王愛歟
十金爭呼　一顧人多
南征北征　人馬相輝

乙三二三

密謀在林　山牛變形
佳客害主　徒勞無功
群虎亂動　可多北方
膝下之憂　退則無害
重瞳何意　楚燈學釗
秦鹿夜走　密謀在逐
堅閉關門　盡得寶物
百騎來謝　分地何事

乙三二四

春運否塞　鳥驚東林
窮鳥出林　客袖多風
門木半燒　事無其成
西水入水　萬葉哀哀
居巢老翁　為誰舉玦
張良奇計　奉壁何事
間道歸走　羽不識范
會稽山青　楚背疽生

乙三二五

欲陰未得　事在乾方
居山最吉　哭淚沾衣
家事急急　上憂下憂
門神好變　在家難免
偶人武陵　船頭有信
俗心未盡　紅舟回船
載其妻子　更訪桃源
不辨何處　後悔莫及

乙三二六

欲動未動　事在門戶
雞鳴兎出　老鼠逢倉
家雖和睦　動石不利
月鼠變化　喜事重重
鴻門宴后　入其西蜀
蕭何有知　夜追兵仙
八月引兵　還出古道
乃得瑤圖　洛宮高宴

旅　卦

旅卦 경험 결

丙三二一

공명을 얻으려고 객지에 갔으나 사람을 못만난다。재수는 사방을 돌아 다녀도 될 것이 없다。용이 물 밖에 나오니 개미가 침노 한다。집은 편안 하나 목적이 흩으러 진다。자식이 가출하니 가족이 화목치 못할 것이다。내가 만든 것을 뺏으려 한다。

시험 낙방 취직 불성 혼인 불성 병 회복 소송 불리

丙三二二

봄은 벼슬운 없고 승진도 못한다。큰 것을 노리지만 중도에 무너진다。집이 움직인다。수리 하거나 매매 하려고 한다。토지 때문에 시끄럽다。남북을 다니면서 소득을 찾았으나 나타나지 않는다。밭을 바꾸고자 해도 희망자가 없다。

시험 낙방 취직 불성 혼인 성립 병 회복 소송 불리

丙三二三

실력으로 합격해도 벼슬은 돈 낸 사람에게 돌아가고 나는 낙방되고 벌이 꽃 꿀을 먹으려가니 비가 와서 씻어 버렸다。계약한 것도 무너지니 노력한 것이 수포로 돌아간다。손님이 주인을 해친다。자식 근심이 계속하니 멀리 가버리고 싶다。북쪽은 길하다。

시험 낙방 취직 불성 혼인 성립 병 회복 소송 불리

丙三二四
개구리가 용이 될려고 한다. 말로 설득 시키려하니 뱀이 개구리를 먹으러 한다. 호랑이 굴에 가지마라 손재가 너무 크다. 내 일 봐 줄 사람이 돈에만 집착하니 기적적인 계책이 없이는 모두가 허사이다. 백수 노인의 지시를 받으면 놀랠일도 없고 몸이 편안하다. 때를 더 기다려야 한다.
시험 낙방 취직 불성 혼인 불성 병 위험 소송 불리

丙三二五
큰 희망은 깨어진다. 산속에서 공부한 학자가 세상에 나오려고 한다. 공명 운은 없고 눈물만 있을 운이다. 운수 불길하여 상하에 근심이 있다. 九월은 상주될 운이다. 처자식을 데리고 무능도원으로 가고 싶은 심정이다. 있는 그대로 있지 않으면 후회가 클 것이다.
시험 낙방 취직 불성 혼인 불성 병 회복 소송 불리

丙三二六
벼락이 고목을 치니 잎과 가지가 떨어진다. 상사에게 항거 하면 파면 또는 좌천 당한다. 움직이고자 해도 마음 대로 못하고 집안은 화목하나 재산이 나간다. 동짓달이 되면 기쁜일 온다. 만약 집을 짓거나 수리하면 큰 손재가 오고 생명이 위험하다.
시험 낙방 취직 불성 혼인 구설 병 회복 소송 불리

鼎卦評曰　鼎者　定也

鼎象九州　變生爲熱　鼎乃易溢　官鬼持世

象格　調和鼎鼐之課

和美之器　以或香味　不宜爭事　求官不利

詩斷　取新于故鼎初成　主器須知辰子興

去故取新之象

三足若全宜大用　他年調和一時亨

鼎足事雖傷　先當愼爲行

若求身外事　移後保安康

离上巽下六親

、　兄　巳　孫　戌
八　孫　未　才　申
、　才　酉　孫　戌
、　才　酉　兄　午
、　官　亥　兄　午
八　孫　丑　官　子

十二月卦　春吉　夏凶　秋凶　冬平

解卦　元亨吉、象曰木上有火鼎、君子以正位凝命。（朱子）曰、巽木入离大而致飪鼎之用也、内巽

順而外聰明故其象曰元亨吉行文也。

鼎卦　當年訣

祿星入宅　與人同心　三災並起　就吉避凶　鳴鶴將雛　舌亂寅卯　若不正心　庭蘭在庭

寶身潤食　臨事多變　憂及三人　改舊從新　移松棲栢　愼勿爭利　官災必重　越人往來

暮春不利　莫求官事　巳午夏月　南不渡江　閏門之憂　羊尾猿頭　崔宋兩人　鷄鳴犬吠

空作遠行　取吉逢凶　求財反損　莫問吊北　必是難免　人必謀害　愼勿論心　身運亨通

兩手得寶　財利橫來　亥子冬月　莫近爭鬪　丑月之數

一金一玉　手弄千金　求官得祿　落眉官災　南不去來

鼎卦疾病訣

寒熱往來　鬼在离宮　九鼎爭鳴　火炎成風　水流腎部　玄武鬱鬱　猪化爲龍　若不曾治

上盛下虛　吐浮腹痛　寒厨無煙　家內撓亂　盜汗遺精　陰虛火動　路逢寒雨　危也天命

鼎卦

甲三三一

樽酒忽破　先有慶幸　勿犯基地　鬼聲啾啾　身有疾病　速爲移遷　凡事當頭　愼之愼之

樂極悲生　后見憂故　必見其形　宅舍何寧　未得其瘥　乃見其効　孤疑萬端　以待吉運

甲三三二

興則爲君　若處官界　萬里封候　家門洞洞　若爲野人　官災口舌　家業濁亂　預禱宅神

敗則爲逆　貴氣凌雲　一品貴人　家庭鬧熱　縮眉渡日　疾病橫厄　心如茶毒　以除其厄

甲三三三
九仞山上　謀事幾成　繁華亨福　如兄如弟　金滿箱中　臨事勿疑　預察機微　居官貴人
功虧一簣　中逆而敗　一場春夢　無端致害　自生其蠱　自招其孽　勿失精神　難免恩典

甲三三四
瓊漿潤口　貴星來助　財星來助　祿星來助　謀事出門　求財出程　乘興出席　今年之運
甘露滋心　能步蟾宮　不杖珊瑚　慶雲爛兮　喜星重重　吉事疊疊　美酒酌之　大意營事

甲三三五
瞻彼五穀　顧此君子　見花傷心　富貴功名　念彼古基　財數云好　勿爲現發　若在朝廷　言譴何免
實肥根深　財旺身衰　見月有恃　非吾所願　夢遊他鄉　多財不利　恐致身病

甲三三六
夏月雷聲　戰于東南　官耶舌耶　若不操心　基地現怒　仙藥仙符　勿望財數　預定精神
天地沸騰　至于西北　鬧熱耳邊　一年奔走　家庭搖亂　忍字有餘　反見其損　無至失敗

鼎　卦

乙三三一
小人多厄　刑厄可畏　引其貴人　量力移之　三國相戰　以力求之　鼎得其勢　易失物情
君子大貴　家道如沸　得寶種種　無水鼎沸　益州疲幣　所望如意　吉在東方　六畜難言

乙三三二
憂其堂兮　木旺水旺　家神逢空　辛事誘人　消息來江　心好海商　是月有得　如履薄冰
動其塚兮　憂樂相半　營事多舛　客言何聽　事必無頭　佳客入門　豚肥兔肥　初成后歸

乙三三三
文書來往　門戶欲動　虎兔之月　夜火不久　三更古林　日無其光　東去有得　貪買何取
見而未見　堂憂難免　外人納物　動基不吉　月圓花開　木無其葉　北論有歸　黃金影散

乙三三四
青山鳴鵑　雞鳴猪肥　事必紛亂　子孫之事　勞戰廣野　老獸欲行　如登高山　龍步日遲
膝下之憂　其月有光　動門動宅　散金南方　龍血玄黃　無股徘徊　事多不成　無得歸家

乙三三五
寶冠汙塵　白屋有慶　意在遷移　鳥營春巢　身騎病馬　奸夫誘之　安得神猫　東客來言
青山有訟　獨樹憂患　迫天未雨　以安家宅　欲進啼退　順婦受害　置于大倉　密謀在北

乙三三六
木土俱空　若非官厄　葬木發動　虎出執文　四顧無得　遙遙長天　雷風相搏　三更月夜
身病可畏　問仙三山　家故層生　虎入空山　身入空家　提月提風　是非而已　狼狽分明

鼎卦 경험 결

丙三三一

서로 경쟁 하다가 빠른 자가 이긴다. 권세를 잡으니 이름을 떨치고 싶다. 남은 다 잘 사는데 나는 왜 쪼들리나 큰 사람은 대귀하고 소인은 액이 많다. 집이 편치 못하며 자식에 액운이 온다. 귀인이 도와 보물을 얻는 격이다. 재량을 발휘하라 절교 될 일이 있다. 겨울에 자식 사망, 신장병, 설사병, 조심하라.

시험 낙방 취직 성립 혼인 성립 병 위험 소송 화해

丙三三二

봄은 얻어지고 가을은 잃을 운이다. 소식은 있어도 일이 지리하다. 귀인을 만나 늦게 이루어 진다. 묘와 집이 움직이니 근심과 행락이 같이 온다. 처음은 잘 되다가 뒤에는 어그러 진다. 二월은 길운이 있고 나를 유인하는 자가 있으니 그분 말을 듣지마라 四、五、十월은 몸이 곤하고 퇴직운, 이사 수 가 있다. 과욕하면 사망한다.

시험 낙방 취직 불성 혼인 지리 병 위험 소송 여름 승리 가을 패배

丙三三三

공명을 얻으려 하니 상관이 허락 않는다. 힘에 넘치는 것은 바라지마라 복에 없는 관

을 쓰면 화를 입는다. 재운은 동쪽에 있고 북쪽은 불길하다. 겨울에 부모 걱정 있고 집이 움직인다. 一、二월은 밖에서 물건이 들어 온다. 굶은 배를 그림 떡으로 채우는 격이다.

사업 불성 신장 복통 시험 낙방 취직 불성 혼인 불성 병 반생 반사 소송 승리

丙三三四

관복을 입고 높은 자리에 앉는다. 봄은 마음이 상쾌한 운이다. 재물 운은 八월이 길하고 노력을 해도 성과는 적다. 슬하에 근심 있고 집이 움직이니 일이 분분하다. 남쪽에 헛돈이 쓰이고 여자의 원망이 있다. 나무에 폭풍이 불어 지엽이 떨어진다.

시험 합격 취직 성립 혼인 성립 병 눈물 소송 화해

丙三三五

바람이 먼지를 씌우니 마음이 불쾌하다. 묘지 소송과 경사가 같이 오니 나무가 서리를 미워하는 것 같다. 집을 옮기고자 한다. 입값을 탐내면 잡혀지니 깊은 곳으로 도망가라 재수운은 간사한 남녀가 해치려고 하니 미리 장사를 데리고 가라 동북쪽 사람 말 듣지마라.

시험 낙방 취직 불성 혼인 불성 병 회복 소송 불리

丙三三六

범이 개를 먹으려다가 함정에 빠지는 격이다。 사업을 강진하면 싸움이 있을 뿐이다。

내가 피하는 것이 상책이다。 관재수있고 몸에 병이 오고 나무가 발동하니 집안에 변고

가 자꾸 나온다。 一월은 문서 잡을 운이고 밤길을 걷지마라。

시험 낙방 취직 불성 혼인 불성 병 회복 소송 불리

未濟卦評曰　未濟者　矢也

離上坎下六親

　　　、
孫　戌　兄　巳　八
才　申　孫　未　、
孫　戌　才　酉　八
才　酉　兄　午　、
兄　巳　孫　辰　八
兄　巳　父　寅

春平
夏平
七月卦秋不利
冬吉

象格
渴海求珠之課
憂中望喜之象

水火不滅　求事未成　如狐渡水　積小成大
剛柔失位　多有壅滯　必濡其首　謂之未濟

詩斷
一牛二尾事難全　　財祿須防兩不然
龍過于坡甲有氣　　喜逢寅卯是根源
成輪防有失　　濡尾有淹留
若得高人力　　殊無感興憂

解卦　亨　小狐汔　濟濡其尾、無攸利、象曰火在水上、未濟君子　以愼辨牧居方。（朱子）曰六爻皆
失其位故為未濟濟而濡尾　猶未濟也、占者如是　何所利哉。

未濟卦當年訣
中心所營　問其財路　放鷹逐兎　陰陵失道　江上無舟　寅月祈山　利在四五　春末夏初
欲行未行　一木撐天　韓盧妄走　見詿田夫　欲濟未濟　卯月移宅　大人有助　宅必有喜

若非婚姻　午未合德　南人莫信　七八兩月　得失相半　秋末冬初　如無疾病　南不渡江
膝下有慶　求財必得　意不相通　市門求利　徒費功力　身運暫否　官門口舌　北不遠行
子丑兩月
市不求利

未濟卦　疾病訣

寒熱吐瀉　上熱下冷　滯氣口燥　畫鳥夜鼠　墜水之鬼　狂風失舟　醫難制鬼　腎臟炎生
飲食不進　進退留連　醫不得穴　進退無常　暗招何頻　飢死之魂　人在火中　大患難免

未　濟　卦

甲三四一　大聖出世　文友家邦　周流四方　多數人家　求名必易　性愛下親　與受博奕　文書上衝
道德貫天　國泰民安　定無害人　在於麾下　求財必難　常損我財　平生無德　般般尤吉
甲三四二　坐門世界　聞而難取　勿信遠信　積灰聚糞　然后成福　外道思想　青龍舒氣　春回古基
謂有金谷　豐年之飢　尋於宅中　實是黃金　不羨富豪　夢視銅山　家有一慶　榆葉染手

甲三四三
雪裡寒松　雖青不榮
苦中寒土　雖生不饒
事煩心亂　不知歸定
指東指西　圖南意北
勞復得吉　損后得利
運不滿足　君勿恨焉
一時二食　富亦不然
愼之火姓　月下叩盆

甲三四四
蠅付長尾　急去千里
我假人權　能成其功
家雖不富　勢則萬石
兄神持世　有名無實
事多追悔　數也奈何
若不其然　必有人情
海棠花下　美酒肴香
事在秋風　勿失機會

甲三四五
河西河東　隨其凶豐
此處彼處　從其有無
兩間鞦韆　樂在其中
故基他鄉　無非吉地
皆是人德　實非自德
宅漆人口　世云慶幸
官災疾病　見則日消
自臨驛馬　遠行多利

甲三四六
雁陣驚寒　濃雲飛天
回顧親戚　必有上憂
東南消息　不如不聞
心曲事滯　多費勞力
奸人誘余　似余非余
勿聽其言　頭上橫釗
搖頭撓尾　總在四五
借問財程　盈箱必難

未濟卦

乙三四一
欲渡未渡　長津虎臨
變故層生　膝下之痛
基宅不美　綠林窺門
雨水爲涙　每哭青山
鳥意有怨　大海欲塡
洋洋巨波　終日汲汲
具闕欲渴　魚龍大怒
天憎汲者　一鮐未得

乙三四二
澤變爲地　申子之方　木神變化　四澤欲渴　牛者愚物　喘喘難吽　夕陽奸虎　北口有得
魚受其殃　論財每得　家多變恠　財帛必損　無未畊田　意在芳草　伏林窺犢　東林見敗

乙三四三
身多泄氣　金客撓舌　馬方之事　五月蒼蠅　開啄襲糞　一欲樂水　不擇累物
臨事多退　愼避莫近　別無吉事　心煩無主　飛飛求何　心不汚乎　戰戰難飛　東飛西飛

乙三四四
有意得寶　先墓之事　受悔官刑　兄弟之間　玉牙碩鼠　主人憎我　黃眼夜明　三冬之節
事多曚昧　秋風是非　變怪層生　近於不睦　夜穿倉粟　黃金買猫　秘謀潜伏　可往東倉

乙三四五
秋風是非　馬不得意　宅神變化　虎猪之方　反盜咸陽　盜裘得罪　黃金臺上　功業已成
憂堂憂室　事事多舛　招禍萬端　移家則吉　狐裘在祿　虎視秦王　與鷄爭功　主人烹狗

乙三四六
事事歸順　得財非一　門戶興昌　佳客滿堂　一嘯山裂　以獸食獸　小物已盡　醉臥山陰
冬雪初解　開則有光　克人不吉　仁聲遠聞　群獸咸歸　非禮之物　乘夜出野　群鳥啄頭

丙三四一
과거하러 타향에 갔다가 눈물로 돌아 오는 격이다. 땀만 흘리고 소득은 없다. 강을 건
느려하니 범이 마중을와 기다린다. 七월은 괴상한 일 있고 집에 도둑이 들어 온다. 부
모복 입고 자식 걱정 봄은 길 해도 여름은 실패 심화병이 온다. 三형 살 있으면 대불
길이다. 十、十一월에 허리 병이 난다.
시험 낙방 취직 불성 혼인 불성 병 지리 소송 패배

丙三四二
귀인이 없으니 공명을 얻을 수 없다. 취직은 十一월에 된다. 있는 직장은 싫고 다른
곳에 가고자 한다. 범이 송아지를 노린다. 북쪽은 소득 있고 동쪽은 실패다. 七、十一
월은 재수 있고 집에는 괴변이 있다. 처궁에 근심이 크고 재산이 달아 난다. 자식 사
망 이사, 손재가 무수 하다. 하초가 차다. 치료 않으면 겨울에 눕는다.
시험 낙방 취직 七、十一월 성립 혼인 봄 불길 병 회복 소송 승리

丙三四三
머리 숙이고 귀인에 부탁하라 귀인이 없으면 남에게 빼앗긴다. 재수는 간사한 사람이

독약을 먹이려하면 재산 탕진은 물론 병신 안되면 죽는다. 내 힘이 빠지니 일이 허사가 된다. 금성의 장난으로 손재 이별 눈물이 있고 남쪽 일로 마음이 번거롭다. 여름 구설 실패 작사가 파괴 되고 심화병이 난다.

시험 합격 취직 성립 혼인 후회 병 지리 소송 봄은 승리

丙三四四

우주가 몽롱하니 내가 속는 격이다. 취직은 되어도 만족은 없다. 보물을 얻고 이름도 얻고 싶다. 조상 묘 때문에 가을에 시비가 있다. 괴상한 일이 생긴다. 터신과 목신을 달래어라 형제 불화가 없어 진다. 닭의 입은 되어도 소의 궁둥이는 되지마라 과욕하면 손재가 온다.

시험 낙방 취직 불성 혼인 성립 병 회복 소송 불리

丙三四五

시험장에 시비가 일어난다. 천만 꿈 밖에 일이 있다. 두가지 해 봐도 희망이 없다. 재수 운은 불의 의 재앙으로 구렁에 빠졌다가 남의 도움으로 간신히 구제 된다. 가을에 시비 있고 부모 처궁에 근심이 있고 집에 괴상한 일이 있어 내몸을 가누기 힘든다. 미

리 이사하거나 안택을 하면 재앙이 사라진다.

시험 낙방 취직 불성 혼인 불성 병 회복 소송 패배

丙三四六

선물한 재물 힘을 믿지 마라 성적이 불량 해서 증인의 눈이 허용 않는다。취직은 성립

될 운이다。토지 매매를 소개하면 소득이 온다。토지를 사서 팔면 소득이 크다。집안

은 편안 하고 화목한 편이다。귀인이 집에오니 칭찬이 멀리 퍼지는 격이다。

시험 낙방 취직 불성 혼인 불성 병 회복 소송 패배

蒙卦評曰　蒙　昧也

蒙者昧也　回還反覆　多憂過夫　欲進欲退
山下有泉　迷悶相連　病患相纏　疑惑不前

艮上坎下六親

、八八八、八
寅子戌午辰寅
父官孫兄孫父
酉巳酉酉巳巳
才兄才才兄兄
春凶　夏平　八月卦秋不利　冬口舌

象格
人藏祿寶之課
萬物發生之象

詩斷
隔江鷺小不成危　木盡烟消竹作灰
陽氣復來先報喜　雪寒歡笑賞紅梅
進退喜沉吟　心疑事未成
欲逢名興利　眞待一陽生

解卦
亨匪我求童蒙、童蒙求我初筮告再三、瀆瀆則不告利貞、象曰山下出泉蒙君子以果行有德。
(朱子)曰、蒙昧也而有亨道也、筮者明則　人尚求我　暗則、我當求人　又皆利于以正也。

蒙卦當年訣
時不利兮　青山石裏　童蒙頻來　必蒙他孼　春多他孼　莫求官祿　辰巳月間　午未之月
事與心違　如玉藏身　不覺有害　痛心難言　財不去來　手不成文　熊夢必成　愼勿渡江

口舌東來　財亦有損　七八金風　女人雖美　秋末冬初　莫言他事　子丑之月　若不逢賦

難雪其念　必受他害　色界有害　意不相通　北路不利　橫禍將至　外不動身　難免疾病

運多不吉

拜佛青山

蒙卦　疾病訣

咽喉疼痛　飲食不進　十人一生　翻復別症　腹浮眼赤　不知人良　漢儒之冠　加味熱劑

寒熱變作　目昏心悶　頭如觸柱　馬嘶酉噁　牛鳴夜半　臑傷脾胃　智伯之頭　先退所祟

蒙　卦

甲三五一

萬里江山　携筇出程　古基無緣　火失城門　勿聽人言　東耶西耶　春耶夏耶　自行自得

雪花飄飄　錦衣不暖　移舍何處　殃及池魚　事事狼狽　何人引余　萬事藏置　實是太平

甲三五二

不見其虎　如刼如避　運耶數耶　基地發動　若不分家　凡事付身　他人之事　土旺之數

遠聞鬪聲　藏許袖間　家人多飢　分家則吉　一別人情　懶怠不利　慎勿干涉　有慶有愁

蒙　卦

甲三五三
成龍頭角　東西南北　凡事周旋　花燭東方　閒坐南窓　勿爲太閒　病者自癒　秋風漸新
瑞雲自起　無不吉利　人皆歡迎　美姬獻酌　夢玉胎金　勞后多財　扁鵲何關　四海豐登

甲三五四
清天自白　丈夫威嚴　財耶福耶　出則春風　秋天清兮　無窮財運　害星窺兮　時乎時乎
廓乎昭明　磊磊落落　雙金之戲　貴人多助　花開結實　用之不竭　六親有怨　勿失佳期

甲三五五
柳絮飄風　散財歸路　子巳之月　福德持世　勿出遠路　心莫憤發　春日小鷄　洗耳歸路
散如雪点　恥言於人　饒食不利　庶可扶助　神呼鬼哭　有舌有官　有情未音　自足心神

甲三五六
大蛇當經　大胆英雄　先困后泰　東北之間　渴中求水　深堂隱室　隨時應期　寅月之數
援釣漸之　孰能害之　自然之運　文書不利　僅得小泉　無憂閑處　何不吉利　愼之爲德

蒙　卦

乙三五一
憂堂憂室　門戶難保　童子浮水　亥子之方　山客虛浪　杜鵑啼血　欲釣其龍　飢腸老虎
損財可期　宅神多變　口舌亦侵　避居免厄　空林訪花　月枝空染　反失其鈎　難當強狗

乙三五二

萱堂憂歈　黃果落地　心多移遷　白帶揮身　一果在林　飛鳥欲摘　莫求南方　所得何物

先墓事歈　肥土孕金　營事多舛　上服難免　虫食其餘　風枝撓撓　河舌空費　后悔必多

乙三五三

心如鐵名　恠變連出　水木入門　於東損財　遊魚欲吞　巨口老鰲　渴者難飲　得於其南

以此損財　事事否塞　家神發動　於南是非　月影落水　吞影可飽　有澤無水　失於其東

乙三五四

父母之事　鼠入北倉　是何變也　亥子之月　月橫林間　瑤林春晚　水月團團　金山葉落

一哭青山　外人納財　家君移宮　膝下之慶　有財無主　花不盡開　往北有得　頻往見敗

乙三五五

剩受先業　可除其慾　家神來生　爭鬪得財　是非之場　天南地北　狂風吹樹　可愧天理

得寶還山　一門不睦　萬事如意　人多怨之　君子不取　剩得黃金　白鶴夜愁　不知其足

乙三五六

月在鶉首　酉人爲謀　於水損財　百里之程　衆口難防　伐彼小林　如兄如弟　南論有失

膝下有憂　往北得利　移南不吉　凶門自天　老石無言　斧斤不利　應分其利　往北無害

蒙卦 경험결

丙三五一

공명은 없다. 있는 직장도 정직 근면 않으면 파면 된다. 쓸쓸 할 뿐이다. 고기 낚으려 갔다가 낚시만 없어진다. 六、七월 부모와 처궁에 근심이 있다. 집안이 복잡하고 구설이 있다. 북쪽을 피신하면 면 한다. 부동산 또는 살림에 보탬이 될것을 산다. 목병、신장병、조심하라. 보증 서면 내가 물어야 한다.

시험 낙방 취직 불성 혼인 파괴 병 지리 소송 패배

丙三五二

봄에는 공명이 오고 가을에 직장이 이루어진다. 재수운은 동쪽이 길하고 남쪽은 재수 있어도 다 토해 내는 운이다. 조상묘와 어머니 근심 있고 서쪽은 유리하다. 집수리 하지마라. 상주가 된다. 집을 옮기면 모든 것이 깨어진다. 토지시비 있고 액운 자식 격정 실물수 있다. 신장 다리병 조심하라.

시험 낙방 취직 만성 혼인 성립 병 위험 소송 패배

丙三五三
과거 운은 없다. 큰 것을 먹을려고 겉물 쓰지마라. 남쪽에서 얻은 것을 동쪽에 버린다. 너무 강직하면 손재가 있고 괴상한 일이 자꾸 나오고 희망은 막히고 가신이 발동하여 동남쪽 시비가 일어 난다. 산위에 있는 나무가 태풍을 만나 잎이 하나도 없는 격이다. 소개 중매 등 헛바닥으로 돈이 생긴다. 생남수 있고 보증 서면 망한다.
시험 낙방 취직 불성 혼인 파괴 병지리 소송 손재

丙三五四
파도가 심하여 되돌아 오니 집에 근심이 생겼다. 수성이 도와 재물이 얻어지나 부당한 것이어서 달갑지 않다. 겨울은 북쪽이 재수 있다. 부모 복이 있고 바꾸면 손해 본다. 물가에 가면 임시 먹고 살길이 생긴다. 부부간 싸움 있고 남쪽에 가지마라. 주인에게 괴상한 일이 있고 자식궁에 경사 있다. 늦게는 길하다.
시험 낙방 취직 불성 혼인 성립 병 회복 소송 화해

丙三五五
선인이 꿈에 보이니 구설이 있고 눈물을 흘려야 한다. 귀록이 두 곳에 있으나 七월의 녹이 안전하다. 부당 이득은 생각지 마라. 얻었다가 큰 화를 만난다. 하던 일을 계속 하는 것이 길하다. 욕심을 버려야 집안이 화목하다. 여름은 보물 얻고 싸워서 재물 얻으면 남이 원망 한다.

시험 낙방 취직 성립 혼인 성립 병 회복 소송 패배

丙三五六

과거 운은 시험관이 문제를 가르쳐 준다. 공명은 얻어도 재운은 북쪽 뿐이고 의리 밖은 없다. 집은 평온하고 남쪽이 불길하고 목수가 쓰는 연장을 사용하지 마라. 크게 다치고 귀신도 모르게 사기 당할 일 있다. 자식 근심, 흉한 소식이 있고, 동쪽 친구와 동업하면 응분의 이익이 있다.

시험 낙방 취직 성립 혼인 성립 병 회복 소송 패배

渙卦評曰　渙者　散也

逐波渙散　惡事離身　利涉大川　出入無滯
患難將消　獄訟出牢　舟楫搖搖　管取消滔

象格
順水行舟之課
大風吹物之象

詩斷
莫待好事只如聞　但恐因循事不將
不我履霜馴致後　堅未渙散盼尤難
夢入天台路　登山自有功
異鄉春色動　開發舊花叢

解卦
亨王假有廟　利涉大川利貞象曰。風行水上、渙、先王亨于帝立廟。（朱子）曰、渙散也故其
占可辛所考之精神　既散玉有當至于廟以聚之故　利涉大川利貞

渙卦當年訣
孤舟絕棹　夢驚風破　重心隱隱　歸棲竹林　勞身求利　可免春困　一喜一悲　懷藏白玉
風亂水中　雲中飛鳥　成小敗多　鳳棄梧桐　寅卯之月　幸逢他助　辰巳之運　桂宮仙女

巽上坎下六親

卯巳未　午辰寅　三月卦春平
父兄孫　兄孫父　夏吉
子子午　酉巳巳　秋不利
官官兄　才兄兄　冬吉

渙卦

是何落花　午未之月　金投水中　金風秋月　若爲同事　戌亥之月　骨肉相爭　北不出行

使人傷心　行舟不利　求之不得　莫問尹說　必驚官炎　莫添人口　禍起家中　謹避水邊

子丑之月　身運多否

不動無害　祈山防厄

渙卦　疾病訣

寒熱往來　吐瀉沈重　病床伏鬼　月下情人　雀啄危脈　天神授殃　双腰弓症　病強氣弱

心腹疼痛　日經夜重　邪魔出沒　連夜夢裡　急圖致誠　何忌道言　病出虛勞　加味益氣

渙　卦

甲三六一

明朗日月　恒顧名譽　對人喜悅　登山而嘯　與亡盛衰　家間生活　勿謀財危　神安心平

丈夫氣象　不貪財欲　總是紅花　臨水而賦　泛泛視之　順理從之　反被陋言　更有行求

甲三六二

伯夷叔齊　禮義廉恥　金玉寶貨　輕重之間　福在基地　憂生客地　憂福之間　今年之運

讓國何去　若此重乎　如此輕乎　君不愼耶　滾滾不絶　件件生凶　君不解耶　毫厘於隔

甲三六三
若若山石　不知其小　逢春不春　他人登榮　臨財所望　臨事如意　雖日如此　酒色雜妓
萬年如一　不知其大　逢秋不秋　於余拾倍　千慮一得　百日勞功　必無其禍　似雨傾花

甲三六四
階前蘭草　膝下有慶　雖曰口舌　臨事用謀　雖用財物　路邊生活　心急如火　運數不均
競秀春風　添口之數　於乎無妨　非誠何及　不知其情　不如在家　事後如蠅　有喜小財

甲三六五
鈎竿一餌　財耶色耶　若不愼之　移耶旅耶　虎出平野　子巳之月　餧來之物　昨思今思
江魚之碨　愼之心頭　天望在邇　不可動身　衆口共咻　逃遁之數　近財不利　九雲虛事

甲三六六
正是衣冠　慷慨心平　高居人也　求名必利　兄神有氣　用我財物　到處春風　雖曰在家
尊瞻視之　千金悅服　威權當當　求師不利　慕求財數　善得人心　歲月悠悠　渾與浮雲

渙卦
（渙卦破字解表五五一頁參照）

乙三六一
文在空山　黑鼠半朋　兩絲言友　死亡相繼　許人不許　空倉無粟　非時鳴鼎　奸狐聽水
刀巴水鷄　中中一心　戒負其貝　心中禾多　魚夢在澤　鼠走之方　山雉有文　黃龍失珠

乙三六二
黃木已屍　人送是非　重天壓身　二人得生　鑿地千尺　鳥落林間　春風爲病　銅山未圓
蒼虎出林　日出之方　三刀二木　白猿之方　黃金不出　月出扶桑　有樹無花　浪聳東西

乙三六三
鷄鳴之月　家失其豕　百友有心　也土其土　未能斬巳　飢虎嘯風　是非之場　西天鴻飛
日落之方　王口得之　子失其母　土有其口　寶釼無匣　往西無得　君子不取　發矢未中

乙三六四
公言己失　廿日以火　龍犬不鬪　辰巳之月　從費我網　文彩在田　山犬得骨　是月是日
草日大土　飛雉折羽　女抱其子　日走兩山　南水無魚　龍藏明珠　澤魚弄珠　牛耕春田

乙三六五
青山暮雨　子失其女　家無主神　大蛇戴西　松下之童　無主空堂　夜月入秦　無得歸山
兩口之犬　失負三尸　中中一心　欲走何方　有師採藥　客影徘徊　趙失其璧　狗飢難吠

乙三六六
勝無其力　龍頭之月　文山門耳　治垣不固　木枯無葉　鼠飢難生　月虎西山　千斤之力
小火禾心　才員才貝　入于非戶　次沒其血　影落水中　馬鳴無嚙　白落蒼猿　未能舉薪

丙三六一

공명은 없고 배 타지 말고 북쪽에 손재가 있다. 三월에 눈물이 있다. 물가에 가면 재화가 있다. 주색을 조심 하라. 친구가 도둑으로 변한다. 十一월 조심 있고 원망이 생기고 마음 속으로 옮기려고 한다. 자손이 불안하고 사기당하고 재산이 나간다. 사업 허사 서북에 관재구설 집 수리 불리

시험 낙방 취직 불성 혼인 불성 병 회복 소송 실패

丙三六二

딸 아이가 위험하다. 공명을 얻으려다가 손해를 본다. 땅을 깊이 파도 금이 안 나온다. 봄은 나무가 있어도 꽃이 없는 격이다. 돈을 얻기 위해 사방으로 다닌다. 위험 한 곳에 가면 횡사 운이 있다. 동쪽 사람이 시비를 끌고 온다. 심한 압력이 있으니 서남쪽으로 가면 득생 한다. 부동산으로 인해 구설수가 있다. 三, 四월 자식 걱정 집은 옮기면 손해 본다.

시험 낙방 취직 불성 혼인 불성 병 위험 소송 패배

丙三六三

공명은 낙방되고 서쪽 사람 접촉하면 손재 있고 활을 쏘아도 적중 않으니 부당 이득을 꿈꾸지 마라。八월은 손재와 여자 근심이 있다。접터는 안전하나 가족은 좀 괴롭다。사표를 내고 미운 자를 치고 싶으나 칼이 없어 못한다。싸워도 남의 권유로 화해 된다。여름 구설 손재 사업 허사 남쪽에 불리하던 것을 그만두고。심화병이 난다。시험 낙방 취직 불성 혼인 불성 병 위험 소송 패배

丙三六四

공명은 없다。말이 발을 다치니 짐을 실을 수 없다。귀인도 효과 없고 투망을 자꾸 쳐도 고기는 없다。여의주가 깊은 곳에 잠겼으니 찾을 수가 없다。조상 묘지 때문에 문제가 시끄럽다。서로 화해 하는것이 좋다。참선하고 정직하면 화가 적어진다。시험 낙방 취직 불성 혼인 성립 병 소생 소송 실패

丙三六五

공명을 못 이루고 눈물로 돌아 온다。돈을 벌기 위해 사방을 둘러 봐도 묘안을 얻지 못해 힘이 빠진다。선조 묘가 발동하니 곡성이 나온다。자식 때문에 눈물이 있다。가

신이 갔으니 근심이 계속 한다. 옮기려고 하나 갈곳이 곤란하다. 고집대로 강진하면
손재가 온다.
시험 낙방 취직 불성 혼인 불성 병 위험 소송 패배

丙三六六
공명은 얻지 못하고 고향으로 울고 온다. 三월은 손재와 근심이 있다. 불길한 소식은
들리고 친척이 도둑이 되어 들어 온다. 북쪽은 불길하고 남쪽은 길 운이다. 내 힘이
모자라니 누구를 원망하랴? 재물을 과탐하면 중도에 큰 화를 입는다. 신장염 조심할것
시험 낙방 취직 불성 혼인 불성 병 위험 소송 패배

訟卦評曰　訟者　論也

乾上坎下六親　二月卦

乾上坎下六親				
、	戌	孫	未	孫
、	申	才	未	孫
、	午	兄	未	孫
八	午	兄	酉	才
、	辰	孫	巳	兄
八	寅	父	巳	兄

春凶　夏吉　秋吉　冬凶

天道西往　求事未遂　爭訟宜止　或得或失

水脈東流　心常懷憂　可用和休　敬畏無咎

象格

縱鷹逐兔之課

水火相遠之象

詩斷

黃犬嗷嗷幾度危　金猪初換見亨期

若逢牛鼠前途去　一向安榮事事宜

言防口舌易成功　不說須歸兩人中

賴有高人修喜合　終須成吉不成凶

解卦

有孚窒惕　中吉終凶　利見大人　不利涉大川。象曰天與水違行訟、君子以作事謀始。（朱子）

曰、訟爭辨也、內除外庭、已險彼健　皆訟之道故、成占者　必隨所處而爲吉也。

訟卦

當年訣

兩虎爭兎　其志相違

矢高弓破　射鳥不中

黃金變白　錦囊自空

背恩何人　便是養虎

春雛離煩　幸得他助

夜逢楚人　函關脫危

缺月更圓　憂中見喜

蛇馬炎風　閏月無光

訟卦　疾病訣

脫衫燒庭
九月禮佛

若非損財　未申之月　雖得財祿　八月得金　亥子三冬　公門見欺　時當歲末　三冬多厄
門亂口舌　有事他鄉　多用虛地　九月破玉　身紛官事　害中添厄　北人莫近　病訟俱興

訟卦　疾病訣

心腹悶痛　風藏月市　由我抱怨　一時俱弱　出他得病　刑杖誤鬼　所禱不發　何以不利
寒熱往來　兩目昏沈　倚門泣鬼　十二經脈　先頭後腹　指名誰人　鬼伏膏肓　以此治方

訟　卦

甲三七一
瞻彼菉竹　家中雁睦　來人去人　壽星遠照　若云有識　身如奴僕　所欠者兮　如撈如撈
有葉無花　身安心平　總是朋友　永除橫厄　世稱丈夫　勞祿無餘　但是財宅　水中之月

甲三七二
日爾盲人　福在古基　海深千尺　慶賀孜孜　求財求福　如不誠心　長長春日　外他憂疑
傍有黃金　何以出門　龍得明珠　家門自和　誠心以行　都養他人　悠悠玉笛　如露卽消

訟　卦

四二七

甲三七三
蛙鳴華林　余之所思　不覺不知　三刑俱全　求財行路　勿爲強求　所關之事　動靜一般
天下擾亂　公耶私耶　書人相集　言言生仇　處處踏泥　害及他人　不如藏置　第待吉運

甲三七四
龍得明珠　家有一慶　莫歎初困　人情相合　欲動反住　於南於北　身運雖好　堅持金庫
呼風喚雨　榮華有時　困後得泰　一室和氣　勢不得己　志無結果　財數不吉　節用節食

甲三七五
夢中佳人　如許黃金　雖云我有　欲把難把　無畏無憂　不貪不思　就有吉慶　雖無大吉
畫中紅桃　蹈北多積　未得天運　欲取難取　平常踰日　世稱無爲　有名無實　亦無大凶

甲三七六
把酒明月　青雲非望　對歌一曲　莫歎違心　靜則有憂　墻花一枝　莫過浪遊　計算平生
李白風流　黃金不願　太平江山　不飢不寒　動則有喜　問我而笑　易入放蕩　閒不如苦

訟卦

乙三七一
登山下野　南方之事　危船浮水　兒沒重水　往西難得　申子之月　水彩洋洋　恩澤水滿
秋風一吹　口舌必起　得楫來吉　寶樹落實　是非之物　渡水得金　地南林深　鳳鳥含書

乙三七二
林木逢秋　無緣天地
身宮不美　事事否塞
死亡有日　宅無主長
池渴無水　魚遊釜中
四顧雲塞　反損黃金
困馬玄黃　如登高山
龍失其彩　水落山頭
柳溪竹川　黃葉盡散

乙三七三
文書來徃　先事紛紛
莫敬其南　好衣見污
金在爐中　失火之歎
若非驚火　血厄沾門
破廉強進　徒勞無功
萬物衰寒　老夫求婦
飢腸難飛　鳳不啄粟
二人必戲　不成何論

乙三七四
日暮西山　雁落洞庭
風起水上　危船豈登
小故何言　空木入門
空家有主　膝下有慶
其欲必多　以羊易牛
風打危舟　月落孤城
主人不應　空堂獨立
難得禽獸　獵火歸山

乙三七五
三金影聚　明月有光
刧殺在傍　北論有損
家宅比和　可擯凶殺
春花有光　萬物歸一
三龍可水　爭寶之象
雲彩牛成　待時行天
牛城半退　酉月爲主
是月莫營　凍冰易解

乙三七六
流火之節　必蒙人澤
膝下之憂　在水之月
二水相比　分家之象
北雁哀鳴　凶聞入宅
如渴易飲　困魚得水
徃則有得　鷄鳴之方
南去何取　非禮之物
水日金日　庶鬼其困

訟卦 경험 결

丙三七一

공명을 얻으려 하나 하늘이 불응이다. 실력 있고 귀인이 도우지만 나의 착오로 떨어진다. 재수는 서쪽이 불리하고 七、十一월은 재수 있다. 남쪽에 구설이 일어 난다. 배가 위험하니 키를 꼭 잡아라. 자식이 물에 빠질 운이니 물가에 보내지 마라. 비리를 버리고 때를 기다리면 늦게 재수가 온다. 문서 잡는다. 一、十월 자식 근심.

시험 낙방 취직 불성 혼인 성립 병 회복 소송 승리

丙三七二

공명은 언지 못하고 객지에서 병을 얻는수다. 재물을 얻어려 해도 도리어 손재만 있다. 높은 산에 오르는 것 같고 소득은 깨어진다. 내 몸도 괴롭고 계획이 바뀐다. 집에 어른이 없으니 솥 안에 노는 고기와 같다. 숲에 가을이 오니 나무가 앙상한 격이다. 三、四、五월은 자식 걱정, 손재, 구설, 이사 수가 있다.

시험 낙방 취직 불성 혼인 대불길 병 위험 소송 후퇴가 길하다

丙三七三
봄은 용이 오르다가 내려 온다. 경영하는 일은 깨어진다. 남쪽은 노력해도 공이 없고
힘겨운 사업은 두 사람 방해로 손재만 있다. 문서가 발동하니 과거 사가 시끄럽게 된
다. 화재 조심하고 남쪽에 가면 내 몸에 때가 묻는다. 四、五월 구설 심 화병으로 고
생한다.
시험 낙방 취직 불성 혼인 불성 병 지리 소송 실패

丙三七四
재물이 모자라 공명 얻으려 갈 수 없다. 구름은 멀리 떴고 나루는 배가 없다. 재수 운
은 바람이 배를 치고 달은 산을 넘는다. 사냥을 가도 산신령이 허락 않는다. 배를 타
지마라. 기러기가 물에 빠진다. 자식 경사 있고 욕심이 많으면 파괴가 일어난다. 비
가 와도 빈 집에 들어가지 마라. 큰 화를 입는다.
시험 낙방 취직 불성 혼인 불성 병 회복 소송 패배

丙三七五
강태공 처럼 늦게 벼슬하여 큰 권세를 쥐니 이름이 세상에 떨친다. 배 를 타지마라. 생

명이 위험하다。 보물을 두고 세 사람이 먹으려고 하니 서로가 먹지 못하고 물러 선다。

시험 합격 취직 성립 혼인 불성 병 회복 소송 패배

금 빛이 번쩍이나 북쪽은 손재가 있다。

丙三七六

남쪽에 최씨、 이씨와 같이 가면 과거는 깨어진다。 눈물겨운 고통을 참은 뒤에 귀인이
도와 귀록을 얻게 된다。 고기가 물을 얻은 격이니 서쪽에서 재물이 얻어진다。 부당 이
득을 취하지 마랑。 큰 화를 면하게 된다。 여름에 은혜 받고 겨울에 자식 걱정 불길한
소식이 들려 오고 분가 하는 운이다。

시험 합격 취직 성립 혼인 성립 병 회복 소송 패배

同人卦評曰　同人者　親也

人於外地　兩人契義　出入無悔　所求皆得
交結情深　即爲斷金　利涉大川　無不稱心

象格　遊魚從水之課

二人分金之象

詩斷
玉兎卿力借力時　此時平地上天梯
不斬虛語留傳事　方得成名不失期
誰家女子帶戈矛　利祿須知向此求
待到岑頭須快樂　更防歡喜却成憂

解卦
于野亨利、君子貞 利涉大川。象曰天與火同人、君子以類族辨物。（朱子）曰、同人于動謂
曠遠、無私有亨通矣、以健故能涉川、必所同合于 君子乃爲利也。

乾上离下六親

戌申午　亥丑卯　正月卦春平
孫才兄　官孫父　夏吉
未未未　辰寅辰　秋平
孫孫孫　孫父孫　多吉

同人卦　當 年 訣
與人同事　若親官人　梅柳爭春　同心必變　正二春月　二人分金　辰巳之月　家有病憂
先利後害　公門得祿　同列可愼　朋友莫信　事必合意　同心得利　莫近吊門　厄及父子

午未之月　人有甘言　申酉金風　若非官祿　黃花秋月　姜尹不利　亥子之月　名遠朱門

財運必否　慎勿聽從　千金入手　市門得利　因人受害　莫近其言　憂在同氣　祿在其中

三冬之節　南不渡江

同人卦　疾病訣

寒熱氣急　飲食不進　天火滿庭　青龍落空　橫被堂厄　鬼名曰何　尋鬼禳禱　勿爲傷義

心腹肢痠　糞尿不利　家主失魂　陰虛火動　不無鬼祟　子姪之類　庶可圖命　藥効如神

同人卦

甲三八一

窮達之間　一年之運　君子之運　求官則易　小人之運　身運不吉　財運如何　臨事順和

相去千里　何其不同　利在謁貴　求名則速　憂在家庭　煙霞未散　無常尋常　勿爲仰制

甲三八二

明月蘆花　憂在家中　風寒古基　寒梅移植　財數如何　小則折取　入則多憂　安心鎮神

何處尋嶋　心求靈醫　錦衣不暖　其實團團　時有機微　大則難取　出則有吉　以待好風

甲三八三
　上章急詔　極樂歸路　風塵時代　經營所關　財數所望　好月好日　斗下致誠　太平時代
　乘雲乘龍　美花爭笑　吾所不取　寸進尺退　九失一得　沐浴齋戒　庶免此數　吾何盈慾

甲三八四
　瞻彼南山　心不和平　千慮一得　三刑犯身　財日如何　午未之方　無興無味　明月三更
　名名之石　事不順理　不謂愚者　恩退仇進　不問不知　恐有人怨　生涯淡泊　飲酒寬怀

甲三八五
　春日紅花　吉日良辰　資財囑託　事可合心　登山臨水　玩月探花　財在遠處　黃花路傍
　不及美人　可逢仙女　貴星照身　財可如意　步步生光　看看無窮　往則成功　又抎新業

甲三八六
　夜明盡暗　家中不和　事業不順　莫近女人　心勿深慮　君不莫然　求財欲富　福化退神
　天低地高　治如散繩　理如側床　牝鷄鳴晨　恐成疾病　苦毒奈何　曾是誤解　其利不久

同人　卦

乙三八一
　隱士出世　萱堂棣原　每蒙君恩　出山不吉　能倉蒼苔　西人欲落　亥卯之月　桃李有言
　事必奔走　愁雨沾花　基地必吉　入山大吉　石人口長　事必相違　半成何言　財隱青門

同人卦

乙三八二

奔走東南　好動難靜
龍憂在上　水月無光
植木成林　庶得其安
與誰同心　得金之象
龍爭其珠　水聲哀哭
東林月隱　夜人懷寶
白玉山前　黑狗爭骨
貴人來助　日照寶鏡

乙三八三

事在古人　含中有物
膝下之憂　家多驚刦
水澤月圖　病樹多風
事多歸虛　心煩無暇
水中魚遊　有形無聲
南林月夜　懷寶東行
馬啼翻風　文書掛竹
良臣受害　楚玉非寶

乙三八四

大海茫茫　身登危舟
驚刦必多　風枝鳥夢
樑木泛水　怪變必起
水月欲圓　身病可畏
二女在夫　我順彼益
寶鏡破照　玉在水復
孤寺困鳥　無羽難飛
東人雖助　往北未得

乙三八五

月落高堂　事多耗散
憂心忡忡　身挾小月
宅空無主　怪變連出
刦雨青山　遷墓何事
穀星無光　影散南天
將軍得甲　可觀文人
黃昏待月　初凶後吉
東風不和　人多無信

乙三八六

春風不美　改舊從新
火入金星　事起東方
南風四月　田宅執文
子宮事煩　凶變自外
南人在間　妄言何信
船不係岩　逢油添頭
東風一吹　紅雨葬施
賊刀夜犯　身外何求

丙三八一

산중에서 공부하여 출세하려 나오는 격이다。 소인은 발전이 있어도 대인은 물러 선다。

재수는 구설이 있고 계획이 어그러지고 반이나 되다가 무너진다。 어머니와 형제 근심

있고 가을은 불길이다 터신이 복을 주니 출세하지 말고 산속에 있는 것이 길하다。 벼

슬하여 객지에 가도 쓸쓸 할 뿐이다。 복 입는다。 신허증이 온다。

시험 합격 취직 성립 혼인 성립 병 회복 소송 실패

丙三八二

용이 대해로 나간다。 귀록을 얻고 고향에 가는 격이다。 봄은 이름을 날리고 겨울은 재

물이 들어온다。 마음이 분주하여 움직이고 싶다。 부모가 아프니 十、十一월이 위험하

다。 친구와 동업하여 큰 소득을 올리는 운이다。 순리를 무시하면 형제간에 재산 관계

로 시비가 있다。 겨울은 상하에 근심 있고 복 입는다。 三、四、十월 신허병이 온다。

시험 합격 취직 성립 병 참선 회복 소송 화해

丙三八三

여관방 등불 앞에 혼자 앉아 묵념하는 격이다。 다른 곳은 깨어지고 동쪽에 조그만 한

취직이 된다。 입에 가시가 든 격이니 남을 무시하면 화가 온다。 집이 움직이고 슬하에

근심 있다。 병든 나무에 센 바람이 부니 일은 허사가 되고 마음이 번거롭다。 만약 부

당 이득을 하면 유치장에 간다。 三、四、十월 신장병 산증이 오고 복 입을 운이다。

시험 실패 취직 성립 혼인 성립 병 회복 소송 패배

丙三八四

공명은 없고 동쪽 여자로 인해 근심이 생긴다。 두 여자와 도박을 하니 나만 돈을 잃었

다。 동쪽 사람이 도와도 안되고 북쪽은 실패다。 배를 타지 마라。 위험하기 짝이 없다。

꿈이 시끄럽고 집에 괴변이 일어나 내 몸에 병이 온다。 이익을 위하여 동분 서주 해도

뾰죽한 수가 없다。 두 여인과 싸우고 부부 싸움이 있다。

시험 실패 취직 불성 혼인 성립 병 위험 소송 패배

丙三八五

공명은 시기를 잃는다。 취직이 되어도 월급이 적어 근무하기 싫다。 이별과 눈물 있고

재수 운은 처음 불리 하다가 후에 길 해진다。 마음 먹은 일은 달이 산을 넘은 격이니

일이 깨어진다。 빈집에 괴변이 생기니 주인이 없어진다。 조상묘를 손대면 뜻밖에 화가

닥쳐 온다。 만사를 미루지 말고 정직하게 처리하면 화가 줄어진다。

시험 낙방 취직 불만 혼인 파괴 병 위험 소송 승리

丙三八六

미꾸라지가 용이 될려고 한다。 험한 산에 가지마라。 강도를 만난다。 의리에 맞지 않은 재산을 받지 마라。 잡을려는 눈이 노리고 있다。 동쪽 사람이 해치려고 한다。 여자 구설과 토지 시비가 있다。 사업 운은 중도에 불화가 일어나니 모든 일을 급히 처리하면서 단독으로 진행해야 한다。

시험 실패 취직 불성 혼인 구설 병 봄은 사망 여름은 회복 소송 패배

坤卦評曰　地也　反釋也
乃順成天　用動則濁　利於西南　所作皆順
萬物資生　用靜則清　貞於東北　萬物生成

坤上坤下六親

八
八
八
八
八
八

酉亥丑卯巳未　春吉
孫才兄官父兄　夏凶
寅戌午申辰子　秋平
官兄父孫兄才　十月卦多吉

象格
生載萬物之課
君倡臣和之象

詩斷
施爲須談不宜輕　前路艱危莫妄行
若向東南求利益　須防西北事難成
水面生魚走　楊花鋪路傍
遇人投美玉　得地見三光

解卦
元亨利牝馬之貞、君子有攸往　先迷後得主利、西南得朋東北喪朋安貞吉。象曰地勢坤君子
以厚德載物。(朱子)曰、此卦其占　爲大亨而利、以順從爲正　大抵能安于正則吉也。

坤卦當年訣
動財逢害　莫向仕路　事如登船　逢友西南　正二兩月　宅不修造　辰巳之月　午未之月
守靜待時　飛鳥落網　後者先便　利在其中　外不遠行　勿入木物　勿入喪家　門對吊客

財生手端　金風秋月　因人成事　戌亥之月　東北之人　子丑之月　雖曰成功

塵合成立　膝下有慶　食祿自至　財利亨通　慎勿去來　三人爭利　得不補失

心下亦悶　家無主長　言語異常　痛疲難分　陰氣作亂　宅基不寧　冤魂啾啾　死地回生

寒熱疼痛　陰盛陽剝　鬼入月市　譫囈顛狂　夢裡怪情　非人所阻　未家青春　至誠祈神

甲八一一

暗中行路　譬中當辱　初困後泰　晚節黃花　身無疾病　富不乏錢　福身有氣　渾然生活

明月忽去　恩人自來　數也奈何　勝於牧丹　晏然無憂　自足日用　喜事多臻　天是時代

甲八一二

夢裡浮生　還訊夢兮　今年之數　心理不變　事多虛望　功業何求　春夏之間　萬事緊張

書中虛老　反看其書　種種困厄　貴福何遲　風霜奈何　損財必期　進則有罪　慎之無咎

甲八一三

隣家之賊　快哉快哉　官人生活　富人生活　吾有吾財　養精養神　害者逢破　勿近女人

死於何處　定無忌畏　餘非所願　非餘所願　自適自用　是亦活潑　轉禍為福　大有傷心

坤　卦

甲八一四
孟嘗入秦　害者在後　天降福星　福德持世　財曰如何　勿望人德　遠處山間　以後命運
秦人欲害　願聽雞鳴　死中求生　身無致魔　守株待兔　徒費心神　禮拜釋氏　自然吉昌

甲八一五
種桃山上　散財路上　彼我相違　身入人家　難守古基　親戚悅情　年運否塞　是何變也
難得繁華　未可收拾　事必遲延　不見其人　動則奈何　琴書消憂　財必不足　險水當前

甲八一六
縱飲仙水　道遠任重　害自其東　酒樽忽破　黃金雖多　非人之害　鏡面生塵　火克其金
不食江魚　不見其益　長林莫近　樂極悲生　心無喜事　自然之憂　得祿易失　未得平安

坤　卦

乙八一一
與誰有冤　水旺之節　家宅來克　何勞憂慼　出商入家　北水失環　鼠腹未月　東北之間
刺股何事　先事紛紛　水畔行人　終得其吉　伏行得吉　東海得貝　鷄月有光　小得多失

乙八一二
千里從程　兎巳相逢　若從新年　宅神不吉　宇宙不大　海月寂寞　出商之後　方至欲罷
·膝下之痛　心神不安　家道登清　鼓鳴得平　四顧難生　損財可畏　膝憂亦添　蹉跎無人

乙八一三
先難後易　成亥之月　好事從天　天時地理　龍蛇交戰　往南何意　秋水方至　隴水欲咽

乙八一四
相合相克　涙沾白雲　含忍有喜　可坐而治　受害牛人　向艮得凶　黃金必散　桃李無語

六水來克　萱堂雲暗　出入古道　退身避寓　同氣不同　水旺之節　錦城雖好　蝸無其家

乙八一五
田土有爭　雁影分飛　必改門閭　可免其厄　月簾觀梅　産小盡散　不如早歸　東西漂泊

跨鳳乘龍　田庄莫動　吉慶並至　雖居地下　歌彼佳魚　無損有珠　月在辰戌　莫踏龍川

乙八一六
福祿綿綿　恐有天水　冠冕垂衣　禦厄在上　往南小得　流水得氣　黃金欲散　以金換土

寶鏡已破　危弦斷彈　雪清暖日　若得東風　春角已解　綠林暗窺　牛鳴古澤　中途徘徊

月落花殘　叩盆之歌　好事如何　事始安寧　牛羊相爭　受害無益　失財之嘆　進進無利

坤卦 경험 결

丙八一一
공명을 얻기 위해 귀인을 찾고 있으나 적선한 자손이 아니면 성취하기 어렵다. 함정.

빠졌다가 간신히 나온 후에 이루어진다。구슬을 탐내는 수다。욕심을 부리면 도리어 빼앗긴다。힘은 약하고 허사가 되니 오직 재물만 모으고 싶다。두 여인으로 인해 시끄럽고 화목이 깨어진다。동쪽 사업을 경영 하면 무기에 다친다。만족을 모르면 본전이 손해 간다。

시험 낙방 취직 불성 혼인 성립 병 회복 소송 실패

丙八一二

공명이 무릉 도원이 되어 짜증이 난다。금성 말을 들으면 재산 손해가 크다。북쪽 수성 말을 들으면 적은 것이 얻어진다。동업 경쟁은 하지마라。서쪽에서 덤비면 완전 실패다。싸우지 마라。풍파가 와서 명예 손상 된다。집을 움직이면 액운이 온다。후미진 곳에 가지 마라。부부 싸움 부모 근심이 있다。

시험 낙방 취직 불성 혼인 불성 병 회복 소송 실패

丙八一三

진퇴 양난으로 근심한다。승진 운도 없다。재수는 남북으로 맹진 하라。적은 것이 얻어진다。서쪽에 사건이 생겨 토지가 없어 진다。집에 불길한 일이 일어나 꿈이 괴로우니

모든 악기를 치워라. 十一월은 길운이 온다. 남쪽을 왕래하면 득실이 상반이다. 남과
싸우면 큰 손해가 있다.

시험 합격 취직 불성 혼인 병 회복 소송 실패

丙八一四

갈 길이 막혔으니 때를 기다려라. 소인은 전진이 있으나 대인은 물러선다. 十二월은
실물수 있고 동쪽이 불리하고 만약 신규 사업을 하면 들보가 무너진다. 꽃이 있으나
열매가 없다. 동쪽에 토지 싸움 있고 집에 괴변이 일어난다. 도둑의 무리가 엿보고 있
으니 재산보다 가족이 다칠 운이다.

시험 합격 취직 불성 혼인 불성 병 위험 소송 실패

丙八一五

쇠를 녹혀서 그릇을 만들고자 한다. 귀인이 도와도 상관이 불응이다. 뿌리가 약하니
과일이 떨어진다. 봄에는 길사 있고 부부 싸움이 있다. 공명은 없고 애만 태운다. 친
구끼리 동업 하면 서로 뜻은 맞지만 소득이 박약하다. 만약 범의 해 운이면 목적 달성
한다. 남과 싸우면 남쪽은 지고 동쪽은 이길 운이다.

시험 합격 취직 된다. 혼인 불성 병 회복 소송 승리

坤　卦

丙八一六

공명운은 깨어지고 봄날 꽃이 고개숙이고 벌을 기다리는 격이다。 얻은 녹을 잃어버니 부부 싸움이 있다。 도둑이 따르니 실물수가 있다。 부인에 가혹 하게 대하면 상할 운이다。 적은 것을 얻거든 이에 만족하고 탐욕을 하지마라。 무서운 고통이 온다 모든 일을 미리 조심하라。 도둑이 탈취 하려고 한다。

시험 낙방 취직 불성 병 지리 소송 패배

復卦評曰　回復也

坤上震下六親

八八八、八、

官　兄　父　才　官　父　十一月卦冬吉
寅　戌　午　亥　卯　巳　秋吉
孫　才　兄　兄　官　才　夏凶
酉　亥　丑　辰　寅　子　春平

復者反也　内悦外順　世與應合　失而復得
反覆徘徊　出入無災　遷官益財　往而復來

象格
淘沙見金之課
反復往來之象

詩斷
去盡群陰復二陽　艱危徧歷始亨昌
前途寅卯通榮顯　大貴提携入廟堂
一生名利總成虛　利鎖名繮有進途
門戶鼎新眞可愛　不堪回首夢魂飛

解卦
亨出入無病　朋來無咎　反覆其道　七日來復　利有攸往、象曰雷在地中復先王以制日閉開　商
旅不行（朱子）曰、内震外坤有陽動于下而以順上行之象　故爲己出入　得無疾朋來得無咎。

復卦當年訣
成敗有時　落葉歸根　外富內貧　移都落陽　正二春風　失寶更尋　辰巳之月　趙玉雖美
事多反覆　事半功倍　常在隱憂　漢祚更新　求官得祿　春多喜事　勿營他事　秦城莫換

復卦

午未之月　手弄明珠　趙高陰謀　勿聽代言　七八秋月　九月秋風　如不愼察　子丑之月
求利逢害　喜事重重　扶蘇不知　可免其厄　飢虎得兔　莫動土石　憂及妻子　身運亨通
黃金不藏
名利可求

復卦

疾病訣

心下疼痛　反覆嘔吐　一物在家　青龍鬼動　鬼怒白眼　腎胱虛冷　小便鈍頻　先逐鬼祟
飲食不進　拘形邪物　兩鬼煩奪　目下逢人　胸痛語遲　流汗不乾　眼有赤線　用藥爲吉

復卦

甲八二一
勢窮力盡　初何成功　非人之孽　不知不覺　兄耶弟耶　若聽其言　世間生活　往事莫笑
忠臣變心　晚何追悔　自作之孽　偶然之害　勿信近人　財是隱光　太平無情　修養精神

甲八二二
故鄉山川　憂在宅中　無端妖物　問于浮雲　財運雖有　四顧六親　朱雀飛舞　欲得吉運

甲八二三
秋風蕭瑟　居住不穩　惹是招非　浮雲何言　不知其期　無不違意　口舌愼之　祈于宅神

復　卦

乙八二一

害在兩処　憂下憂上　怪神入門　凶聞自外　有魚洋洋　俄着心得　終日看看　勞力歸家
哀淚將沾　身運否塞　牛馬欲走　辰戌三月　臨水徘徊　偶然漁舟　無竿無餌　山月無光

甲八二六

黃鳥世界　可而飲酒　無處不可　與月同明　步步生金　有慶有喜　災厄永消　不把紅裳
綠樹繁陰　可以詠詩　出入東西　快活心神　登豐四海　吉星來助　邪魔自退　月出東窗

甲八二五

山鳥在山　各有其巢　勿以妄遊　移居不利　動則必凶　財在心中　琴絃不調　到處有功
水鳥在水　各有其所　勿爲妄舉　遠行不利　靜則豐也　運數如此　戌亥之月　隨時應計

甲八二四

密雲不雨　何無結局　搖頭擺尾　不如自責　三收七散　近則不美　文書不利　故人相別
旱天待雨　事如將成　中有好人　怨天尤人　財運不吉　青孀寡婦　水火相冲　千里遠程

甲八二三

蛛網在前　明察前程　無端誘我　大有狼狽　損財可知　一身難容　古人所願　堅守我財
寒蟬千飛　危哉危哉　如兄如弟　莫聽其言　卦象如何　非但有害　卒富不祥　勿貪人財

乙八二二
月在水旺　未方何事　先憂後樂　產神犯門　若非南事　爭家何事　買賣南北　春風得喜
必見血光　口舌必起　欣欣一依　憂樂相半　有魚洋洋　二蛇一穴　溪人欲戲　冬雪失志

乙八二三
進退亦難　橫厄可免　憂患連綿　披雲見山　畏誰暗行　江人若知　樂而忘返　青山虎驚
獲多破多　擇善宜守　宅不安寧　春喜冬怒　借東往西　得物半損　疾病可畏　無人一嘆

乙八二四
魚遊困水　疑在不吉　門戶欲動　西行大路　江市懸金　長坪莫論　晨渡濁江　山犬爭骨
膝下添憂　隨時可行　賣買何事　足出塵外　有聲無功　春花無光　有財無人　反損其物

乙八二五
直針釣魚　凶者后吉　挾文身動　五湖之舟　古樓生塵　往西小得　有文無用　聲入水中
落日無得　危者亦安　門戶何事　心神多動　北月影沈　遊北多失　十分歸一　必困之象

乙八二六
商量經營　春香滿袖　堂上之憂　水邊行客　含中無物　頻往南方　山月欲虧　奔走南北
臨道徘徊　遠謁乃恩　風催柳葉　枕畔有愁　終日勞勞　從費筋力　水帆將危　士心不平

丙八二一

낚시줄을 드리웠으나 잡고 싶은 고기는 안 낚인다. 우연이 고기배가 오더니 그물을 쳐
서 다 잡아 간다. 두 곳에 눈물과 손재가 있고 손 위 손 아래 근심이 있다. 추진 하는
일이 막히고 괴상한 일이 생기고 三、九월에 횡액이 온다. 부부싸움 조심하고 북쪽이
불리하고 겨울은 손재 구설이 있다.

시험 낙방 취직 불성 혼인 성립 병 위험 소송 실패

丙八二二

공명은 하늘이 허락 하지 않는다. 애 태우 다가 슬퍼하고 있다. 남쪽을 가지마라. 구설
이 무섭다. 접은 하나 인데 둘이 싸우니 집이 시끄럽다. 봄 운은 길하나 냇가 사람의 장
난으로 겨울은 불길하다. 남과 싸우면 피를 흘리고 금년 운은 무엇이 든지 팔 거나 바꾸
면 손해를 입는다. 구설수와 동쪽에 관재수、이동、실물 승진 없고 이사는 불리하다.

시험 낙방 취직 四、八월 성립 혼인 성립 병 회복 소송 화해

丙八二三

공명 운은 가을에 있다. 고기는 있어도 입갑이 없고 서남쪽 일은 일단 어그러졌다가

이루어진다。밀수 하면 제보자가 있어 탈취 당하고 사람은 구속되어 병이 난다。진퇴

양난이고 집이 불안하고 우안이 거듭 있고 겨울은 매일 불쾌한 기분이다。봄은 길하

고 겨울은 얻은 것을 잃어버린다。구설 복통이 온다。

시험 낙방 취직 선파 후득 혼인 성립 병 회복 소송 실패

丙八二四

공명은 없다。물에 뛰는 고기를 탐내지 말고 돌아가 그물을 얽어라。용이 깊은 곳에

숨어 있으니 잔꾀 부려도 허사가 된다。봄에는 재수 없고 경쟁 사업을 새로 하면 본전

이 달아난다。슬하에 근심 있고 의심 없이 곧게 진행하라。집이 움직인다。매매하면

손재가 있다。서쪽을 가지마라。명예 손상이 있다。

시험 낙방 취직 불성 혼인 불길 병 위험 소송 실패

丙八二五

캐캐묵은 선비가 정부에 시책을 건의하니 채택은 고사하고 견책만 받는다。공명은 없

고 서쪽은 재수 있고 북쪽은 실패 한다。남의 말 들으면 고생이 많다。바른 낚시로 종

일 낚아도 고기는 없다。참선만 있으면 흉한자는 길 해지고 위험한 자는 편해진다。내

몸도 움직이고 집도 움직인다. 심신이 흔들려도 꾹 참고 가거라. 배 타면 큰 화가 온다.

시험 낙방 취직 불성 혼인 불길 병 위험 소송 패배

丙八二六

공명을 얻기 위해 귀인을 만나고자 하나 귀인의 행방을 모른다. 남쪽을 왕래 해도 허사로 돌아간다. 신규 사업 하려고 해도 속히 이루어지지 않는다. 부모 근심 있고 물가에 가면 근심이 더 커지고 험한 산에 오르면 몸을 다친다. 돈 주머니를 힘차게 묶고 아끼는 것이 상책이다. 남과 싸우면 큰 망신을 당한다.

시험 낙방 취직 귀인 아니면 성립 혼인 성립 병 위험 소송 불리

臨卦評曰　臨者　大也

以大臨小　内悅外順　居官升進　縱有災殃

以上臨下　婚姻上卦　人口和雅　不能相惹

象格　鳳入鷄群之課
　　　以上臨下之象

詩斷　平生欲撥五絃琴　流水高山未遇音
　　　一日乘舟到蓬島　始知金闕萬重深

　　　妄行羅網井　輕舉入天羅
　　　謹節能知止　身心保太和

解卦　元亨利貞至于八月有凶。象曰沃上有地臨　君子以教思無窮　容保民無疆。(朱子)曰、九二以
剛居中故　占者爲大亨而利于正然　至于八月當有凶也。

臨卦　當年訣

鷄化爲鳳　鳳得其凰　發矢中鳥　智謀過人　三春大吉　雖難勞力　若逢貴人　祈福天神

瑞日照門　樂在其中　收弓出林　臨事必成　財數亨通　所求取進　祿及千鍾　百事誠心

坤上兌下六親

	坤上兌下六親		
官	寅	孫	酉
兄	戌	才	亥
父	午	兄	丑
兄	辰	兄	丑
官	寅	官	卯
官	寅	父	巳
十二月卦多吉	秋吉	夏凶	春平

巳午之月　文標去來
六月之運　他人之事
三秋之運　速定遠行
無事往還　運回三多

莫待京人　以信逢敗
勿近官門　橫及官災
身煩馬頭　困及千里
大望心中　財祿滿堂

他人之惡　若不愼之
守口勿言　虎失山林

臨卦　疾病訣

腹痛狂言　舊疾冒發
涙沾悲魂　娣妹之屬
百年遺恨　滯氣無常
耳目不明　病乃自瘥

夢中顚起　寒熱往來
玉鏡生塵　家伏兩鬼
末嫁青春　肝克其胃
宅長俱空　退鬼制肝

臨　卦

甲八三一

昊書下降　馳馬長安
風彩凜凜　行過洛陽
宦海萬里　有福有祥
若無科慶　預不安心

遠登青雲　得意春風
丈夫氣象　捲盡珠簾
風波不起　高坐華堂
病訟損財　孰能防厄

甲八三二

瞻彼朱門　既生君子
采任君子　未守故國
無窮心理　心將一蜂
雖有貴客　野外農天

自開自閉　將爲轉任
登雲有期　見月他鄉
於誰以話　事起千波
憂心忡忡　安宅避禍

臨　卦

臨卦

甲八三三
七年大旱　心欲太平　烟火充腸　官兄秉政　求財各地　勿貪人財　辰丑之月　雖致財祿
草燃石焚　事在風波　于誰之孽　是非雲起　步步寒雪　大有損財　勿聽人言　子孫何安

甲八三四
暗中行路　東耶西耶　夢造瓦家　雖有張良　臨事將行　運數如此　貪花蜂蝶　已而矣乎
黑火滿雲　不知訪門　覺來虛事　難中此數　疑訝不絕　慕望財數　誤逢灯火　第候吉運

甲八四五
日中則昃　有意晚遂　花盛則痿　故基無緣　花發他鄉　不久奈何　天數已知　文書分明
月盈則虧　望事亦然　財盈則出　意在他鄉　豈能長久　歸之天數　整理吾心　莫行上逆

甲八三六
千年古木　体不健康　膝下有慶　人來相冲　財得天氣　天生禍福　造物不均　白衣殺犯
內蠱外花　是不一慮　是可一喜　是亦一憂　是可一樂　各有氣分　吉凶難一　不利居官

臨卦

乙八三一
是非必起　山影欲退　難免險艱　若無身病　山川投鯉　心無所定　釘神犯頭　百拜南星
險舌在水　心空無主　有家難歸　白帶揮身　水淺石起　寶珠何得　入家伏行　可免其厄

乙八三一
春冬之間　莫作北行　門戶自安　水旺之節　萬丈高山　賊人欲窺　勿渡北水　春風得利
悲喜之中　影沈水中　外服侵身　橫厄可畏　琢玉求玉　歸家見日　形容出没　水月見歸

乙八三三
青山欲暮　高秋雁飛　如履薄氷　洋洋春水　栢梁銅崔　莫求遠方　中夜逢賊　麥熟之節
秋江欲咽　四顧無助　憂心不已　變作哀涙　黃塵漸生　有失無得　拜石得吉　南行得病

乙八三四
海魚登床　一身奔走　四月何事　兄弟非懷　莫向南人　蓬萊採藥　可奚秦王　是月何日
食骨非吉　南論更起　動家動子　遠程一般　五月江寒　如仙非仙　空費千童　童得其物

乙八三五
水滿澤中　春月及夏　身高一門　莫為移北　易水一發　夢入西山　楚兵哀鳴　夏日得利
松竹凌霜　損財之數　鄉祿入門　石角傷人　荊卿古釼　圖書白物　吳北可察　若魚吞餌

乙八三六
殘花古林　南北之間　狂浪忽起　白帶揮身　何処求之　楓丹霜落　産業盡散　徘徊四方
萬事無心　損財非一　難渡大海　天山吊月　太倉春空　見鳥莫行　婦不下機　如蝸身世

臨卦 경험 결

丙八三一
객지에서 시험 준비 하는데 부모가 위독하여 집으로 돌아오는 격이다。 하늘이 길을 막
으니 뜻을 이루지 못한다。 마음이 흔들린다。 재물은 얻을수 없고 집이 움직이니 남쪽
하늘 보고 절을 백번하고 기도 하라 시비 구설 험한 일을 면 할수 있다。 고집대로 가
면 화를 입는다。 산 그림자가 물러서니 상주 될 운이다。 서서히 가면 길하다。 시비 구
설 겨울 여름 근심 집 수리는 불리하다。
시험 낙방 취직 늦게 성립 혼인 불성 병 위험 소송 실패

丙八三二
구슬 한개로 두고 둘이서 싸우다가 내가 가지게 된다。 명예와 이익이 같이 오고 一、
十二월은 공을 세운다。 도둑이 따르니 북쪽 문을 조심하라 봄에는 재수 있고 겨울은
실패한다。 집은 편안하나 외부 사람의 복을 입는다。 十一월은 횡액이 온다。
시험 합격 재수 있다。 취직 된다。 혼인 一、七월 성립 병 회복 소송 실패

丙八三三
계획에 차질이 있다。 부모 근심 없으면 과거 하러 갔다가 실패하고 오는 격이다。 재수

는 먼곳에 가지마라 천재 지변이 생겨서 밤중에 도둑을 만난다。초여름에 남쪽에 가면 풍파가 일어난다。산은 어둡고 물은 울고 있으니 마음이 쓸쓸하다。의심이 생겨서 근심만 있다。고향에 돌아오는격이다 봄은 슬프고 겨울은 기쁘다。퇴직 형제 이별 재수는 없고 다리병을 조심하라。

시험 낙방 취직 불성 혼인 불성 병 위험 소송 패배

丙八三四

쇠를 달구어 그릇을 만들려고 하나 남의 힘이 없으면 안된다。취직은 되어도 불만이 많다。재수는 남쪽이 불길하고 고통이 지난 후에 소득이 온다。부당이득이 있으면 법에 걸려서 마음이 분주하다。四월에 집이 움직인다。형제간에 슬픔이 있어 멀리 갈라질 운이다。

시험 낙방 취직 성립 혼인 불길 병 지리 소송 실패

丙八三五

창구멍으로 달빛이 들어오니 귀인이 도와주는 격이다。돈 아끼지 말고 말을 잘먹여 조심성 있게 몰아라 중도에 발 다친다。하늘이 도와 까치가 알려준다。여름에 공명이 얻

어 진다。봄 여름 사이에 손재수 있고 큰 바다를 건느지 마라 액운이 온다。상주 될

운 있고 싸우면 화해 되어도 불쾌하다

시험은 귀인이 도와 합격 취직 성립 혼인 불성 병 회복 소송 화해

丙八三六

공명을 얻어려 갔다가 눈물로 돌아온다。부귀는 다 버리고 봄 놀이 나 가고 싶다。사

람들은 풍족 한데 내주머가 비어서 가족과 불평이 일어난다。남북 간에 손재가 많다。

상주가 되고 보니 만사가 무심하다。자식들로 인하여 구설수가 있다。큰 바다를 건느

지 마라 강풍이 두렵다。

시험 실패 취직 불성 혼인 불성 병 회복 소송 실패

泰卦評曰　泰者通也

坤上天下六親

八八八　、、、
酉亥丑　辰寅子　正月卦春吉
孫才兄　兄官才　夏凶
寅戌午　丑丑丑　秋凶
官兄父　兄兄兄　冬平

象格

天地交泰　麒麟悉出　卜求得人　所求順遂
陰陽和光　丹鳳來翔　君子道昌　惡事消亡
天地交泰之課
小往大來之象

詩斷

來時或暑去時春　歷盡經年險與屯
此去亨途終不遠　推輪須待隴西人
龍劍久埋光射斗　大鵬初展翼摩天
龍蛇一化終無碍　始覺從前不滯淹

解卦

小往大來吉亨象　地天交泰後、以財成天地之道　輔相天地之宜以左右民、（朱子）曰。小謂陰　大謂陽　坤往居外　乾來居內　占者有陽剛之德則、吉而亨矣。

泰卦　當年訣

天地含德　小往大來　善為活俠　養虎由來　三春之數　博浪伏椎　虎入陷阱　巳午之月
人事亨通　勤力有功　德名自在　不知有患　莫抓他禍　秦皇不意　為人取欺　訟起官門

無價青山　夏末秋初　西南之人　八九之間　疑事已決　三多亦吉　以小易大　奉祿朱門

何事爭鬪　閨門有憂　財不去來　因人成事　平生望中　年運大通　金玉滿堂　尹姓必助

泰卦疾病訣

心痛寒熱　病魔攻肺　齒與腹痛　寺物放棄　一室三喪　破軍文曲　白骨啾啾　巳申之方

支離來往　惡寒喘息　大腸有炎　百鬼爭奪　餘殃未盡　結死之鬼　好事成魔　救藥更生

泰　卦

甲八四一

白玉樓中　萬花繞中　生於此世　慕惜床頭　門前車轍　與人相約　有美一人　雖曰如此

紅梅方發　閒坐吹笛　悠悠一樂　酒肴豐然　清清多士　無不合意　清揚婉兮　財數不多

甲八四二

萬頃蒼波　事撓精神　鬼聲啾啾　口舌忽起　運數如此　速速遠徙　財何迢邅　寅卯之月

遇風孤棹　閃閃不明　家宅不寧　熾如火光　難守古宅　無至其北　心怀不盡　尤可愼之

甲八四三

不雨不陽　旱耶霖耶　經之營之　夜月三更　勿望人財　虛荒之事　欲東欲西　雖曰如此

四時微雲　未定名稱　支難無果　有憂琴宮　勿失我財　不如作心　指定何處　身無大厄

泰　卦

甲八四四

雪裡寒松　雖處寒中　自寬心懷　官災不侵　兄神秉政　到處春風　身雖無欠　求財遠地
守節青青　不改顏色　以保其身　私情更合　隱中口舌　終日徘徊　不利求財　蜀道險難

甲八四五

萬里長城　在家多疑　未得其所　自然之害　途中損財　事事從運　戌亥之月　以待吉運
去去高山　出路無緣　彷徨迷悶　於誰有怨　不多不少　強求何益　堅守金庫　舒其寬心

甲八四六

畫餅充飢　如成不成　業務周旋　若無誠心　財源不大　清心寡欲　家中一慶　寅卯之月
夢金致富　尚未完成　誠心第一　盡是歸雲　如泉細流　可是安身　有名無實　木姓不利

乙八四一

東邊事起　高樓弄笛　家人一頓　雁哭無聲　南鳥撓舌　破甌難圓　何处無人　寶玉投塵
西邊憂生　悲歌不勝　膝下添憂　龍吟有淚　謀不成毛　欲行無足　臨水徘徊　無得有失

乙八四二

孤舟出江　錦鱗滿載　門戶欲動　未能遇斷　往道必通　三更夢危　急退有得　木生無利
白魚得肥　溪邊富費　東方不吉　荒歲何治　北水逢金　東日有缺　馬食其鐵　火旺有得

乙八四三
春風之節　雲翻兩霢　人好出入　家不蒙澤　他人生涯　顧己此人　哀哀一聲　雪月求氷
雁影分飛　事歸空山　其時不利　心多煩勞　在我哀乞　損財必多　鳥鳴相傳　不如早破

乙八四四
月明雲散　豫防其機　卜基安得　父母何去　秋風入樹　金人捧金　衆人爭財　退則無咎
小人作祟　可免其厄　坐山生疑　別無吉事　密謀易露　多動非吉　老卒無鐸　楚越藏弓

乙八四五
賢安助夫　凶聞入門　是非必起　堂上之憂　十年之計　無得看天　以我行之　得失相半
無價之寶　青山埋木　賢人能治　必在秋風　空投虛場　哀鴻度之　西人有得　蒼落獨立

乙八四六
泰極否來　退則有憂　雖曰得土　五更風起　古閨紅花　溪上之人　西山之人　落鳥啼日
新歌曲終　追則失勢　西物又失　哭婦之嘆　顧我削金　欲助不及　動我無根　危馬噬雲

泰卦 경험결

丙八四一
공명은 없다。 사람들은 갈길이 있는데 내가 오를 길은 막히고 재수는 한번 실패하면

재기하기 어려운 운이다. 동쪽은 사건이 생기고 서쪽은 근심이 생긴다. 슬하에 근심이

있으니 가족이 얼굴을 찡그린다. 손위 사람 손아래 사람 근심 있고 복입을 수다.

시험 낙방 취직 불성 혼인 불성 병 위험 소송 화해

丙八四二

많은 사람이 구슬 한개로 싸우니 귀인이 없이는 얻지 못한다. 이씨를 조심 하라 중도

에서 나를 해친다. 북쪽 사람과 거래하면 소득이 크다. 봄은 이익이 없고 여름은 유리

하다. 만약 어장을 하면 많은 소득을 올릴 운이다. 집이 움직이고 동쪽이 불길 하다.

시험 낙방 취직 불성 혼인 불길 병 회복 소송 승리

丙八四三

공명은 없다. 겨울에 사업하면 손해를 본다. 봄에 형제 간에 갈릴운이 있고 일이 변복된

다. 집이 편하지 못하고 마음은 번거롭다. 적선한 사람이면 화를 면한다. 먼곳에서 고

향으로 오는 격이다. 봄은 슬프고 겨울은 기쁘다. 폐업 사직 운이 있고 재수 없고 다

리병이 온다.

시험 낙방 취직 귀인이 없으면 불성 혼인 불성 병 회복 소송 실패

丙八四四

봄에는 공명없고 가을은 얻어진다. 침묵을 지켜라 자리가 바뀔 운이 있다. 비밀 모의

하지마라 탄로가 날 운이다. 불의에 응하지 마라 정직 하면 모든 화는 면 해진다. 미래를 살펴라 투서 만 날 운이다. 부모가 나가니 길사는 없고 쓸쓸할 뿐이다.

시험 합격 취직 성립 혼인 불성 병 위험 소송 불리

丙八四五

귀인이 도와주니 공명이 얻어진다. 직장도 얻어진다. 재수운은 내가 노력한 것을 서쪽 사람이 가져가니 손재가 반이다. 여자가 도우니 그 공이 대단하다. 흉액이 오고 시비가 있고 부모궁에 근심이 있다. 가을에는 남과 싸우면 손재가 크다.

시험 성립 취직 된다. 혼인 불성 병 위험 소송 실패

丙八四六

공명을 얻으려고 하지마라 운이 불길하니 포기하는 것이 상책이다. 재수는 도움 받아도 불길하다. 몸 운수는 물러서면 근심없고 추격하면 세력을 잃는다. 토지언을 운이나 서쪽은 불길하고 여자가 울고 탄식한다. 도우는 사람은 힘이 없고 내 말이 나를 무는 격이다.

시험 낙방 취직 불성 혼인 불성 병 위험 소송 승리

大壯卦評曰　大壯者　志也

羝羊觸藩　令人剛強　非利勿貪　道宜貞固

其道難全　己成過愆　知命達天　善莫大焉

震上乾下六親　二月卦春凶

　　兄　戌
　　孫　申
　　父　午
　　兄　辰
　　官　寅
　　才　子

父　巳　　夏平
孫　酉　　秋平
兄　丑
兄　丑
兄　丑
兄　丑　　冬亡

象格

　羝羊觸藩之課

　先曲後順之象

詩斷

　堂上持權酌重輕　因人惜力事方成

　虎前龍後宜求望　所有崢嶸自此亨

　財利須防失　維情恐見憂

　貴人終喜悅　過後叙網繆

解卦

　利貞象曰雷在天上大壯　君子以非禮弗從。（朱子）曰、大壯二月之卦也　陽壯則　占者吉亨不

　假言但利在正固。

大壯　當年訣

　志大性強　欲速反遲　成敗多端　困困得生　三春之運　利在文上　外無吉事　三夏之運

　見事如風　先損後益　身無閑日　幸賴勤功　因官得祿　求謀必成　豈作遠行　膝下有憂

莫添人口　移宅他方　三秋之運　女人爭舌　若不愼之　運回三冬　東西之人　利難再得
西不取利　凶變爲吉　市門口舌　含憤難言　訟及官庭　財利亨通　物不去來　守口勿動

大壯卦　疾病　訣

心卜疼痛　渾身壯熱　宅樑自鳴　仍得重症　左癱右瘓　不無鬼祟　若爲殺生　誠禱敬竈
四肢不寧　男輕女重　邪神妖孽　其殃可想　口眼喎斜　癱期未定　支難可期　枯木回春

大壯卦

甲八五一
吳王夫差　貪財好色　一別人情　順奉天理　年老之人　欲得黃金　南陽五月　雖無吉運
忽戀西施　丈夫求事　萬事如意　邪心不可　不同此數　他人把仕　汗流已而　又無大害

甲八五二
淮陰韓信　資身不能　時不遇兮　辱我者多　若有緣人　謁貴求名　九流術士　外他求財
釣於城下　治國大能　禍先到家　害我者多　可登青雲　必有大利　好逢時機　步步有利

甲八五三
密雲不雨　年已不豐　朽索係身　細小口舌　心通大平　琴聲不美　財近午方　一時欲富
憂深三農　食小事煩　謀不團團　耳過隱隱　勞苦間侵　一日三憂　自生風波　无非大望

甲八五四

鳥栖何枝　无風自動　東耶西耶　凡事經營　四時春氣　我心豪傑　己矣乎哉　利在笔端

此枝彼枝　必有源因　去路未定　閃閃不合　百歲風波　無錢英雄　知分則吉　詳細其根

甲八五五

遠樹多花　福在遠路　勿厭勞苦　陷城歸路　四顧家事　勿聽其言　恒居不利　官財口舌

往則可觀　棄之不可　遠取安處　故人握手　牝鷄唱晨　事不如意　利在移宅　如雪之消

甲八五六

席上風波　有勇難勇　自近行近　如兄如弟　兄神有氣　无情同僚　故基離兮　往于辰方

一身遊泳　有志難取　不知透出　甘言誘余　損財可畏　反目坐視　吉地何方　預禱則吉

大壯卦

乙八五一

塵生古閣　火金相克　門戶之事　辰戌之月　芳草難嚙　雨歇暮江　貪泉欲飲　身逢耗星

膝下添憂　憂患重重　文書必動　遇險不危　落馬無啼　其人難逢　大巳盤水　事事必散

乙五八二

火旺之節　春風遠謁　乃修其身　重工相逢　牛羊每入　吳月徘徊　南北之間　田夫欺人

身病可畏　心事難知　當險免厄　門戶難動　白楊無葉　漢水欲咽　無得有失　乃陷大澤

乙八五三
災變爲福　秋風之運　火旺之節　北方何事　始終不一　小得何論　釼山雪滿　無得之間
前程必遠　魚遊江海　移家不吉　無益有損　兩處無得　秋風有聲　嘯臺生塵　口舌必至

乙八五四
吉凶相半　魚遊釜中　身病亦出　重金相逢　畫虎欺人　所得欲奪　草行南方　草葉無勢
葉落花用　妄動生財　不宜遠遊　泄氣無用　西客其誰　看我老狗　危船臨水　金鐵得利

乙八五五
君子動止　可戒深憂　堂上堂下　春山夢斷　土文乃動　耗星自北　家近綠林　江南月明
妄行無益　過強觸藩　一心悲傷　白冠上頭　鑿地千尺　財散家亡　白晝失物　歎之何益

乙八五六
頭戴紅炎　白骨呼冤　家宅不吉　火旺之節　往南失雁　聲宜靑麥　雖無其利　火在天上
必憂之象　蹉跎臨水　進退亦難　家故層生　往北遺馬　蹄在遠程　西人合心　幾成乃退

大壯卦　경험결

丙八五一
공명은 파도 때문에 배가 못간다. 용이 떠났으니 연을 수가 없다. 재수는 사람을 안따

르고 있는 돈은 나가려고 한다. 모험을 하면 되겠는데 법이 무서워 못한다. 재수가 없

으니 일이 깨어지고 재화가 온다. 자식에 근심있고 집에 우환이 온다. 집 때문에 문서

가 발동한다. 三, 九월은 안전하다. 문서 계약있고 이동은 불리하다.

시험 낙방 취직 불성 혼인 불성 병 위험 소송 화해

丙八五二

기대한 공명이 깨어지니 객지에서 마음이 아프다. 사방으로 다니면서 노력 했지만 소

득이 없다. 남의 속임 수에 빠져 구덩이에 들어간다. 여름은 몸에 병이 온다. 몸과 마

음을 닦지 않으면 액운이 온다. 집을 움직이면 손해가 크다. 봄 여름 간은 몸이 곤하

고 실물, 구설, 복 입을 수다. 집을 수리하면 불리하다.

시험 낙방 취직 불성 혼인 불성 병 회복 소송 화해

丙八五三

공명 운은 가을에 온다. 백발이 거울을 보고 탄식한다. 집안에서 사건이 생긴다. 친척

과 싸움이 일어나. 나를 해친다. 이중으로 노력해도 불길하고 가을에 소식이 있다. 가

을은 길하고 여름에 이사는 불길하다. 북쪽일은 손해만 있다. 화가 변하여 복이 되는

大壯卦

四七一

운이어서 늦게야 좀 풀린다。 여름 가을 사이 문서 발동 여자가 생긴다。 신허 복통 조심하라。

시험 합격 취직 불성 혼인 성립 병 회복 소송 패배

丙八五四

공명 운은 없고 잘못하면 손재를 당한다。 취직은 가을에 될 운이다。 재운은 남에게 속을 운 있으니 남쪽을 조심하라 목 물이 불리하고 철물이 소득이 있다。 길흉이 상반되는 운이니 침착 해야 한다。 고기가 가마 솥에 있는 격이니 위험하다。 몸이 아프고 힘이 빠지는 운이다。

시험 낙방 취직 성립 혼인 성립 병 회복 소송 화해

丙八五五

부모 근심 없으면 공명이 이루어 진다。 취직은 어렵다。 재수는 노력이 있어도 공이 없고 재산이 흩어진다。 백주에 실물 수 있고 북쪽이 불리하다。 경거망동 하면 손재가 있다。 손위 사람 손아랫 사람으로 인해 비관이 온다。

시험 낙방 취직 성립 혼인 불길 병 위험 소송 실패

丙八五六

내가 물러서는 운이니 공명은 없다。이씨가 방해하니 미리 조심 해야 한다。서쪽 사람과 뜻이 같으나 소득은 약하다。머리에 병이 생기니 근심이 크다。집이 불길 하니 진퇴양난이다。여름에 괴상한 일이 일어난다。조상묘를 손대면 큰 화를 입는다。

시험 낙방 취직 불성 혼인 성립 병 회복 소송 실패

夬卦評曰　夬者　決也

乾兌相刑　文字契約　必須剛斷　善者無咎

惡聞其聲　事易未成　始得言亨　惡者改更

象格　神劍斬蛟之課　先損後益之象

詩斷
綠楊隄畔貴人來　半是憂疑半是財
好把舊謀重變化　莫教空去却空回
一條好路強精疑　進恐無成退恐非
門外貴人高青眼　虎頭蛇尾好開眉

解卦　楊干王庭孚號、有厲告自邑不利卽戒利有攸往、象曰澤上於天、君子以施祿及下居德、(朱子)曰其澤之必正其罪而呼號其象、相與合力亦尚有危厲不可安肆也。

夬卦　當年訣

心本正眞　六親無德　福星遠照　三春之數　二月逢賊　莫添人口　巳午之月　姜黃兩人

事不碌碌　獨不成業　禍不及身　家內多憂　三月憂妻　移宅取吉　愼勿買賣　手不成文

兌上乾下六親

六親	地支		伏神
、未	兄	戌	兄
、酉	孫	申	孫
、亥	才	申	孫
、辰	兄	丑	兄
、寅	官	丑	兄
、子	才	丑	兄

三月卦春平　夏吉　秋吉　冬凶

六月南方　金風之節　路逢口舌　運通西北　九月秋風　若近女人　運吉三多　對求之人
勿近市門　危在他鄉　謹避爭処　市門得利　北不夜行　損財逢敗　財東必成　物不去來
門在喜慶　丑月損物
迎新生男　尹鄭之孽

夬卦　疾病訣

寒熱不正　飲食不甘　宅中神舞　宅母發動　竈神寬赦　頭腦眩暈　血魂呼寃　先退鬼嘖
心腹疼痛　四肢不安　先人所關　房内所傷　病在爐中　女鬼侵身　病無頭緒　後用名藥

夬卦

甲八六一
春日花園　三光忽應　行山渡水　公憂不侵　子丑之月　邪魔自退　故基山川　刑害之數
蜂歌蝶舞　五福成臻　風流自是　私情更合　戲美弄人　身上無憂　眼前佳麗　有悲有喜

甲八六二
地中浮薄　鬼哺庭上　花發墻外　古宅無緣　公私之間　守口如瓶　三春餘塵　福神持世
落在江山　紛撓不絶　吉慶幷臻　卜居新宅　勿爲干預　物難我害　九秋可洗　身不犯刑

夬卦

甲八六三
日出而作　鑿井而飲
耕田而食　何有帝力
吾用五財　吾騎吾馬
人心何關　許田歸山
武陵桃源　亂中仙界
身自安康　家自和平
事雖不大　遠近皆春
人雖不貴　左右咸仰

甲八六四
短髮樵童　兩手執餅
楓菊霜月　喜事重重
福耶財耶　双金之數
明朗日月　堯舜世界
積小成大　廣闊其功
凡百經營　深思考慮
若不誠心　反爲損財
愁心全滅　官事必散

甲八六五
塢竹雖老　凌霜傲雪
庭蘭健實　香傳春風
身雖清安　不畏強暴
一心清潔　不染塵俗
運氣清清　不患老病
大吉不來　小吉頻來
一次遠行　欲速還家
風生袖間　驚得閒巢

甲八六六
月白清風　秋夜三更
一無瑕疵　身安心平
到處春風　周旋四方
總是朋友　遠方來人
離祖成家　身在路上
勿望外財　借問產業
可得貴人　多用重財
蘭枝吐香　玉兔弄月

夬　卦

乙八六一
欲動未動　好事見害
辰巳相間　膝下有喜
釦神犯門　莫移東方
長巳變化　南人助我
南倉月入　有期必遲
機雲欲起　巳丑之月
水人爲助　合心有得
半缺欲遠　急圖有功

乙八六二

文書之場　火旺乘馬　白石入門　至誠無害　偶得其金　十年古場　春光一到　泛船雪夜

北人獻財　喜在他鄉　水神夜呼　豫修其宅　寅方有人　汗馬有功　邯鄲芳草　可渡遠水

乙八六三

南方之事　月孕陰雲　強李窺門　江月欲落　鳥倦西山　影掛蛛網　水月未濟　青牛古道

勞心忡忡　奔走四方　自散歸家　荊布有痛　意在春林　花落古枝　不成何論　石角戴天

乙八六四

以女得財　西方之事　東風之節　誘我移根　火及金庫　月色出林　顧鴻一笑　金扉欲開

老桃成林　日夜切齒　喜星入門　北客不利　極鍊有得　東西分影　可嘆非理　石門半閉

乙八六五

鳳凰將飢　問月蒼茫　四壁突立　萬事歸虛　作雨未能　東方之事　有得非吉　含淚渡江

上憂下憂　哭雨青山　相如悲寒　家無定神　熊斷其足　牛入草原　終有是非　於十難一

乙八六六

險路當前　他鄉雲歸　劉季何心　漁翁欲魚　百里分金　暮樹鶯啼　勞力無比　水性欲流

離別之嘆　子孫不睦　產業不顧　江龍舉頭　管鮑之意　曉窗蝶飛　掘地得金　事必支離

夫卦 경험결

丙八六一

공명은 없고 도우는 사람이 있어도 시기를 잃어 탄식한다. 때를 기다리는 외는 길이 없다. 재수는 수성인이 도와 이루어 진다. 급히 서둘려야 한다. 三、四월은 슬하에 근심있고 남쪽은 길하다. 동쪽에 이사하면 손재가 크다. 이동하려고 한다. 재수는 좀있다. 다리 병 조심할 것.

시험 낙방 취직 불성 혼인 성립 병 회복 소송 승리

丙八六二

공명운은 四월 이후에 있다. 동쪽 사람이 들어 일이 이루어 진다. 오랜 세월 동안 고생한 것이 들어난다. 봄은 길하나 멀리갈 운이 있다. 문서 관계로 북쪽에서 돈이 들어온다. 여름은 타향에 길운이 있다. 정의롭게 살면 하늘이 도와 액운이 적어진다. 배우자에 근심있고 다리에 병이 온다.

시험 합격 취직 된다. 혼인 불성 병 회복 소송 화해

丙八六三

공명은 없다. 충성은 않고 녹만 먹으려 하니 파면이 된다. 몸은 집에 있지만 뜻은 밖에서 소득을 얻고 싶다. 억매어 있기 때문에 마음대로 못한다. 남쪽에서 번거롭고 분주한 일이 생긴다. 이씨를 조심하라 손재수가 있다. 천궁에 액운이 있다. 겨울은 계획이 깨어진다. 여식 출가할 운이 三、四、十월 중에 있다.

시험 낙방 취직 불성 혼인 불길 병 지리 소송 승리

丙八六四

공명은 동쪽 귀인이 도우려고 하니 돈 아끼지 마라 거액을 써야 얻어진다. 쇠를 불에 달구어 무수히 두들겨야 그릇이 만들어 진다. 여자로 인해 소득이 있다. 서쪽 일로 밤낮이 갈릴일 있고 동쪽에 기쁜 소식이 온다. 나를 피어 옮기려하니 북쪽 사람 말 듣지 마라 손재가 크다.

시험 낙방 취직 성립 혼인 성립 병 회복 소송 화해

丙八六五

공명을 얻고자 먼 곳에 왔으나 얻지 못하고 부귀보다 병을 얻을 운이다. 천적을 만난 운이니 집에 돌아가는 것이 상책이다. 재수는 동쪽에서 얻어도 불길하고 끝내는 시비가 일어 난다. 손위 손아래 사람 근심과 상주될 운 있고 만사가 허사가 되니 눈물과 쓸

夬　卦

쏠함만 남는다。 용감하게 극복해야 건강이 유지된다。

시험 낙방 취직 성립 혼인 불길 병 위험 소송 실패

丙八六六

공명도 취직도 가능성이 없다。 동업하여 소득을 얻고자 하나 큰 노력있어야 얻어진
다。 땅을 깊이 파서 금을 얻는 격이니 일이 지리 하다。 험한 일 앞에 오고 이별수가
있다。 자손 걱정 집안보다 바깥일에 관심이 크다。 재수는 좀 있으나 집안이 쓸쓸하다。

시험 낙방 취직 불성 혼인 성립 병 회복 소송 실패

需卦

需卦評曰　需者　須也

雲行於天　將身有危　大事欲至　光亨貞吉

見險不前　恐被句連　憂慮懸懸　利涉大川

象格　雲靄中天之課

　　　密雲不雨之象

詩斷　胡僧引路未相逢　始見芳姿便應龍
　　　聞説乘楊蒼翠後　騎龍街馬到仙宮

　　　有道預防泰　　先防一女災
　　　思鄉人來到　　愁慮恐傷財

解卦　有孚光亨貞吉利涉大川、象曰雲上于天需、君子以飲食宴樂。（朱子）曰、占者爲有所待而能
　　　有信則光亨矣、若又得正則吉而利涉大川　住因無所不利、而涉川无貴于能待、能待欲速而犯難也

需卦當年訣

旱天望雨　待人不來　朋友去信　蓮花寶塔　三春之運　杏花村席　橫被口舌　夢入青山
風散雲歸　隱隱成憂　營事自遲　禮佛有功　手成利文　莫言他事　意外損財　膝下有憂

坎上乾下六親

爻	本卦六親	本卦納甲	伏神六親	伏神納甲
上爻	才	子	官	卯
五爻	兄	戌	才	亥
四爻	孫	申	才	亥
三爻	兄	辰	兄	丑
二爻	官	寅	兄	丑
初爻	才	子	兄	丑

八月卦

春吉　夏平　秋平　冬吉

需卦

南不渡江　事上多魔　申酉之月　若非田土　市門求財　戌亥之月　因人損物　子丑之月
莫向東吊　李人欺心　秋官得訟　必是青山　小徃大來　路下遠行　尋之無処　言勿婚門
若取隱女　不入北牌
紛亂家中　莫換其宅

需卦　疾病訣

鼎到自鳴　三鱧痛恨　肝臟風起　玉魂含淚　病狀推理　腹中引痛　喪門眼白　先退鬼祟
一箭打撲　月落鳥啼　胃亦不安　夢中鎖縛　血阻之症　糞尿不快　伏尸作亂　後用靈藥

需卦　卦

甲八七一
雪裡歸客　福耶運耶　財在基地　百事周旋　快活心神　邪魔全消　綺麗寒梅　子丑之月
甲八七二
得衣得食　兩處吉兆　有近不遠　謀議多成　丈夫之象　身數康寧　香風拂衣　預有機微
衆鳥雖啼　衆口雖咻　古宅庭上　速治行裝　身雖福德　春風不利　勿與人聞　愼之愼之
虎豈吼耶　我豈衰乎　鬼作百禍　潜跡他處　八字不想　秋風可休　勿與人訟　庶過今年

甲八七三

鳶飛戾天　仰上俯下　身安心平　福星增彩　上憂全消　琴宮之憂　心如清水　相江子陵
魚躍大淵　事皆順理　道高德里　妖魔收影　私情更合　因誠可免　宦海非願　力足自身

甲八七四

錦繡江山　福星照身　大事無妨　時乎時乎　坐處美酒　魚生一龍　征馬出汗　大欲強進
奇花搖草　祿神扶命　深譬何慮　十年幸得　到處黃金　鳳生一凰　一鬪雲場　難雪其耻

甲八七五

吳商楚客　指野遠天　雲遮古基　事皆順序　雖不橫財　勞後得財　心如松栢　申酉之月
掛帆順風　眼前別界　月明他鄉　心無所欠　應無困苦　不誠節用　耐雪耐霜　佳慶入家

甲八七六

瞻彼淇澳　有斐君子　心志如鏡　運數當旺　財福兼全　憂愁全滅　性本懶怠　強起我心
菉竹猗猗　如琢如磨　善惡能分　利害可辨　實無拘碍　果是太平　他人救利　見事勿畏

需　卦

乙八七一

木在險水　與人欲鬪　損財其寅　二女入門　南鳥西鳥　得之於南　濟石雪白　梟鸞出林
恐有衣塵　進則驚心　自動門戶　財上奔走　爭彼一枝　失之於東　赤盤草靈　相食非理

乙八七二
事事至鈍　以火相生　防厄有道　危鳥出林　艱艱見星　南郭數畝　誘說以歸　寸舌尚存
險路人行　復中有兒　空家火動　無枝徘徊　危樓待月　蘇秦產業　妻不下機　更出得意

乙八七三
天恩必重　強金得鍊　東天雨歇　古林風歇　韓信罷釣　登彼樵夫　得意擒趙　東女一笑
水滿孤澤　南林鳥鬪　安神不寧　落花無聲　杖釼渡淮　豈無哀淚　失手假齊　得物何喜

乙八七四
龍失其穴　雁影欲分　秋山月暗　雛日我樂　青山之事　破石得土　河冰欲解　子陵歸山
土穀得鳴　寸草無光　必在伏尸　一身紛紜　北人何罪　其困難比　光武已渡　千年台高

乙八七五
壓山虛澤　春風不美　少女出入　朽船欲漏　數月躊躇　鑿地何事　千里之程　若不哭親
鷺立空場　青山泣雨　難守空閨　鳥沒流水　無主空樓　金不明見　易徃難成　中道見敗

乙八七六
文書來往　春夏之間　四五之月　春花盡開　寶歟土歟　啄虫不足　天降漢王　博浪椎聲
戰破鼓鳴　膝下間憂　賣買田庄　亂動非吉　欲損文章　南鳥數飛　一縱萬乘　偶起此時

丙八七一
공명은 없다. 돈으로 직장을 살려고 해도 하늘이 말린다. 돈벌이는 남쪽에서 얻고 동쪽에서 잃는다. 비리를 넘보면 재앙이 온다. 남서쪽 두 곳에서 구설수가 일어난다. 남이 나와 싸우려 하니 피하는 것이 길하다. 一월에 손재운 있고 집이 움직이고 두 여자를 상대하면 분주한 일이 있다. 겨울에 복 입고 문서 분쟁 이동 분리 풍파 복통이 온다.
시험 낙방 취직 불성 혼인 성립 병 회복 소송 불리

丙八七二
공명은 없다. 三, 九월에 취직은 된다. 재수는 처음 고생하다가 뒤에는 돈이 온다. 모든 진행이 느리고 길이 험하다. 집이 움직이니 예방에 힘써라 새가 앉을 곳이 없어 공중에 날고 있는 격이냐. 속이 비어 있는 것 같으나 늦게 채워지는 운이다. 봄 겨울 구설 손재 이사 형제 및 처의 근심 다리 병이 온다.
시험 낙방 취직 불성 혼인 불성 병 극히 위험 소송 불길

丙八七三
과거운은 없다. 취직은 동쪽에 된다. 재수는 조금 있는데 복잡한 일이 온다. 부당이

득을 꿈꾸지 말고 정직하게 나가야 한다。억지 행동하면 웃음이 눈물로 변한다。조상

이 돌보아 재산이 들어온다。집이 편치 못하다。숲속에 바람이 그치니 꽃이 떨어지는

소리가 없는 격이다。여자가 생긴다。구설 봄 겨울 손재 복통병 조심。

시험 낙방 취직 성립 혼인 성립 병 위험 소송 불리

丙八七四

나무가 가을을 만나 앙상해 진다。실력을 겨룬것이 허사로 돌아간다。토지 임야로 인

해 충돌이 일어난다。형제간에 갈릴 운 있고 가을에 상주가 된다。재운도 별수 없고

몸은 분분하다。너무 힘에 겨운 사업하면 파괴가 일어 난다。

시험 낙방 취직 불성 혼인 성립 병 위험 소송 불리

丙八七五

공명은 없다。직장은 얻어도 보잘것 없어 불만이다。재물을 탐하면 백성으로 부터 원

망이 일어나 상사에 알려져 좌천 또는 파면된다。봄은 불리하여 상주될 운이있고 소녀

로 인한 근심과 부주의로 인하여 실수할 운이다。

시험 낙방 취직 불만 혼인 성립 병 위험 소송 승리

丙八七六

공명은 귀인이 도와야 된다. 물가에 부임하면 안전하고 도시에는 구설이 많다. 四、五
월은 토지나 귀중품으로 인해 복잡한 일이 있고 새가 먹이가 모자라서 더먹고 싶은 격
이다. 큰 거사를 하고 싶어도 훗날이 두려우니 침착함이 길하다. 봄 여름 사이에 자식
근심이 있다.

시험 합격 취직 성립 혼인 성립 병 회복 소송 불리

比卦評曰　和也

比者和也　流水於地　先王制禮　和柔負吉

象格
内通外流　本性和柔　以親諸侯　百事無憂
水行地上之象
衆星拱北之課

坎上坤下六親

八、　子戌申　才兄孫　卯亥亥　官才才
八、
八、
八、　卯巳未　官父兄　申辰子　孫兄才
八、
八、

春病　夏平　七月卦秋吉　冬吉

詩斷
林木春將近　芳非景物深
花開鳥歸宿　一箭中紅心
口舌終須有　金樽恐有傷
汚泥難出沒　提拔在忠良

解卦
吉原筮元永貞無咎不寧方來后夫凶。象曰地上有水比、先王以建萬國親諸侯。（朱子）曰、陽
剛之中五陰比而從之然、必兩筮以自審有無吉貞周之德則无咎。

比卦　當年　訣
上下相動　見鳥發矢　金生手端　同氣無德　隨時謀計　三春之運　病訟層生　南方之人
事必有期　百無一失　用之不竭　東西各分　營事有二　官事紛紛　同氣之憂　財不去來

四五夏月　花飛玉碎　祈福天神　六月炎天　意外逢禍　金風秋月　左手折花　九月霜風

愁憂滿庭　心虛爭塞　脫衫燒庭　西不出行　飛鳥落網　渴龍逢水　右手取金　莫歸僧家

三冬最吉　若不有祿　北人間事　歲暮之月　韓鄭兩人　堂上有憂　財不去來

飢虎得狗　必成婚姻　財利橫來

比卦　疾病訣

心腹間痛　釋氏含怨　庸醫服藥　困鬼大怒　隔於下焦　傳來祖上　疑是糟糠　先行逐鬼

飲食不進　誠顧天倫　突然轉病　双肩引痛　夏暑冬冷　何棄江山　苦食知甘　益氣回生

比　卦

甲八八一　塵世無祿　富貴功名　苟求生活　火起心頭　黃金自消　基地發動　骨在家邊　速處思邪

志在大望　一朝浮雲　不亦鄙乎　大海難息　憂心忡忡　宅舍不利　古基招禍　以除其厄

甲八八二　連日不雨　田園將蕪　志在創業　搔首暫立　無情同僚　此事彼事　春寒蘭砌　求財行路

無麥無禾　興味蕭條　依郢何處　指点之中　何故不和　萬端狐疑　有香無香　踏去步步

比　卦

甲八八三
蜂蠆毒尾　無端飛來
近勿惡人　必有其害
病人骨髓　靈醫安在
運數否塞　臨事勿苟
申酉之月　兔逢猛虎
亥子之月　貴人難尋
勿取老木　木神送災
萬事藏之　以待吉運

甲八八四
結實千萬　宜於木耶
一過狂風　翻然損枝
生財萬千　宜於命耶
一過陰謀　翻然損己
財旺身旺　預知其慎
有慶有愁　造物不均
四時之序　成功者去
居家貴人　必有貶責

甲八八五
投筆春坮　一登壯元
馬上春風　貴氣凌雲
天時人事　符合余心
經營之事　何所不成
若無科慶　反為凶非
驛馬嘶風　遠行何意
渭城歸客　何人呼余
風頭口舌　括於身邊

甲八八六
窗前雪梅　先報春信
得時太早　心和体寒
仇者恢釦　還為恩人
君子加祿　小人得財
入山修道　所願成就
謁貴求財　亦必稱意
九流術士　財氣萬萬
百工技藝　吉兆般般

比卦

乙八八一
秋冬之節　如雲之會
龍吟渴澤　病於其珠
大水入門　文沉無彩
當棄不棄　破器得器
林花芳菲　狂風忽吹
病于夏畦　箇中紅花
江月未圓　難得之象
觀魚無網　秋水清深

乙八二　五福不全
江湖宰相　深林擇巢　滿得金魚　南北之間　釣臺月圓　運在通泰　復中水滿
險陷之象　高山廟堂　孰敢侮之　笑中看花　二人爭珠　滿得金魚　胸中有吉　貪泉更飲

乙八三　口舌亦起
金龍無氣　志在忠良　高山白石　金裝換酒　南天得雁　火在水中　其厄在前
恐懼釦厄　污泥難出　可免家厄　盡化為羊　口舌必起　北水見狼　金哭必傷　往東可免

乙八四　無端風雨
枕畔歌笑　歡娛宿債　桃李滿圓　片帆泛海　東山影破　金逢其火　莫近花場
夜催林花　必如亂麻　善脫奇財　膝憂將添　狂浪忽起　無人之嘆　無得半失　紅粧愛錢

乙八五　良匠琢玉
坤方之人　靜波船高　秋風不寒　金魚得水　花柳之揚　石頭人也　文書不吉
有意生財　喻我百端　浮雲鶴游　必受恩澤　西月入堂　莫惜離別　新秋聽鶴　田土何喜

乙八六　古木撓撓
樂此無用　雖雲根深　一沾哀淚　求祿憂生　青山欲白　往見無咎　逢風易偃
大雨狂風　憂而無功　赤手奈何　花堂塵生　心無所定　無得有失　貴人在東　草心難知

比
卦

比卦 경험 결

丙八八一

봄에 높이 날아 갈려고 한다. 취직은 되지만 농촌이 되어서 불만이다. 가을 겨울 사이에 구름을 만나지만 용이 구슬을 얻기 위해 앓고 있다. 광풍이 일어나고 소득은 적고 고기는 있는데 그물이 없으니 가을이라야 안전하다. 슬하에 근심이 있고 욕심을 부리면 중도에 파괴가 일어난다.

시험 합격 취직 성립 혼인 파괴 병 회복 소송 불리

丙八八二

세상에 나와 활동하는 것이 보람 있는 자리에 있는 것이 안전하다. 취직 운도 없다. 남북간에 서로 싸울일이 있고 어장을 하면 소득이 크다. 운수가 있으니 힘껏 해도 길하다. 중도에 구렁이에 빠질운이니 조심해야 한다. 구슬 한개로 둘이 싸우지 말고 물러가 있으면 더 큰 복이 온다.

시험 낙방 취직 불성 혼인 불성 병 회복 소송 화해

丙八八三

공명 운은 없다. 내가 충성을 다한 것인데 내 뜻을 몰라준다. 중도에 구설있고 남이 뺏아간다. 재수는 남쪽이 길하고 북쪽은 흉하다. 서로 충돌하면 재액이 크다. 동쪽에 삼일간 피신하면 면해진다. 싸움을 계속하면 칼을 맞게되고 구설이 크고 소탐대실이 된다.

시험 낙방 취직 불성 혼인 불성 병 위험 소송 불리

丙八八四

꿈은 크지만 공명은 없다. 남의 돈으로 일하면 실패한다. 재수는 풍파가 일어나 곤란에 빠진다. 화류계에 투신하면 패가 망신 한다. 가정에 풍파가 생겨서 마음이 복잡하다. 빚이 있으면 서서히 갚아라 자손궁에 근심 있으니 기적을 바라지 말고 정직 성실 위주로 추진하라.

시험 돈쓰면 성립 취직 성립 혼인 성립 병 회복 소송 화해

丙八八五

공명 운은 있으나 돈 안쓰면 파괴된다. 취직은 남쪽이 길하다. 재수는 고기가 물을 얻고 활동하나 화류계에 투신하면 실패가 많다. 문서가 불길하니 토지를 사도 기쁘지 않다. 옥을 갈아 돈을 벌고자 한다. 서남방 사람이 나를 붙든다. 가을에 은혜를 받으니

比 卦

가을 바람이 차운줄을 모른다.

시험 돈을 써야 성립 취직 성립 혼인 성립 병 회복 소송 화해

丙八八六

기쁨이 다되니 슬픔이 온다. 공명이 있으니 급히 집에 가거라 부모님이 급하다. 풍파가 일어나니 마음이 복잡하다. 얻으려 하다가 도리어 잃는다. 귀인이 동쪽에 있으나 마음씨를 알 수 없다. 큰 비바람이 오니 근심만 있고 공은 없다. 무엇을 할려고 해도 자본이 적고 상주될 운이다.

시험 낙방 취직 불성 혼인 성립 병 위험 소송 불리

兌卦評曰　兌者　悅也

澤潤萬物　居上愛下　利有攸往　然尤戒慎
恩惠兆民　悅而欣欣　無不利貞　君子思誠

兌上兌下六親

、、、、、、

未　酉　亥　丑　卯　巳　　春吉
父　兄　孫　父　才　官　　夏凶
戌　申　申　辰　寅　寅　　秋吉
父　兄　兄　父　才　才　　十月卦冬病

象格
江湖養物之課
天降雨澤之象

詩斷
悅澤事當先　行人暫息肩
慚無勞苦撓　爭得事迍邅
雨澤秋天盛　思沾在此時
名成兼利就　口舌不須疑

解卦
亨利貞象曰麗澤兌君子以朋友講習。（朱子）曰、兌悅也、柔外剛中故悅而亨而利正悅、雖有亨道、其妄悅不可以不戒也。

兌卦
當年訣
勞身成業　春林飛鳥　二人分金　隱女雖美　旺財三春　一見利源　巳午之月　二人同謀
慾湎無暇　遷木成巢　喜悲同心　飛登憂生　渴処逢水　再求不利　小兒之憂　文書入手

六月得祿　申酉金風　斜日市門　秋末冬初　隱人非事　子丑冬月　身雖努力

大人之德　莫行商路　愼勿同心　錦囊腰佩　官人莫親　利小害多　喜成熊夢　出外得財

南北之人　財何去來

兌卦　疾病訣

心中煩悶　進退留連　未忘手跡　膏肓之症　邪在祖宗　解免防厄　又祈香火　厥病可瘥

寒熱肢痛　飲食不下　童女哀魂　往來扶死　重土迎風　冤魂啾啾　敬禱天神　清上瀉火

兌　卦

甲二一一

肇彼桃虫　頭上烏紗　恩威幷行　一人之下　有實其疎　意思於蟻　勿居貧家　大瞻男兒

抃飛爲鳥　一端貴人　春雨秋霜　萬人之上　萬億其梯　梁武之道　速治行裝　能成其功

甲二一二

水雖利木　財雖利人　財旺身敗　金山將頹　不守古基　進退兩難　後有追者　欲免此數

多水損木　財多損人　大笑枕邊　以財爲憂　出行何處　搔頭趑趄　前有大江　拜於南山

甲二一三
千里遠程　淚雨不盡　若不如此　文書之上　六親不和　交換田宅　借問財程　勿爲放心
拜別父母　如水東流　必有服制　大有相鬪　應有傷心　不關於運　勞碌生財　堅守本心

甲二一四
岸之汀蘭　膝下有慶　如無膝慶　財源注注　官憂不侵　勿爲煩亂　百思千慮　求官求名
郁郁青青　其喜洋洋　必有財源　如松之盛　一身安閒　人皆不美　陰深最利　不宜此卦

甲二一五
旱田龜坼　求財遠路　看看刺田　博戲之業　路邊就業　申酉之月　勿爲應遠　以待明春
小水不當　損入古基　步步石路　尤忌此卦　落眉之禍　必生口舌　財在近地　吉運將至

甲二一六
萬里長程　沙鳴翔集　順風掛帆　心動何處　霜天一雁　文書大旺　東北間人　未月戌月
海天一碧　錦鱗遊泳　水波不興　新業不禁　傳書可知　財在其中　勿爲同謀　一喜一悲

兌　卦

乙二一一
佳人一歸　散金得玉　鳥得其巢　兒女出門　兩挾其財　魚不愛蛙　明月有缺　遲則無成

兌　卦

淚添春宮　漢舌楚口　憂其梅妻　口舌種種　有聲無形　半吐有悔　困步歸西　急圖小得

四九七

乙二一二

雷在深澤　不孝何事　貪越貪吳　文書誰爭　英雄手端　金銀積倉　生涯在此　以文得財

魚得變化　家變在上　盜賊每入　兒投深澤　自散黃金　木子之家　可求東方　人失其火

乙二一三

田土有損　膝憂添生　基址昌明　幾至成家　人在危殆　二人合心　見敗田間　維鵲作巢

子盜父兵　動土不吉　每招口舌　馬何落地　是非之財　入獄何事　西客依金　維鳩居之

乙二一四

水滿恩澤　巳亥之方　宅神不美　女人有惡　楊州好月　計然有策　海水東流　爲我臨事

得財如意　金物有用　種種憂患　不可居之　帶金歸家　以龍爲名　金城有得　事必歸順

乙二一五

楚澤雲愁　水物合心　空家三更　事多奔走　磨而不得　漁人無舟　夏巳長飢　無罪殘民

失物孤鴻　北路得財　人送好謀　每憂堂上　無釰古匣　潰水失魚　空倉食土　抑而欲得

乙二一六

營事歸虛　柴門落日　田夫欺之　臈蛇變化　歐陽讀窓　驅魚爲獺　死地得生　醉夢難成

輕踏虎尾　雲龍痛齒　乃陷大澤　有家無主　有書無人　水中探珠　忍欲得吉　不成奈何

丙二一一
시험과 취직이 다 된다. 직권 남용이나 뇌물을 먹으면 화를 만난다. 양쪽에 재물이 있
으나 먹으면 전부 토해야 한다. 급히 서둘면 정당한 재물을 얻을수 있다. 여자와 이별
수 있고 돈으로 녹을 사니 구설이 많다. 집이 생기고 처의 근심 있고 아이가 가출할
운이다. 상처운 또는 처가 가출 구설 심화병이 온다.
시험 합격 취직 성립 혼인 성립 병 회복 소송 승리

丙二一二
공명은 十년 공부가 노가 없는 배와 같다. 수단을 부리면 손재가 크다. 이씨와 거래하
면 재물을 얻는다. 동쪽에 구하면 소득있고 불조심 해야 한다. 집에 불효한 일이 생기
는 것은 금전 때문이다. 도둑이 엿보고 있으니 대책을 세워라 문서 분쟁있고 아이가
물에 빠질수니 주의해야 한다. 여식 출가운 손재 여자가 사망할 운이있다.
시험 낙방 취직 불성 혼인 성립 병 회복 소송 화해

丙二一三
실력 부족이니 중지가 좋다. 내칼을 더 갈아야 겨룰수 있다. 재수는 부당 이득을 꿈꾸

면 두 사람이 유치장에 간다。三、九월이 불길 하고 서쪽을 조심 하라 내가 만든 것을

남이 뺏는다。토지 이동으로 손재 있고 자식은 도둑누명 애비는 군에 끌려갈 운이다。

슬하에 근심 구설 교통사고 집수리 불리 직업을 바꾼다。신허 복통이 온다。

시험 낙방 취직 성립 후 사직 혼인 불성 병 회복 소송 패배

丙二一四

남쪽 사람 방해로 공명과 취직은 곤란하다。뇌물을 받치면 얻어진다。재수는 사업이

잘 된다。여러 사람과 협동하면 일이 순순이 돌아가 계획이 이루어 진다。집안이 편치

못해 근심이 자주 있다。여자가 원망하니 마음이 괴롭다。하늘에서 복을 내리니 남북

쪽을 가면 이익이 더 많아 진다。

시험 낙방 취직 성립 후 사직 혼인 불성 병 회복 소송 승리

丙二一五

과거 운은 객지에서 눈물 흘리고 소식을 듣고 집으로 돌아오니 부모 앞에서 울고 형제

앞에 근심 한다。재수는 실수로 인해 손해 본다。여러가지 소망중에 토지가 유리 하고

억지 소득은 불가하다。수산물을 취급하면 북쪽이 유리하고 일이 분주하고 가정이 불

안하고 부모에 근심이 있고 실물수가 있다.

시험 낙방 취직 불성 혼인 불성 병 회복 소송 실패

丙二一六

공명 운은 없다. 취직은 하늘이 중지한다. 재수는 물속에 구슬을 찾는 격이다. 꾹참고

추진해야 소득이 온다. 놀랄일 있고 농부에게 속아 함정에 빠진다. 집은 있고 주인이

없으니 서쪽에 가면 물에 빠진다. 욕심을 적게하면 신명이 도와 사지에서 회생이 된다

시험 낙방 취직 불성 혼인 불성 병 반생 반사 소송 화해

兌 卦

困卦評曰　困者　危也

兌上坎下六親

　　　、　　　　　　　、
　　　、　　　　　　　、
　　　、　　　　　　　八
　　　八　　　　　　　八
　　　、　　　　　　　八

父　未　　父　戌　　父
　　酉　兄　　申　　兄
　　亥　孫　　申　　兄
　午　　官　酉　　兄
辰　　父　巳　　官
寅　　才　巳　　官

春吉　　五月卦夏凶　　秋口舌　　冬凶

水在澤下　君子困窮　三山幽谷　占者有難

萬物不生　小人濫盈　白暗背明　勿共鬼爭

象格　河中無水之課

詩斷　守己待時之象

因嗟涸轍困金鱗　未是西郊被白雪

得遇江湖升斗水　直須寅地見功勳

天刑終不解　金木恐相纏

鼠石須無吉　災厄在目前

解卦　亨貞大人吉無咎有言不信、象曰澤地木困君子以致命遂志。（朱子）曰、處困去亨則得其正、次非夫人其孰去之故曰貞也。

困卦
當年訣

有言不信　臨事見敗　貴人逢窮　財上多憂　正二春月　東西女人　辰巳之月　書中失財

所望難成　妄言多魔　宜信有言　困中添厄　身煩小利　財不去來　見敗花房　李人必欺

困卦

困卦　疾病訣

午未之月　盜必窺門　骨節疼痛　坐臥不安
若非失物　六畜損傷　六爻發動　買棺春山
申酉秋月　遠行得病　病入骨髓　藥効未發
欲捕飛鳥　捕鳥還失　火屬心經　舌燥口渴
戌亥之月　得妻生男　熱氣伏藏　風火往來
晚得財祿　困盡喜來　春風猶健　鷄鳴喪車
子丑之月　成文取土　馬嘶靈草　天年難圖
見惡必報　失寶還尋　若不急治　難生可期

困卦

甲二一三　龍虎相搏　東行而步　東籬西籬　望望豪傑　事事如意　害如妖魔　一魚作亂　預察機微
甲二二一　勝者其龍　金谷金園　李花桃花　孰不稱讚　此如破竹　中有小人　全井濁水　芟除其根
甲二二二　雲滿山中　富貴在天　於彼於此　唼來飲水　文書有氣　借問財程　居間貴人　霜前黃菊
甲二二三　高士閑臥　死生有命　任於自然　樂在其中　自意家宅　自適之足　亦加一層　月中丹桂
甲二三一　夜虫何意　自惹其禍　疾病官舌　午未之月　問其財程　忍之心上　貸人保人　南方醜食
甲二三二　見火飛來　誰怨孰尤　畏哉畏哉　石路蕘馬　用於要用　慎之事頭　本非吉兆　食則必害

困卦

甲二二四　霽後天光　月明樓上　花燭東床　凡事如意　吉人相隨　借問財程　西耶北耶　亥子之月

甲二二五　一碧萬頃　高明自來　美人開笑　何恨不足　凶人自退　春日花園　貴人相助　枕上得玉

老樹病根　昔時不富　銅山將倒　南方力扶　害者相招　申酉辰月　勿爲心亂　靜居獨戒

群虫相招　今時有餘　豫爲支柱　流汗成漿　遠路有愁　人言勿聽　不遇病根　庶過今年

甲二二六　山立雪中　身居陰室　以吾放生　以吾一身　勵精勵神　借問財程　與人同謀　古林花殘

困卦

不見其容　不聞其聲　係於何人　係於何罪　不入矇昧　日生其樂　事不違意　春蝶不顧

乙二二一　離親逢凶　勞身勞夢　盜賊每侵　東奔西走　膠舟已解　人無其言　雲青東天　急擊勿失

鳥不安巢　爭金爭水　家多怪變　身世困困　水戰不利　小得何言　水月難明　遲則易失

乙二二三　生財有數　凶聞入門　家宅欲動　寅成之月　風雨戰場　何処論財　東方是非　水林無盛

必受恩澤　哭其親戚　難得其平　可畏萱堂　馬嘶虛穿　徒費其力　田土有損　反損其失

乙二三三
進退之間　西遊不吉　北官來助　春木安根　寶物深藏　春酒一杯　我釘不利　水物多利
多得外災　是非從此　先事有慶　根宅不吉　往北有得　價高千金　西戰一敗　論土北方

乙二三四
父母之事　偶然折桂　家宅來生　家道和睦　人不快許　倍得黃金　反損得利　東人來害
千里揚名　快奉文書　吉事種種　鑿泉不利　頻往有得　海船南行　身莫遠動　暗在不吉

乙二三五
孝心如渴　春風之運　間多凶變　門神納災　生涯在上　失於空中　受害木皮　意外人助
仁聲遠聞　天賊入門　家神亂動　膝下之憂　百戰百破　多價黃金　後悔何益　遊南有得

乙二三六
虎出山林　寅卯之月　春夢怪侵　財上有害　以土換物　出世無食　宿林不吉　我物自損
憂其父母　身厄重重　宅不安寧　家內之賊　徘徊四方　多巳入穴　虎人欺人　舟中皆賊

困卦 경험 결

困卦

丙二三一
과거 운은 없고 돈 벌이에 뜻이 있다. 물가에 가면 실패하고 북쪽은 十一월이 불길하

다。마음에 들면 급히 사야 돈이 남고 머뭇거리면 뺏앗긴다。부모를 이별하고 흉변을

만난다。집이 불안하고 괴롭고 싸움있고 도둑이 들어오고 괴변이 일어 난다。자식 걱정

있고 분주하고 몸이 피곤하다。여자로 인하여 화가 있고 관재수 있고 심화병이 온다。

시험 낙방 취직 불성 혼인 불성 병 위험 소송 승리

丙二二二

과거길 도중에 병을 얻어 돌아온다。취직은 남에게 속는다。노력만 있고 계획이 수포

로 돌아간다。부동산으로 인해 동쪽에 시비가 일어나 큰 손재가 온다。은혜를 받아 재

물이 생기고 집이 불안하고 친척 때문에 눈물있고 一、九월은 어머니 근심 흉한 소식

이 집에 들어 온다。부모 복과 친척 복이 있고 구설 이사 복통 심화병이 온다。

시험 낙방 취직 불성 혼인 불성 병 회복 소송 불리

丙二二三

과거 운은 쥐의 해가 아니면 큰 것은 곤란 하다。돈 아끼면 안된다。취직은 겨울에 된

다。재수는 숨어 있다。봄에 술 한잔 산 것이 가을에 천금을 얻는다。북쪽은 재수 있고

서쪽은 손재수가 있다。수산물을 취급하면 이익이 많아 토지살 운이다。북인이 도와

경사가 생기고 집을 옮기면 불길하다。처로 인한 구설 여름에 재수있고 五월은 관재수

손재수 심화병이 온다。

시험 낙방 취직 불성 혼인 성립 병 회복 소송 불길

丙二二四

공명은 이루어 진다。취직도 되어 이름이 들친다。재수는 있으나 자주 왕래 해야 소득

이 크다。어장을 하면 거액이 오고 먼곳에 가면 큰 손재가 있다。부당한 재물을 먹지

마라 동쪽 사람이 해친다。집안은 길사가 있고 화목한 운이나 웃물을 파면 큰일 난다。

시험 낙방 취직 성립 혼인 불성 병 회복 소송 승리

丙二二五

정직하지 못하면 낙제된다。집으로 오다가 도둑 만날 운이다。재수는 없다。여러 가지

계책을 세워도 다 무너지니 후회가 있을 뿐이다。효도가 지극하면 영예의 소문이 난

다。손재당하고 있는 중에 흉액이 생기고 집이 요란하고 슬하에 근심이 있다。마음 속

이 복잡해 출입하기도 싫은 형편이다。

시험 낙방 취직 불성 혼인 불성 병 회복 소송 실패

困 卦

丙二二六

공명은 없고 취직도 곤란하다。 재수 운은 상업도 재미없고 하던 직업에 열중 하라 신

규 사업은 재미 없다。 배 타고 사업 하면 승무원이 도둑이다。 남에게 사기나 도둑 맞

을 운이다。 九월에 남쪽에 가면 재수가 있다。 부모 근심 있고 一、二월은 액운과 시비

가 있다。 집이 불안하고 자식 근심 손재 수가 있다。

시험 낙방 취직 불성 혼인 불성 병 반생 반사 소송 화해

萃卦評曰　聚也

兌上坤下六親

　　、八　未　父　戌　父　　春吉
　　、　　酉　兄　申　兄
　　、　　亥　孫　申　兄
　　、八　卯　才　申　兄　　六月卦夏吉
　　、八　巳　官　辰　父　　秋平
　　、八　未　父　子　孫　　冬平

萃者聚也　上下俱柔　宜保羊牛　終不成憂

象格　魚龍會來之課

内外喜悅　萬事蓄息　他人克己

詩斷

如水就下之象

陰會陽來事未期　造舟楫濟水邊簷
花前結實庭前果　西北將來尚自趨
急尋水球墻邊火　浪起魚驚事不虛
天雨霖霖三五候　到頭火滅不傷魚

解卦

亨王假有廟利見大人亨利貞用、大牲吉利有攸往、象曰澤上干皆萃君子以除戒器戒不虛。

（朱子）曰萃者聚之象故、爲萃亨士貞可以至平、祖廟之中卜祭吉占也

萃卦　當年訣

出行有得　折桂龍門　負義何人　盡其誠心　橫財到身　書中有祿　難免身憂
在家鬱鬱　若非雲路　訟起官門　事在先墓　三春佳節　東風花開　辰巳之月　若近酒色

萃卦

午朱之月　橫被口舌　三秋之數　若近吊門　事不如意　亥子三爻　水路亦凶　求利自得
夜行見敗　有訟官門　與人爭利　憂及荊妻　財何妄動　北不遠行　可察身厄　財上見害

萃卦　疾病訣

心腹疼痛　腹部成魔　飲食不納　火克其金　鬼壓攻肺　身外無物　本命囚葬　先退鬼祟
寒熱往來　時伏時現　難得元氣　連珠成疾　春鷄唱血　何惜銅山　喪門妻妾　后用其藥

萃卦

甲二三一
尋花暮春　時期已晚　所望安在　東耶西耶　凡事當路　何不速舉　宅神不安　苦爲致甘
杜宇獨啼　未得如意　指魚而立　佳客自南　疑慮多端　終未追悔　小有憂故　雖憂無妨

甲二三二
時事紛紛　平地風波　烟雲充腸　南家北家　圖南圖北　驚人傷心　君子轉任　戈雨彈雨
如兵出陣　沙飛石走　鬱積心忪　鬼聲啾啾　精神難定　武氣冲天　小人移宅　生死未判

甲二三三
東園桃李　夢得千金　鶯花富貴　臨事經營　完全事業　若不愼之　申酉之月　二十五絃
片時春光　覺來虛事　都在三春　金姓不利　何人欲害　好事多魔　妖星照門　有聲不清

甲二三四
木實繁兮　大其財兮　富又富兮　此非吉兆　大福在天　勿貪勿意　今年之運　申亥之月
彼其枝兮　傷其心兮　貧又貧兮　必生身病　小福在人　允執厥中　財旺身敗　一喜一悲

甲二三五
旱年秋收　求財遠近　支離多思　夢造新家　西耶南耶　勿聽其言　虎宿林中　靜居宅中
盡入農費　盡入路費　晝宵以計　幾作瓦解　何人招余　大有損財　不見其畏　精神修養

甲二三六
平澤太守　紅塵如夢　登山而樵　樂在其中　杜門不出　事在家中　文書在旺　莫貪財利
撫松盤桓　不如守家　臨水而漁　歲月悠悠　消遣世慮　未決憂疑　利在筆端　勿爲強求

萃卦

乙二三一
將受山陰　宴我佳賓　寅丑之月　佳客自南　古林生財　寅申之方　澤水高堂　速發非難
顯祖揚名　獻榮高堂　門多吉慶　好書入門　文書之間　有物難得　口舌必多　以火生財

乙二三二
林苑有書　喜神來臨　東園花節　良工不棄　畫網難踪　老人指揮　必是金物　春酒欺人
西動不吉　金多出入　憂其梅妻　西柱泛水　錦鱗困步　丑未之月　南往得財　白馬貴客

乙二三三　水旺之節　子孫之事　麥熟四月　添口不吉　北方之事　辰戌之月　丹山嵬嵬　金物不利

不平在上　勞心不寐　恐有失火　損財有數　田土有損　無得有失　見害獨犬　可求高山

乙二三四　勞心艱艱　魚變成龍　寅巳之月　天在移遷　大實有利　可畏官災　文書兩發　謹保二人

先事紛紛　一戰科場　並執文書　賣買何事　植樹成林　金城困步　貴客往來　得失相半

乙二三五　亂動不吉　林風之運　門戶不安　雖有變恠　老木來助　子午之方　名聞千里　黃金積積

父母之業　含笑得意　家多病故　亦多慶事　爭弄千金　事事吉昌　寶玉多情　生財兩処

乙二三六　白楊空山　家運否塞　誰防變恠　離別之前　徘徊四方　蜂蝶欲散　南北之間　豺狼吮血

鳴呼身世　經營致敗　泛舟無定　賣宅得吉　勞勞無得　古林香空　盡散千金　事事莫營

萃卦 경험결

丙二三一

공명이 이루어지고 취직도 성립된다. 재수운은 문서가 왕래하면서 소득이 생긴다. 물질이 있어도 교섭이 안되고 구설이 종종 있었다. 조상의 음덕으로 이름을 날리니 가문이 우러러 본다. 남쪽은 귀인이 오고 좋은 소식 들려 준다. 매매에 너무 주저말고 급히진 행하면 소득이 있다.

시험 합격 취직 불성 혼인 파괴 병 회복 소송 승리

丙二三二一

공명은 돈 안쓰면 동점에서 제외된다. 취직 운도 그러하다. 재수 운은 남쪽에 화성과 거래하면 소득이 크고 동쪽과 거래하면 좀 작다. 서쪽은 불길하고 봄에 처의 근심 있고 재물 수입도 크지만 지출도 많다. 노인의 지휘를 받으면 이익이 크고 봄에 실수 없으면 귀인이 도와 준다. 목재나 임야를 취급하면 큰 돈이 온다.

시험 성립 취직 성립 혼인 성립 병 회복 소송 승리

丙二三三三

공명은 실력 부족이다. 취직도 불성이나 재수는 토지로 인해 三、九、十一월 손재수 있고 힘껏 노력해도 얻어지지 않는다. 자식으로 인해 괴로와 잠을 못잔다. 그물을 던졌으나 고기가 없다. 四월은 화재가 두렵고 여자를 들여 놓으면 집이 불안하고 손재가

萃　卦

크다。 겨울은 부모 걱정 있고 욕심 부려도 큰 것은 없다。

시험 낙방 취직 불성 혼인 불성 병 신경 병 반복 소송 승리

丙二三四

공명을 얻었으니 마음이 상쾌하다。 뇌물을 바쳐야 높은 자리에 간다。 재수는 굵은 열매를 매매하면 소득이 크다。 문서가 양쪽에 발동하니 귀인이 와서 선도해 준다。 과거사로 인해 시끄럽고 손님과 언쟁을 피하라 잘못하면 큰 싸움이 벌어 진다。 이전이나 매매에 조심하라 여자가 원망한다。

시험 합격 취직 성립 혼인 성립 병 지리 소송 실패

丙二三五

고등 고시에 합격하니 만사람이 우러러 본다。 상관이 도와 좋은 자리에 부임한다。 취직운은 귀인이 시켜준다。 재수는 동쪽 사람이 도와 천금을 벌고 남북이 대길하고 보물을 얻게 된다。 양쪽에서 금전이 들어 온다。 망동하면 큰 실수가 있다。 집에 괴상한 일이 생겨서 불안하다。 큰 경사가 있어 칭찬을 받는다。 부동산을 팔지 않으면 가을에 보물을 얻는다。

시험 합격 취직 성립 혼인 성립 병 회복 소송 一심 승리 二심 패배

공명은 없다. 노력은 많았으나 하늘이 불응한다. 취직도 안되고 몸이 아프다. 재수운은 전력을 다해도 얻는 것이 없다. 남북 간에 왕래하다가 재물을 흩어 버린다. 신규 사업을 하면 파산된다. 집이 불안하고 이별하기 전에 집을 파는 것이 이익이다. 집을 비우지 마라 노인이 죽을 운이 있다.

시험 낙방 취직 불성 혼인 불성 병 회복 소송 물러 섬이 좋다.

咸卦評曰　感也

咸者感也　天下和平　夫婦安寧　無有不亨

天地感應　男女感應　感應之事

象格

山澤通氣之課

至誠感神之象

詩斷

山梅開後雷聲發　此際榮華亦未遲

未過東風變化時　潛身此須待雲泥

相感本無心　須知夙契深

此時宜娶婦　遇喜見珠金

解卦

亨利貞取女吉、象曰山下有澤、君子以虛受人。（朱子）曰、得咸男女之正婚姻之時故其卦為

咸其占亨而正利取女則吉。

咸卦

當年訣

花柳春風　手中金銀　東風作謀　虛散財物　寅卯之月　西人之言　辰巳之月　書鴈到門

繁華一身　久不成寶　蝶得花心　晚來自恨　必得小利　不可信聽　膝下有厄　利不他助

兌上艮下六親

八　、　、　、　八　八

父兄兄才孫才（冬平）　戌申申卯亥卯（秋凶）　父兄孫兄官父（夏平）　未酉亥申午辰（正月卦春吉）

午未之月　如無疾病　青山古寺　橫財申酉　甌破路上　戌亥之月　弄財千金　子丑之月
必有身厄　身及官災　至誠防厄　身作其孽　對人虛笑　喜事到門　家道亨通　南不乘舟
南字姓名　若不愼之
言不相通　再當官災

咸卦　疾病訣

乍寒多熱　飲食不進　重山崩退　天知神知　盛火土燃　所祟何物　春鷄三唱　村北名藥
小渴不止　膿血之災　好事爭禍　神殊可想　咽乾口燥　火爲張本　三誠祈神　僅濟其命

咸卦

甲二四一
東園桃李　和風漸退　病山草木　悲耶與耶　其地冲破　文書無氣　財政如何　卯辰之月
片時繁華　冷風將至　正非舊色　變更衣服　祖業無綠　改業最吉　用處忙忙　木星致害

甲二四二
火起崑崗　天更逸德　家中所禍　十避百愼　勿爲傳染　勿爲爭鬪　祈禱龍王　財宮之數
玉石俱焚　執于猛虎　誰怨誰尤　其孽可消　不畏問病　不爲官訟　轉禍爲福　塵生算板

甲二四三

雖云朽木　逢春亦花
愚者千慮　必有一得
八年敗兵　一勝登極
險中行順　至誠感天
先困後泰　運也奈何
欽成一功　非勞何及
臨淵羨魚　不如結網
事頭形便　妄爲正室

甲二四四

養池一魚　生角登天
施雲行雨　功及我苗
快哉快哉　我養之物
溥沱麥飯　盛賀不己
青鳥照身　身上無恙
兄神司權　心志必困
隨人悅意　亦稱吾意
今年之數　安過太平

甲二四五

猛虎出林　烏鵲共咻
何不安本　空然外意
何人呼余　不如緊張
財上形容　牽犢遠行
興受雜技　莫有親近
虛荒多思　不如作心
紛紛口舌　再起不絕
然而身上　應無大厄

甲二四六

七年大旱　甘雨始降
君子出世　百人歡迎
周遊四海　位高德重
恩人在後　事不艱難
文爻帶旺　文書有利
小人之利　舟車衣眠
土旺之數　身旺財旺
財爻隱伏　不快何日

咸　卦

乙二四一

改舊從新　身隨白雲
若無外服　必憂子孫
門戶不正　其勢不久
坐向不吉　無主魂存
火庫有金　不見其人
人心好變　無網求魚
三軍一破　更求廉頗
金戶落日　無得徘徊

乙二四二

武陵紅桃　北舟易傾　宅神不安　何事作室　舉網夜歸　魚家莫宿　遲遲有成　幾成之時

手弄二枝　先事紛紛　家憂層生　五人必死　西川得魚　以樑壓身　水邊黃金　虎人欲奪

乙二四三

才能超人　動土何事　木神比和　秋風之節　財能得利　無乃活之　非義不食　東窗雞燈

東方密謀　憂子憂孫　家無吉事　牛馬所傷　利在山林　他人受益　德似顏仁　密成其謀

乙二四四

南土埶文　寅方之人　人宅雖和　內吉外凶　東南之間　危処莫行　心神虛動　午辰之月

見害綠林　偶成是非　盜賊間侵　文神送禍　得失相半　損土之數　可拜三星　買土買山

乙二四五

急人風高　欲動未能　泄我靈氣　五月西田　濫用不吉　項羽擊秦　正心莫出　得失相半

活星照身　家多損財　兩挾黃金　我財半損　其本難治　乃授劉季　動則有害　散金得金

乙二四六

家道漸否　衆土難動　善防凶變　寅方動土　利在田土　隱居深山　東方之害　齊家修身

兄弟不睦　事在至鈍　家在賢妻　妻痛兒痛　東出不利　暗財在心　偶及吾家　惟我之道

咸卦 경험결

丙二四一

공부는 충분하나 자기 착오로 낙방된다。취직도 불가 하다。재수는 그물 없이 고기를 잡으려고 한다。계획이 깨어진후에 귀인을 만날려고 하나 금년은 소득이 없다。옛 것을 고치고 새로운 것을 따를려고 한다。외부 복제가 있고 자식 걱정 집이 편치 못하다。현재에 만족하지마라 미래가 불길하다。자손이 다친다。

시험 낙방 취직 불성 혼인 불성 병 회복 소송 승리

丙二四二

노력은 많지만 공명운은 없다。취직도 불가하고 배 타면 물에 빠질 운이다。꿈은 컸으나 깨고보니 허사이다。집에 우환이 자꾸 생긴다。집을 짓지 마라 주인이 죽는다。만약 어업을 하면 소득이 크지만 다른 어부집에 자면 집이 무너진다。좀 느리기는 해도 물가에 소득이 크다。도둑이 따르니 경계를 잘 해야 한다。

시험 낙방 취직 불성 혼인 파괴 병 회복 소송 승리 해도 불쾌

丙二四三

공명은 작전 계획을 잘 세워도 귀인이 안 도우면 탄로가 난다. 정직하면 작은것은 얻어진다. 취직은 되어도 녹이 작아 불만이다. 자식 격정 집 수리 하면 불길한 일이 있다. 명예를 얻어도 봉급이 약하고 사업을 해도 소득에 불만이 있다. 자식 격정 있고 일시에 비리를 저지르면 전부 토해 내야 한다.

시험 합격 취직 성립 혼인 성립 병 회복 소송 화해

丙二四四

귀인을 믿지마라 공명은 낙방된다. 취직도 동쪽 사람이 뺏을려고 하니 미리 낌새를 알고 진행하라 재수 운은 동남간에 있으나 득실이 상반이다. 남의 말을 들으면 토지가 없어 진다. 마음이 흔들리니 참선하면 三, 五월에 부동산을 산다. 봄은 시비가 있고 도둑이 오고 외부에서 흉액이 들어 온다.

시험 낙방 취직 불성 혼인 불길 병 회복 소송 패배

丙二四五

공명은 귀인과 합심해도 손재가 있을 뿐이고 취직도 안된다. 재수 운은 서쪽이 불길하

다。 강력한 계획으로 추진 해도 어그러 진다。 정직한 마음으로 집에 있으면 화가 없고

망동 하면 손재가 크다。 천리를 거역 하면 내 재산과 힘이 빠진다。 양쪽에 재운 있어

도 득실 상반이 되니 남은 것이 적다。

시험 낙방 취직 불성 혼인 불성 병 지리 소송 지리 득송

丙二四六

공명도 직장도 운이 없다。 재수는 토지를 매매 하면 이익이 크다。 동쪽은 불리하니 거

래를 하지마라 수신제가에 노력하면 복이 들어 온다。 형제 간에 마음이 상하고 흉액이

오니 어진 처자의 말을 들으면 면해진다。 동쪽에 흙을 파거나 집수리 하면 처와 자식

이 함께 아프다。

시험 낙방 취직 불성 혼인 불성 병 위험 소송 화해

蹇卦評曰　難也

蹇者難也　不利東北　多有變塞　尚可疑惑
蹇利西南　背明向暗　求事未遂

象格　飛雁唧蘆之課
　　　背明向暗之象

詩斷　一對鴛鴦水上飛　池荷風暖日初歸
　　　山前山後故人會　始覺役茲路不迷

蹇語月誰知　逢羊始是時
蟻頭方見立　終到鳳凰池

解卦　利西北不利　東北利見大　人貞吉、象曰君下有水蹇　君子　以反身脩德、（朱子）曰　足是誰也、
　　爲卦艮下坎上　見險止故、爲蹇西南平易、東北險阻　又艮方也　方在中見不　宜徒險故、其占
　　曰利西南　不利東北　當蹇之時、必見大人、後可險難、必守正後　得言。

蹇卦　當年訣
山隔水阻　吳江古渚　盲蛇逐蛙　經難就安　身邊多否　正月佛供　若不然也　巳午之月
夢煩他鄉　無面難渡　誤入蘆中　守己待時　春不成事　三月移舍　家禍層生　愼之八人

坎上艮下六親

八	子	孫	卯	才
丶	戌	父	亥	孫
八	申	兄	亥	孫
丶	申	兄	卯	才
八	午	官	亥	孫
八	辰	父	卯	才

春凶　夏平　八月卦秋吉　冬病

蹇　卦

家出三災　脫衫燒庭　未申之月　莫求官祿　八九月間　因修之孽　愁雲散盡　歲暮之月
悲一憂二　至誠防厄　西不去來　市不取利　夢煩他事　親戚之害　膝下有喜　手成土文
莫言他事
落眉官災

蹇卦　疾病訣

寒熱往來　鬼攻肺腑　筋骨擔弱　水屬腎經　宅基不利　肝腎俱虛　怒虎開口　讀經治方
難免脚病　顛沛可畏　步行亦難　溺水可畏　冤魂啾啾　夢枕不安　歸路忙忙　命極危篤

蹇　卦

甲二五一
陟彼岵兮　若有侍下　心如浮云　身如垂楊　顧此微身　恩人自退　財數云何　靜處安分

甲二五二
瞻望父兮　憂在春堂　曾無定處　常若風擺　于誰而怨　害者相逢　有名無實　勿求他策

昔年李密　鬼嘯古基　勿忱恒居　軟木移植　巳午之月　亥子之月　家事安危　理精理神
九歲能行　居住不隱　速移其宅　枝葉繁盛　火起崑山　苦花爲甘　懸有今年　勿出邪路

甲二五三

雪滿窮巷　孤松特立
千暴萬惡　難屈我性
千辛萬苦　不變我心
能守本性　自有扶持
雖不成家　亦不敗家
秋風之節　先損後益
與愛雜技　一不近平
籬花自香　無端招蝶

甲二五四

白首老人　相對圍碁
坐作千家　專心專目
內有隱憂　外有花笑
雖云用財　必有喜事
凡事經營　勿為預定
臨時手端　勝於大体
若守大体　勞而無功
然而不良　花逢冷雪

甲二五五

鍾鳴故國　父子相感
愁雲自消　祥雲自起
喜中加喜　不禁其笑
恩人垂眷　以天如海
雁書千里　必有消息
利在何處　舟車田宅
天福守基　勿求外財
凡我所憂　故人先知

甲二五六

東天隱雨　西天白日
葉落家中　花笑門前
在家多愁　出外多喜
門治不利　外求必利
意外橫財　幼作春夢
亥子之月　慶星照門
賢財損志　愚財益過
勿欲勿怠　允執厥中

蹇　卦

乙二五一

頭戴綠水　百事耗散
水旺之節　膝下有痛
有家無主　憂患種種
散財他鄉　災變如麻
空谷求獸　有意未得
齊牛着錦　戰于沙場
江山有村　半損其物
徘徊四方　所求難得

乙二五二
巳午之方　西南之間　家宅比和　門戶欲動　西方有寶　遲遲不成　隱於詩酒　求謀不成
勞勞生財　與人是非　別無凶事　移北不吉　三分之勢　急圖有得　竹溪七賢　求財易得

乙二五三
晝夜勞心　東南之間　基地來克　朱雀喧向　女人心合　西月欲落　南林深深　得失之間
兄弟之事　生財逢厄　不可久居　八人可憎　隱密之事　入林莫出　二女相爭　一人何知

乙二五四
水旺之節　寅申之月　事事無害　坤方不吉　得酒夜歸　亭下論事　我物他得　舟沒古江
得財西山　事在先墓　宅神不動　小憂子孫　西江有月　其害不少　久則見敗　水月無光

乙二五五
我心不善　剩受祖德　家宅雖和　門神爲動　珠玉積箱　海上有物　速者未得　田土利害
與人必爭　欣欣先事　間多見敗　鑿山不吉　論兵會稽　得寶三分　退後有成　往向畊老

乙二五六
山上青木　先墓不吉　水旺之節　有舌無常　三人合心　論事易失　東南之間　耗星照身
可畏風霜　子孫多病　產母招禍　人在是非　北戰見敗　是非北起　有得卽退　損土有數

丙二五一

과거 보러 가다가 다치는 운이다. 취직도 괴로울 뿐이고 성립 못한다. 재수 운도 마음
은 훤한데 되지 않는다. 활도 없이 새를 잡을려 하니 준비가 모자란다. 배 타지 말고
겨울에 자식 아프고 재산이 흩어진다. 집안에 재화가 일어나 복잡 해 지고 주인이 외
지에 나가 고통을 당하는 격이다.

시험 낙방 취직 불성 혼인 불성 병 회복 소송 패배

丙二五二

공명운은 있으나 실력을 과신하거나 정씨와 의논하면 낙방 되고 참선 하고 심사 숙고
하면 합격 한다. 취직 되어도 복잡한 자리에 간다. 문서로 재물 구하면 서쪽에서 얻어
진다. 느리면 뺏앗기고 급히 서둘면 얻어진다. 남쪽은 재수 있고 서쪽은 시비가 있다.
집이 움직이고 북쪽을 옮기면 손재가 크다.

시험 합격 취직 성립 병 회복 소송 패배

丙二五三

공명은 낙방 되고 취직은 가을에 된다. 재수 운은 여자와 합심하여 비밀 공작을 할려

고 한다. 두 여자가 싸우니 내가 손해 본다. 형제간 일로 주야로 근심한다. 동남 간은

재물이 생겨도 액을 만난다. 택신이 발동하니 이사하면 길하다. 화재가 있으니 미리

대책을 세워라.

시험 낙방 취직 불성 혼인 불성 병 회복 소송 패배

丙二五四

귀인이 도와도 하늘이 말린다. 자기 실력 부족을 모르고 과도한 벼슬을 구한다. 취직

은 겨울에 된다. 재수 운은 밤에 술 마시고 의논한 일이 손재가 크다. 내 이익은 남이

가져가니 속이 상한다. 겨울에 서쪽에 이익이 있다. 집은 안전하고 서남이 불길하며

자식 근심이 있다.

시험 낙방 취직 十、十一월 성립 혼인 성립 병 회복 소송 패배

丙二五五

과거 운은 없고 중도에 액운이 있다. 가을 운은 길하다. 취직은 성립한다. 세 사람이

합심하여 이익을 三등분 한다. 급하면 깨어지고 물러섰다가 이루어 진다. 어려운 일이

생기면 노인에게 물어라 착하지 못한 마음으로 싸우면 안된다. 대지가 유리한 집에 살

고 있으니 묘소나 집을 고치지 마라 남쪽을 옮기면 손해가 크다。

시험 낙방 취직 불성 혼인 불성 병 회복 소송 자퇴 대길

丙二五六

기적적인 재주가 있으나 유명무실 해 진다。 취직은 九월에 성취 된다。 여러 사람이 합
심해도 북쪽은 실패 한다。 시비가 일어나 얻는 것도 버리고 토지도 없어질 운이다。 조
상 묘가 발동하니 자손들이 아프다。 겨울은 처궁에 화 가 있고 구설 시비가 있다。 실수
가 있으니 북쪽을 조심하라。

시험 낙방 취직 성립 혼인 불성 병 위험 소송 패배

蹇　卦

謙卦評曰　退步也

謙者退也　謙而有虧　尊人自卑　萬事無違
日月有盈　謙謙君子　利用謙遜

坤上艮下六親

　　　八八八、八八八

酉 兄	寅 才	春平
亥 孫	戌 父	夏吉
丑 父	午 官	九月卦秋吉
申 兄	卯 才	
午 官	亥 孫	冬吉
辰 父	卯 才	

象格
地中有山之課
仰高就下之象

詩斷
衆理事當連　憂疑蒲日前
若逢明鏡照　撓括在虛傳
運蹇時乖莫強謀　得安身處且優遊
若逢天上人開口　便有生涯着意求

解卦
亨君子有終、象曰地中有山　謙君子　以衆多益、寡稱平施。(朱子)曰、物山高地卑乃　屈而止、干其下謙之象也、占者如是則　亨通而有終矣。

謙卦當年訣
不求名達　鳳入鷄群　兩人獵兎　雀成其巢　謙事自退　莫求官事　辰巳之月　內有子憂
隱市隨俗　以上親下　后者先得　鷗鳥奪之　春無取利　外不煩行　移舍北方　外及官訟

謙

疾病訣

午未之月　拜佛祈山　七八秋月　不聞所聽　戌亥之月　路中多厄　子丑之月　退事更進
荊憂難免　可免其厄　客來不利　莫作同行　愼之盜賊　不可遠行　手不取文　與人爭舌
火氣往來　進退留連　兩鬼扶身　因人傷心　推察病源　陽轉陰轉　飲食不下　敬祈退鬼
足跌疼痛　難拔病根　魂不入廟　自傷其身　風寒濕熱　病無頭緒　先治和腸　九死一生

甲二六一

拔釰指天　福德照全　依賴人力　如免獄囚　福神不現　吾用吾錢　身數日何　青山璞石
意在雪恥　何言筆舌　至於成功　一身如飛　財不多生　何人侵吾　健康之格　有玉未琢

甲二六二

聽彼秧歌　冰寒古宅　運數如此　若不移居　借問財程　福星來照　雖入水火　官星逢克
移則多實　花發新基　何不福耶　妖魔來戲　自養之福　自不犯形　不是畏也　轉禍爲福

甲二六三

雪中寒木　苦海已渡　悠悠所望　不可何人　日花東園　勿爲偏說　禍不犯身　琴宮之數
方得春風　極樂當前　終日酣歌　將次自由　金花方開　還的虛妄　身在安康　祈禱無妨

謙　卦

甲二六四

黃葉逢霜　時運否塞　每事當頭　甘言利説　文書有氣　勿近文書　舟車田宅　以待吉運
草木蕭蕭　觸處多敗　愼字爲吉　定如雪磋　財絶其源　圖事不中　干預則吉　舒心活動

甲二六五

天地極寒　東奔西走　門楣冷落　浮萍殺犯　自求楡葉　蓬萊求仙　案卷無情　戌亥之月
雪花如手　不見其益　難保故里　客路一悲　食道漸艱　正是虛妄　六親不和　預察機微

甲二六六

春城細雨　災去厄消　然而不助　官災入門　身數康寧　利路如何　原神逢絶　愁在家門
綠草菲菲　今繞舒氣　自強自立　心志太平　如玉無瑕　先損后益　過望不吉　利在外方

乙二六一

水旺之節　垣墻未治　萬事耗散　多木逢風　山雉變形　害及其身　非但損財　晝火不顧
恒在憂中　綠林窺門　莫論北方　身病可畏　無啄下野　東人何同　向北見敗　遙望空天

乙二六二

高山植木　有家難居　木神變化　卽移家宅　事必歸虛　巽巳之方　多木難孕　徘徊四方
有風自枯　可憐身世　家憂種種　死亡必至　有萌無根　未得傷心　無母求子　勞心忉忉

乙二六三
兄弟之宮　家多離別　有意未得　水室雖毀　他人有室　損財無得　辰巳之月
不睦何事　患故連綿　馬不食土　動土不吉　欲入何心　田土有分　向南向北　營事無咎

乙二六四
頻顧左右　子孫之事　家宅不睦　二陰難和　受害難言　誰與相分　沒於誰謀　順而起之
人無一助　分戶之象　苑多鬪聲　無成無得　無用欲用　得失非好　往東有損　事在險陷

乙二六五
左右寶物　火入金庫　得寶何心　金器欲破　老嫗無力　金其夜深　山水之間　木復有金
欲得踟蹰　迎財送物　宅神不動　倉庫烟生　頭戴其物　貪是貪彼　有得非奇　半成半退

乙二六六
木旺爭土　運入土中　憂患維何　爲物所壓　身變爲文　病土重重　聲動高閣　酒熟花開
必憂父母　滯疾可畏　宅神逢空　金石一嘆　以土爲力　女哭其夫　初得后失　破軍老將

謙卦 경험 결

丙二六一
과거운은 없고 병만 얻는다. 북쪽사람 장난으로 문서가 변동하여 취직도 곤란하다. 재

수운은 동쪽 사람과 거래하면 손재가 온다. 재운이 숨었으니 노력해도 중도에 깨어진

다. 겨울은 근심있고 시비가 일어난다. 도둑이 따르니 북쪽으로 가지마라 계획은 깨어

지고 몸에는 병이 온다.

시험 낙방 취직 불성 혼인 불성 병 여름 위험 기타는 회복 소송 불리

丙二六二

공명은 없다. 취직도 희망이 없으니 모든 것으로 자기에게 구하라 재수 운은 어미 없

는 자식을 구하는 격이니 남방이 불길하고 사방을 돌아다니며 애를 태우는 격이다. 나

무가 태풍을 만나 마르는 격이다. 자식 근심 우환이 종종 있고 집을 옮기면 사망할

운이다.

시험 낙방 취직 불성 혼인 불성 병 위험 소송 화해 제일

丙二六三

공명은 되어도 부임할 곳이 없다. 취직이 되어도 허물 뿐이고 소득은 적다. 재수 운은

있어도 뜻대로 안되어 토지에 손재수 있고 남북에 작은 소득 있고 괴로와도 三, 四월은

무사하다. 형제간에 화목하지 못하고 토왕절은 우환이 계속한다. 뜻대로 안되고 집 수

리하면 불길하다.

시험 낙방 취직 불성 혼인 성립 병 회복 소송 승리

丙二六四

용이 산 위에 있으니 공명은 얻지 못하고 끝짜기에 빠진다. 취직은 적은 것으로 큰 것을 바꾼다. 재수는 동업하여 분배하는 수다. 득실이 있어도 별 재미 없고 동쪽은 불리하고 비리를 취하면 구렁이에 빠진다. 사방을 둘러봐도 도와줄 분이 없다. 분가할 수이며 자식 격정이 화목지 못하다.

시험 낙방 취직 성립 혼인 성립 병 회복 소송 화해

丙二六五

내 실력을 과시 말고 적당한 곳에 응시하면 합격한다. 재수 운은 보물 두개가 다 탐이 나지만 얻어도 달갑지 않다. 반이나 이루어 졌다가 물러선다. 산 위의 웅덩이 물과 같으니 차차 새어서 없어 진다. 화재가 두려우니 철저한 대책을 세워라.

시험 낙방 취직 불성 혼인 불성 병 지리 회복 소송 지리 불리

丙二六六

공명 얻으러 갈려고 해도 갈수가 없다. 부모 재산을 쓰자니 죄가 되고 돈 안쓰면 사업

謙 卦

이 안된다. 취직도 곤란하고 울고 싶은 심정이다. 남자 병으로 부인이 울고 처음은 소
득이 있지만 뒤에 잃어 버린다. 부모 근심 있고 가택이 공을 만났으니 질병과 우환이
있다. 긴장하고 후퇴 아니하면 무척 괴로와 할 운이다.

시험 낙방 취직 불성 혼인 성립 불길 병 위험 소송 승리

小過卦　評曰　小過者　過　也

震上艮下六親

飛鳥翩翩　進則有咎　無憂過失　出入不利
翱翔于天　退則無愆　疾病相纏　必有迍邅

象格　飛鳥遺音之課　上逆下順之象

		震上艮下六親	
官兄父	巳酉丑	父兄官	戌申午　二月卦春吉
才孫才	卯亥卯	兄官父	申午辰
冬平	秋吉	夏吉	春吉

詩斷
躁進將成妄　狂圖恐見災
寧身須待命　福祿自然來
子午年中喜　逢猪先立根
鹿從天上至　氣象滿柴門

解卦
亨利貞可、小事不可大、事飛鳥遺之音　不宜上宜下大吉、象曰山上有雷　小過君子以行過乎恭喪　過乎哀用　過乎儉。（朱子）曰陰過于陽　可以亨矣　以柔得中故　可小事以剛　失位故　不可大事　宜下而大吉也。

小過卦當年訣
小過有滯　不宜大事
古之君子　不卑小官
蜀道如天　遠行無功
鳥欲高飛　絕翼落網
寅卯之月　暫聞口舌
口舌爭利　春財入手
巳午之月　大人必助
若不得祿　官事勞力

未申之月　數年望事　豈不美哉　八九秋月　甘心小利　三冬不吉　鷄鳴夜半　掛冠東門
有事西北　可必成意　意合上下　有利遇望　勿營大事　舟道莫行　孟嘗出關　運萌見機

小過卦　疾病訣

腹中脹滿　鬼泣宅中　一女含怨　句巳土侵　若成重月　重山崩頹　氣急狂動　屬心退祟
飲水不下　進退留連　五月飛霜　未免內腫　走馬脫鞍　家宅蒼荒　自促其命　急用百草

小過卦

甲二七一
片雲殘日　小事細愁　疑之又疑　滌盡塵愁　文書逢破　求財形象　莫經大事　瀟湘歸路
江山熹微　精神昏迷　快之不快　日出還生　事無結局　旱池蓮花　恐被人嘲　故人無情

甲二七二
赤壁風波　古塘秋風　五行之中　舟中之人　預知出處　家中有魔　卦象如此　欲知吉運
火光沖天　落葉蕭蕭　愼之八人　皆是敵國　無至良旦　移居則吉　莫問財數　待下明春

甲二七三
枳棘之林　瞻前顧后　勿聽其言　遂完梅花　求財形象　計算不中　在家出他　四時之間
鳳非所止　盡是佞人　事事倒懸　拍掌大笑　旱天細雨　趑趄已而　苦樂一般　申酉不宜

甲二七四
玉堂貴人　官府自動　生殺殺權　橫行天下　衛門自開　農叟賈客　禍來福去　求財不中
連折桂枝　運當移居　在於掌中　心無所畏　親友相來　不利此卦　豈可堪當　心藏熱火

甲二七五
居官治民　千里遠程　風便一聲　經之營之　求財各地　故基無德　憤心生處　急事生憂
人心不合　淚洒情人　惡聲拍耳　七冲三合　寒風蕭蕭　他鄉有利　忍之爲德　慎慎爲德

甲二七六
天堂生活　十年工夫　恩人無關　繁花春夢　官耶鬼耶　吉月良辰　祭天祭斗　庶幾象觀
勝於人間　阿彌陀佛　仇人無關　一朝如灰　與我無緣　至誠齋戒　良友爲吉　蘭枝生花

小過卦

乙二七一
文書之事　魂耶鬼耶　文書來往　惡星重重　世無良工　無得無失　性不資德　雖有才能
必也損財　有聲無形　家變難言　即移家宅　難琢玉山　事必耗散　但愛其職　艱難無利

乙二七二
長安爲僧　以文得財　家宅雖好　誰與爭之　損而無益　百禽爭實　與人分之　女必滛亂
滛亂之事　並執双文　男女兼出　累見血光　事亂如麻　草木無價　其利何多　修身勿動

乙二七三
文章有用　心世東南　朦巳入夢　久居不吉　先損後得　小過有滯　莫問寅方　筋力極困
損財得順　事急難成　頻見火災　巷金耗散　凶多吉少　先損后得　危事當前　道路何遠

乙二七四
為我子孫　怛怛憂心　種種有損　貧寒難免　豆泣釜中　損多得少　文書亂動
經營先事　損財辰戌　田宅之間　一身難処　兩挾文書　兄弟不睦　不如早定　田土之間

乙二七五
人窺我物　山舌有撓　我無其罪　古寺遺墟　以鐵作器　玄碧之物　女舌多煩　旺在其水
猶豫未決　巫妄可愼　口舌頻起　金鍾爲災　口舌之財　可稱其利　愼避無害　北去多得

乙二七六
不成心勞　五月青山　家事逢空　文書之事　奔走東西　金玉何寶　文人何言　路有豺狼
經營何事　難免堂憂　事事耗散　眼精有痛　在家無日　不如一身　事事歸虛　散盡世業

小過卦 경험 결

丙二七一
공명은 얻을 수 없다。 취직도 이룰 수 없다。 재수는 지혜를 다 짜내도 일이 흩어진

다。여자를 멀리하라 자기 덕성 부족으로 모르고 직장만 탐내는 재주 있어도 상사가
불응한다。문서로 인해 손재 수 있고 집에 괴상한 일이 있어 울어야할 일이 있다。재
앙이 있으니 이사가면 길하다。

시험 낙방 취직 불성 혼인 불성 병 三、四월 위험 소송 승리

丙二七二
공명은 귀인이 있어도 나의 실력이 부족하니 망동하면 깨어진다。취직은 귀와 녹이 만
족하다。노래 부르는 여자와 음탕하면 큰 망신을 당한다。문서로 인해 재물을 얻고 집
은 안전하나 가족이 가출 할 수다。싸우면 죄가 흐르니 자식이 울게 된다。

시험 낙방 취직 성립 혼인 성립 병 회복 소송 화해

丙二七三
공명 운은 없고 취직은 귀인이 도와도 은혜를 입지 못한다。작은 직장은 된다。재수는
먼저 손해 보고 뒤에 이익이 온다。할머니 말을 깊이 들어야 소득이 크고 고집 대로
동방에 가면 위험 천만이다。동쪽 문서 때문에 손재 있으니 급히 처리 해야 한다。불
조심하고 마음이 약하면 손재가 크고 흉한 일이 많다。

시험 낙방 취직 불성 혼인 성립 병 지리 소송 패배

丙二七四
공명 운은 헛 힘만 쓰고 깨어진다. 취직은 一、七월에 이루어 진다. 재수는 양쪽에 연
락이 왕래하나 목적 달성되어도 오래 못간다. 형제가 화목지 못하고 토지 관계로 문서
가 난동하여 손해는 많고 이익은 적다. 조상과 자식 근심 三、九월은 슬프고 재주는
약하고 일이 크니 곤란을 면하기 어렵다.
시험 낙방 취직 성립 혼인 불성 병 지리 회복 소송 패배

丙二七五
과거에 합격하니 만사람이 칭찬한다. 귀인이 없으면 보직은 못 받는다. 취직은 돈을
좀 써야 빠르다. 재수는 구설이 앞서고 검고 푸른 물건은 이익이 있다. 무당이나 여자
입을 피하면 화가 없고 겨울에 북쪽에 가면 소득이 크다. 타인이 내것을 엿보고 있으
니 임무에 충실하고 남의 말을 듣지 마라 죄없이 구설을 듣는 수다.
시험 합격 취직 성립 혼인 성립 병 회복 소송 불리

丙二七六
공명은 실패하고 재기 할 길이 없다. 취직은 얻어도 보잘 것 없다. 재수는 보물을 생

각지말고 내 몸을 중시하라 분주 하기만 하고 일은 허사가 되고 중도에 도둑 을 만나 사업이 깨어진다. 일이 안되니 괴롭다. 부모와 여자 애가 아프고 일이 흩어진다. 신규 사엽은 하지 마라.

시험 낙방 취직 불성 혼인 성립 병 위험 소송 패배

小過卦

歸妹卦評曰　無快也

歸妹未吉　天地不交　有殃有咎　所作不順
其道將窮　閑塞不通　無始無終　必見其凶

象格
浮雲蔽日之課
陰陽不交之象

詩斷
春花秋月兩相思　好展眉頭折故枝
幸得一重恩信及　須如車馬慶回歸
喜令閨門慶吉祥　因禍成撓也須防
閨門女子宜防謹　水厄消時又火殃

解卦
征凶無攸利　象曰澤上有雷歸妹、君子以永終知敝（朱子）曰嫁曰歸妹少女也、兌以少女而從
之長男以柔剛故　其占征凶無攸利也。

歸妹卦　當年　訣
見機出入　書往書來　家憂未掃　勤於生道　三春爭利　近求財祿　若向東吊　巳午夏月
事有終始　事必有期　出身無暇　損中有益　以惡得財　莫作遠行　憂及堂上　公門見利

震上兌下六親
八、八、八、、、
戌　父　　巳　官
申　兄　　酉　兄
午　官　　丑　父
丑　父　　辰　父
卯　才　　寅　才
巳　官　　寅　才
春凶　夏吉　七月卦秋凶　冬吉

膝下有病　難得越人
六月炎風　添口不利
金風秋月　財上多害
成亥之月　進退有言
困時有助　如兄如弟
子丑之月　勞力來祿
納履東西　纏得小利

歸妹卦　疾病訣

寒熱昏沈　血光之災
男則便血　女則下血
陽歸陰巢　贅魂泣門
骨肉摧殘　傷心違□
青書誤鬼　吾□邪□
□室三喪　□
古祠寂寞　破厨倫理
誠禱玉女　病可得瘥

甲二八一

少女歸山　變態仙人
一步青雲　世稱仙官
若不讀書　恨歎無己
利見□人　所望□意
商□　石□
文書卜筮　金圈玉花
春風歸路　貴人捉手
術學則效　醫治則療

甲二八二

花古將老　疎客多懷
繁華時代　何不長遠
香閣美人　反目不笑
事多如雷　興味蕭疎
錦□　來□
火生心臟　事在先殆
鬼入家宅　未知歸定
不可遷住　預爲安宅

甲二八三

蟻行篩輪　去去何處
念住難住　欲遠難遠
周旋事業　勞苦不已
心雖慄忿　事則遷□
身□勤　如□□
文書有氣　志如滄海
借問財程　不多不少
明月蘆花　何處尋之

甲二八四

萬古名將　拜退闕門　位高祿重　一聲高處　草野人民　入山修道　卜筮之人　意外求財
腰下帶釦　天恩自深　豪氣無双　人皆自服　利在謁貴　活氣層層　金聲靜靜　臨水掬月

甲二八五

大旱望雨　年已歸歟　極力周旋　欲見恩人　橫財不成　喜事不至　讚聲何歸　盤桓客地
紅日滿天　倉庫不實　歸於虛妄　反見仇人　自股刺傷　憂疑漸生　口舌先添　汗馬無功

甲二八六

無心白雲　無事人生　但知其間　文耶簿耶　年老無德　有花無實　千里遠程　瞻彼闕門
或散或聚　自眠自起　不知時變　無端傷心　年少無德　有喜無慶　雁書非來　半開半落

歸妹卦

乙二八一

每受人德　宅不安定　以金代木　能解亂麻　月俎可畏　海水深深　有餌釣鰲　勿牛何耕
易失人心　身在險陷　膝下何憂　仁聲遠聞　魚求其鹽　老龍得珠　水滿高澤　三日一寸

乙二八二

臨事多疑　門木頻鳴　人心雖驚　不廉累德　事在危殆　非利何貪　大澤何渡　夏草有肥
怪事並出　膝下何憂　宅神不動　有事無終　病人難和　魚食其魚　春水易解　牛眠之方

乙二八三
自作之孽 家道不齊 宅神已老 門前乞人 身挾富貴 天寒窮村 寶鏡欲破 黃金燕臺
得罪先祖 上憂難免 萬事虛椽 不如善慰 金玉滿堂 老將得馬 女疑其男 買骨亦利

乙二八四
子宮有憂 憂彼荊布 天厩乃空 木變無土 深澤何塗 羨之無益 長者困窮 二人爭業
離別之嘆 種種招禍 牛馬難畜 爲物所傷 其中有魚 不如結網 老婦頻笑 士有其心

乙二八五
臨事猶豫 秋風之運 神不敢侵 蝶舌多煩 鐵器每動 雙財非好 小妾何人 其物易得
口舌重重 身入金橫 地吉家昌 莫近花酒 口舌之物 疑人不吉 二口分金 猛虎欲窺

乙二八六
以寶傷誼 左右不動 每事不成 家故必生 申子之月 無知愚夫 家產不顧 貪楚貪秦
親戚不睦 事必歸正 家神亂動 水無其岐 小利在南 發臂捕虎 妻病難生 過貪反害

歸妹卦 경험결

丙二八一
과거도 취직도 돈 아끼면 안된다. 공부가 부족하니 돈으로 사야한다. 금성이 도와도 헛말 뿐이고 속셈은 돈에 있다. 은인을 배반하고 물러서니 이웃 사람이 비방 한다. 재수는 가을에 있고 슬하에 근심있고 집이 불안 하고 몸이 복잡한 구렁이에 빠진다. 칭찬이 멀리 들리게 해야 한다. 여름에 문서 입수 되고 구설과 심화병이 온다. 시험 돈 써야 합격 취직 돈으로 사라.

혼인 성립 병 회복 소송 三전 三승

丙二八二

과거 운은 없다. 하늘이 말린다. 취직은 때를 기다려야 한다. 재수는 위험한 일 하면 손해 본다. 비리를 탐하면 감옥에 가고 여름에 북쪽에 가면 재수가 있다. 가문에 놀랄 일과 의심이 생기고 괴상한 일이 발생한다. 슬하에 근심 있고 조상이 지은 죄로 집이 울고 만사가 시작은 있으나 끝이 없다. 집을 달래야 길하다. 동갑은 불리, 봄 겨울이 사, 상주될 운이고 여자가 생긴다.

시험 낙방 취직 성립 후 사직 혼인 성립 병 반생 반사 소송 화해

丙二八三

공명 운은 없고 취직은 목성이 도우면 반드시 된다. 재수가 있어 무엇을 해도 길하

다。부부 싸움있고 여자가 의심하니 두개의 구슬중 하나는 버려야 한다。부모 걱정 가

정불안이 있다。문앞에 걸인이 오거든 위로 해야 한다。조상이 지은 죄를 내가 갚아야

하기 때문이다。부귀를 얻거든 잔치를 벌려 인심을 얻어라 손 위 손 아래 근심 문서발

동 부부불화 심화병이 온다。

시험 낙방 취직 성립 혼인 성립 병 회복 소송 승리

丙二八四

공명은 제갈양 재주를 써도 안된다。취직도 얻을 수 없다。재수는 준비가 모자란다。

남과 경쟁하려고 한다。낚시가 있어야 고기를 잡을 운이다。자손궁에 근심있고 이별수

있고 마누라 근심 재앙이 자꾸온다。동물을 사육하는 사람은 동물 때문에 죽는다。다

칠운이 있으니 술과 밤길은 조심해야 한다。

시험 낙방 취직 불성 혼인 불성 병 위험 소송 승리

丙二八五

공명 운은 없다。괴물이 내 공을 뺏아간다。취직은 금성과 귀인이 도와 이루워 진다。

양처에 구설이 있고 첩을 사랑하면 집안이 복잡하다。개를 입갑으로 범을 낚으니 함정

歸妹卦

에 빠진다。 가을 운은 재수가 있으나 한쪽만 취직해야 한다。 화류계에 투신하면 여자

구설이 있고 손재가 크다。

시험 낙방 취직 성립 혼인 성립 병 지리 회복 소송 화해

丙二八六

공명은 귀인이 도와야 된다。 큰 것은 안되어도 작은 것은 된다。 양쪽에 재물이 있으니

처첩이 싸울수다。 이씨가 미워하니 부정을 하지마라。 두개를 탐내면 하나도 안된다。

七、十一월에 남쪽이 유리하고 처의 병으로 가정이 불안하다。 친척 불화와 형제의 근

심이 있다。

시험 낙방 취직 불성 혼인 성립 병 위험 소송 불리 상대방이 죽는다。

風水渙卦破字解釋表

文在空山（凶）
刀巴水鷄（色酒）
死亡相繼（怨）
三双二木（樑）
家失其豕（宀）
王口得之（害）
草日大士（墓）
大巳戴西（遷）
失負三尸（淚）
一木在文（枝）
文山門耳（凶聞）
次沒其血（盜）
三人一珠（爭）
月邊亡王（望）
林鬼戴尸（魔）
才妾非吉（接）

黑鼠半朋（至月望日）
中中一心（患）
心中多禾（移）
公言己失（訟敗）
百友有心（憂）
子失其母（不好）
龍犬不鬪（辰戌）
女抱其子（好）
日走兩山（日出）
立月三己（龍）
各水雨云（洛雲）
草冠七人（花）
三人有母（海）
十羊入園（圍）
土有其心（志）
一木中貝（橫主人）

兩絲言友（變）
戒負其貝（賊）
黃木屍巳（橫死）
寒足落鐵（蹇）
土有其口（吉）
子失其女（不好）
青山暮雨（親病）
兩口之犬（哭）
小火禾心（愁）
才員才貝（損財）
戶犬臨水（淚）
甘句文馬（驚）
二十之洛（落）
戶馬北月（驢背）
安河影分（分）
一貝掛木（財）

草洛木弟（落梯）
人王分珠（全朱）
也土其土（地基）
二十七人（花）
草人三口（落）
飛雉折羽（升）
巴月充食（肥飽）
二山影分（出）
二山重人（出入）
月落雲門（閒）
九土負失（短矬）
八丘二人（兵）
西月三韋（灞）
廿日以火（莫）
入于非戶（扉）
二人得生（往）

易 斷 實 例

酉月丙午日　貿易　利否

師之坎

斷曰　午火才爻가　持世하고　亥水兄이　劫殺을　이루고　요행이　亥水가　土로　變하여　兄爻를　克하니　害가　없다。　午才　世爻가　日辰과　合力하니　可以　得財運이나　其年　九月　兄이　飮酒로　暴病에　걸려　死亡　했다。　亥兄이　變鬼한　까닭이다。

申月戊寅日　自己病

坤之比

斷曰　世孫이　絶於寅日이나　요행이　申月이　도와　酉가　旺하니　藥이　없어도　庚辰에　完快할　것이다。

卯月乙未日占　漁船機關故障으로　遠海漂流中이라고　無電來到　했는데　生死如何

履之中孚

斷 曰 子孫이 持世 하였으니 근심할 것 없다。 乾變巽風은 逆風이니 申時에 突然逆風으

로 배가 돌아올 것이다。 四爻文動 克世해도 未兄爻가 生世하니 근심할 것 없다。

子月己亥日 連日降雪 何日 晴

觀之比

斷 曰 兩爻巳官이 暗動하니 今日은 온종일 陰氣가 있다。 卯木 財爻가 化出하여 子水가

되니 明日 卯時에 개일 것이다。

子月乙未日 升進 與否

兌之困

斷 曰 卯木이 未日에 入墓하고 巳官이 休囚 無氣하므로 功名얻기 어렵다。 世應 相冲

및 六冲이고 巳官이 寅巳 三刑이니 不利하다。

午月丙辰日 移舍 良否

謙之明夷

斷 曰 用神文爻가 克世하니 不吉하다 했더니 余言을 不聽하고 其人이 이미 계약 했으니

할수 없이 移舍를 斷行 하겠다는 것이었다。 秋節이 不利하니 至極操心하라 했더

니 어째서 그러느냐고 反問하였다。 卯木이 辰土를 克하고 辰土가 克世하는 까닭

이라고 했다。果然七月에 축대가 무너져 집이 부서지고 자식들이 骨折傷을 當하

였다。

卯月甲午日 占 晴否

夬之大壯

斷曰　子爻退神이니 酉日快晴할 것이다。

午月丁亥日 濃雲 欲旅行 陰晴 與否

遯之否

斷曰　申雲中에서 日光이 變出할 것이다。 果然 當日申時에 快晴하였고 翌日 亦是大晴

하였다。申雲이 卯雷를 쫓기 때문이다。

申月戊申日 訴訟 成否

旅之晋

斷 曰 子爻가 持世 했으니 근심할 것 없다. 訴訟은 깨어지고 화해가 될 것이다. 卯父
가 克世하여 惡嗔이 되니 父母의 譴責이 있을 것이다.

未月壬申日 孫子 病

姤之大過

斷 曰 亥孫이 丙子日에 帝旺이니 丙子日에 完快할 것이다. 旺土 生金이 亥孫을 生하는
까닭이다.

巳月壬申日 不動産 買入 適否

坤之剝

斷 曰 欲求하는 財爻가 月破되고 子孫이 變鬼하니 酉日이 不吉하다. 子息이 夜中 越墻
投入하여 資金을 훔쳐가서 賭博을 하여 蕩盡하고 送廳 受刑되었다.

卯月戊辰日 兄弟 爭財 和否

震之歸妹

斷 曰 大凶卦이다. 반드시 뜻하지 않는 화가 있을 것이다. 兄爻가 退神하여 克世하기

때문이다。果然 서로 치고 받아 크게 다치고 두 사람이 함께 一個月以上 入院하였다。

酉月辛巳日　夫婦 離婚 與否

泰之明夷

斷曰　兄爻가 持世하고 才爻를 酉月이 生하며 巳日에 沖動한다。亥水가 祿馬가 되면서 暗動하니 心思를 알 수 없으나 若干의 未練은 있어도 生離別할 運이 濃度가 強하다。伏巳父이 才爻와 相沖하니 반드시 부모의 비밀 띠임으로 離婚할 것이다

果然 離婚이 되었다。

寅月丁巳日　女人職場 與否

旅之离

斷曰　用神 孫爻가 回頭克하고 또 怨嗔이 되니 就職이 困難하다。應 財爻가 日辰과 半合하나 無力하다。伏亥官이 있으나 暗動하여 兩火와 沖突하니 有言而不成이다。

卯月甲申日　孫病 發熱 極甚

謙之蹇

斷　曰　亥孫이　申日에　長生이　되니　丁亥日에　完快될　것이다.

卯月甲辰日　母病

大壯之夬

斷　曰　子孫이　進神으로　動化했으니　安全하다.　酉日必癒　하리라.

寅年丑月丙申日　十七才　少年　天癎病

旣濟之需

斷　曰　官鬼가　克世하니　病厄을　면할　수　없다.　過二十才　脫鬼가　되니　其間이　危險하다.　(反問　어째서　그런가)　十九才　辰年　土鬼가　入墓되고　太旺하기　때문이다.　果然　辰年九月에　死亡하였다.

申月酉日　鬱陵島　旅行　乘船　安否

家人之漸

斷　曰　世爻가　旺하고　日辰　世應　三合이니　安全하다.　卯兄爻　發動해도　卯辰　怨嗔이고　酉官과　相沖하고　空亡까지　兼했으니　無事할　것이다.

巳月戊寅日　遠距離에　巨額빚을　받으러　가는데　받겠는가?

离之豊

斷曰　酉金財爻가　不動이다。己卯日　酉財가　相冲하니　明日　酉時에　받는다。反問　兄爻

持世에　發動까지　했으며　世가　財를　克하고　世應이　相冲에　日辰과　三刑이니　破財

卦가　아닌가?　余曰非然也라　初學者는　여기서　파고　들어　가야　한다。바둑의　묘

수풀이　처럼　나오는　것이다。兄爻가　動하여　化墓하여　財爻를　克하지　않는　까닭

이다。元來月破　旬空　空化墓는　無力한　것이다。(累驗)

亥月甲子日　子息(中學生)이　家出　何日오겠는가?

革之夬

斷曰　己巳日에　돌아온다。反問　어째서　그런가?　世爻가　相冲하는　까닭이다。寅孫이

世와　合하고　日辰이　午才와　克하니　旅費가　떨어져　돌아온다。

이것은 三個의 교도소의 재소자와 四個의 綜合病院의 大手術患者를 相對로 調査한 것이다.

나이 단수가 一三五七九는 五七九가 不吉하고 단수 二四六八十은 자기 나이를 六으로 나누어

○이 되는 해, 자기 나이를 八로 나누어 ○이 되는해, 자기 나이를 九로 나누어 一이 남을 해

가 不吉하다. 이것을 감정 할때 참고로 하여 확률을 내어 보기 바란다. 그리고 五十五가 天干

地支 모두 相冲이어서 괴로운 해임을 알았다.

以上年令 該當者는 新規事業이 不吉하다. 크게는 死亡 負傷 大手術 受刑 病身되는 者가 많고

중간은 詐欺 失物 跌跎 官災 天災地變으로 損財 衝突等이 있다. 적게는 不意의 事故 火災 不正

逃亡 離別 妻病 父母死亡 六畜損傷 子息근심 사소한 失物 詐欺等이 있다. 精神的으로 괴로운

일과 肉体的 疾病 身困이 많다.

四柱構造가 旺強者는 無事하고 虛弱한 者는 被禍確率이 대단히 높다.

吉神凶殺 略辭

聖人이 宇宙의 循環原理를 探蹟攄得하고 陰陽兩極의 焦点變化에 對하여 그 循轉象程을 索隱

하고 太陽의 焦点과 陰極의 毒氣가 宇內物質變化에 無限大의 影響이 있음을 先覺하고 人類와

萬物을 救濟하기 爲하여 雷風雲霧雨露霜雪과 地震海溢과 微生物로 因한 疾病天災地變이 生物無

生物間에 生、衰、病、死를 豫知시키기 爲하여 吉神凶殺의 綱領을 下敎하였다。 遭丟後學이 捏造한

神殺이 渾然霧中이 되어 그 活用에 憊悶이 至極하다 이를 調査하기 爲해 筆者가 直接各國을 巡

訪하여 神殺의 書籍을 購入 精讀하고 書信質疑도 屢次하였으나 神通하지 못했고 神殺二千餘種에

驚愕을 不禁하였다。 이를 矯整하기 爲하여 圖示照査와 九宮布演으로 審査하여 誤謬를 芟除하고

理論에 符合되는 것만 選出하였으나 菲才에 時間이 없어 깊이 硏鑽을 못하고 解釋에 完璧을 期

하지 못함을 寬裕한 容赦가 있기 바라는 바다。 內容은 年月別、 吉凶別、 가나다順으로 索引에

便利를 期하고 擇日에 便宜를 爲하여 年月日、 四季、 五行、 其他로 神殺이 配置되어 있다。 同種

異義와 異種同義는 그대로 收錄하였다。 活用에는 一覽表를 作成하여 吉多凶少는 取用하고 凶多

吉少는 取捨한다。 其他未收錄事項은 主人에게 天月德、 天月德合、 天乙貴人、 祿馬를 利用해서

事用하면 無頉이다。 (筆者累驗)

年神從歲干起

吉神用圓圈

歲干	歲德	歲德合	歲祿	陽貴	陰貴	金神
甲	甲	己	寅	未	丑	午未申酉
乙	庚	乙	卯	申	子	辰巳
丙	丙	辛	巳	酉	亥	寅卯午未子丑
丁	壬	丁	午	亥	酉	寅卯戌亥
戊	戊	癸	巳	丑	未	申酉子丑
己	甲	己	午	子	申	午未申酉
庚	庚	乙	申	丑	未	辰巳
辛	丙	辛	酉	寅	午	寅卯午未子丑
壬	壬	丁	亥	卯	巳	寅卯戌亥
癸	戊	癸	子	巳	卯	申酉子丑

取納甲卦變

歲干	甲	乙	丙	丁	戊	己	庚	辛	壬	癸
	巽	艮	坤	震	離	坎	兌	乾	巽	艮

破敗五鬼

年神從歲干起

陰符太歲・浮天空亡

陰符太歲	浮天空亡
巽艮	壬离
乾兌	癸坎
坤坎	辛巽
離乾	庚震
震坤	乙坤
巽艮	甲乾
乾兌	丁兌
坤坎	丙艮
離乾	甲乾
震坤	乙坤

隨歲支順行四方

歲支	奏書。	博士。	力士	蠶室	蠶官	蠶命	大將軍	太歲
子	乾	巽	艮	坤	未	申	酉	子
丑	乾	巽	艮	坤	未	申	酉	丑
寅	艮	坤	巽	乾	戌	亥	子	寅
卯	艮	坤	巽	乾	戌	亥	子	卯
辰	艮	坤	巽	乾	戌	亥	子	辰
巳	巽	乾	坤	艮	丑	寅	卯	巳
午	巽	乾	坤	艮	丑	寅	卯	午
未	巽	乾	坤	艮	丑	寅	卯	未
申	坤	艮	乾	巽	辰	巳	午	申
酉	坤	艮	乾	巽	辰	巳	午	酉
戌	坤	艮	乾	巽	辰	巳	午	戌
亥	乾	巽	艮	坤	未	申	酉	亥

歲支順行四方

太陽。	丑	寅	卯	辰	巳	午	未	申	酉	戌	亥	子
喪門	寅	卯	辰	巳	午	未	申	酉	戌	亥	子	丑
太陰。	卯	辰	巳	午	未	申	酉	戌	亥	子	丑	寅
官符　畜官	辰	巳	午	未	申	酉	戌	亥	子	丑	寅	卯
枝德。死符小耗大耗	巳	午	未	申	酉	戌	亥	子	丑	寅	卯	辰
歲破	午	未	申	酉	戌	亥	子	丑	寅	卯	辰	巳
龍德	未	申	酉	戌	亥	子	丑	寅	卯	辰	巳	午
白虎	申	酉	戌	亥	子	丑	寅	卯	辰	巳	午	未
福德。	酉	戌	亥	子	丑	寅	卯	辰	巳	午	未	申
吊客　太陰	戌	亥	子	丑	寅	卯	辰	巳	午	未	申	酉
病符	亥	子	丑	寅	卯	辰	巳	午	未	申	酉	戌
巡山羅睺	癸	艮	甲	乙	巽	丙	丁	坤	庚	辛	乾	壬
六害	未	午	巳	辰	卯	寅	丑	子	亥	戌	酉	申
五鬼	辰	卯	寅	丑	子	亥	戌	酉	申	未	午	巳

歲支順行四方

歲馬	歲刑	劫殺	災殺	歲殺	伏兵	大禍	天官符	大殺	黃幡	豹尾	灸退	飛廉	獨火
寅	卯	巳	午	未	丙	丁	亥	子	辰	戌	卯	申	艮
亥	戌	寅	卯	辰	甲	乙	申	酉	丑	未	子	酉	震
申	巳	亥	子	丑	壬	癸	巳	午	戌	辰	酉	戌	震
巳	子	申	酉	戌	庚	辛	寅	卯	未	丑	午	巳	坎
寅	辰	巳	午	未	丙	丁	亥	子	辰	戌	卯	午	巽
亥	申	寅	卯	辰	甲	乙	申	酉	丑	未	子	未	巽
申	午	亥	子	丑	壬	癸	巳	午	戌	辰	酉	寅	兌
巳	丑	申	酉	戌	庚	辛	寅	卯	未	丑	午	卯	离
寅	寅	巳	午	未	丙	丁	亥	午	辰	戌	卯	辰	离
亥	酉	寅	卯	辰	甲	乙	申	酉	丑	未	子	亥	坤
申	未	亥	子	丑	壬	癸	巳	午	戌	辰	酉	子	乾
巳	亥	申	酉	戌	庚	辛	寅	卯	未	丑	午	丑	乾

月神取月建三合

天道	天德	月德	天德合	月德合	月空	三合	五富	臨日	驛馬（天后）	劫殺
南	丁	丙	壬	辛	壬	戌午	亥	午	申	亥
西南	坤	甲	·	己	庚	亥未	寅	亥	巳	申
北	壬	壬	丁	丁	丙	申子	巳	申	寅	巳
西	辛	庚	丙	乙	甲	酉丑	申	丑	亥	寅
西北	乾	丙	·	辛	壬	戌寅	亥	戌	申	亥
東	甲	甲	己	己	庚	亥卯	寅	卯	巳	申
北	癸	壬	戊	丁	丙	辰子	巳	子	寅	巳
東北	艮	庚	·	乙	甲	巳丑	申	巳	亥	寅
南	丙	丙	辛	辛	壬	午寅	亥	寅	申	亥
東	乙	甲	庚	己	庚	未卯	寅	未	巳	申
東南	巽	壬	·	丁	丙	申辰	巳	辰	寅	巳
西	庚	庚	乙	乙	甲	酉巳	申	酉	亥	寅

月	災殺 天火	月殺 月虛	大時 大敗 咸池	游禍	天吏 致死	九空	月刑	五墓	九坎 九焦	土符	地囊
正	子	丑	卯	巳	酉	辰	巳	乙未	辰	丑	庚子庚午
二	酉	戌	子	寅	午	戌	子	乙未	丑	巳	乙未癸丑
三	午	未	酉	亥	卯	丑	辰	戊辰	戌	酉	甲子壬午
四	卯	辰	午	申	子	未	申	丙戌	未	寅	己卯己酉
五	子	丑	卯	巳	酉	辰	午	丙戌	卯	午	甲辰壬戌
六	酉	戌	子	寅	午	戌	丑	戊辰	子	戌	丙辰丙戌
七	午	未	酉	亥	卯	丑	寅	辛丑	酉	卯	丁巳丁亥
八	卯	辰	午	申	子	未	酉	辛丑	午	未	丙寅丙申
九	子	丑	卯	巳	酉	辰	未	戊辰	寅	亥	辛丑辛未
十	酉	戌	子	寅	午	戌	亥	壬辰	亥	辰	戊寅戊申
十一	午	未	酉	亥	卯	丑	卯	壬辰	申	申	辛卯辛酉
十二	卯	辰	午	申	子	未	戌	戊辰	巳	子	乙酉癸酉

月神取月建三合

月神												
陽德。	戌	子	寅	辰	午	申	戌	子	寅	辰	午	申
陰德。	酉	未	巳	卯	丑	亥	酉	未	巳	卯	丑	亥
天馬。	午	申	戌	子	寅	辰	午	申	戌	子	寅	辰
兵禁。	寅	子	戌	申	午	辰	寅	子	戌	申	午	辰
大殺	戌	巳	午	未	寅	卯	辰	亥	子	丑	申	酉
往亡	寅	巳	申	亥	卯	午	酉	子	辰	未	戌	丑
歸忌	丑	寅	子	丑	寅	子	丑	寅	子	丑	寅	子
要安。	寅	申	卯	酉	辰	戌	巳	亥	午	子	未	丑
玉宇。	卯	酉	辰	戌	巳	亥	子	午	未	丑	申	寅
金堂。	辰	戌	巳	亥	子	午	未	丑	申	寅	酉	卯
敬安。	未	丑	申	寅	酉	卯	戌	辰	亥	巳	子	午
普護。	申	寅	酉	卯	戌	辰	亥	巳	子	午	丑	未

月神取月建三合

福生。	聖心。	益後。	續世。血忌	六合。	天願。	兵吉。	六儀。厭對招搖	天倉。	月害。	月厭 地火	天賊
酉	亥	子	丑	亥	子亥乙	卯寅丑	辰	寅	巳	戌	丑
卯	巳	午	未	戌	亥戌甲	寅丑子	卯	丑	辰	酉	子
戌	子	丑	寅	酉	戌酉乙	丑子亥	寅	子	卯	申	亥
辰	午	未	申	申	酉申丙	子亥戌	丑	亥	寅	未	戌
亥	丑	寅	卯	未	申未丁	亥戌酉	子	戌	丑	午	酉
巳	未	申	酉	午	未午戊	戌酉申	亥	酉	子	巳	申
子	寅	卯	辰	巳	午巳己	酉申未	戌	申	亥	辰	未
午	申	酉	戌	辰	巳辰庚	申未午	酉	未	戌	卯	午
丑	卯	辰	巳	卯	辰卯辛	未午巳	申	午	酉	寅	巳
未	酉	戌	亥	寅	卯寅壬	午巳辰	未	巳	申	丑	辰
寅	辰	巳	午	丑	寅丑癸	巳辰卯	午	辰	未	子	卯
申	戌	亥	子	子	丑子甲	辰卯寅	巳	卯	午	亥	寅

月恩。丙丁庚己戊辛壬癸庚乙甲辛

復日。甲乙戊丙丁己庚辛戊壬癸己

月神隨四序

四序	天赦	母倉	四相	時德	王日	官日	守日	相日	民日
春	戊寅	亥子土王後巳午	丙丁	午	寅	卯	辰	巳	午
夏	甲午	寅卯土王後巳午	戊己	辰	巳	午	未	申	酉
秋	戊申	辰戌丑未土王後巳午	壬癸	子	申	酉	戌	亥	子
冬	甲子	申酉土王後巳午	甲乙	寅	亥	子	丑	寅	卯

四擊　戊　丑　辰　未

四忌　甲子　丙子　庚子　壬子

四窮　乙亥八龍　丁亥七鳥　辛亥九虎　癸亥六蛇

四耗　壬·子　己·卯　戊·午　辛·酉

四廢　庚申　辛酉　壬子　癸亥　甲寅　乙卯　丙午　丁巳

五虛　巳酉丑　申子辰　亥卯未　寅午戌

八風　丁丑　丁巳　甲辰　甲申　丁未　丁亥　甲戌　甲寅

月神隨月建順行

建　兵福。小時土府。

除　吉期。兵寶。

	正	二	三	四	五	六	七	八	九	十	十一	十二
建	寅	卯	辰	巳	午	未	申	酉	戌	亥	子	丑
除	卯	辰	巳	午	未	申	酉	戌	亥	子	丑	寅

滿 天巫。福德。	平 死神 陽月天罡 陰月河魁	定。 時陰。死氣。	執。 小耗	破 大耗	危。	成。 天喜。天醫。	收 陽月河魁 陰月天罡	開。 時陽。生氣。	閉 血支
辰	巳	午	未	申	酉	戌	亥	子	丑
巳	午	未	申	酉	戌	亥	子	丑	寅
午	未	申	酉	戌	亥	子	丑	寅	卯
未	申	酉	戌	亥	子	丑	寅	卯	辰
申	酉	戌	亥	子	丑	寅	卯	辰	巳
酉	戌	亥	子	丑	寅	卯	辰	巳	午
戌	亥	子	丑	寅	卯	辰	巳	午	未
亥	子	丑	寅	卯	辰	巳	午	未	申
子	丑	寅	卯	辰	巳	午	未	申	酉
丑	寅	卯	辰	巳	午	未	申	酉	戌
寅	卯	辰	巳	午	未	申	酉	戌	亥
卯	辰	巳	午	未	申	酉	戌	亥	子

月神隨月建順行

黃黑道日

青龍	明堂	天刑	朱雀	金櫃	寶光	白虎	玉堂	天牢	元武	司命	句陳
子	丑	寅	卯	辰	巳	午	未	申	酉	戌	亥
寅	卯	辰	巳	午	未	申	酉	戌	亥	子	丑
辰	巳	午	未	申	酉	戌	亥	子	丑	寅	卯
午	未	申	酉	戌	亥	子	丑	寅	卯	辰	巳
申	酉	戌	亥	子	丑	寅	卯	辰	巳	午	未
戌	亥	子	丑	寅	卯	辰	巳	午	未	申	酉
子	丑	寅	卯	辰	巳	午	未	申	酉	戌	亥
寅	卯	辰	巳	午	未	申	酉	戌	亥	子	丑
辰	巳	午	未	申	酉	戌	亥	子	丑	寅	卯
午	未	申	酉	戌	亥	子	丑	寅	卯	辰	巳
申	酉	戌	亥	子	丑	寅	卯	辰	巳	午	未
戌	亥	子	丑	寅	卯	辰	巳	午	未	申	酉

解神。

月神從厭建起

月	正	二	三	四	五	六	七	八	九	十	十一	十二
解神	申	申	戌	戌	子	子	寅	寅	辰	辰	午	午

不將。

月	不將日
正	丙寅 丁卯 丙子 丁丑 己卯 丁亥 庚寅 己丑 辛卯 己亥 庚子 辛丑 辛亥
二	乙丑 丙寅 乙亥 丙子 丁丑 丙戌 丁亥 己丑 庚寅 己亥 庚子 庚戌
三	甲子 乙丑 甲戌 乙亥 丙子 丁丑 乙酉 丙戌 丁亥 己丑 丁酉 己亥 己酉
四	甲子 甲戌 乙亥 丙子 甲申 乙酉 丙戌 丁亥 戊子 丙申 丁酉 戊戌 戊申
五	癸酉 甲戌 乙亥 癸未 甲申 乙酉 丙戌 乙未 丙申 戊戌 戊申 癸亥
六	壬申 壬戌 癸酉 甲戌 壬午 癸未 甲申 乙酉 乙未 甲午 戊戌 戊申 戊午
七	壬申 癸酉 壬午 癸未 甲申 乙酉 癸巳 甲午 乙未 乙巳 戊申 戊午
八	戊辰 辛未 壬申 戊午 辛巳 壬午 癸未 甲申 壬辰 癸巳 甲午 甲辰 戊申
九	戊辰 庚午 辛未 庚辰 辛巳 壬午 癸未 辛卯 壬辰 癸巳 癸卯 戊午
十	己巳 庚午 己卯 庚辰 辛巳 壬午 庚寅 辛卯 壬辰 癸巳 壬寅 癸卯
十一	丁卯 己巳 丁丑 己卯 庚辰 辛巳 己丑 庚寅 辛卯 壬辰 辛丑 壬寅 丁巳
十二	丙寅 丁卯 丙子 丁丑 己卯 庚辰 己丑 庚寅 辛卯 庚子 辛丑 丙辰

大會等日最凶

大會

月神從厭建起

月	正	二	三	四	五	六	七	八	九	十	十一	十二
大會	甲戌	乙酉	·	·	丙午	丁巳	庚辰	辛卯	·	·	壬子	癸亥

五七五

月	小會	行狼	了戾	孤辰	單陰	純陽	孤陽	純陰	歲薄	逐陣	陰陽交破
正	·										
二	己卯										
三	戊辰	甲申	丙申	戊申	庚申	壬申					
四	己巳	乙未	丁未	己未	辛未	癸未	戊辰				
五	戊午							己巳	戊午丙午		癸亥
六	·									戊午丙午	
七	·										
八	己酉										
九	戊戌	庚寅	壬寅	甲寅	丙寅	戊寅	戊辰		壬子戊子		丁巳
十	己亥	辛卯	癸丑	乙丑	丁丑	己丑		己亥		壬子戊子	
十一	戊子										
十二	·										

神煞	正	二	三	四	五	六	七	八	九	十	十一	十二
陰陽擊衝					壬子	癸丑					丙午	丁未
陽破陰衝				庚辰						甲戌		
陰位			己酉						己卯			
陰道衝陽								乙卯				
三陰	辛酉											
陽錯	甲寅	乙卯	甲辰	丁巳	丙午	丁未	庚申	辛酉	庚戌	癸亥	壬子	癸丑
陰錯	庚戌	辛酉	庚申	丁未	丙午	丁巳	甲辰	乙卯	甲寅	癸丑	壬子	癸亥
陰陽俱錯						丙午						壬子
絕陰					戊辰							
絕陽											戊戌	

大會等日最凶

日神取一定干支

天恩。 甲子 乙丑 丙寅 丁卯 戊辰 己卯 庚辰 辛巳 壬午 癸未 己酉 庚戌 辛亥 壬子 癸丑 共十五日

五合。 寅日 卯日

除神。五離 申日 酉日

鳴吠。 甲午 丙午 庚午 壬午 乙酉 丁酉 己酉 甲申 丙申 庚申 壬申 辛酉 癸酉

鳴吠對。 丙子 庚子 壬子 甲寅 丙寅 庚寅 壬寅 乙卯 丁卯 辛卯 癸卯

寶日。 丁丑 丙戌 甲午 庚子 壬寅 癸卯 乙巳 丁未 戊申 己酉 辛亥 丙辰 （干生支）

義日。 甲子 丙寅 丁卯 己巳 辛未 壬申 癸酉 乙亥 庚辰 辛丑 庚戌 戊午 （支生干）

制日。 丙申 丁酉 己亥 甲辰 戊子 庚寅 辛卯 癸巳 乙丑 甲戌 乙未 壬午 （干克支）

專日。 戊辰 己丑 戊戌 丙午 壬子 甲寅 乙卯 丁巳 己未 庚申 辛酉 癸亥 （干支同）

伐日　庚午　丙子　戊寅　己卯　辛巳　癸未　甲申　乙酉（支克干）

八專　丁亥　壬辰　癸丑　壬戌

甲寅　丁未　己未　庚申　癸丑

觸水龍　丙子　癸未　癸丑

重日　巳日　亥日

有宜無忌　大吉日　惟德合　赦願　所會之辰

二月　甲戌　月德　天願　　四月　丙申　天德合　天願　　六月　甲午　天月德　天赦

七月　戊申　天德合　天赦　　八月　庚辰　月德　天願　　九月　辛卯　天月德合　天願

十月　甲子　月德　天赦　　十二月　甲子　天赦　天願

此八日　固吉　倘值二分二至四離四絕月忌　月晦日　日食　月食　沖歲沖　命沖　坐山　亦當不用

時神從日干起

日祿。　　寅　卯　巳　午　巳　午　申　酉　亥　子

日干　甲　乙　丙　丁　戊　己　庚　辛　壬　癸

日干	天乙貴人。	喜神。	天官貴人。	福星貴人。	五不遇時	路空
甲	丑未	寅	酉	寅	午	酉申
乙	子申	戌	申	亥丑	巳	未午
丙	亥酉	申	子	戌子	辰	巳辰
丁	酉亥	午	亥	酉	卯	卯寅
戊	未丑	辰	卯	申	寅	戌子亥丑
己	申子	寅	寅	未	亥丑	酉申
庚	寅午	戌	午	午	戌子	未午
辛	午寅	申	巳	巳	酉	巳辰
壬	巳卯	午	丑未	辰	申	卯寅
癸	卯巳	辰	戌辰	卯	未	戌子亥丑

時神從日支起

日支	日合。	日馬。
子	丑	寅
丑	子	亥
寅	亥	申
卯	戌	巳
辰	酉	寅
巳	申	亥
午	未	申
未	午	巳
申	巳	寅
酉	辰	亥
戌	卯	申
亥	寅	巳

時神從日支起

日破	日害	日刑	日建。	青龍。	明堂。	天刑	朱雀	金櫃。	寶光。	白虎	玉堂。	天牢	元武
午	未	卯	子	申	酉	戌	亥	子	丑	寅	卯	辰	巳
未	午	戌	丑	戌	亥	子	丑	寅	卯	辰	巳	午	未
申	巳	巳	寅	子	丑	寅	卯	辰	巳	午	未	申	酉
酉	辰	子	卯	寅	卯	辰	巳	午	未	申	酉	戌	亥
戌	卯	辰	辰	辰	巳	午	未	申	酉	戌	亥	子	丑
亥	寅	申	巳	午	未	申	酉	戌	亥	子	丑	寅	卯
子	丑	午	午	申	酉	戌	亥	子	丑	寅	卯	辰	巳
丑	子	丑	未	戌	亥	子	丑	寅	卯	辰	巳	午	未
寅	亥	寅	申	子	丑	寅	卯	辰	巳	午	未	申	酉
卯	戌	酉	酉	寅	卯	辰	巳	午	未	申	酉	戌	亥
辰	酉	未	戌	辰	巳	午	未	申	酉	戌	亥	子	丑
巳	申	亥	亥	午	未	申	酉	戌	亥	子	丑	寅	卯

司命。

句陳

司命。　午　申　戌　子　寅　辰　午　申　戌　子　寅　辰

句陳　　未　酉　亥　丑　卯　巳　未　酉　亥　丑　卯　巳

此乃黃道黑道　時其起法與黃道日　不同

年神從遁干起例

年	丙丁獨火	戊己都天	庚辛天金神	壬癸水德
甲	子丑寅卯	辰巳	午未	申酉
乙	戌亥	子丑寅卯	辰巳	午未
丙	申酉	戌亥	子丑寅卯	辰巳
丁	午未	申酉	戌亥	子丑寅卯
戊	辰巳	午未	申酉	戌亥
己	子丑寅卯	辰巳	午未	申酉
庚	戌亥	子丑寅卯	辰巳	午未
辛	申酉	戌亥	子丑寅卯	辰巳
壬	午未	未申	戌亥	子丑寅卯
癸	辰巳	巳午	申酉	戌亥

此皆論方　不論日　以水德制火星　其義可取　戊己屬土入中宮疊　太歲爲堆黃道與月建　併忌動土　猶

土王用事之　不宜動土　今通書　雖不用　戊己於理亦　不背故　另編在　附卷

天干開山立向修方吉凶

天干年表

甲年開山立向修方吉

歲德甲　歲德合己　陽貴人未　陰貴人丑　歲祿寅

種目／月	正	二	三	四	五	六	七	八	九	十	十一	十二
飛陽貴	坎	離	艮	兌	乾	中	坎	離	艮	兌	乾	中
飛陰貴	兌	乾	中	巽	震	坤	坎	離	艮	兌	乾	中
飛天祿	中	坎	離	艮	兌	乾	中	巽	震	坤	坎	離
天道	南	南西	北	西	北西	東	北	北東	南	東	南東	西
天德	丁	坤	壬	辛	乾	甲	癸	艮	丙	乙	巽	庚
天德合	壬	・	丁	丙	・	戊	己	・	辛	庚	・	乙

甲年開山立向修方凶

種目／月	正	二	三	四	五	六	七	八	九	十	十一	十二
月德	丙	甲	壬	庚	丙	甲	壬	庚	丙	甲	壬	庚
月德合	辛	己	丁	乙	辛	己	丁	乙	辛	己	丁	乙
月空	壬	庚	丙	甲	壬	庚	丙	甲	壬	庚	丙	甲
月破	申	酉	戌	亥	子	丑	寅	卯	辰	巳	午	未
月建	寅	卯	辰	巳	午	未	申	酉	戌	亥	子	丑
劫殺	亥	申	巳	寅	亥	申	巳	寅	亥	申	巳	寅
災殺	子	酉	午	卯	子	酉	午	卯	子	酉	午	卯
月殺	丑	戌	未	辰	丑	戌	未	辰	丑	戌	未	辰
月刑	巳	子	辰	申	午	丑	寅	酉	未	亥	卯	戌
丙丁獨火	乾	中	中	巽	震	坤	坎	離	艮	兌	乾	中
丙丁獨火	中		巽	震	坤	坎	離	艮	兌	乾	中	中

修方凶　金神　午未申酉　破敗五鬼巽

乙年開山立向修方吉

歲德庚　歲合乙　陽貴人申　陰貴人子　歲祿卯

種目／月	正	二	三	四	五	六	七	八	九	十	十一	十二
飛陽貴	坤	坎	離	艮	兌	乾	中	坎	離	艮	兌	乾
飛陰貴	乾	中	巽	震	坤	坎	離	艮	兌	乾	中	坎
飛天祿	乾	中	坎	離	艮	兌	乾	中	巽	震	坤	坎
天道	南	西	北	西	北西	東	北	北東	南	東	南東	西
天德	丁	坤	壬	辛	乾	甲	癸	艮	丙	乙	巽	庚
天德合	壬	·	丁	丙	·	己	戊	·	庚	辛	·	乙
月德	丙	甲	壬	庚	丙	甲	壬	庚	丙	甲	壬	庚
月德合	辛	己	丁	乙	辛	己	丁	乙	辛	己	丁	乙
月厭	戌	酉	申	未	午	巳	辰	卯	寅	丑	子	亥
月害	巳	辰	卯	寅	丑	子	亥	戌	酉	申	未	午

乙年開山立向修方吉

乙年開山立向修方凶

種目／月	正	二	三	四	五	六	七	八	九	十	十一	十二
月空	壬	庚	丙	甲	壬	庚	丙	甲	壬	庚	丙	甲
月破	申	酉	戌	亥	子	丑	寅	卯	辰	巳	午	未
月建	寅	卯	辰	巳	午	未	申	酉	戌	亥	子	丑
劫殺	亥	申	巳	寅	亥	申	巳	寅	亥	申	巳	寅
災殺	子	酉	午	卯	子	酉	午	卯	子	酉	午	卯
月殺	丑	戌	未	辰	丑	戌	未	辰	丑	戌	未	辰
丙獨火	中	巽	震	坤	坎	離	艮	兌	乾	中	中	巽
丁獨火	巽	震	坤	坎	離	艮	兌	乾	中		巽	震
月刑	巳	子	辰	申	午	丑	寅	酉	未	亥	卯	戌
月害	巳	辰	卯	寅	丑	子	亥	戌	酉	申	未	午
月厭	戌	酉	申	未	午	巳	辰	卯	寅	丑	子	亥

修方凶　金神辰巳　破敗五鬼艮

丙年開山立向修方吉

歲德 丙　歲德合 辛　陽貴人 酉　陰貴人 亥　歲祿 巳

種目/月	正	二	三	四	五	六	七	八	九	十	十一	十二
飛陽貴	震	坤	坎	離	艮	兌	乾	中	坎	離	艮	兌
飛陰貴	中	巽	震	坤	坎	離	艮	兌	乾	中	坎	離
飛天祿	艮	兌	乾	中	坎	離	艮	兌	乾	中	巽	震
天道	南	南西	北	西	北西	東	北	北東	南	東	南東	西
天德	丁	坤	壬	辛	乾	甲	癸	艮	丙	乙	巽	庚
天德合	壬	·	丁	丙	·	己	戊	·	辛	庚	·	乙
月德	丙	甲	壬	庚	丙	甲	壬	庚	丙	甲	壬	庚
月德合	辛	己	丁	乙	辛	己	丁	乙	辛	己	丁	乙
月空	壬	庚	丙	甲	壬	庚	丙	甲	壬	庚	丙	甲

丙年開山立向修方凶

種目／月	正	二	三	四	五	六	七	八	九	十	十一	十二
月破	申	酉	戌	亥	子	丑	寅	卯	辰	巳	午	未
月建	寅	卯	辰	巳	午	未	申	酉	戌	亥	子	丑
刼殺	亥	申	巳	寅	亥	申	巳	寅	亥	申	巳	寅
災殺	子	酉	午	卯	子	酉	午	卯	子	酉	午	卯
月殺	丑	戌	未	辰	丑	戌	未	辰	丑	戌	未	辰

修方凶　金神　寅卯午未子丑　破敗五鬼坤

種目／月	正	二	三	四	五	六	七	八	九	十	十一	十二
丙丁獨火	坤震	坎坤	離坎	艮離	兌艮	乾兌	中乾	中	巽中	震巽	坤震	坎坤
月刑	巳	子	辰	申	午	丑	寅	酉	未	亥	卯	戌
月害	巳	辰	卯	寅	丑	子	亥	戌	酉	申	未	午
月厭	戌	酉	申	未	午	巳	辰	卯	寅	丑	子	亥

丁年開山立向修方吉

歲德 壬　歲德合 丁　陽貴人 亥　陰貴人 酉　歲祿 午

種目／月	正	二	三	四	五	六	七	八	九	十	十一	十二
飛陽貴	中	巽	震	坤	坎	離	艮	兌	乾	中	坎	離
飛陰貴	震	坤	坎	離	艮	兌	乾	中	坎	離	艮	兌
飛天祿	離	艮	兌	乾	中	坎	離	艮	兌	乾	中	巽
天道	南	南西	北	西	北西	東	北	北東	南	東	南東	西
天德	丁	坤	壬	辛	乾	甲	癸	艮	丙	乙	巽	庚
天德合	壬	·	丁	丙	·	己	戊	·	辛	庚	·	乙
月德	丙	甲	壬	庚	丙	甲	壬	庚	丙	甲	壬	庚
月德合	辛	己	丁	乙	辛	己	丁	乙	辛	己	丁	乙
月空	壬	庚	丙	甲	壬	庚	丙	甲	壬	庚	丙	甲

丁年開山立向修方凶

種 目／月	正	二	三	四	五	六	七	八	九	十	十一	十二
月破	申	酉	戌	亥	子	丑	寅	卯	辰	巳	午	未
月建	寅	卯	辰	巳	午	未	申	酉	戌	亥	子	丑
劫殺	亥	申	巳	寅	亥	申	巳	寅	亥	申	巳	寅
災殺	子	酉	午	卯	子	酉	午	卯	子	酉	午	卯
月殺	丑	戌	未	辰	丑	戌	未	辰	丑	戌	未	辰

修方凶　金神　寅卯戌亥　破敗五鬼　震

種 目／月	正	二	三	四	五	六	七	八	九	十	十一	十二
丙丁獨火	离坎	艮离	兌艮	乾兌	中乾	中	巽中	震巽	坤震	坎坤	离坎	艮离
月刑	巳	子	辰	申	午	丑	寅	酉	未	亥	卯	戌
月害	巳	辰	卯	寅	丑	子	亥	戌	酉	申	未	午
月厭	戌	酉	申	未	午	巳	辰	卯	寅	丑	子	亥

戊年開山立向修方吉

歲德 戊　歲德合 癸　陽貴人 丑　陰貴人 未　歲祿 巳

種目／月	正	二	三	四	五	六	七	八	九	十	十一	十二
飛陽貴	兌	乾	中	巽	震	坤	坎	離	艮	兌	乾	中
飛陰貴	坎	離	艮	兌	乾	中	坎	離	艮	兌	乾	中
飛天祿	艮	兌	乾	中	坎	離	艮	兌	乾	中	巽	震
天道	南	南西	北	西	北西	東	北	北東	南	東	南東	西
天德	丁	坤	壬	辛	乾	甲	癸	艮	丙	乙	巽	庚
天德合	壬	·	丁	丙	·	己	戊	·	辛	庚	·	乙
月德	丙	甲	壬	庚	丙	甲	壬	庚	丙	甲	壬	庚
月德合	辛	己	丁	乙	辛	己	丁	乙	辛	己	丁	乙
月空	壬	庚	丙	甲	壬	庚	丙	甲	壬	庚	丙	甲

戊年開山立向修方凶

種目／月	月破	月建	劫殺	災殺	月殺
正	申	寅	亥	子	丑
二	酉	卯	申	酉	戌
三	戌	辰	巳	午	未
四	亥	巳	寅	卯	辰
五	子	午	亥	子	丑
六	丑	未	申	酉	戌
七	寅	申	巳	午	未
八	卯	酉	寅	卯	辰
九	辰	戌	亥	子	丑
十	巳	亥	申	酉	戌
十一	午	子	巳	午	未
十二	未	丑	寅	卯	辰

修方凶　金神　申酉子丑　破敗五鬼　离

種目／月	丙丁獨火	月刑	月害	月厭
正	兌艮	巳	巳	戌
二	乾兌	子	辰	酉
三	中乾	辰	卯	申
四	中	申	寅	未
五	巽中	丑	丑	午
六	震巽	午	子	巳
七	坤震	寅	亥	辰
八	坎坤	酉	戌	卯
九	离坎	未	酉	寅
十	艮离	亥	申	丑
十一	兌艮	卯	未	子
十二	乾兌	戌	午	亥

己年開山立向修方吉

歳德甲　歳德合己　陽貴人子　陰貴人申　歳祿午

種目／月	飛陽貴	飛陰貴	飛天祿	天道	天德	天德合	月德	月德合	月空
正	乾	坤	離	南	丁	壬	丙	辛	壬
二	中	艮	艮	南西	坤	・	甲	己	庚
三	巽	離	兌	北	壬	丁	壬	丁	丙
四	震	艮	乾	西	辛	丙	庚	乙	甲
五	坤	兌	中	北西	乾	・	丙	辛	壬
六	坎	乾	坎	東	甲	己	甲	己	庚
七	離	中	離	北	癸	戊	壬	丁	丙
八	艮	坎	艮	北東	艮	・	庚	乙	甲
九	兌	離	兌	南	丙	辛	丙	辛	壬
十	乾	艮	乾	東	乙	庚	甲	己	庚
十一	中	兌	中	南東	巽	・	壬	丁	丙
十二	坎	乾	巽	西	庚	乙	庚	乙	甲

己年開山立向修方凶

種 目／月	正	二	三	四	五	六	七	八	九	十	十一	十二
月破	申	酉	戌	亥	子	丑	寅	卯	辰	巳	午	未
月建	寅	卯	辰	巳	午	未	申	酉	戌	亥	子	丑
劫殺	亥	申	巳	寅	亥	申	巳	寅	亥	申	巳	寅
災殺	子	酉	午	卯	子	酉	午	卯	子	酉	午	卯
月殺	丑	戌	未	辰	丑	戌	未	辰	丑	戌	未	辰

修方凶　金神　午未申酉　破敗五鬼坎

種 目／月	正	二	三	四	五	六	七	八	九	十	十一	十二
丙丁獨火	乾中	中	中巽	巽震	震坤	坤坎	坎離	離艮	艮兑	兑乾	乾中	中
月刑	巳	子	辰	申	午	丑	寅	酉	未	亥	卯	戌
月害	巳	辰	卯	寅	丑	子	亥	戌	酉	申	未	午
月厭	戌	酉	申	未	午	巳	辰	卯	寅	丑	子	亥

庚年開山立向修方吉

歲德 庚　歲德合 乙　陽貴人 丑　陰貴人 未　歲祿 申

種目／月	正	二	三	四	五	六	七	八	九	十	十一	十二
飛陽貴	兌	乾	中	巽	震	坤	坎	離	艮	兌	乾	中
飛陰貴	坎	離	艮	兌	乾	中	坎	離	艮	兌	乾	中
飛天祿	坤	坎	離	艮	兌	乾	中	坎	離	艮	兌	乾
天道	南	南西	北	西	北西	東	北	北東	南	東	南東	西
天德	丁	坤	壬	辛	乾	甲	癸	艮	丙	乙	巽	庚
天德合	壬	·	丁	丙	·	己	戊	·	辛	庚	·	乙
月德	丙	甲	壬	庚	丙	甲	壬	庚	丙	甲	壬	庚
月德合	辛	己	丁	乙	辛	己	丁	乙	辛	己	丁	乙
月空	壬	庚	丙	甲	壬	庚	丙	甲	壬	庚	丙	甲

庚年開山立向修方凶

種　目／月	月破	月建	劫殺	災殺	月殺
正	申	寅	亥	子	丑
二	酉	卯	申	酉	戌
三	戌	辰	巳	午	未
四	亥	巳	寅	卯	辰
五	子	午	亥	子	丑
六	丑	未	申	酉	戌
七	寅	申	巳	午	未
八	卯	酉	寅	卯	辰
九	辰	戌	亥	子	丑
十	巳	亥	申	酉	戌
十一	午	子	巳	午	未
十二	未	丑	寅	卯	辰

修方凶　金神　辰巳　破敗五鬼　兌

種　目／月	丙丁獨火	月刑	月害	月厭
正	中巽	巳	巳	戌
二	巽震	子	辰	酉
三	震坤	辰	卯	申
四	坤坎	申	寅	未
五	坎離	午	丑	午
六	離艮	丑	子	巳
七	艮兌	寅	亥	辰
八	兌乾	酉	戌	卯
九	乾中	未	酉	寅
十	中	亥	申	丑
十一	中巽	卯	未	子
十二	巽震	戌	午	亥

辛年開山立向修方吉

歲德 丙　歲德合 辛　陽貴人 寅　陰貴人 午　歲祿 酉

種目／月	正	二	三	四	五	六	七	八	九	十	十一	十二
飛陽貴	中	坎	离	艮	兌	乾	中	巽	震	坤	坎	离
飛陰貴	离	艮	兌	乾	中	坎	离	艮	兌	乾	中	巽
飛天祿	震	坤	坎	离	艮	兌	乾	中	坎	离	艮	兌
天道	南	南西	北	西	北西	東	北	北東	南	東	南東	西
天德	丁	坤	壬	辛	乾	甲	癸	艮	丙	乙	巽	庚
天德合	壬	·	丁	丙	·	己	戊	·	辛	庚	·	乙
月德	丙	甲	壬	庚	丙	甲	壬	庚	丙	甲	壬	庚
月德合	辛	己	丁	乙	辛	己	丁	乙	辛	己	丁	乙
月空	壬	庚	丙	甲	壬	庚	丙	甲	壬	庚	丙	甲

辛年開山立向修方凶

種目／月	正	二	三	四	五	六	七	八	九	十	十一	十二
月破	申	酉	戌	亥	子	丑	寅	卯	辰	巳	午	未
月建	寅	卯	辰	巳	午	未	申	酉	戌	亥	子	丑
劫殺	亥	申	巳	寅	亥	申	巳	寅	亥	申	巳	寅
災殺	子	酉	午	卯	子	酉	午	卯	子	酉	午	卯
月殺	丑	戌	未	辰	丑	戌	未	辰	丑	戌	未	辰

修方凶　金神　寅卯午未子丑　破敗五鬼　乾

種目／月	正	二	三	四	五	六	七	八	九	十	十一	十二
丙丁獨火	坤震	坎坤	離坎	艮離	兌艮	乾兌	中乾	中	巽中	震巽	坤震	坎坤
月刑	巳	子	辰	申	午	丑	寅	酉	未	亥	卯	戌
月害	巳	辰	卯	寅	子	丑	亥	戌	酉	申	未	午
月厭	戌	酉	申	未	午	巳	辰	卯	寅	丑	子	亥

壬年開山立向修方吉

歲德 壬　歲德合 丁　陽貴人 卯　陰貴人 巳　歲祿 亥

種目／月	正	二	三	四	五	六	七	八	九	十	十一	十二
飛陽貴	乾	中	坎	離	艮	兌	乾	中	巽	震	坤	坎
飛陰貴	艮	兌	乾	中	坎	離	艮	兌	乾	中	巽	震
飛天祿	中	巽	震	坤	坎	離	艮	兌	乾	中	坎	離
天道	南	北西	北	西	北西	東	北	北東	南	東	南東	西
天德	丁	坤	壬	辛	乾	甲	癸	艮	丙	乙	巽	庚
天德合	壬	·	丁	丙	·	己	戊	·	辛	庚	·	乙
月德	丙	甲	壬	庚	丙	甲	壬	庚	丙	甲	壬	庚
月德合	辛	己	丁	乙	辛	己	丁	乙	辛	己	丁	乙
月空	壬	庚	丙	甲	壬	庚	丙	甲	壬	庚	丙	甲

壬年開山立向修方凶

種目／月	正	二	三	四	五	六	七	八	九	十	十一	十二
月破	申	酉	戌	亥	子	丑	寅	卯	辰	巳	午	未
月建	寅	卯	辰	巳	午	未	申	酉	戌	亥	子	丑
劫殺	亥	申	巳	寅	亥	申	巳	寅	亥	申	巳	寅
災殺	子	酉	午	卯	子	酉	午	卯	子	酉	午	卯
月殺	丑	戌	未	辰	丑	戌	未	辰	丑	戌	未	辰

修方凶　金神　寅卯戌亥　破敗五鬼　巽

種目／月	正	二	三	四	五	六	七	八	九	十	十一	十二
丙丁獨火	離坎	艮離	兌艮	乾兌	中乾	中	巽中	震巽	坤震	坎坤	離坎	艮離
月刑	巳	子	辰	申	午	丑	寅	酉	未	亥	卯	戌
月害	巳	辰	卯	寅	丑	子	亥	戌	酉	申	未	午
月厭	戌	酉	申	未	午	巳	辰	卯	寅	丑	子	亥

癸年開山立向修方吉

歲德 戊　歲德合 癸　陽貴人 巳　陰貴人 卯　歲祿 子

種 目／月	正	二	三	四	五	六	七	八	九	十	十一	十二
飛陽貴	艮	兌	乾	中	坎	離	艮	兌	乾	中	巽	震
飛陰貴	乾	中	坎	離	艮	兌	乾	中	巽	震	坤	坎
飛天祿	乾	中	巽	震	坤	坎	離	艮	兌	乾	中	巽
天道	南	南西	北	西	北西	東	北	北東	南	東	南東	西
天德	丁	坤	壬	辛	乾	甲	癸	艮	丙	乙	巽	庚
天德合	壬	・	丁	丙	・	己	戊	・	辛	庚	・	乙
月空	壬	庚	丙	甲	壬	庚	丙	甲	壬	庚	丙	甲

癸年開山立向修方凶

種 目／月	正	二	三	四	五	六	七	八	九	十	十一	十二
月破	申	酉	戌	亥	子	丑	寅	卯	辰	巳	午	未

癸年開山立向修方吉

修方凶　金神：申酉子丑　破敗五鬼：艮

種目／月	月建	劫殺	災殺	月殺	丙獨火	丁獨火	月刑	月害	月厭
正	寅	亥	子	丑	兌	艮	巳	巳	戌
二	卯	申	酉	戌	乾	兌	子	辰	酉
三	辰	巳	午	未	中	乾	辰	卯	申
四	巳	寅	卯	辰	中		申	寅	未
五	午	亥	子	丑	巽	中	午	丑	午
六	未	申	酉	戌	震	巽	丑	子	巳
七	申	巳	午	未	坤	震	寅	亥	辰
八	酉	寅	卯	辰	坎	坤	酉	戌	卯
九	戌	亥	子	丑	離	坎	未	酉	寅
十	亥	申	酉	戌	艮	離	亥	申	丑
十一	子	巳	午	未	兌	艮	卯	未	子
十二	丑	寅	卯	辰	乾	兌	戌	午	亥

地支開山立向修方吉凶表

歲支吉凶

奏書乾 博士巽 歲馬寅 枝德巳

子年開山立向修方吉

月紫白

月	一白	六白	八白	九紫	飛天馬
正	兌	震	中	乾	中
二	艮	巽	乾	兌	坎
三	離	中	兌	艮	離
四	坎	乾	艮	離	艮
五	坤	兌	離	坎	兌
六	震	艮	坎	坤	乾
七	巽	離	坤	震	中
八	中	坎	震	巽	巽
九	乾	坤	巽	中	震
十	兌	震	中	乾	坤
十一	艮	巽	乾	兌	坎
十二	離	中	兌	艮	離

子年開山立向修方凶

歲破午 劫殺巳 災殺午 歲殺未 伏兵丙 大禍丁 坐殺丙丁 向殺壬癸

○開山凶 六害未 死符巳 灸退卯 。年克山家甲子年立向凶 巡山羅喉癸 病符亥

○修方凶 天官符亥 地官符辰 大殺子 力士艮 。歲刑卯 黃幡辰 豹尾戌 飛廉申 喪門

丑年開山立向修方吉

寅　弔客 戌　太陰 戌　白虎 申　五鬼 辰　大將軍 酉

月	正	二	三	四	五	六	七	八	九	十	十一	十二
飛天官符	中	巽	震	坤	坎	離	艮	兌	乾	中	兌	乾
飛地官符	兌	乾	中	兌	乾	中	巽	震	坤	坎	離	艮
飛大殺	乾	中	巽	震	坤	坎	離	艮	兌	乾	中	兌
飛小月建	中	乾	兌	艮	離	坎	坤	震	巽	中	乾	兌
飛大月建	艮	兌	乾	中	巽	震	坤	坎	離	艮	兌	乾
月遊火	艮	離	坎	坤	震	巽	中	乾	兌	艮	離	坎

奏書乾 博士巽 歲馬亥 枝德午

丑年開山立向修方吉

月紫白

月	正	二	三	四	五	六	七	八	九	十	十一	十二
一白	坎	坤	震	巽	中	乾	兌	艮	離	坎	坤	震
六白	乾	兌	艮	離	坎	坤	震	巽	中	乾	兌	艮
八白	艮	離	坎	坤	震	巽	中	乾	兌	艮	離	坎
九紫	離	坎	坤	震	巽	中	乾	兌	艮	離	坎	坤

丑年開山立向修方凶

飛天馬 中 巽 震 坤 坎 離 艮 兌 乾 中 坎 離

開山凶 六害午 死符午 灸退子 年克山家 乙丑年立向凶 巡山羅喉艮 病符子 修方凶 天官符申 地官符巳 大殺酉 力士艮 歲刑戌 黃幡丑 豹尾未 飛廉酉 喪門卯 弔客亥 太陰亥 白虎酉 五鬼卯 大將軍酉

歲破未 劫殺寅 災殺卯 歲殺辰 伏兵甲 大禍乙 坐殺甲乙 向殺庚辛

月	天官符	地官符	飛大殺	小月建	大月建	月遊火
正	坤	艮	震	離	中	艮
二	坎	兌	坤	坎	巽	離
三	離	乾	坎	坤	震	坎
四	艮	中	離	震	坤	坤
五	兌	兌	艮	巽	坎	震
六	乾	乾	兌	中	離	巽
七	中	中	乾	乾	艮	中
八	兌	巽	中	兌	兌	乾
九	乾	震	兌	艮	乾	兌
十	中	坤	乾	離	中	艮
十一	巽	坎	中	坎	巽	離
十二	震	離	巽	坤	震	坎

寅年開山立向修方吉

奏書艮 博士坤 歲馬申 枝德未

月紫白 一白

月	月紫白
正	巽
二	中
三	乾
四	兌
五	艮
六	離
七	坎
八	坤
九	震
十	巽
十一	中
十二	乾

寅年開山立向修方凶

歲破申 劫殺亥 災殺子 歲殺丑 伏兵壬 大禍癸 坐殺壬癸 向殺丙丁 開山凶 六害巳 死符未 灸退酉 年克山家甲戌年。立向凶 巡山羅睺甲 病符丑 修方凶 天官符巳 地官符午 大殺午 力士巽。歲刑巳 黄幡戌 豹尾辰 飛廉戌 喪門辰 弔客子 太陰子 白虎戌 五鬼寅 大將軍子

月	六白	八白	九紫	飛天馬	天官符	地官符	飛大殺	小月建	大月建	月遊火
正	離	坤	震	坤	艮	離	離	中	坤	震
二	坎	震	巽	坎	兌	艮	艮	乾	坎	巽
三	坤	巽	中	離	乾	兌	兌	兌	離	中
四	震	中	乾	艮	中	乾	乾	艮	艮	乾
五	巽	乾	兌	兌	兌	中	中	離	兌	兌
六	中	兌	艮	乾	乾	兌	兌	坎	乾	艮
七	乾	艮	離	中	中	乾	乾	坤	中	離
八	兌	離	坎	坎	巽	中	中	震	巽	坎
九	艮	坎	坤	離	震	巽	巽	巽	震	坤
十	離	坤	震	艮	坤	震	震	中	坤	震
十一	坎	震	巽	兌	坎	坤	坤	乾	坎	巽
十二	坤	巽	中	乾	離	坎	坎	兌	離	中

卯年開山立向修方吉

奏書艮　博士坤　歲馬巳　枝德申

月紫白

月	一白	六白	八白	九紫	飛天馬
正	兌	震	中	乾	艮
二	艮	巽	乾	兌	兌
三	离	中	兌	艮	乾
四	坎	乾	艮	离	中
五	坤	兌	离	坎	坎
六	震	艮	坎	坤	离
七	巽	离	坤	震	艮
八	中	坎	震	巽	兌
九	乾	坤	巽	中	乾
十	兌	震	中	乾	中
十一	艮	巽	乾	兌	巽
十二	离	中	兌	艮	震

卯年開山立向修方凶

歲破酉　劫殺申　災殺酉　歲殺戌　伏兵庚　大禍辛　坐殺庚辛　向殺甲乙。開山凶　六害辰　死符申　灸退午。年克山家丁卯年。立向凶　巡山羅睺乙　病符寅。修方凶　天官符寅　地官符未　大殺卯　力士巽　歲刑子　黃幡未　豹尾丑　飛廉巳　喪門巳　弔客丑　太陰丑　白虎亥　五鬼丑　大將軍子

月	天官符	地官符	飛大殺
正	中	坎	乾
二	兌	离	中
三	乾	艮	兌
四	中	兌	乾
五	巽	乾	中
六	震	中	巽
七	坤	兌	震
八	坎	乾	坤
九	离	中	坎
十	艮	巽	离
十一	兌	震	艮
十二	乾	坤	兌

辰年開山立向修方吉

月	小月建	大月建	月遊火
正	離	艮	巽
二	坎	兌	中
三	坤	乾	乾
四	震	中	兌
五	巽	巽	艮
六	中	震	離
七	乾	坤	坎
八	兌	坎	坤
九	艮	離	震
十	離	艮	巽
十一	坎	兌	中
十二	坤	乾	乾

辰年開山立向修方吉

奏書艮　博士坤　歲馬寅　枝德酉

月紫白

月	一白	六白	八白	九紫	飛天馬
正	坎	乾	艮	離	中
二	坤	兌	離	坎	坎
三	震	艮	坎	坤	離
四	巽	離	坤	震	艮
五	中	坎	震	巽	兌
六	乾	坤	巽	中	乾
七	兌	震	中	乾	中
八	艮	巽	乾	兌	巽
九	離	中	兌	艮	震
十	坎	乾	艮	離	坤
十一	坤	兌	離	坎	坎
十二	震	艮	坎	坤	離

辰年開山立向修方凶

歲破戌　劫殺巳　災殺午　歲殺未　伏兵丙　大禍丁　坐殺丙丁　向殺壬癸　開山凶

六害卯　死符酉　灸退卯　年尅山家　甲辰年　立向凶　巡山羅睺巽　病符卯　修方凶

天官符亥　地官符申　大殺子　力士巽　歲刑辰　黃幡辰　豹尾戌　飛廉午　喪門午　弔客寅

太陰寅　白虎子　五鬼子　大將軍子

巳年開山立向修方吉

奏書　巽　博士　乾　歲馬　亥　枝德　戌

月	天官符	地官符	飛大殺	小月建	大月建	月遊火
正	中	坤	乾	中	中	巽
二	巽	坎	中	乾	巽	中
三	震	離	巽	兌	震	乾
四	坤	艮	震	艮	坤	兌
五	坎	兌	坤	離	坎	艮
六	離	乾	坎	坎	離	離
七	艮	中	離	坤	艮	坎
八	兌	兌	艮	震	兌	坤
九	乾	乾	兌	巽	乾	震
十	中	中	乾	中	中	巽
十一	兌	巽	中	乾	巽	中
十二	乾	震	兌	兌	震	乾

月紫白

月	一白	六白	八白	九紫	飛天馬
正	巽	離	坤	震	中
二	中	坎	震	巽	巽
三	乾	坤	巽	中	震
四	兌	震	中	乾	坤
五	艮	巽	乾	兌	坎
六	離	中	兌	艮	離
七	坎	乾	艮	離	艮
八	坤	兌	離	坎	兌
九	震	艮	坎	坤	乾
十	巽	離	坤	震	中
十一	中	坎	震	巽	坎
十二	乾	坤	巽	中	離

巳年開山立向修方凶

歲破亥 劫殺寅 災殺卯 歲殺辰 伏兵甲 大禍乙 坐殺甲乙 向殺庚辛。開山凶 六害寅 死符戌 灸退子、年克山家 乙巳年立向凶 巡山羅睺丙 病符辰 修方凶 天官符申 地官符酉 大殺酉 力士坤、歲刑申 黃幡丑 豹尾未 飛廉未 喪門未 弔客卯 太陰卯 白虎丑 五鬼亥 大將軍卯

	正	二	三	四	五	六	七	八	九	十	十一	十二
天官符	坤	坎	离	艮	兑	乾	中	兑	乾	中	巽	震
地官符	震	坤	坎	离	艮	兑	乾	中	兑	乾	中	巽
飛大殺	震	坤	坎	离	艮	兑	乾	中	兑	乾	中	巽
小月建	离	坎	坤	震	巽	中	乾	兑	坎	离	坎	坤
大月建	坤	坎	离	艮	兑	乾	中	巽	震	坤	坎	离
月遊火	离	坎	坤	艮	巽	中	乾	兑	艮	离	坎	坤

午年開山立向修方吉

奏書 巽 博士 乾 歲馬 申 枝德 亥

月紫白	一白	六白
正	兑	震
二	艮	巽
三	离	中
四	坎	乾
五	坤	兑
六	震	艮
七	巽	离
八	中	坎
九	乾	坤
十	兑	震
十一	艮	巽
十二	离	中

午年開山立向修方凶

八白　中乾兌艮離坎坤震巽中乾兌
九紫　乾兌艮離坎坤震巽中乾兌艮
飛天馬　坤坎離艮兌乾中坎離艮兌乾

歲破子　劫殺亥　災殺子　歲殺丑　伏兵壬　大禍癸　坐殺壬癸　向殺丙丁。開山凶　六害丑　死符亥　灸退酉。年克山家　甲午年。立向凶　巡山羅睺丁　病符巳。修方凶　天官符巳　地官符戌　大殺午　力士坤　歲刑午　黃幡戌　豹尾辰　飛廉寅　喪門申　弔客辰。太陰辰　白虎寅　五鬼戌　大將軍卯

月	天官符	地官符	飛天殺	小月建	大月建	月遊火
正	艮	巽	離	中	艮	坤
二	兌	震	乾	乾	兌	震
三	乾	坤	兌	兌	乾	巽
四	中	坎	艮	艮	中	中
五	兌	離	中	離	巽	乾
六	乾	艮	兌	坎	震	兌
七	中	兌	乾	坤	坤	艮
八	巽	乾	中	震	坎	離
九	震	中	巽	巽	離	坎
十	坤	兌	震	中	艮	坤
十一	坎	乾	坤	乾	兌	震
十二	離	中	坎	兌	乾	巽

未年開山立向修方吉

奏書巽　博士乾　歲馬巳　枝德子

月紫白

月	一白	六白	八白	九紫	飛天馬
正	坎	乾	艮	離	艮
二	坤	兌	離	坎	兌
三	震	艮	坎	坤	乾
四	巽	離	坤	震	中
五	中	坎	震	巽	坎
六	乾	坤	巽	中	離
七	兌	震	中	乾	艮
八	艮	巽	乾	兌	兌
九	離	中	兌	艮	乾
十	坎	乾	艮	離	中
十一	坤	兌	離	坎	巽
十二	震	艮	坎	坤	震

未年開山立向修方凶

歲破丑，刼殺申，災殺酉，歲殺戌，伏兵庚，大禍辛，坐殺庚辛，向殺甲乙，開山凶。六害子，死符子，灸退午，年克山家乙未年。立向凶，巡山羅睺坤，病符午。修方凶，天官符寅，地官符亥，大殺卯，力士坤，歲殺丑，黃幡未，豹尾丑，飛廉卯，喪門酉，弔客巳，太陰巳，白虎卯，五鬼酉，大將軍卯。

月	天官符	地官符	飛大殺	小月建
正	中	中	乾	離
二	兌	巽	中	坎
三	乾	震	兌	坤
四	中	坤	乾	震
五	巽	坎	中	巽
六	震	離	巽	中
七	坤	艮	震	乾
八	坎	兌	坤	兌
九	離	乾	坎	艮
十	艮	中	離	離
十一	兌	兌	艮	坎
十二	乾	乾	兌	坤

申年開山立向修方吉

月	正	二	三	四	五	六	七	八	九	十	十一	十二
大月建	中	巽	震	坤	坎	离	艮	兑	乾	中	巽	震
月遊火	坤	震	巽	中	乾	兑	艮	离	坎	坤	震	巽

奏書坤　博士艮　歲馬寅　枝德丑

月紫白

月	正	二	三	四	五	六	七	八	九	十	十一	十二
一白	巽	中	乾	兑	艮	离	坎	坤	震	巽	中	乾
六白	离	坎	坤	震	巽	中	乾	兑	艮	离	坎	坤
八白	坤	震	巽	中	乾	兑	艮	离	坎	坤	震	巽
九紫	震	巽	中	乾	兑	艮	离	坎	坤	震	巽	中

飛天馬

月	正	二	三	四	五	六	七	八	九	十	十一	十二
飛天馬	中	坎	离	艮	兑	乾	中	巽	震	坤	坎	离

申年開山立向修方凶

歲破寅　劫殺巳　災殺午　歲殺未　伏兵丙　大禍丁　坐殺丙丁　向殺壬癸。開山凶　六害亥　死符丑　炙退卯。年克山家　丙申年　立向凶　巡山羅喉庚　病符未。修方凶　天官符亥　地官符子　大殺子　力士乾　歲刑寅　黃幡辰　豹尾戌　飛廉辰　喪門戌　弔客午　太陰午　白虎辰　五鬼申　大將軍午

天官符

月	正	二	三	四	五	六	七	八	九	十	十一	十二
天官符	中	巽	震	坤	坎	离	艮	兑	乾	中	兑	乾

酉年開山立向修方吉

月	地官符	飛大殺	小月建	大月建	月遊火
正	乾	乾	中	坤	兌
二	中	中	乾	坎	離
三	巽	巽	兌	離	坎
四	震	震	艮	艮	坤
五	坤	坤	離	兌	震
六	坎	坎	坎	乾	巽
七	離	離	坤	中	中
八	艮	艮	震	巽	乾
九	兌	兌	巽	震	兌
十	乾	乾	中	坤	
十一	中	中	乾	坎	艮
十二	兌	兌	兌	離	離

酉年開山立向修方吉

奏書坤　博士艮　歲馬亥　枝德寅

月	月紫白				飛天馬
	一白	六白	八白	九紫	
正	兌	震	中	乾	中
二	艮	巽	乾	兌	巽
三	離	中	兌	艮	震
四	坎	乾	艮	離	坤
五	坤	兌	離	坎	坎
六	震	艮	坎	坤	離
七	巽	離	坤	震	艮
八	中	坎	震	巽	兌
九	乾	坤	巽	中	乾
十	兌	震	中	乾	中
十一	艮	巽	乾	兌	坎
十二	離	中	兌	艮	離

酉年開山立向修方凶

歲破卯　刧殺寅　災殺卯　歲殺辰　伏兵甲　大禍乙　坐殺甲乙　向殺庚

辛　開山凶　六害戌　死符寅　灸退子　年克山家　丁酉年　立向凶　巡山羅睺　辛　病符申　修方凶

戌年開山立向修方吉

天官符 申　地官符 丑　大殺 酉　力士 乾　歲刑 酉　黃幡 丑　豹尾 未　飛廉 亥　喪門 亥　弔客 未

太陰 未　白虎 巳　五鬼 未　大將軍 午

奏書坤　博士艮　歲馬申　枝德卯

月	天官符	地官符	飛大殺	小月建	大月建	月遊火	一白	六白	八白	九紫
正	坤	兌	震	離	艮	乾	坎	乾	艮	離
二	坎	乾	坤	坎	兌	兌	坤	兌	離	坎
三	離	中	坎	坤	乾	艮	震	艮	坎	坤
四	艮	巽	離	震	中	離	巽	離	坤	震
五	兌	震	艮	巽	巽	坎	中	坎	震	巽
六	乾	坤	兌	中	震	坤	乾	坤	巽	中
七	中	坎	乾	乾	坤	震	兌	震	中	乾
八	兌	離	中	兌	坎	巽	艮	巽	乾	兌
九	乾	艮	兌	艮	離	中	離	中	兌	艮
十	中	兌	乾	離	艮	乾	坎	乾	艮	離
十一	巽	乾	中	坎	兌	兌	坤	兌	離	坎
十二	震	中	巽	坤	乾	艮	震	艮	坎	艮

戌年開山立向修方凶

飛天馬　坤坎离艮兑乾中坎离艮兑乾

歲破辰　劫殺亥　災殺子　歲殺丑　伏兵壬　大禍癸　坐殺壬癸　向殺丙丁　開山凶　六害酉　死符卯　灸退酉　年克山家甲戌年　立向凶　巡山羅喉乾　病符酉　修方凶　天官符巳　地官符寅　大殺午　力士乾　歲刑未　黃幡戌　豹尾辰　飛廉子　喪門子　弔客申　太陰申　白虎午　五鬼午　大將軍午

月	天官符	地官符	飛大殺	小月建	大月建	遊火月
正	艮	中	离	中	中	乾
二	兑	兑	艮	乾	巽	兑
三	乾	乾	兑	兑	震	艮
四	中	中	乾	艮	坤	离
五	兑	巽	中	离	坎	坎
六	乾	震	兑	坎	离	坤
七	中	坤	乾	坤	艮	震
八	巽	坎	中	震	兑	巽
九	震	离	巽	巽	乾	中
十	坤	艮	震	中	中	乾
十一	坎	兑	坤	乾	巽	兑
十二	离	乾	坎	兑	震	艮

亥年開山立向修方吉

月紫白　一白

奏書乾　博士巽　歲馬巳　枝德辰

月	月紫白
正	巽
二	中
三	乾
四	兑
五	艮
六	离
七	坎
八	坤
九	震
十	巽
十一	中
十二	乾

亥年開山立向修方凶

歲破巳　刦殺申　災殺酉　歲殺戌　伏兵庚　大禍辛　坐殺庚辛　向殺甲
乙　開山凶　六害申　死符辰　灸退午　年克山家　乙亥年　立向凶　巡山羅睺壬　病符戌　修方凶
天官符寅　地官符卯　大殺卯　力士艮　歲刑亥　黃幡未　豹尾丑　飛廉丑　喪門丑　弔客酉　太
陰酉　白虎未　五鬼巳　大將軍酉

	正	二	三	四	五	六	七	八	九	十	十一	十二
六白	離	坎	坤	震	巽	中	乾	兌	艮	離	坎	坤
八白	坤	震	巽	中	乾	兌	艮	離	坎	坤	震	巽
九紫	震	巽	中	乾	兌	艮	離	坎	坤	震	巽	中
飛天馬	艮	兌	乾	中	坎	離	艮	兌	乾	中	巽	震
天官符	中	兌	乾	中	巽	震	坤	坎	離	艮	兌	乾
地官符	乾	中	兌	乾	中	巽	震	坤	坎	離	艮	兌
飛大殺	乾	中	兌	乾	中	巽	震	坤	坎	離	艮	兌
小月建	離	坎	坤	震	巽	中	乾	兌	艮	離	坎	坤
大月建	坤	坎	離	艮	兌	乾	中	巽	震	坤	坎	離
月遊火	坎	坤	震	巽	中	乾	兌	艮	離	坎	坤	震

附記 歲支

歲支	四利三元 太陽	太陰	龍德	福德	走馬 六壬神后	功曹	天罡	勝光	傳送	河魁
子	丑	卯	未	酉	子	寅	辰	午	午	戌
丑	寅	辰	申	戌	亥	丑	卯	巳	巳	酉
寅	卯	巳	酉	亥	戌	子	寅	辰	辰	申
卯	辰	午	戌	子	酉	亥	丑	卯	卯	未
辰	巳	未	亥	丑	申	戌	子	寅	寅	午
巳	午	申	子	寅	未	酉	亥	丑	丑	巳
午	未	酉	丑	卯	午	申	戌	子	子	辰
未	申	戌	寅	辰	巳	未	酉	亥	亥	卯
申	酉	亥	卯	巳	辰	午	申	戌	戌	寅
酉	戌	子	辰	午	卯	巳	未	酉	酉	丑
戌	亥	丑	巳	未	寅	辰	午	申	申	子
亥	子	寅	午	申	丑	卯	巳	未	未	亥

通天竅

三合後方　　　　三合前方

戌	辛	酉	庚	申	坤	辰	乙	卯	甲	寅	艮
未	丁	午	丙	巳	巽	丑	癸	子	壬	亥	乾
辰	乙	卯	甲	寅	艮	戌	辛	酉	庚	申	坤
丑	癸	子	壬	亥	乾	未	丁	午	丙	巳	巽
戌	辛	酉	庚	申	坤	辰	乙	卯	甲	寅	艮
未	丁	午	丙	巳	巽	丑	癸	子	壬	亥	乾
辰	乙	卯	甲	寅	艮	戌	辛	酉	庚	申	坤
丑	癸	子	壬	亥	乾	未	丁	午	丙	巳	巽
戌	辛	酉	庚	申	坤	辰	乙	卯	甲	寅	艮
未	丁	午	丙	巳	巽	丑	癸	子	壬	亥	乾
辰	乙	卯	甲	寅	艮	戌	辛	酉	庚	申	坤
丑	癸	子	壬	亥	乾	未	丁	午	丙	巳	巽

蓋山黃道

歲支	貪狼	巨門	武曲	文曲
子	震庚亥未	兌丁巳丑	巽辛	坤乙
丑	艮丙	巽辛	兌丁巳丑	离壬寅戌
寅	艮丙	巽辛	兌丁巳丑	离壬寅戌
卯	乾甲	离壬寅戌	坤乙	巽辛
辰	兌丁巳丑	坤乙	艮丙	坎癸申辰
巳	兌丁巳丑	坤乙	艮丙	坎癸申辰
午	巽辛	艮丙	震庚亥未	乾甲
未	坤乙	坎癸申辰	乾甲	震庚亥未
申	坤乙	坎癸申辰	乾甲	震庚亥未
酉	离壬寅戌	乾甲	坎癸申辰	艮丙
戌	坎癸申辰	坤乙	离壬寅戌	兌丁巳丑
亥	坎癸申辰	坤乙	离壬寅戌	兌丁巳丑

蓋山黃道取納甲卦變以破軍為浮天空亡廉貞為獨火避之皆凶星故也貪狼巨門武曲文曲為吉星也通天年三合月日時、自不犯三殺諸凶然而惟子午卯酉年不可也、走馬六壬並傳送古書稱竅也、亦不害於理故存之、走馬六壬黃黑二道、彷彿相同非有

深意、大抵其方疊有吉神則吉　無吉神則不爲福　但獨不害於理故　存之三元之義源

姑未詳而四利方則載於通書入凶　皆載於時憲書　太陽　太陰　龍德　福德爲吉　餘皆爲凶

其說亦自有理然　辰戌丑未年之太陽又爲刧殺　寅申巳亥年之福德亦爲刧殺、太陰又爲

天官符子午卯酉年之龍德又爲歲殺　不可以吉言矣　故須兼看各神　未可執一而論也

協紀年表　飛宮天地　官符大殺　大小月建　俱用一卦三字　今止錄　一卦而三山包　在其中矣

一卦三山

乾〔戌乾亥〕
坎〔壬子癸〕
艮〔丑艮寅〕
震〔甲卯乙〕
巽〔辰巽巳〕
离〔丙午丁〕
坤〔未坤申〕
兌〔庚酉辛〕

月別神殺配置表

正月

天德 丁 月德 丙 月空 壬 宜修造動土

天德合 壬 月德合 辛

雨水 正月中太陽躔亥宮為 正月將 宜用 甲丙庚壬時

月建 寅 月破 申 月厭 戌 月刑 巳 月害 巳

刧殺 亥 災殺 子 月殺 丑 忌修造取土

立春前一日 四絶後 七日往亡 初七日長星 廿一日短星

甲子日 凶災殺 四忌復日 忌婚聘嫁娶破土葬攢

乙丑 〃 諸事不宜

丙寅 〃 吉 月德 鳴吠對 宜 結婚納采安葬啓攢

竪造凶 月建忌嫁娶動土破土

丁卯日 吉 天德鳴吠對 宜 婚娶造葬 動破土

戊辰 〃 凶 厭對 忌 婚聘嫁娶

己巳 〃 大事皆忌

庚午 〃 吉 鳴吠 宜 婚聘嫁娶造葬 忌動土破土

辛未日　吉　月德合　宜婚聘嫁娶動土造葬

壬申〃　吉　天德合　凶　月破　大事皆忌

癸酉〃　吉　鳴吠　宜　破土　安葬　凶　天吏　婚娶　竪造　動土

甲戌〃　凶　大會　諸事不宜

乙亥〃　吉　天願　宜　婚聘竪造　動土　凶　刧殺

丙子〃　吉　月德　宜　婚聘嫁娶造葬動土　凶　災殺

丁丑〃　吉　天德　不將　凶　月殺　大事皆忌

戊寅〃　吉　天赦　宜　婚聘造葬　凶　月建　忌修造

己卯〃　吉　不將　宜　結婚　嫁娶

庚辰〃　凶　厭對　忌婚聘　嫁娶

辛巳〃　吉　月德合　凶　刑害　大事　無宜忌

壬午〃　吉　天德合　鳴吠　宜婚嫁造葬　動土破土

癸未日　大事無宜忌

甲申〃　凶　月破　大事皆忌

乙酉〃　吉　鳴吠　宜破土安葬　凶　天吏　婚嫁　竪造　動土

丙戌〃　吉　月德　宜　動土造葬　凶　月厭　婚嫁

丁亥〃　吉　天德　宜　婚聘動土竪造　凶　刧殺　嫁娶

戊子〃　凶　災殺　忌　婚聘　嫁娶　破土

己丑〃　諸事不宜

庚寅〃　大事皆忌

辛卯〃　吉　月德合　宜　婚嫁　造葬　動破土

壬辰〃　吉　天德合　宜　婚嫁造葬動土　凶　厭對

癸巳〃　大事皆忌

甲午〃　吉　鳴吠　宜　婚嫁竪造動土　凶　死氣　破

土 安葬

乙未日　大事皆忌
丙申〃　吉 月德　大事皆忌　凶 月破
丁酉〃　吉 天德　宜 婚嫁 造葬 動土破土
戊戌〃　大事皆忌
己亥〃　凶 劫殺　忌 嫁娶 葬攢 破土
庚子〃　凶 災殺　忌 婚聘 動破土
辛丑〃　吉 月德合　大事皆忌　凶 月殺
壬寅〃　吉 天德　宜 造葬 婚聘　凶 月建 嫁娶 動破土
癸卯〃　吉 鳴吠對　宜 結婚 破土 啓攢
甲辰〃　凶 厭對　忌 婚嫁 破土 葬攢
乙巳〃　大事皆忌
丙午〃　吉 月德 鳴吠　宜 婚嫁 造葬 動破土

丁未日　吉 天德　宜 造葬 動土　忌 婚嫁
戊申〃　凶 月破　大事皆忌
己酉〃　吉 鳴吠　宜 破土 安葬　凶 天吏 婚嫁 動土豎造
庚戌〃　大事皆忌
辛亥〃　吉 月德合　宜 婚聘 豎造 動土　凶 劫殺 嫁娶
壬子〃　吉 天德合 鳴吠對　宜 婚嫁 豎造 動土
癸丑〃　諸事不宜
甲寅〃　大事皆忌
乙卯〃　吉 鳴吠對　宜 結婚 破土 啓攢
丙辰〃　吉 月德　宜 婚嫁 造葬 動土　凶 厭對
丁巳〃　吉 天德　大事 無宜忌　凶 天罡
戊午〃　宜 婚嫁 豎造 動土

己未日　忌　婚聘嫁娶

庚申〃　諸事不宜

辛酉〃　諸事不宜

壬戌日　吉　天德合　宜　造葬動土　凶　月厭忌　婚
聘嫁娶

癸亥〃　忌　嫁娶　破土　葬攢

二　月

天德坤　月德甲　月空庚　宜　修造取土

天德合　月德合己　宜　修造取土

春分二月中太陽躔戌宮爲　二月將　宜用　艮巽坤乾時

月建卯　月厭酉　月刑子　月害辰　忌　修造取土

月破酉　刧殺申　災殺酉　月殺戌　忌　修造取土

驚蟄　後十四日　往亡　春分前一日　四離　初四日　長星　十九日短星

甲子日　吉　月德　大事皆忌　凶　天罡

乙丑〃　吉　天恩　宜　嫁娶竪造動土凶　復日　葬
攢破土

丙寅日　吉　天恩　宜　破土啓攢　凶　婚嫁竪造動土

丁卯〃　吉　天恩鳴吠對　宜　婚聘竪造啓攢　凶
月建厭對　嫁娶動破土

月別神殺

六二五

戊辰日　吉　天恩　凶　月害　忌　婚嫁破土葬攢

己巳〃　吉　月德合　宜　婚聘豎造　凶　土符　嫁娶　動破土

庚午〃　凶　河魁　大事皆忌

辛未〃　吉　陰德　宜　婚嫁　豎造　動土

壬申〃　大事皆忌

癸酉〃　諸事不宜

甲戌〃　吉　月德天願　大事咸宜

乙亥〃　吉　三合　宜　動土　豎造　凶　四窮　破土　婚嫁　葬攢

丙子〃　諸事不宜

丁丑〃　吉　月恩　宜　婚嫁　豎造　動土

戊寅〃　吉　天赦　宜　安葬

己卯〃　諸事不宜

庚辰日　凶　月害忌　婚嫁葬攢破土

辛巳〃　吉　天恩大事　皆忌　凶　五虛

壬午〃　吉　天恩　凶　河魁　大事皆忌

癸未〃　吉　天恩　宜　婚嫁豎造動土

甲申〃　吉　月德　凶　刼殺　大事無宜忌

乙酉〃　諸事不宜

丙戌〃　大事無宜

丁亥〃　吉　母倉　宜　婚聘豎造動土

戊子〃　諸事不宜

己丑〃　吉　月德合　宜婚嫁豎造動土

庚寅〃　吉　月空　鳴吠對　宜破土啓攢　凶游禍

辛卯〃　凶　月建厭對　大事皆忌

壬辰〃　凶　月害忌　婚嫁破土葬攢

癸巳日　大事皆忌

甲午〃　吉　月德　凶　河魁　大事無宜忌

乙未〃　大事皆忌

丙申〃　大事皆忌

丁酉〃　諸事不宜

戊戌〃　凶　月殺　忌竪造動土

己亥〃　吉　月德　宜　婚聘竪造動土　凶　嫁娶

庚子〃　宜　竪造動土

辛丑〃　諸事不宜

壬寅〃　宜　破土啓攢　忌動土　婚嫁竪造

癸卯〃　大事皆忌

甲辰〃　吉　月德　宜　婚嫁竪造動土安葬

乙巳〃　大事皆忌

丙午〃　大事皆忌

丁未日　吉　月恩　宜　竪造動土　忌　婚聘嫁娶

戊申〃　大事皆忌

己酉〃　諸事不宜

庚戌〃　凶　竪造動土

辛亥〃　吉　天恩　宜　婚聘竪造　動土　凶　嫁娶葬

壬子〃　攢破土

癸丑〃　吉　天恩　宜　竪造　忌　婚嫁動破土

甲寅〃　吉　月德　宜　破土葬攢　凶　游禍婚嫁

乙卯〃　凶　月建　大事皆忌

丙辰〃　吉　四相　宜　竪造動土　凶　月害　婚嫁破土

丁巳〃　吉　月恩　宜　婚聘竪造　凶　往亡　嫁娶葬攢
　　　　動破土

月別神殺

六二七

戊午日 凶 河魁 大事皆忌

己未 〃 吉 月德合 宜造葬動土 凶死氣婚嫁

庚申 〃 大事皆忌

辛酉日 諸事不宜

壬戌 〃 凶 月殺 忌竪造 動土

癸亥 〃 凶 嫁娶 破土 安葬 啓攢

三 月

天德壬 月德壬 月空丙 宜修造取土

天德合丁 月德合丁 宜修造取土

穀雨三月中太陽躔酉宮 爲三月將 宜用 癸乙丁辛時

月建辰 月厭申 月刑辰 月害卯 忌 修造取土

月破戌 劫殺巳 災殺午 月殺未 忌 修造取土

清明後二十一日 往亡 土王用事後 忌 修造動土 巳午日 添母倉 初一日長星 十六日短星

甲子日 吉 天恩 宜竪造 凶 四忌 婚嫁動土 破 土安葬

乙丑 〃 吉 天恩 大事皆忌 凶河魁

丙寅日 吉 月空 天恩 宜婚聘竪造動土 凶厭對 嫁娶

丁卯 〃 吉 天德合 大事無宜忌

戊辰日　諸事不宜
己巳〃　吉　陰德　凶劫殺　大事皆忌
庚午〃　凶　災殺　大事皆忌
辛未〃　諸事不宜
壬申〃　吉　天月德　凶　孤辰　婚嫁
癸酉〃　吉　六合鳴吠　宜結婚安葬　凶大時　動土
甲戌〃　凶　月破　大事皆忌
　　　　破土
乙亥〃　凶　游禍　忌　婚嫁　破土　葬攢
丙子〃　吉　月空　宜婚嫁竪造　動破土啟攢
丁丑〃　吉　天德合　宜婚嫁竪造　動土安葬　凶
　　　　河魁
戊寅〃　吉　天赦　宜婚嫁竪造動土
己卯〃　大事皆忌

月別神殺

庚辰日　諸事不宜
辛巳〃　凶　劫殺大事皆忌
壬午〃　吉　天月德　宜婚嫁造葬　凶災殺動破
　　　　土
癸未〃　諸事不宜
甲申〃　大事皆忌
乙酉〃　吉　天願　宜婚嫁造葬　凶　大時　動破土
丙戌〃　凶　大事皆忌
丁亥〃　吉　天月德合　宜婚聘　竪造動土
戊子〃　吉　母倉　宜婚嫁　竪造動土　凶復日　破
　　　　土葬攢
己丑〃　凶　河魁　大事皆忌
庚寅〃　吉　月恩　宜婚聘　竪造動土　凶厭對　嫁娶

辛卯日　大事皆忌

壬辰〃　吉　天月德　凶月建　動破土

癸巳〃　凶　劫殺　大事皆忌

甲午〃　凶　災殺　大事皆忌

乙未〃　諸事不宜

丙申〃　凶　月厭　大事皆忌

丁酉〃　吉　天月德合　宜婚嫁　造葬　凶　大時　動
　　　破土

戊戌〃　凶　月破　大事皆忌

己亥〃　凶　游禍　嫁娶　破土葬攢

庚子〃　吉　母倉　宜嫁娶竪造　破土啓攢

辛丑〃　凶　河魁　大事皆忌

壬寅〃　吉　天月德　宜婚嫁竪造動土

癸卯〃　大事皆忌

甲辰日　凶　陽錯　諸事不宜

乙巳〃　凶　劫殺　大事皆忌

丙午〃　凶　災殺　大事皆忌

丁未〃　吉天月德合大事皆忌　凶　天罡

戊申〃　凶　孤辰　大事皆忌

己酉〃　吉　天恩　鳴吠　宜結婚安葬　凶大時　動
　　　破土

庚戌〃　凶　月破　大事皆忌

辛亥〃　凶　游禍　嫁娶破土葬攢

壬子〃　吉　天月德　宜婚嫁　造葬動破土啓攢

癸丑〃　凶　河魁　大事皆忌

甲寅〃　吉　陽德　宜竪造動土　凶　厭對　婚嫁

乙卯〃　凶　月害　大事皆忌

丙辰〃　凶　月建　大事皆忌

丁巳日　吉　天月德合　宜婚嫁竪造　動土　凶劫殺
戊午　〃　大事皆忌
己未　〃　諸事不宜
庚申　〃　凶　孤辰陰錯　大事皆忌
辛酉日　凶　大時　大事皆忌
壬戌　〃　吉　天月德　大事皆忌　凶　月破
癸亥　〃　凶　游禍

四月

天德辛　月德庚　月空甲　宜修造取土
天德合丙　月德合乙　宜修造取土
小滿　四月中太陽躔申宮　爲四月將　宜用甲丙庚壬時
月破亥　劫殺寅　災殺卯　月殺辰　忌修造取土
月建巳　月厭未　月刑申　月害寅　忌修造取土
立春前一日　四絶后八日　往亡　初九日長星　二十五日短星

甲子日　吉　天恩　凶　天吏　婚嫁　竪造動土
乙丑　〃　吉　月德合　宜婚嫁　造葬動土　凶厭對
土
丙寅日　吉　天德合　宜婚嫁竪造　凶天罡　動土破

丁卯日	大事無宜忌
戊辰〃	諸事不宜
己巳〃	諸事不宜
庚午〃	吉 月德 宜婚嫁 竪造動土破土
辛未〃	吉 天德 凶 孤辰 婚嫁
壬申〃	凶 河魁 竪造動土
癸酉〃	吉 民日 鳴吠 宜婚嫁 造葬動破土
甲戌〃	大事 無宜忌
乙亥〃	凶 月破 大事皆忌
丙子〃	吉 天德合 宜竪造 動土 凶天吏 婚嫁 安葬
丁丑〃	吉 三合 宜婚聘 竪造動土 凶厭對 嫁
戊寅〃	凶 天罡 大事皆忌
己卯日	凶 災殺 忌 動 破土 葬攢
庚辰〃	凶 月殺 大事皆忌
辛巳〃	吉 天德 宜婚嫁 竪造 凶 月建 動破土
壬午〃	吉 天恩 鳴吠 宜破土安葬
癸未〃	凶 孤辰 大事皆忌
甲申〃	凶 河魁 忌 竪造動土
乙酉〃	吉 月德合 宜 婚嫁 造葬 動破土
丙戌〃	吉 天德合 大事皆忌 凶小耗
丁亥〃	凶 月破 大事皆忌
戊子〃	忌 婚嫁 竪造動土
己丑〃	吉 月恩 宜婚聘 竪造動土 凶厭對 嫁
庚寅〃	吉 月德 宜婚嫁 造葬啓攢 凶 天罡 動

辛卯日　吉　天德　宜婚嫁　豎造動土　凶災殺

壬辰　〃　諸事不宜

癸巳　〃　凶　月建　忌婚聘造葬　動破土　啓攢

甲午　〃　吉　月空　宜　婚嫁　造葬　動破土

乙未　〃　吉　月德合　凶行狼　婚嫁

丙申　〃　吉　天德　天願　宜　婚嫁　豎造　動土
　　　　　凶河魁　忌無

丁酉　〃　吉　民日　宜婚嫁　造葬　動土破土

戊戌　〃　吉　四相　宜婚嫁　豎造　動土

己亥　〃　凶　月破　大事皆忌

庚子　〃　吉　月德　宜婚嫁　造葬　動破土　啓攢凶

辛丑　〃　吉　天德　宜婚嫁　造葬動土　凶厭對

壬寅　〃　凶　天罡　大事皆忌

月別神殺

癸卯日　大事無宜忌

甲辰　〃　諸事不宜

乙巳　〃　吉　月德合　宜婚嫁　豎造　凶月建　動破
　　　　　土

丙午　〃　吉　天德合　大事皆忌　凶歲薄

丁未　〃　凶　了戾　陰錯　大事皆忌

戊申　〃　凶　河魁　大事無宜忌

己酉　〃　吉　月恩　宜婚嫁　造葬　凶地囊　動破土

庚戌　〃　吉　月德　宜婚嫁　造葬動土

辛亥　〃　凶　月破　大事皆忌

壬子　〃　凶　四廢　大事皆忌

癸丑　〃　吉　天恩　宜　豎造動土　凶厭對　婚嫁

甲寅　〃　凶　天罡　大事皆忌

乙卯　〃　吉　月德合　宜婚嫁　豎造　動土

丙辰日　凶　月殺　大事皆忌

丁巳〃　凶　陽錯　大事皆忌

戊午〃　凶　歲薄　忌婚嫁　竪造　動土

己未〃　凶　孤辰　陰錯　大事皆忌

庚申〃　吉　月德鳴吠　宜造葬　動破土　凶河魁　婚嫁

辛酉日　吉　天德　鳴吠　宜婚嫁造葬動破土

壬戌〃　大事　無宜忌

癸亥〃　諸事不宜

五　月

天德乾　月德丙　月空壬　宜修造取土

天德合辛　月德合辛　宜修造取土

夏至五月中太陽躔未宮爲五月將　宜　用艮巽坤乾時

月建午　月厭午　月刑午　月害丑　忌　修造取土

月破子　刼殺亥　災殺子　月殺丑　忌　修造取土

芒種後　十六日　往亡　夏至前一日四離　十五日長星　二十五日短星

甲子日　凶　月破　諸事不宜

乙丑日　凶　月殺　大事皆忌

丙寅日　吉　月德鳴吠對　宜婚嫁造葬動破土啓
攢

丁卯　〃　凶　河魁　大事皆忌
戊辰　〃　吉　天恩　宜婚嫁　豎造動土
己巳　〃　凶　游禍　婚嫁　造葬動破土啓攢
庚午　〃　諸事不宜
辛未　〃　吉　月德合　宜婚嫁造葬動土
壬申　〃　吉　鳴吠　宜破土安葬　忌婚聘
癸酉　〃　凶　天罡　大事皆忌
甲戌　〃　吉　三合　宜婚嫁　豎造動土
乙亥　〃　凶　刦殺　大事皆忌
丙子　〃　凶　月破　大事皆忌
丁丑　〃　凶　月殺　大事皆忌
戊寅　〃　吉　母倉　宜婚嫁　豎造動土

己卯日　凶　河魁
庚辰　〃　吉　天恩　宜婚聘　豎造動土
辛巳　〃　諸事吉
壬午　〃　諸事不宜
癸未　〃　吉　天恩　宜嫁娶　安葬
甲申　〃　吉　鳴吠　宜嫁娶　破土安葬　凶婚聘
乙酉　〃　凶　天罡　大事皆忌
丙戌　〃　吉　月德　宜婚嫁　造葬動土
丁亥　〃　凶　刦殺　大事皆忌
戊子　〃　諸事不宜
己丑　〃　凶　月殺　大事皆忌
庚寅　〃　吉　母倉　宜婚嫁　豎造動破土啓攢
辛卯　〃　凶　河魁　嫁娶
壬辰　〃　吉　月空　宜婚聘　豎造動土

月別神殺

癸巳日　凶　游禍　大事皆忌

甲午〃　吉　天赦　大事皆凶　月建

乙未〃　吉　守日　宜嫁娶安葬

丙申〃　吉　月德　宜婚嫁　造葬動破土

丁酉〃　凶　天罡　大事皆忌

戊戌〃　吉　月恩　宜婚嫁　豎造動土

己亥〃　凶　劫殺　大事皆忌

庚子〃　諸事不宜

辛丑〃　凶　月殺　大事無宜忌

壬寅〃　吉　月空　宜婚嫁　豎造動土啓攢

癸卯〃　凶　河魁　大事皆忌

甲辰〃　吉　時德　宜婚聘　豎造　凶五虛　動破土

乙巳〃　凶　游禍　大事皆忌

丙午〃　諸事不宜

丁未日　吉　天願　宜婚嫁　豎造　動破土

戊申〃　吉　月恩　宜婚嫁　豎造動土　凶五虛　結

　　　　婚納釆

己酉〃　凶　天罡　大事皆忌

庚戌〃　吉　天恩　宜婚嫁　豎造動土

辛亥〃　凶　劫殺　大事無宜忌

壬子〃　諸事不宜

癸丑〃　凶　月殺　大事皆忌

甲寅〃　吉　母倉　鳴吠對　宜　豎造　動破土啓攢

乙卯〃　凶　河魁　大事皆忌

丙辰〃　吉　月德　宜婚嫁　豎造　動土

丁巳〃　凶　游禍　大事皆忌

戊午〃　諸事不宜

己未日　吉　四相　宜　造葬動土　凶　八專　婚嫁

庚申　〃　吉　相日鳴吠　宜破土安葬　凶　五虛婚

嫁

辛酉日　凶　天罡　大事無宜忌

壬戌　〃　吉　月空　宜婚嫁　竪造　凶地囊　動破土

癸亥　〃　凶　刧殺　大事皆忌

六　月

天德甲　月德甲　月空庚　宜修造取土

天德合己　月德合己　宜修造取土

大暑六月中太陽躔午宮爲六月將　宜用癸乙丁辛時

月建未　月厭巳　月刑丑　月害子　忌修造取土

月破丑　刧殺申　災殺酉　月殺戌　忌　修造取土

小暑後二十四日　往亡　土王用事後　忌修造動土巳午日

添母倉初十日長星　二十日短星

甲子日　吉　天月德　宜婚嫁造葬動土

丁卯日　吉　天恩　宜婚嫁　竪造　動土　啓攢

乙丑　〃　諸事不宜

戊辰　〃　凶　天罡　大事皆忌

丙寅　〃　吉　天恩　宜結婚破土啓攢

己巳　〃　凶　陰錯　大事皆忌

庚午日　吉　鳴吠　宜破土　安葬　凶天吏　動土　婚嫁竪造

辛未〃　吉　月恩　宜婚聘　竪造　凶月建　動破土

壬申〃　凶　刦殺　婚聘　竪造動土

癸酉〃　凶　災殺　大事皆忌

甲戌〃　吉　月德　大事皆　凶河魁

乙亥〃　吉　陰德　宜婚嫁　竪造動土　凶厭對　嫁娶

丙子〃　大事皆忌

丁丑〃　諸事不宜

戊寅〃　吉　母倉　宜婚聘　竪造動土

己卯〃　吉　天月德合　宜婚嫁　竪造動土

庚辰〃　凶　天罡　大事皆忌

辛巳〃　吉　天恩　大事皆　凶月厭

壬午日　吉　天恩　宜破土安葬　凶天吏　嫁娶竪造動土

癸未〃　吉　天恩　宜嫁娶　凶月建　婚聘　造葬動破土

甲申〃　吉　天月德　宜婚嫁　安葬　動破土　凶刦殺

乙酉〃　凶　災殺　大事皆忌

丙戌〃　諸事不宜

丁亥〃　吉　陰德　宜竪造　動土　凶厭對　婚嫁　葬攅破土

戊子〃　吉　四相　大事皆忌　凶月害

己丑〃　凶　月破　大事皆忌

庚寅〃　吉　月空　宜結婚破土啓攅

辛卯〃　吉　母倉　宜婚嫁　竪造　動破土　啓攅

壬辰〃　凶　天罡　大事皆忌

癸巳日 凶 月厭 大事皆忌

甲午〃 吉 天月德天赦 宜破土 安葬 凶天吏

無

乙未〃 吉 不將 宜嫁娶 凶月建 婚聘 造葬動 破土啓攢

丙申〃 凶 劫殺 婚嫁 竪造動土

丁酉〃 凶 災殺 大事皆忌

戊戌〃 諸事不宜

己亥〃 吉 天月德合 宜婚聘竪造動土 凶厭對 嫁娶

庚子〃 凶 月害 大事皆忌

辛丑〃 諸事不宜

壬寅〃 吉 母倉 宜結 婚破土 啓攢

癸卯〃 吉 母倉 宜婚嫁 竪造 動土 啓攢

月別神殺

甲辰日 吉 天月德 宜婚嫁 造葬 動土 凶天罡

乙巳〃 凶 月厭 大事皆忌

丙午〃 凶 逐陣 大事皆 忌無宜

丁未〃 凶 月建 陽錯 大事皆 忌

戊申〃 凶 劫殺 婚聘 破土 葬攢

己酉〃 吉 天月德合 宜婚嫁竪造 動土 凶厭對 嫁

庚戌〃 諸事不宜

辛亥〃 吉 天恩 宜婚 聘竪 造動土 凶厭對 娶葬攢破土

壬子〃 吉 天恩 大事皆忌 凶月害

癸丑〃 諸事不宜

甲寅〃 吉 天月德 宜造葬 動破土 啓攢凶八專

乙卯〃 吉 母倉 宜婚嫁 竪造 動破土 啓攢

丙辰〃 凶 天罡 大事皆忌

丁巳日　諸事不宜

戊午〃　吉　天願　大事皆忌　凶逐陣

己未〃　吉　天月德合　大事皆忌　凶月建陽錯

庚申〃　凶　刼殺　忌婚嫁　豎造動土

辛酉日　凶　災殺　大事皆忌

壬戌〃　　諸事不宜

癸亥〃　凶　厭對　大事皆忌

七　月

天德癸　月德壬　月空丙　宜修造取土

天德合戊　月德合丁　宜修造取土

處暑七月中太陽躔巳宮　爲七月將　宜用　甲丙庚壬時

月建申　月厭辰　月刑寅　月害亥　忌修造取土

月破寅　劫殺巳　災殺午　月殺未　忌修造取土

立秋前一日　四絶後九日　往亡　初八日長星　二十二日短星

甲子日　吉　天恩　宜　婚嫁　豎造　動土　凶死氣

乙丑〃　吉　天恩　大事無宜忌

丙寅日　諸事不宜

丁卯〃　吉　月德合　宜婚嫁造葬啓攢　凶天吏

動破土

戊辰日 吉 天德合 宜造葬動土 凶月厭婚嫁

己巳〃 吉 天願 宜婚嫁竪造動土 凶河魁

庚午〃 凶 災殺 婚嫁 破土 葬攢

辛未〃 諸事不宜

壬申〃 吉 月德 宜婚嫁造葬 凶月建 動破土

癸酉〃 吉 天德 宜婚聘造葬動破土凶 大時嫁 娶

甲戌〃 吉 母倉 凶厭對 婚嫁

乙亥〃 凶 天罡 大事皆忌

丙子〃 吉 月空 宜婚嫁 竪造 動破土啟攢

丁丑〃 吉 月德合 宜婚嫁 造葬 動土

戊寅〃 凶 月破 大事皆忌

己卯〃 吉 天恩 大事皆忌 凶天吏

庚辰日 諸事不宜

辛巳〃 吉 天恩 宜嫁娶 凶河魁

壬午〃 吉 月德 宜婚嫁竪造動土 凶災殺

癸未〃 吉 天恩 大事皆忌 凶月殺

甲申〃 吉 不將 宜嫁娶 凶月建 婚聘葬動破土

乙酉〃 啟攢

丙戌〃 吉鳴吠 宜破土安葬凶大時 婚嫁

丁亥〃 吉 月空 凶厭對 婚嫁

戊子〃 土

己丑〃 吉 母倉 大事無宜忌

庚寅〃 諸事不宜

辛卯〃 吉 鳴吠對 宜啟攢 凶天吏 婚嫁 竪造

動破土

壬辰日　吉　月德　宜造葬動土　凶月厭　婚嫁

癸巳　〃　吉　天德　宜婚嫁竪造動土　凶劫殺

甲午　〃　凶　災殺　婚聘

乙未　〃　諸事不宜

丙申　〃　吉　月空　大事皆忌　凶月建

丁酉　〃　吉　月德合　宜婚聘造葬動破土　凶大時　嫁娶

戊戌　〃　吉　天德合　宜婚嫁造葬動土

己亥　〃　凶　天罡　大事皆忌

庚子　〃　吉　時德　宜竪造動土　凶死氣　婚嫁　破

辛丑　〃　凶　小耗　大事皆忌

壬寅　〃　吉　月德　大事皆忌　凶月破

癸卯日　吉　天德　宜婚嫁造葬啓攢　凶天吏　動破土

甲辰　〃　凶　陰錯　大事皆忌

乙巳　〃　吉　六合　宜結婚嫁娶　凶河魁

丙午　〃　凶　災殺　婚嫁

丁未　〃　吉　月德合　大事皆忌　凶月殺

戊申　〃　吉　天德合　天赦　大事咸宜無忌　凶月建

己酉　〃　吉　鳴吠　宜破土安葬　凶大時　婚嫁

庚戌　〃　吉　天恩　凶厭對　婚嫁破土葬攢

辛亥　〃　凶　天罡　大事皆忌

壬子　〃　吉　月德　宜婚嫁造葬動破土啓攢

癸丑　〃　吉　天德　宜造葬動土　凶八專　婚嫁

甲寅　〃　諸事不宜

乙卯　〃　諸事不宜

丙辰日　吉　月空　大事皆忌　凶月厭

丁巳〃　吉　月德合　宜婚嫁竪造　凶河魁　動破
土

戊午〃　吉　天德合　宜婚嫁竪造動土　凶災殺

己未〃　　諸事不宜

庚申日　凶　月建　大事皆忌

辛酉〃　吉　鳴吠　宜破土安葬　凶大時　婚嫁

壬戌〃　吉　月德　宜婚嫁造葬動土

癸亥〃　吉　天德　凶　天罡　忌嫁娶

八　月

天德在艮　月德庚　月空甲　月德合乙　月空甲　宜修造取土

秋分八月中太陽躔辰宮為八月將　宜用　艮巽坤乾時

月建酉　月厭卯　月刑酉　月害戌　忌修造取土

月破卯　劫殺寅　災殺卯　月殺辰

白露后十八日　往亡　秋分前一日　四離　初二日　初五日長星　十八日　十九日短星

甲子日　凶　河魁　大事皆忌

乙丑〃　吉　月德合　宜婚嫁造葬動土

丙寅日　凶　劫殺　大事皆忌

丁卯〃　　諸事不宜

月別神殺

六四三

戊辰日　諸事不宜

己巳〃　吉　三合　宜婚嫁竪造動土　凶重日　破土　葬攢

庚午〃　吉　月德　大事無宜忌　凶天罡

辛未〃　吉　不將　宜嫁娶竪造　凶土符　葬攢動破　土

壬申〃　土　動土　吉鳴吠　宜破土安葬　凶游禍　婚嫁竪造

癸酉〃　凶　月建　大事皆忌

甲戌〃　凶　月害　忌婚嫁破土葬攢

乙亥〃　吉　月德合　宜婚聘動土竪造　凶五虛　嫁娶

丙子〃　凶　河魁　大事皆忌

丁丑〃　吉　母倉　宜婚嫁竪造動土

戊寅日　凶　劫殺　大事皆忌

己卯〃　諸事不宜

庚辰〃　吉　月德　天願大事咸宜　無忌

辛巳〃　吉　天恩　宜婚嫁竪造動土　凶重日　葬攢破土

壬午〃　吉　天恩　大事皆忌　凶天罡

癸未〃　吉　天恩　宜婚嫁竪造　凶五虛　動破土

甲申〃　動土　吉　月空　宜破土安葬　凶游禍　婚嫁竪造

乙酉〃　凶　月建　忌動破土

丙戌〃　吉　母倉　凶　月害　婚嫁破土葬攢

丁亥〃　凶　五虛　婚嫁破土葬攢

戊子〃　凶　河魁　大事皆忌

己丑〃　吉　母倉　宜婚嫁竪造動土

庚寅日　凶　劫殺　大事無宜忌
辛卯〃　　諸事不宜
壬辰〃　凶　月殺　大事無宜忌
癸巳〃　吉　月恩　宜婚嫁豎造動土　凶重日　葬攢破土
甲午〃　凶　天罡　大事皆忌
乙未〃　吉　月德合　宜婚嫁豎造　凶五虛　動破土
丙申〃　吉　鳴吠　宜葬　凶游禍　婚嫁豎造動土
丁酉〃　凶　月建　大事皆忌
戊戌〃　凶　月害　忌婚嫁葬攢破土
己亥〃　凶　五虛　婚嫁破土葬攢
庚子〃　吉　月德　凶河魁　婚嫁安葬
辛丑〃　凶　死神　大事皆忌

壬寅日　凶　劫殺　大事皆忌
癸卯〃　　諸事不宜
甲辰〃　凶　月殺　有忌無宜
乙巳〃　吉　月德合　宜婚嫁　豎造動土
丙午〃　凶　天罡　大事皆忌
丁未〃　吉　母倉　宜豎造　凶　八專　婚嫁動破土
戊申〃　吉　天赦　宜安葬
己酉〃　　諸事不宜
庚戌〃　吉　月德　宜婚嫁豎造動土
辛亥〃　凶　四窮　婚嫁葬攢破土
壬子〃　吉　天恩　凶河魁　大事皆忌
癸丑〃　吉　天恩　宜豎造動土　凶　死氣　婚嫁
甲寅〃　凶　劫殺　大事皆忌

乙卯日　諸事不宜

丙辰〃　凶　月殺　有忌無宜

丁巳〃　吉　三合　宜婚嫁　竪造動土　凶重日　葬攢破土

戊午〃　凶　天罡　大事皆忌

己未〃　吉　母倉　宜竪造　凶五虛　婚嫁動破土

庚申日　吉　月德　宜破土安葬　凶游禍　婚嫁

辛酉〃　凶　陽錯　大事皆忌

壬戌〃　吉　母倉　宜竪造動土　凶月害　婚嫁葬攢破土

癸亥〃　吉　月恩　凶重日　嫁娶葬攢破土

九　月

天德丙　月德丙　月空壬

天德合辛　月德合辛　宜修造取土

霜降九月中太陽躔卯宮爲九月將　宜用　癸乙丁辛時

月建戌　月厭寅　月刑未　月害酉

月破辰　劫殺亥　災殺子　月殺丑　忌修造取土

寒露後二十七日　往亡　土王用事後　忌修造動土　巳午日　添母倉

初三初四日長星　十六十七日短星

甲子日　吉　天恩　大事皆忌　凶　災殺
乙丑〃　諸事不宜
丙寅〃　吉　天德　有忌無宜　凶　孤辰
丁卯〃　吉　天恩　宜嫁娶葬攢破土　凶　大時
戊辰〃　凶　月破　大事皆忌
己巳〃　凶　游禍　忌葬攢破土
庚午〃　吉　月恩　宜婚嫁造葬動破土
辛未〃　吉　天月德合　凶　河魁　動破土
壬申〃　吉　月空　宜豎造動土　凶　厭對　婚嫁
癸酉〃　凶　天吏　大事皆忌
甲戌〃　諸事不宜
乙亥〃　凶　刧殺　大事皆忌
丙子〃　吉　天月德　宜婚嫁造葬動破土啓攢

丁丑日　諸事不宜
戊寅〃　凶　孤辰　有忌無宜
己卯〃　吉　天恩　宜安葬
庚辰〃　凶　月破　大事皆忌
辛巳〃　吉　天月德合　宜婚嫁
壬午〃　吉　月空　宜婚嫁造葬動破土
癸未〃　凶　河魁　大事皆忌
甲申〃　吉　王日　宜豎造動土　凶　厭對　婚嫁
乙酉〃　凶　月害　大事皆忌
丙戌〃　吉　天月德　宜婚嫁造葬　凶　月建　動破土
丁亥〃　凶　刧殺　大事皆忌
戊子〃　凶　災殺　大事皆忌

己丑日　諸事不宜

庚寅〃　吉 月恩 有忌無宜 凶行狼

辛卯〃　吉 天德合天願 有宜無忌

壬辰〃　凶 月破 大事皆忌

癸巳〃　吉 四相 宜婚嫁竪造動土 凶游禍 葬攬

破土

甲午〃　吉 三合 宜婚嫁造葬動破土

乙未〃　凶 河魁 大事皆忌

丙申〃　吉 天月德 宜婚嫁竪造動土

丁酉〃　凶 月害 大事皆忌

戊戌〃　諸事不宜

己亥〃　凶 刼殺 大事皆忌

庚子〃　凶 災殺 大事皆忌

辛丑〃　凶 天罡 大事皆忌

壬寅日　凶 了戻 有忌無宜

癸卯〃　吉 四相 宜婚嫁造葬 動破土啓攬 凶大

敗

甲辰〃　凶 月破 大事皆忌

乙巳〃　吉 陰德 凶游禍 葬攬破土

丙午〃　吉 二德 宜婚嫁造葬動破土

丁未〃　凶 河魁 大事皆忌

戊申〃　吉 天赦 宜婚嫁竪造動土

己酉〃　凶 月害 大事皆忌

庚戌〃　凶 月建 大事皆忌

辛亥〃　吉 二德合 宜竪造 凶刼殺 婚嫁安葬動

破土

壬子〃　凶 災殺 大事皆忌

癸丑〃　諸事不宜

甲寅日 凶 孤辰陰錯 有忌無宜

乙卯〃 大事皆忌

丙辰〃 吉 二德 大事皆忌 凶月破

丁巳〃 凶 游禍 忌 葬攢破土

戊午〃 吉 三合 宜婚嫁竪造動土 凶四耗 葬攢

己未〃 凶 河魁 大事皆忌 破土

庚申日 吉 月恩 宜竪造動土 凶 厭對 婚

辛酉〃 吉 二德合 大事無宜忌 凶 月害 嫁

壬戌〃 吉 月空 宜婚聘 凶月建 動破土

癸亥〃 吉 四相 凶 刧殺 造葬動破土啓 攢

十月

天德乙 月德甲 月空庚 天德合庚 月德合己 宜修造取土

小雪十月中太陽躔寅宮爲 十月將 宜用甲丙庚壬時

月建亥 月厭丑 月刑亥 月害申 月破巳 刧殺申 災殺酉 月殺戌 忌修造取土

立冬前一日 四絕後十日 往亡 初一日長星 十四日短星

月別神殺

甲子日　吉　月德　天赦　大事咸宜　無忌
乙丑〃　吉　天德　凶　孤辰　忌婚嫁
丙寅〃　吉　天恩　宜婚嫁造葬啓攢動破土　凶河魁
丁卯〃　吉　鳴吠對　宜婚嫁豎造動破土啓攢
戊辰〃　凶　小耗　動破土
己巳〃　凶　月破　大事皆忌
庚午〃　吉　天德合　宜婚嫁造葬動破土　凶天吏
辛未〃　吉　三合　宜婚聘豎造動土　凶厭對　嫁娶
壬申〃　凶　天罡　大事皆忌
癸酉〃　凶　災殺　婚嫁
甲戌〃　凶　月殺　大事皆忌
乙亥〃　吉　天德　凶月建　嫁娶動破土

丙子日　吉　鳴吠對　宜破土啓攢　凶大時　嫁娶動破土
丁丑〃　凶　孤辰　大事皆忌
戊寅〃　吉　時德　宜婚嫁造葬　凶河魁　動破土
己卯〃　吉　月德合　宜婚嫁造葬動土
庚辰〃　吉　天德合　宜婚嫁造葬　凶小耗　動破
辛巳〃　凶　月破　大事皆忌
壬午〃　凶　天吏　大事皆忌
癸未〃　吉　天恩　宜婚聘豎造動土　凶厭對　嫁
甲申〃　吉　月德　宜婚嫁造葬動土　凶天罡
乙酉〃　吉　天德　宜婚嫁豎造動土
丙戌〃　諸事不宜

丁亥日　凶　月建　大事皆忌

戊子　〃　凶　歲薄　大事皆忌

己丑　〃　凶　孤辰　婚嫁

庚寅　〃　吉　天德合　宜婚嫁造葬動破土啓攢

辛卯　〃　吉　陰德　宜婚嫁竪造動破土啓攢

壬辰　〃　吉　陽德　大事皆忌　凶小耗

癸巳　〃　凶　月破　大事皆忌

甲午　〃　吉　月德　宜婚嫁造葬動破土

乙未　〃　吉　天德　凶厭對　宜婚聘造葬動土

丙申　〃　凶　天罡　大事皆忌

丁酉　〃　凶　災殺　婚嫁

戊戌　〃　　諸事不宜

己亥　〃　　諸事不宜

庚子　〃　吉　天德合　宜婚嫁造葬動破土啓攢

月別神殺

辛丑日　凶　行狼　大事皆忌

壬寅　〃　吉　天願　宜婚嫁竪造動土　凶河魁

癸卯　〃　吉　陰德　宜婚嫁竪造動破土　啓攢

甲辰　〃　吉　月德　宜婚嫁造葬　凶小耗　動破土

乙巳　〃　吉　天德　大事皆忌　凶月殺

丙午　〃　凶　天吏　大事皆忌

丁未　〃　吉　三合　宜竪造動土　凶厭對　動破土

戊申　〃　凶　天罡　大事皆忌

己酉　〃　吉　月德合　宜婚嫁竪造動土

庚戌　〃　　大事皆忌

辛亥　〃　凶　月建　大事皆忌

壬子　〃　凶　歲薄　大事皆忌

癸丑　〃　凶　了戾陰錯　大事皆忌

甲寅日　吉　月德　宜造葬動破土啓攢　凶河魁　婚

己未〃　吉　月德合　宜造葬動土　凶厭對　婚

乙卯〃　吉天德　宜婚嫁造葬動破土　啓攢
嫁

庚申日　吉　天德合　宜造葬動破土　凶天罡　婚
嫁

丙辰〃　凶小耗　忌動破土

辛酉〃　凶災殺　忌婚嫁
嫁

丁巳〃　諸事不宜

壬戌〃　諸事不宜

戊午〃　凶　天吏　婚嫁竪造動土

癸亥〃　凶陽錯　大事皆忌

十一月

天德巽　月德壬　月空丙　月德合丁　宜修造取土

冬至十一月中太陽躔丑宮爲十一月將　宜用　艮巽坤乾時

月建子　月厭子　月刑卯　月害未　月破午　刧殺巳　災殺午　月殺未　忌修造取土

大雪後二十日　往亡　冬至前一日　四離十二日長星　二十二日短星

甲子日　吉　天赦　大事皆忌　凶　月建

乙丑　〃　吉　天恩　宜婚嫁造葬動土

丙寅　〃　吉　月空　宜竪造動破土啓攢　凶　五虛　婚嫁

丁卯　〃　凶　天罡　大事皆忌

戊辰　〃　吉　天恩　宜婚嫁竪造動土

己巳　〃　凶　刧殺　大事皆忌

庚午　〃　凶　月破　諸事不宜

辛未　〃　凶　月殺　大事皆忌

壬申　〃　吉　月德　宜婚嫁造葬　凶　九坎　動破土

癸酉　〃　凶　河魁　大事皆忌

甲戌　〃　吉　月恩　宜婚聘竪造動土　凶　五虛　嫁娶

乙亥日　凶　游禍　婚嫁造葬破土啓攢

丙子　〃　諸事不宜

丁丑　〃　吉　月德合　宜婚嫁造葬　土動

戊寅　〃　吉　時德　宜竪造動土　凶　五虛　婚聘

己卯　〃　諸事不宜

庚辰　〃　吉　三合　宜婚嫁竪造動土

辛巳　〃　凶　刧殺　大事皆忌

壬午　〃　凶　月破　大事皆忌

癸未　〃　凶　月殺　大事皆忌

甲申　〃　吉　母倉　宜婚嫁造葬　凶　九坎　動破土

乙酉　〃　凶　河魁　大事皆忌

丙戌　〃　吉　月空　宜竪造動土　凶　九空　嫁娶

丁亥　〃　凶　游禍　嫁娶

戊子　〃　諸事不宜

己丑日　吉　陰德　宜嫁娶安葬
庚寅〃　五虛　吉　時德　宜嫁娶　竪造　動破土啓攢　凶
辛卯〃　諸事不宜
壬辰〃　吉　月德　宜　婚嫁　造葬　動土
癸巳〃　凶　刧殺　大事皆忌
甲午〃　諸事不宜
乙未〃　凶　月殺　大事皆忌
丙申〃　吉　月空　宜　婚嫁　造葬　凶九坎　動破
丁酉〃　凶　河魁　大事無宜忌
土
戊戌〃　吉　時德　宜竪造動土　凶五虛　嫁娶
己亥〃　大事皆忌
庚子〃　諸事不宜

辛丑日　吉　陰德　宜嫁娶安葬
壬寅〃　吉　月德　宜婚嫁造動破土啓攢
癸卯〃　諸事不宜
甲辰〃　吉　月恩　宜婚嫁竪造動土
乙巳〃　凶　刧殺　大事皆忌
丙午〃　諸事不宜
丁未〃　凶　月殺　大事皆忌
戊申〃　吉　母倉　宜婚嫁竪造　凶九坎　動破
己酉〃　凶　河魁　大事皆忌
土
庚戌〃　吉　天恩　宜竪造動土　凶五虛　嫁娶
辛亥〃　凶　游禍　大事皆忌
壬子〃　諸事不宜
癸丑〃　吉　天恩　宜婚嫁　竪造動土　凶復日

甲寅日　吉　月恩　宜豎造動破土啓攢　凶五虛　婚

乙卯〃　　諸事不宜

丙辰〃　吉　月空　宜婚嫁豎造動土

丁巳〃　凶　刧殺　大事皆忌

戊午〃　　　諸事不宜

己未〃　凶　月殺　大事皆忌

庚申日　吉　母倉　宜造葬　凶九坎　婚嫁動破

辛酉〃　凶　河魁　大事皆忌

壬戌〃　吉　月德　宜婚聘豎造動土　凶五虛　嫁

癸亥〃　凶　游禍　大事皆忌

土

嫁

娶

十二月

天德庚　月德庚　月空甲　天德合乙　月德合乙　宜修造取土

大寒十二月中太陽躔子宮爲十二月將　宜用　癸乙丁辛時

月破未　刧殺寅　災殺卯　月殺辰　忌修造取土

月建丑　月厭亥　月刑戌　月害午

月別神殺

六五五

小寒三十日　往亡　土旺用事後　忌修造動土　巳午日　添母倉　初九日長星　二十五日短星

甲子日　吉　大赦天願　宜安葬　凶天吏天刑

乙丑〃　吉　二德合　宜婚聘造葬　凶月建　嫁娶動　破土

丙寅〃　吉　天恩　大事無宜忌　凶　刧殺

丁卯〃　吉　天恩　大事皆忌　凶災殺

戊辰〃　諸事不宜

己巳〃　吉　三合　宜婚聘竪造動土　凶厭對　嫁娶　破土葬攢

庚午〃　吉　二德　宜婚嫁造葬動破土　凶月害

辛未〃　凶　月破　大事皆忌

壬申〃　吉　母倉　宜安葬破土　凶　游禍　婚聘

癸酉〃　吉　三合　宜婚嫁造葬　凶地囊　動破土

甲戌日　凶　天罡　大事皆忌

乙亥〃　吉　二德　宜竪造動土　凶月厭　婚嫁

丙子〃　吉　鳴吠對　宜葬攢　凶天吏　婚嫁竪造　動破土

丁丑〃　吉　守日　大事皆忌　凶月建

戊寅〃　吉　時德　凶刧殺　葬攢破土

己卯〃　凶　災殺　大事皆忌

庚辰〃　吉　二德　大事皆忌　凶河魁

辛巳〃　吉　天恩　宜婚聘竪造動土　凶厭對

壬午〃　吉　天恩　大事皆忌　凶月害

癸未〃　凶　月破　大事皆忌

甲申〃　吉　月空　宜造葬動破土　凶游禍　婚聘

乙酉日　吉　二德合　宜婚嫁造葬動破土　凶大殺
丙戌〃　凶　天罡　大事皆忌
丁亥〃　吉　陰德　大事皆忌　凶月厭
戊子〃　凶　逐陣　大事皆忌
己丑〃　凶　月建　大事皆忌
庚寅〃　吉　二德　宜婚嫁造葬動破土　啓攢　凶
辛卯〃　凶　災殺　大事皆忌
　　　劫殺
壬辰〃　　　諸事不宜
癸巳〃　吉　三合　宜婚聘竪造動土　凶厭對　嫁娶
　　葬攢破土
甲午〃　凶　月害　大事皆忌
乙未〃　凶　月破　大事皆忌
丙申〃　吉　母倉　宜破土安葬　凶游禍　婚聘

丁酉〃　吉　三合　宜婚嫁造葬動破土
戊戌〃　凶　天罡　大事皆忌
己亥〃　凶　月厭　大事皆忌
庚子〃　吉　二德　宜葬攢　凶天吏　動破土
辛丑〃　吉　月恩　宜婚聘竪造　凶月建　嫁娶動破
　　土
壬寅〃　凶　劫殺　大事無宜忌
癸卯〃　凶　災殺　大事皆忌
甲辰〃　　　諸事不宜
乙巳〃　吉　二德合　宜婚嫁竪造動土
丙午〃　吉　敬安　大事皆忌　凶　月害
丁未〃　　　諸事不宜
戊申〃　凶　游禍　忌婚聘
己酉〃　吉　天恩　宜婚嫁　竪造　動土　凶　大殺

忌葬攢破土

庚戌日　吉　二德　大事無宜忌　凶　天罡
辛亥〃　凶　月厭　大事皆忌
壬子〃　凶　逐陣　大事皆忌
癸丑〃　凶　陽錯　大事皆忌
甲寅〃　凶　刼殺　忌婚嫁
乙卯〃　吉　二德合　宜婚嫁造葬　啓攢　凶災殺
丙辰〃　動破土　　　諸事不宜

丁巳日　吉　三合　大事皆無宜忌　凶　厭對
戊午〃　凶　月害　大事皆忌
己未〃　吉　普護　大事皆忌　凶大耗
庚申〃　吉　二德　宜造葬動破土　凶游禍　婚嫁
辛酉〃　吉　母倉　宜婚嫁造葬動破土　凶四耗
壬戌〃　吉　聖心　大事皆忌　凶天罡
癸亥〃　　　諸事不宜

黃黑道解

青龍、明堂、金櫃、寶光、玉堂、司命 黃道吉

天刑、朱雀、白虎、天牢、元武、勾陳 黑道凶

起例

一、青龍 二、明堂 三、天刑 四、朱雀 五、金櫃 六、寶光 七、白虎

八、玉堂 九、天牢 十、元武 十一、司命 十二、勾陳

一、年起 寅申起子 爲青龍 卯酉起寅 辰戌起辰 巳亥起午 子午起申 丑未起戌 順行十二辰

二、月起日則 寅月起子日 爲青龍 丑日爲明堂

三、日起則 子日起申時起 青龍 酉時爲明堂 依次順數 按黃道雖吉、若帶刑沖破害及凶神 難以吉

論黑道雖凶 若帶 貴合 德祿 及吉神 難以凶、論仍 當視 各神所臨 以定吉凶、與建除同義也

一、官貴 甲日酉 乙日申 丙日子 丁日亥 戊日卯 己日寅 庚日午 辛日巳 壬日丑 癸日辰 喜神甲己

日 寅時 乙庚日 戊時 丙辛日 申時 丁壬日 午時 戊癸日 辰時

二、喜神解

甲日酉　乙日申　丙日子　丁日亥　戊日卯　己日寅　庚日午　辛日巳　壬日癸　丑日辰

三、五不遇解（庚克甲逆克爲五不遇云）

甲己日艮方　寅時　乙庚日乾方　戌時　丙辛日坤方　申時　丁壬日离方　午時　戊癸日巽方　辰時

甲日庚午時　乙日辛巳時　丙日壬辰時　丁日癸卯時　戊日甲寅時　己日乙丑乙亥時　庚日丙子丙戌時　辛日丁酉時　壬日戊申時　癸日己未時

四、**建破合刑害解**（年月日時共用）

	建	破	合	刑	害
子	子	午	丑	卯	未
丑	丑	未	子	戌	午
寅	寅	申	亥	巳	巳
卯	卯	酉	戌	卯	辰
辰	辰	戌	酉	辰	卯
巳	巳	亥	申	申	寅
午	午	子	未	午	丑
未	未	丑	午	丑	子
申	申	寅	巳	寅	亥
酉	酉	卯	辰	酉	戌
戌	戌	辰	卯	未	酉
亥	亥	巳	寅	亥	申

解　釋

建	此殺只用遠大之事　相合吉　冲破凶
破	〃　助神合吉　凶神助則凶
合	〃　相助吉　冲破則凶
刑	〃　冲克吉　相助則凶
害	〃　冲破吉　相合凶

甲子時　吉　日建　金櫃
乙丑　〃　吉　天乙貴人日合寶光
丙寅　〃　吉　喜神福星貴人日馬　凶白虎
丁卯　〃　吉　玉堂　凶日刑
戊辰　〃　凶　天牢
己巳　〃　凶　元武
庚午　〃　吉　司命　凶日破五不遇
辛未　〃　吉　天乙貴人勾陳　凶日害
壬申　〃　吉　青龍　凶路空
癸酉　〃　吉　天官貴人明堂　凶路空
甲戌　〃　凶　天刑旬空
乙亥　〃　凶　朱雀旬空

丙子時　吉　天乙貴人合　凶天刑
丁丑　〃　吉　星貴建　凶朱雀
戊寅　〃　吉　金櫃　凶無
己卯　〃　吉　天祿寶光　凶無
庚辰　〃　吉　無　凶白虎
辛巳　〃　吉　玉堂　凶五不遇
壬午　〃　吉　無　凶路空　日害　天牢
癸未　〃　吉　無　凶路空　破　元武
甲申　〃　吉　天乙貴人官貴司命　凶無
乙酉　〃　吉　無　凶勾陳
丙戌　〃　吉　喜神青龍　凶刑　旬空
丁亥　〃　吉　星貴　馬　明堂　凶旬空

丙　寅　日

戊子時　吉　官貴　星貴　青龍　凶無
己丑〃　吉　明堂　凶無
庚寅〃　吉　建　凶天刑
辛卯〃　吉無　凶朱雀
壬辰〃　吉　金櫃　凶五不遇　路空
癸巳〃　吉　天祿　寶光　凶路空　害刑
甲午〃　吉無　凶白虎
乙未〃　吉　玉堂　凶無
丙申〃　吉　喜神　馬　凶破　天牢
丁酉〃　吉　乙貴　凶元武
戊戌〃　吉　星貴司命　凶旬空
己亥〃　吉　乙貴合　凶句陳旬空

丁　卯　日

庚子時　吉　司命　凶　相刑
辛丑〃　吉無　凶句陳
壬寅〃　吉　青龍　凶路空
癸卯〃　吉　建　明堂　凶　五不遇　路空
甲辰〃　吉無　凶害　天刑
乙巳〃　吉　馬　凶　朱雀
丙午〃　吉　天祿　喜神　金櫃　凶無
丁未〃　吉　寶光　凶無
戊申〃　吉無　凶　白虎
己酉〃　吉　乙貴　星貴　玉堂　凶破
庚戌〃　吉　合　凶　天牢　旬空
辛亥〃　吉　乙貴　官貴　凶　元武　旬空

戊辰日

壬子時　吉　無凶　路空　天牢
癸丑〃　吉　乙貴　凶　路空　元武
甲寅〃　吉　馬司命　凶　五不遇
乙卯〃　吉　官貴　凶　害　句陳
丙辰〃　吉喜神　建　青龍　凶　刑
丁巳〃　吉　祿　明堂　凶　無
戊午〃　吉　無凶　天刑
己未〃　吉　乙貴　凶　朱雀
庚申〃　吉　星貴　金櫃　凶　無
辛酉〃　吉　合　寶光　凶　無
壬戌〃　吉　無凶　破　白虎　路空　旬空
癸亥〃　吉　玉堂　凶　路空　旬空

己巳日

甲子時　吉　乙貴　凶　白虎
乙丑〃　吉　玉堂　凶　五不遇
丙寅〃　吉喜神　官貴　凶　害　天牢
丁卯〃　吉　司命　凶　無
戊辰〃　吉　無凶　元武
己巳〃　吉　建　凶　句陳
庚午〃　吉　天祿　青龍　凶　無
辛未〃　吉　星貴　明堂　凶　無
壬申〃　吉　乙貴　合　凶　路空　刑　天刑
癸酉〃　吉　無凶　路空　朱雀
甲戌〃　吉　金櫃　凶　旬空
乙亥〃　吉　馬　寶光　凶　五不遇　破　旬空

庚午日

丙子時　吉　金櫃　凶五不遇　破

丁丑〃　吉　乙貴　寶光　凶害

戊寅〃　吉　馬　凶白虎

己卯〃　吉　玉堂　凶無

庚辰〃　吉　無凶　天牢

辛巳〃　吉　無凶　元武

壬午〃　吉　官貴　星貴　建　司命　凶　路空　刑

癸未〃　吉　乙貴　合　凶　路空　句陳

甲申〃　吉　天祿　青龍　凶無

乙酉〃　吉　明堂　凶無

丙戌〃　吉　喜神　凶五不遇　天刑　旬空

丁亥〃　吉　無凶　朱雀　旬空

辛未日

戊子時　吉　無凶　害　天刑

己丑〃　吉　無凶　破刑　朱雀

庚寅〃　吉　乙貴　凶無

辛卯〃　吉　寶光　凶無

壬辰〃　吉　無凶　路空　白虎

癸巳〃　吉　官貴　星貴　馬　玉堂　凶路空

甲午〃　吉　乙貴　合　凶　天牢

乙未〃　吉　建　凶　元武

丙申〃　吉　喜神　司命　凶無

丁酉〃　吉　天祿　凶五不遇　句陳

戊戌〃　吉　青龍　凶旬空

己亥〃　吉　明堂　凶旬空

壬申日

庚子時　吉　青龍　凶　無
辛丑〃　吉　官貴　明堂　凶　無
壬寅〃　吉　馬　凶　破刑　路空　天刑
癸卯〃　吉　乙貴　朱雀　凶　路空
甲辰〃　吉　星貴　金櫃　凶　無
乙巳〃　吉　乙貴　合　寶光　凶　無
丙午〃　吉　喜神　凶　白虎
丁未〃　吉　官貴　玉堂　凶　無
戊申〃　吉　建　凶　五不遇　天牢
己酉〃　吉　無　凶　元武
庚戌〃　吉　司命　凶　旬空
辛亥〃　吉　天祿　凶　害　句陳　旬空

癸酉日

壬子時　吉　天祿　司命　凶　路空
癸丑〃　吉　無　凶　路空　句陳
甲寅〃　吉　青龍　凶　無
乙卯〃　吉　乙貴　星貴　明堂　凶　破
丙辰〃　吉　合　喜神　官貴　凶　天刑
丁巳〃　吉　乙貴　凶　朱雀
戊午〃　吉　金櫃　凶　無
己未〃　吉　寶光　凶　五不遇
庚申〃　吉　無　凶　白虎
辛酉〃　吉　建　玉堂　凶　刑
壬戌〃　吉　官貴　凶　害　路空　天牢　旬空
癸亥〃　吉　馬　凶　路空　元武　旬空

甲戌日

甲子時　吉　無凶　天牢
乙丑〃　吉　乙貴凶　元武
丙寅〃　吉　天祿喜神　星貴　司命　凶無
丁卯〃　吉　合凶　句陳
戊辰〃　吉　青龍凶　破
己巳〃　吉　明堂凶　無
庚午〃　吉　無凶　五不遇　天刑
辛未〃　吉　乙貴凶刑　朱雀
壬申〃　吉　馬　金櫃　凶路空　旬空
癸酉〃　吉　官鬼寶光凶　害路空　旬空
甲戌〃　吉　建凶　白虎
乙亥〃　吉　玉堂凶　無

乙亥日

丙子時　吉　乙貴凶　白虎
丁丑〃　吉　星貴　玉堂凶　無
戊寅〃　吉　合凶　天牢
己卯〃　吉　天祿凶　元武
庚辰〃　吉　司命凶　無
辛巳〃　吉　馬凶　破　五不遇　句陳
壬午〃　吉　青龍凶　路空
癸未〃　吉　明堂凶　路空
甲申〃　吉　乙貴官貴凶害　天刑　旬空
乙酉〃　吉　無凶　朱雀　旬空
丙戌〃　吉　喜神　金櫃凶　無
丁亥〃　吉　建　星貴　寶光凶　刑

丙子日

戊子時　吉　建官貴　星貴　金櫃　凶　無
己丑〃　吉　合　寶光　凶　無
庚寅〃　吉　馬　凶　白虎
辛卯〃　吉　玉堂　凶　刑
壬辰〃　吉　無　凶　五不遇　路空　天牢
癸巳〃　吉　天祿　凶　路空　元武
甲午〃　吉　司命　凶　破
乙未〃　吉　無　凶　害　句陳
丙申〃　吉　青龍　喜神　凶　旬空
丁酉〃　吉　乙貴　明堂　凶　旬空
戊戌〃　吉　星貴　凶　天刑
己亥〃　吉　乙貴　凶　朱雀

丁丑日

庚子時　吉　合　凶　天刑
辛丑〃　吉　建　凶　朱雀
壬寅〃　吉　金櫃　凶　路空
癸卯〃　吉　寶光　凶　五不遇　路空
甲辰〃　吉　無　凶　白虎
乙巳〃　吉　玉堂　凶　無
丙午〃　吉　天祿　喜神　凶　害　天牢
丁未〃　吉　無　凶　破　元武
戊申〃　吉　司命　凶　旬空
己酉〃　吉　乙貴　星貴　凶　句陳　旬空
庚戌〃　吉　青龍　凶　刑
辛亥〃　吉　馬　乙貴　官貴　明堂　凶　無

戊寅日

壬子時　吉　青龍　凶　路空
癸丑〃　吉　乙貴　明堂　凶　路空
甲寅〃　吉　建　凶　五不遇　天刑
乙卯〃　吉　官貴　凶　朱雀
丙辰〃　吉　喜神　金櫃　凶　無
丁巳〃　吉　天祿　寶光　凶　害刑
戊午〃　吉　無　凶　白虎
己未〃　吉　乙貴　玉堂　凶　無
庚申〃　吉　馬星貴　凶　破　天牢　旬空
辛酉〃　吉　無　凶　元武　旬空
壬戌〃　吉　司命　凶　路空
癸亥〃　吉　合　凶　路空　句陳

己卯日

甲子時　吉　乙貴　司命　凶　刑
乙丑〃　吉　無　凶　五不遇　句陳
丙寅〃　吉　喜神　官貴　青龍　凶　無
丁卯〃　吉　建　明堂　凶　無
戊辰〃　吉　無　凶　害　天刑
己巳〃　吉　馬　凶　朱雀
庚午〃　吉　天祿　金櫃　凶　無
辛未〃　吉　星貴　寶光　凶　無
壬申〃　吉　乙貴　凶　旬空　白虎　路空
癸酉〃　吉　玉堂　凶　破　路空　旬空
甲戌〃　吉　合　凶　天牢
乙亥〃　吉　無　凶　五不遇　元武

庚辰日

丙子時　吉　無　凶五不遇　天牢
丁丑〃　吉　乙貴　凶　元武
戊寅〃　吉　馬司命　凶　無
己卯〃　吉　無　凶害　句陳
庚辰〃　吉　建青龍　凶　刑
辛巳〃　吉　明堂　凶　無
壬午〃　吉　官貴星貴　凶　路空　天刑
癸未〃　吉　乙貴　凶　路空　朱雀
甲申〃　吉　天祿金櫃　凶　旬空
乙酉〃　吉　合寶光　凶　旬空
丙戌〃　吉　喜神　凶　破五不遇　白虎
丁亥〃　吉　玉堂　凶　無

辛巳日

戊子時　吉　無　凶　白虎
己丑〃　吉　玉堂　凶　無
庚寅〃　吉　乙貴　凶害　天牢
辛卯〃　吉　無　凶　元武
壬辰〃　吉　司命　凶　路空
癸巳〃　吉　建官貴星貴　凶　路空　句陳
甲午〃　吉　乙貴青龍　凶　無
乙未〃　吉　明堂　凶　無
丙申〃　吉　合喜神　凶　刑天刑　旬空
丁酉〃　吉　天祿　凶　五不遇　朱雀　旬空
戊戌〃　吉　金櫃　凶　無
己亥〃　吉　馬寶光　凶　破

壬午日

庚子時　吉　金櫃凶破
辛丑〃　吉　官貴寶光凶害
壬寅〃　吉　無凶路空白虎
癸卯〃　吉　乙貴玉堂凶路空
甲辰〃　吉　星貴凶天牢
乙巳〃　吉　乙貴凶元武
丙午〃　吉　建喜神司命凶刑
丁未〃　吉　合官貴凶句陳
戊申〃　吉　馬青龍凶五不遇旬空
己酉〃　吉　明堂凶旬空
庚戌〃　吉　無凶天刑
辛亥〃　吉　祿凶朱雀

癸未日

壬子時　吉　天祿凶害路空天刑
癸丑〃　吉　無凶破刑路空朱雀
甲寅〃　吉　金櫃凶無
乙卯〃　吉　乙星貴寶光凶無
丙辰〃　吉　喜神官貴凶白虎
丁巳〃　吉　乙貴玉堂凶無
戊午〃　吉　合凶天牢
己未〃　吉　建凶五不遇元武
庚申〃　吉　司命凶路空
辛酉〃　吉　無凶句陳旬空
壬戌〃　吉　官貴青龍凶路空
癸亥〃　吉　明堂凶路空

甲申日

甲子時　吉　青龍　凶　無
乙丑〃　吉　乙貴　明堂　凶　無
丙寅〃　吉　祿馬　喜神　星貴　凶　破　刑　天刑
丁卯〃　吉　無　凶　朱雀
戊辰〃　吉　金櫃　凶　無
己巳〃　吉　合　寶光　凶　無
庚午〃　吉　無　凶　五不遇　白虎　旬空
辛未〃　吉　乙貴　玉堂　凶　旬空
壬申〃　吉　建　凶　路空　天牢
癸酉〃　吉　官貴　凶　路空　元武
甲戌〃　吉　司命　凶　無
乙亥〃　吉　無　凶　害　句陳

乙酉日

丙子時　吉　乙貴　司命　凶　無
丁丑〃　吉　星貴　凶　句陳
戊寅〃　吉　青龍　凶　無
己卯〃　吉　天祿　明堂　凶　破
庚辰〃　吉　合　凶　天刑
辛巳〃　吉　無　凶　五不遇　朱雀
壬午〃　吉　金櫃　凶　路空　旬空
癸未〃　吉　寶光　凶　路空　旬空
甲申〃　吉　乙貴　官貴　凶　白虎
乙酉〃　吉　建　玉堂　凶　刑
丙戌〃　吉　喜神　凶　害　天牢
丁亥〃　吉　馬　星貴　元武

丙戌日

戊子時　吉　官貴　星貴　凶天牢
己丑〃　吉　無凶　元武
庚寅〃　吉　司命　凶無
辛卯〃　吉　合凶　句陳
壬辰〃　吉　青龍　凶破　五不遇　路空
癸巳〃　吉　祿　明堂　凶　路空
甲午〃　吉　無凶　天刑　句空
乙未〃　吉　無凶　刑　朱雀　旬空
丙申〃　吉　喜神　馬　金櫃　凶無
丁酉〃　吉　乙貴　寶光　凶害
戊戌〃　吉　建　星貴　凶　白虎
己亥〃　吉　乙貴　玉堂　凶無

丁亥日

庚子時　吉　無凶　白虎
辛丑〃　吉　玉堂　凶無
壬寅〃　吉　合凶　路空　天牢
癸卯〃　吉　無凶　五不遇　路空　元武
甲辰〃　吉　司命　凶無
乙巳〃　吉　馬凶　破　句陳
丙午〃　吉　喜神　天祿　青龍　凶　旬空
丁未〃　吉　明堂　凶　旬空
戊申〃　吉　無凶　害　天刑
己酉〃　吉　乙貴　星貴　凶　朱雀
庚戌〃　吉　金櫃　凶無
辛亥〃　吉　建　乙貴　官貴　寶光　凶刑

戊子日

壬子時　吉　建　金櫃　凶　路空
癸丑〃　吉　合　乙貴　寶光　凶　路空
甲寅〃　吉　馬　凶　五不遇　白虎
乙卯〃　吉　官貴　玉堂　凶　刑
丙辰〃　吉　喜神　凶　天牢
丁巳〃　吉　天祿　凶　元武
戊午〃　吉　司命　凶　破　旬空
己未〃　吉　乙貴　凶　害　句陳　旬空
庚申〃　吉　星貴　青龍　凶　無
辛酉〃　吉　明堂　凶　無
壬戌〃　吉　無凶　路空　天刑
癸亥〃　吉　無凶　路空　朱雀

己丑日

甲子時　吉　合　乙貴　凶　天刑
乙丑〃　吉　建　凶　五不遇　朱雀
丙寅〃　吉　喜神　官貴　金櫃　凶　無
丁卯〃　吉　寶光　凶　無
戊辰〃　吉　無凶　白虎
己巳〃　吉　玉堂　凶　無
庚午〃　吉　天祿　凶　害　天牢　旬空
辛未〃　吉　星貴　凶　破　元武　旬空
壬申〃　吉　乙貴　司命　凶　路空
癸酉〃　吉　無凶　路空　句陳
甲戌〃　吉　青龍　凶　刑
乙亥〃　吉　馬　明堂　凶　五不遇

庚寅日

丙子時　吉　青龍　凶　五不遇
丁丑〃　吉　乙貴　明堂　凶　無
戊寅〃　吉　建　凶　天刑
己卯〃　吉　無凶　朱雀
庚辰〃　吉　金櫃　凶　無
辛巳〃　吉　寶光　凶　害刑
壬午〃　吉　官貴　星貴　凶　白虎　路空　旬空
癸未〃　吉　乙貴　玉堂　凶　路空　旬空
甲申〃　吉　祿馬　凶　破　天牢
乙酉〃　吉　無凶　元武
丙戌〃　吉　喜神　司命　凶　五不遇
丁亥〃　吉　合　凶　句陳

辛卯日

戊子時　吉　司命　凶　刑
己丑〃　吉　無凶　句陳
庚寅〃　吉　乙貴　青龍　凶　無
辛卯〃　吉　建　明堂　凶　無
壬辰〃　吉　無凶　害　路空　天刑
癸巳〃　吉　馬　官貴　星貴　凶　路空　朱雀
甲午〃　吉　乙貴　金櫃　凶　旬空
乙未〃　吉　寶光　凶　旬空
丙申〃　吉　喜神　凶　白虎
丁酉〃　吉　祿　玉堂　凶　五不遇
戊戌〃　吉　合　凶　天牢
己亥〃　吉　無凶　元武

壬辰日

庚子時　吉　無凶　天牢
辛丑〃　吉　官貴凶　元武
壬寅〃　吉　馬司命凶　路空
癸卯〃　吉　乙貴凶　害　路空　句陳
甲辰〃　吉　建星貴　青龍凶　刑
乙巳〃　吉　乙貴　明堂凶　無
丙午〃　吉　喜神凶　天刑　旬空
丁未〃　吉　官貴凶　朱雀　旬空
戊申〃　吉　金櫃凶五不遇
己酉〃　吉　合　寶光凶　無
庚戌〃　吉　無凶　破　白虎
辛亥〃　吉　祿　玉堂凶　無

癸巳日

壬子時　吉　祿凶　路空　白虎
癸丑〃　吉　玉堂凶　路空
甲寅〃　吉　無凶　害　天牢
乙卯〃　吉　乙貴　星貴凶　元武
丙辰〃　吉　喜神　官貴　司命凶　無
丁巳〃　吉　建　乙貴凶　句陳
戊午〃　吉　青龍凶　旬空
己未〃　吉　明堂凶　五不遇　旬空
庚申〃　吉　合凶　刑　天刑
辛酉〃　吉　無凶　朱雀
壬戌〃　吉　官貴　金櫃凶　路空
癸亥〃　吉　馬　寶光凶　路空

甲午日

甲子時　吉　金櫃　凶　破
乙丑〃　吉　乙貴　寶光　凶　害
丙寅〃　吉　祿　喜神　星貴　凶　白虎
丁卯〃　吉　玉堂　凶　無
戊辰〃　吉　無凶　天牢　旬空
己巳〃　吉　無凶　元武　旬空
庚午〃　吉　建　司命　凶　刑　五不遇
辛未〃　吉　合　乙貴　凶　旬空
壬申〃　吉　馬　青龍　凶　路空
癸酉〃　吉　官貴　明堂　凶　路空
甲戌〃　吉　無凶　天刑
乙亥〃　吉　無凶　朱雀

乙未日

丙子時　吉　乙貴　凶　天刑　害
丁丑〃　吉　星貴　凶　破　刑　朱雀
戊寅〃　吉　金櫃　凶　無
己卯〃　吉　天祿　寶光　凶　無
庚辰〃　吉　無凶　白虎　旬空
辛巳〃　吉　馬　玉堂　凶　五不遇　旬空
壬午〃　吉　合　凶　路空　天牢
癸未〃　吉　建　凶　路空　元武
甲申〃　吉　乙貴　官貴　司命　凶　無
乙酉〃　吉　無凶　句陳
丙戌〃　吉　喜神　青龍　凶　無
丁亥〃　吉　星貴　明堂　凶　無

丙申日

戊子時　吉　官貴　星貴　青龍　凶　無
己丑　〃　吉　明堂　凶　無
庚寅　〃　吉　馬　凶　破刑　天刑
辛卯　〃　吉　無　凶　朱雀
壬辰　〃　吉　金櫃　凶　五不遇　路空　旬空
癸巳　〃　吉　天祿　合　寶光　凶　路空　旬空
甲午　〃　吉　無　凶　白虎
乙未　〃　吉　玉堂　凶　無
丙申　〃　吉　建　喜神　凶　天牢
丁酉　〃　吉　乙貴　凶　元武
戊戌　〃　吉　星貴　司命　凶　無
己亥　〃　吉　乙貴　凶　害　句陳

丁酉日

庚子時　吉　司命　凶　無
辛丑　〃　吉　無　凶　句陳
壬寅　〃　吉　青龍　凶　路空
癸卯　〃　吉　明堂　貴　玉堂　凶　破　五不遇　路空
甲辰　〃　吉　合　凶　天刑　旬空
乙巳　〃　吉　無　凶　朱雀　旬空
丙午　〃　吉　喜神　天祿　金櫃　凶　無
丁未　〃　吉　寶光　凶　無
戊申　〃　吉　無　凶　白虎
己酉　〃　吉　建　乙貴　星貴　旬空　凶　刑
庚戌　〃　吉　無　凶　害　天牢
辛亥　〃　吉　馬　乙貴　官貴　凶　元武

戊戌日

壬子時　吉　無　凶　路空　天牢

癸丑〃　吉　乙貴　凶　路空　元武

甲寅〃　吉　司命　凶　五不遇

乙卯〃　吉　合官貴　凶　句陳

丙辰〃　吉　喜神　青龍　凶　破　旬空

丁巳〃　吉　祿　明堂　凶　旬空

戊午〃　吉　無　凶　天刑

己未〃　吉　乙貴　凶　刑　朱雀

庚申〃　吉　馬　星貴　金櫃　凶　無

辛酉〃　吉　寶光　凶　害

壬戌〃　吉　建　凶　路空　白虎

癸亥〃　吉　玉堂　凶　路空

己亥日

甲子時　吉　乙貴　凶　白虎

乙丑〃　吉　玉堂　凶　五不遇

丙寅〃　吉　喜神　合官貴　凶　天牢

丁卯〃　吉　無　凶　元武

戊辰〃　吉　司命　凶　旬空

己巳〃　吉　馬　凶　破　句陳　旬空

庚午〃　吉　祿　青龍　凶　無

辛未〃　吉　星貴　明堂　凶　無

壬申〃　吉　乙貴　凶　路空　天刑　害

癸酉〃　吉　無　凶　路空　朱雀

甲戌〃　吉　金櫃　凶　無

乙亥〃　吉　建　寶光　凶　刑　五不遇

庚子日

丙子時　吉建　金櫃凶　五不遇
丁丑〃　吉合　乙貴　寶光凶　無
戊寅〃　吉馬凶　白虎
己卯〃　吉玉堂凶　刑
庚辰〃　吉無凶　天牢　旬空
辛巳〃　吉無凶　元武　旬空
壬午〃　吉官貴　貴星　司命凶　破　路空
癸未〃　吉乙貴凶　害　路空　句陳
甲申〃　吉天祿　青龍凶　無
乙酉〃　吉明堂凶　無
丙戌〃　吉喜神凶　五不遇　天刑
丁亥〃　吉無凶　朱雀

辛丑日

戊子時　吉合凶　天刑
己丑〃　吉建凶　朱雀
庚寅〃　吉乙貴　金櫃凶　無
辛卯〃　吉寶光凶　無
壬辰〃　吉無凶　路空　白虎　旬空
癸巳〃　吉官貴　星貴　玉堂凶　路空　旬空
甲午〃　吉乙貴凶　害　天牢
乙未〃　吉無凶　破　元武
丙申〃　吉喜神　司命凶　無
丁酉〃　吉天祿凶　五不遇　句陳
戊戌〃　吉青龍凶　刑
己亥〃　吉馬　明堂凶　無

壬寅日

庚子時　吉　青龍　凶　無
辛丑〃　吉　官貴　明堂　凶　無
壬寅〃　吉　建　凶　路空　天刑
癸卯〃　吉　乙貴　凶　路空　朱雀
甲辰〃　吉　星貴　金櫃　凶　旬空
乙巳〃　吉　乙貴　寶光　凶　害　刑　旬空
丙午〃　吉　喜神　凶　白虎
丁未〃　吉　貴官　玉堂　凶　無
戊申〃　吉　馬　凶　五不遇　天牢破
己酉〃　吉　無　凶　元武
庚戌〃　吉　司命　凶　無
辛亥〃　吉　天祿　合　凶　句陳

癸卯日

壬子〃　吉　天祿　司命　凶　刑　路空
癸丑〃　吉　無　凶　路空　句陳
甲寅〃　吉　青龍　凶　無
乙卯〃　吉　建　乙貴　星貴　明堂　凶　無
丙辰〃　吉　喜神　官貴　凶　害　旬空　刑
丁巳〃　吉　馬　乙貴　凶　朱雀　旬空
戊午〃　吉　金櫃　凶　無
己未〃　吉　寶光　凶　五不遇
庚申〃　吉　無　凶　白虎
辛酉〃　吉　玉堂　凶　破
壬戌〃　吉　合　官貴　凶　路空　天牢
癸亥〃　吉　無　凶　路空　元武

甲辰日

甲子時　吉　無凶　天牢

乙丑 〃　吉　乙貴　凶　元武

丙寅 〃　吉　祿馬　星貴　司命　喜神　凶　旬空

丁卯 〃　吉　無凶　害　句陳　旬空

戊辰 〃　吉　建　青龍　凶　刑

己巳 〃　吉　明堂　凶　無

庚午 〃　吉　無凶　五不遇　天刑

辛未 〃　吉　乙貴　凶　朱雀

壬申 〃　吉　金櫃　凶　路空

癸酉 〃　吉　合　官貴　寶光　凶　路空

甲戌 〃　吉　無凶　破　白虎

乙亥 〃　吉　玉堂　凶　無

乙巳日

丙子時　吉　乙貴　凶　白虎

丁丑 〃　吉　星貴　玉堂　凶　無

戊寅 〃　吉　無凶　害　天牢　旬空

己卯 〃　吉　祿　凶　元武　旬空

庚辰 〃　吉　司命　凶　無

辛巳 〃　吉　建　凶　五不遇　句陳

壬午 〃　吉　青龍　凶　路空

癸未 〃　吉　明堂　凶　路空

甲申 〃　吉　合　乙貴　官貴　凶　刑　天刑

乙酉 〃　吉　無凶　朱雀

丙戌 〃　吉　喜神　金櫃　凶　無

丁亥 〃　吉　馬　星貴　寶光　凶　破

丙午日

戊子時　吉　官貴　星貴　金櫃　凶　破
己丑〃　吉　寶光　凶　害
庚寅〃　吉　無凶　白虎　旬空
辛卯〃　吉　玉堂　凶　旬空
壬辰〃　吉　無凶　五不遇　路空　天牢
癸巳〃　吉　祿　凶　路空　元武
甲午〃　吉　建　司命　凶　刑
乙未〃　吉　合　凶　句陳
丙申〃　吉　喜神　馬　青龍　凶　無
丁酉〃　吉　乙貴　明堂　凶　無
戊戌〃　吉　星貴　凶　天刑
己亥〃　吉　乙貴　凶　朱雀

丁未日

庚子時　吉　無凶　害　天刑
辛丑〃　吉　無凶　破　刑　朱雀
壬寅〃　吉　金櫃　凶　路空　旬空
癸卯〃　吉　寶光　凶　五不遇　路空　旬空
甲辰〃　吉　無凶　白虎
乙巳〃　吉　馬　玉堂　凶　無
丙午〃　吉　祿　合　喜神　凶　天牢
丁未〃　吉　建　凶　元武
戊申〃　吉　司命　凶　無
己酉〃　吉　乙貴　星貴　凶　句陳
庚戌〃　吉　青龍　凶　無
辛亥〃　吉　乙貴　官貴　明堂　凶　無

戊申日

壬子時　吉　青龍　凶　路空
癸丑〃　吉　乙貴　明堂　凶　路空
甲寅〃　吉　馬　凶　破　刑　五不遇　天刑　旬空
乙卯〃　吉　官貴　凶　朱雀　旬空
丙辰〃　吉　喜神　金櫃　凶　無
丁巳〃　吉　祿合　寶光　凶　無
戊午〃　吉　無　凶　白虎
己未〃　吉　乙貴　玉堂　凶　無
庚申〃　吉　建　星貴　凶　天牢
辛酉〃　吉　無　凶　元武
壬戌〃　吉　司命　凶　路空
癸亥〃　吉　無　凶　害　路空　句陳

己酉日

甲子時　吉　乙貴　司命　凶　無
乙丑〃　吉　無　凶　五不遇　句陳
丙寅〃　吉　喜神　官貴　青龍　凶　旬空
丁卯〃　吉　明堂　凶　破　旬空
戊辰〃　吉　合　凶　天刑
己巳〃　吉　無　凶　朱雀
庚午〃　吉　祿　金櫃　凶　無
辛未〃　吉　星貴　寶光　凶　無
壬申〃　吉　乙貴　凶　路空　白虎
癸酉〃　吉　建　玉堂　凶　刑　路空
甲戌〃　吉　無　凶　害　天牢
乙亥〃　吉　馬　凶　五不遇　元武

庚戌日

丙子時　吉　無凶　五不遇　天牢
丁丑　〃　吉　乙貴凶　元武
戊寅　〃　吉　司命凶　旬空
己卯　〃　吉　合凶　句陳　旬空
庚辰　〃　吉　青龍凶　破
辛巳　〃　吉　明堂凶　無
壬午　〃　吉　官貴　星貴凶　路空　天刑
癸未　〃　吉　乙貴凶　刑　路空　朱雀
甲申　〃　吉　祿馬　金牢凶　無
乙酉　〃　吉　寶光凶　害
丙戌　〃　吉　喜神　建凶　五不遇　白虎
丁亥　〃　吉　玉堂凶　無

辛亥日

戊子時　吉　無凶　白虎
己丑　〃　吉　玉堂凶　無
庚寅　〃　吉　合　乙貴凶　天牢　旬空
辛卯　〃　吉　無凶　元武　旬空
壬辰　〃　吉　司命凶　路空
癸巳　〃　吉　馬官貴　星貴凶　破　路空　句陳
甲午　〃　吉　乙貴　青龍凶　無
乙未　〃　吉　明堂凶　無
丙申　〃　吉　喜神凶　害　天刑
丁酉　〃　吉　祿凶　五不遇　朱雀
戊戌　〃　吉　金櫃凶　無
己亥　〃　吉　建　寶光凶　刑

庚子時　吉建 金櫃 凶無
辛丑〃　吉合 官貴 寶光 凶無
壬寅〃　吉馬 凶 白虎 路空 旬空
癸卯〃　吉乙貴 凶 刑 路空 旬空
甲辰〃　吉星貴 凶 天牢
乙巳〃　吉乙貴 凶 元武
丙午〃　吉喜神 司命 凶破
丁未〃　吉官貴 凶害 句陳
戊申〃　吉青龍 凶 五不遇
己酉〃　吉明堂 凶無
庚戌〃　吉無 凶 天刑
辛亥〃　吉祿 凶 朱雀

壬子時　吉祿合 凶 路空 天刑
癸丑〃　吉建 凶 路空 朱雀
甲寅〃　吉金櫃 凶 旬空
乙卯〃　吉乙貴 星貴 寶光 凶 旬空
丙辰〃　吉喜神 官貴 凶 白虎
丁巳〃　吉乙貴 玉堂 凶無
戊午〃　吉無 凶害 天牢
己未〃　吉無 凶破 五不遇 元武
庚申〃　吉司命 凶無
辛酉〃　吉無 凶 句陳
壬戌〃　吉官貴 青龍 凶 刑 路空
癸亥〃　吉馬 明堂 凶 路空

甲寅日

甲子時　吉　青龍　凶　旬空
乙丑〃　吉　乙貴　明堂　凶　旬空
丙寅〃　吉　建祿　喜神　星貴　凶　天刑
丁卯〃　吉　無凶　朱雀
戊辰〃　吉　金櫃　凶　無
己巳〃　吉　寶光　凶　害　刑
庚午〃　吉　無凶　五不遇　白虎
辛未〃　吉　乙貴　玉堂　凶　無
壬申〃　吉　馬　凶　破路　空　天牢
癸酉〃　吉　官貴　凶　路空　元武
甲戌〃　吉　司命　凶　無
乙亥〃　吉　合　凶　句陳

乙卯日

丙子時　吉　乙貴　司命　凶　刑　旬空
丁丑〃　吉　星貴　凶　句陳　旬空
戊寅〃　吉　青龍　凶　無
己卯〃　吉　祿　建　明堂　凶　無
庚辰〃　吉　無凶　害　天刑
辛巳〃　吉　馬　凶　五不遇　朱雀
壬午〃　吉　金櫃　凶　路空
癸未〃　吉　寶光　凶　路空
甲申〃　吉　乙貴　官貴　凶　白虎
乙酉〃　吉　玉堂　凶　破
丙戌〃　吉　合　喜神　凶　天牢
丁亥〃　吉　星貴　凶　元武

丙辰日

戊子時　吉　官貴　星貴　凶　天牢　旬空
己丑〃　吉　無　凶　元武　旬空
庚寅〃　吉　馬　司命　凶　無
辛卯〃　吉　無　凶　害　句陳
壬辰〃　吉　建　青龍　凶　刑　五不遇　路空
癸巳〃　吉　祿　明堂　凶　路空
甲午〃　吉　無　凶　天刑
乙未〃　吉　無　凶　朱雀
丙申〃　吉　喜神　金櫃　凶　無
丁酉〃　吉　合　乙貴　寶光　凶　無
戊戌〃　吉　星貴　凶　破　白虎
己亥〃　吉　乙貴　玉堂　凶　無

丁巳日

庚子時　吉　無　凶　白虎　旬空
辛丑〃　吉　玉堂　凶　旬空
壬寅〃　吉　無　凶　害　路空　天牢
癸卯〃　吉　無　凶　五不遇　路空　元武
甲辰〃　吉　司命　凶　無
乙巳〃　吉　建　凶　句陳
丙午〃　吉　祿　喜神　青龍　凶　無
丁未〃　吉　明堂　凶　無
戊申〃　吉　合　凶　刑　天刑
己酉〃　吉　乙貴　星貴　凶　朱雀
庚戌〃　吉　金櫃　凶　無
辛亥〃　吉　馬　乙貴　官貴　寶光　凶　破

戊午日

壬子時　吉　金櫃　凶　破　路空　旬空
癸丑〃　吉　乙貴　寶光　凶　害　路空　旬空
甲寅〃　吉　無　凶　五不遇　白虎
乙卯〃　吉　官貴　玉堂　凶　無
丙辰〃　吉　喜神　凶　天牢
丁巳〃　吉　祿　凶　元武
戊午〃　吉　建　司命　凶　刑
己未〃　吉　合　乙貴　凶　句陳
庚申〃　吉　馬　星貴　青龍　凶　無
辛酉〃　吉　明堂　凶　無
壬戌〃　吉　無　凶　路空　天刑
癸亥〃　吉　無　凶　路空　朱雀

己未日

甲子時　吉　乙貴　凶　害　天刑　旬空
乙丑〃　吉　無　凶　破　刑　五不遇　朱雀　旬空
丙寅〃　吉　喜神　官貴　金櫃　凶　無
丁卯〃　吉　寶光　凶　無
戊辰〃　吉　無　凶　白虎
己巳〃　吉　馬　玉堂　凶　無
庚午〃　吉　祿　合　凶　天牢
辛未〃　吉　建　星貴　凶　元武
壬申〃　吉　乙貴　司命　凶　路空
癸酉〃　吉　無　凶　路空　句陳
甲戌〃　吉　青龍　凶　無
乙亥〃　吉　明堂　凶　五不遇

庚申日

丙子時 吉 青龍 凶 五不遇 旬空
丁丑 〃 吉 乙貴 明堂 凶 旬空
戊寅 〃 吉 馬 凶 破 刑 天刑
己卯 〃 吉 無 凶 朱雀
庚辰 〃 吉 金櫃 凶 無
辛巳 〃 吉 合 寶光 凶 無
壬午 〃 吉 官貴 星貴 凶 路空 白虎
癸未 〃 吉 乙貴 玉堂 凶 路空
甲申 〃 吉 祿 建 凶 天牢
乙酉 〃 吉 無 凶 元武
丙戌 〃 吉 喜神 司命 凶 五不遇
丁亥 〃 吉 無 凶 害 句陳

辛酉日

戊子時 吉 司命 凶 旬空
己丑 〃 吉 無 凶 句陳 旬空
庚寅 〃 吉 乙貴 青龍 凶 無
辛卯 〃 吉 明堂 凶 破
壬辰 〃 吉 合 凶 路空 天刑
癸巳 〃 吉 官貴 星貴 凶 路空 朱雀
甲午 〃 吉 乙貴 金櫃 凶 無
乙未 〃 吉 寶光 凶 無
丙申 〃 吉 喜神 凶 白虎
丁酉 〃 吉 祿 建 玉堂 凶 刑 五不遇
戊戌 〃 吉 無 凶 害 天牢
己亥 〃 吉 馬 凶 元武

壬 戌 日

庚子時　吉　無凶　天牢　旬空
辛丑〃　吉　官貴　凶　元武　旬空
壬寅〃　吉　司命　凶　路空
癸卯〃　吉　合乙貴　凶　路空　句陳
甲辰〃　吉　星貴　青龍　凶　破
乙巳〃　吉　乙貴　明堂　凶　無
丙午〃　吉　喜神　凶　天刑
丁未〃　吉　官貴　凶　刑　朱雀
戊申〃　吉　馬　金櫃　凶　五不遇
己酉〃　吉　寶光　凶　害
庚戌〃　吉　建　凶　白虎
辛亥〃　吉　祿　玉堂　凶　無

癸 亥 日

壬子時　吉　祿　凶　白虎　路空　旬空
癸丑〃　吉　玉堂　凶　路空　旬空
甲寅〃　吉　合　凶　天牢
乙卯〃　吉　乙貴　星貴　凶　元武
丙辰〃　吉　喜神　官貴　司命　凶　無
丁巳〃　吉　馬　乙貴　凶　破　句陳
戊午〃　吉　青龍　凶　無
己未〃　吉　明堂　凶　五不遇
庚申〃　吉　無凶　害　天刑
辛酉〃　吉　無凶　朱雀
壬戌〃　吉　官貴　金櫃　凶　路空
癸亥〃　吉　建　寶光　凶　刑　路空

吉神凶殺部

가部　吉神

種目	關係	甲	乙	丙	丁	戊	己	庚	辛	壬	癸	解釋
官祿	才干〃	辛	庚	癸	戊	乙	甲	庚	丙	己	戊	官運漸進百事大吉
官印	才干〃	癸	壬	乙	甲	丁	丙	己	戊	辛	庚	佩印榮華綿衣侍人
官印	才干〃	木氣	日水	火羅	月計	土孛	羅火	金金	計木	水月	孛土	左為官右為印金者眞貴人也
經藏	吉方/才干方	寅	卯	巳	午	辰	未	申	酉	亥	子	經藏僧財衣鉢吉
科名貴	〃	寅	寅	巳	巳	巳	巳	申	申	亥	亥	貴祿自來官運漸通
科甲星	〃	辰丁	午巳	子辛	坤卯	兌乙	巽卯	离己	申辛	乾辛	兌乙	科運漸通拔擢升進
科名科甲	〃	壬	壬	癸	癸	庚	庚	甲	甲	乙	乙	獨學大成科運大通
科名	〃	木	木	火	火	土	土	金	金	水	水	此星天子前主名職也
貴官	〃	申	申	亥	亥	寅	寅	巳	巳	亥	亥	官吏信高名振廣域

種目	關係／干吉	甲	乙	丙	丁	戊	己	庚	辛	壬	癸	解釋
巨夾	才干〃	丑	寅	辰	巳	辰	巳	未	申	戌	亥	富貴名達夫婦相和
魁名星	〃	巽震	巽震	乾巽	乾巽	兌坤	兌坤	兌乾	兌乾	离坎	离坎	軍人官吏吉女子不吉
科甲星	〃	艮	离	坎	坤	兌	巽	中	中	乾	兌	大厦建築 其他百事大吉
干祿	才干〃	寅	卯	巳	午	巳	午	申	酉	亥	子	官吏振名 商人信廣 有羊刃力強爵祿福貴
干德合	才干〃	己	乙	辛	丁	癸	己	乙	辛	丁	癸	干合比我官名高商人信廣
官事日解	才干〃	巳	巳	申	申	寅	寅	酉	酉	卯	卯	官事消除百事咸寧
國印	才干〃	戌	亥	丑	寅	丑	寅	辰	巳	未	申	百事大吉
金輿	才干〃	辰	巳	未	申	未	申	戌	亥	丑	寅	女美貌富家結婚男子亦然

凶殺

種目	關係／干凶	甲	乙	丙	丁	戊	己	庚	辛	壬	癸	解釋
九魄日	日辰〃	子壬	子戊	午壬	午戊	酉辛	卯乙	卯己	酉辛	酉乙	酉己	動員 嫁娶移舍 築事凶
骨肉爭	才干〃	卯	酉	申	亥	戌	丑	子	辰	寅	午	有骨肉之害又妻子之害

種目	關係／干凶	甲	乙	丙	丁	戊	己	庚	辛	壬	癸	解釋
金神	才干 ″	酉申	巳辰	午子 未丑	卯寅	丑子	酉申	巳辰	午子 未丑	卯寅	丑子	諸修造動土凶
脚痲殺	才干 ″	寅	未	亥	申	戌	未	申	酉	丑	未	負傷小兒脚痲痺
庚辛金神	才干 ″	未午	巳辰	卯寅	亥戌	酉申	未午	巳辰	卯寅	亥戌	酉申	忌修理動土
拘留	才干日時	酉未	申寅	戌申	丑亥	子午	酉辰	申酉	寅丑	亥子	子卯	拘留懲役
鬼賊	才干日	一日	二″	五″	一″	三″	三″	十″	六″	九″	七″	開鑿池塘凶

吉神

種目	關係／支吉	子	丑	寅	卯	辰	巳	午	未	申	酉	戌	亥	解釋
金貴	才支 ″	子	酉	午	卯	子	酉	午	卯	子	酉	午	卯	年旺方諸事吉
極富	月支 ″	午	未	申	酉	戌	亥	子	丑	寅	卯	辰	巳	開倉開業 收納吉
金櫃	″	午	卯	子	酉	午	卯	子	酉	午	卯	子	酉	主開倉 開業 收納吉

吉神

種目 關係／支吉	谷將	高試	極富星	學人	君臣慶會
	月支〃	〃	〃	月支〃	才支月
子	未	申	寅艮	亥	辰丙
丑	申	子	丑癸	卯	丑乙
寅	酉	辰	子壬	未	戌甲
卯	戌	寅	亥乾	申	未癸
辰	亥	午	戌辛	子	辰丙
巳	子	戌	酉庚	辰	丑乙
午	丑	巳	申坤	巳	戌甲
未	寅	酉	未丁	酉	未癸
申	卯	丑	午丙	丑	辰丙
酉	辰	亥	巳辛	寅	丑乙
戌	巳	卯	辰乙	午	戌甲
亥	午	未	卯甲	戌	未癸
解釋	婚姻開業吉 財福來	高等考試合格	自手爲富 自得顯名	他人薦擧 爲官	面對天顔 名譽自高

凶殺

種目 關係／支凶	隔角	官刑	絢絞	劍鋒
	月支〃	月支〃	月支〃	才支〃
子	卯	辰	酉卯	癸子
丑	卯	巳	戌辰	戊丑
寅	午	午	亥巳	甲寅
卯	午	未	子午	乙卯
辰	午	申	丑未	己辰
巳	酉	酉	申寅	丙巳
午	酉	戌	卯酉	丁午
未	酉	亥	辰戌	己未
申	子	子	亥巳	庚申
酉	子	丑	午子	辛酉
戌	子	寅	未丑	戊戌
亥	卯	卯	申寅	壬亥
解釋	主移鄉 客地 居住	主公門 刑杖 官災	三刑性 主惡死 因刑也	身命値之又加羊刃則主惡

亡

種目	關係/支凶	子	丑	寅	卯	辰	巳	午	未	申	酉	戌	亥	解釋
蹇脚殺	才支〃	酉申	酉申	子亥	子亥	卯寅	卯寅	午巳	午巳	丑辰	未戌	丑辰	未戌	足蹇 或脚病 負傷爲跛
官災	〃	未	申	酉	戌	亥	子	丑	寅	卯	辰	巳	午	官災重重
貫索	才支〃	卯 氏九	辰 亢七	巳 翼	午 張七	未 井六	申 井四	酉 昂	戌 婁十	亥 室九	子 危五	丑 牛四	寅 箕初	主有官訟徒流杖拷之刑也
九空財離	才支〃	辰	丑	戌	未	卯	子	酉	午	寅	亥	申	巳	修船 造舟 凶
金鎖	才支〃	子	丑	申	酉	戌	亥	子	丑	申	酉	戌	亥	射利業 不可 經營
鬼門	才支〃	酉	午	未	申	子	丑	寅	卯	辰	巳	戌	亥	鬼神隨后種種喘咳瘵疾
鬼門關	才支〃	未午酉	未午酉	未午酉	戌亥申	戌亥申	戌亥申	卯寅丑	卯寅丑	卯寅丑	巳辰子	巳辰子	巳辰子	小兒時值 不可遠行 不愼　死亡
隔角	才支〃	巳	酉	丑	巳	酉	丑	巳	酉	丑	巳	酉	丑	忌動土 埋葬
隔角日	才支〃	寅	卯	辰	巳	午	未	申	酉	戌	亥	子	丑	移鄉隔居 一生他鄉
隔寡	〃	亥	戌	酉	申	未	午	巳	辰	卯	寅	丑	子	生別 他人再婚 遠居
官刑	〃	卯	戌	巳	子	午	丑	寅	酉	未	亥	辰	申	柱臨此殺 頻頻 官刑
官符	才支〃	辰	巳	午	未	申	酉	戌	亥	子	丑	寅	卯	官災訴訟 病 諸修理 不吉

種目	關係／支凶	子	丑	寅	卯	辰	巳	午	未	申	酉	戌	亥	解釋
脚踏	才支月	四	五	六	七	八	九	十	十一	十二	正	二	三	身厄 困苦 離婚
九天朱雀	才支〃	卯	戌	巳	子	未	寅	酉	辰	亥	午	丑	申	忌 立向修作修造山葬修理
劫殺	〃	巳	寅	亥	申	巳	寅	亥	申	巳	寅	亥	申	早別父母、移鄉、苦痛破產三妻數
骨破碎	才支月	二	三	十	五	十二	正	八	九	四	十一	六	七	此月生 女破 男家產
骨破碎	才支月	六	四	三	正	六	四	三	正	六	四	三	正	此月生男破 女家產
絞殺	才支〃	亥	午	丑	申	卯	戌	巳	子	未	寅	酉	辰	大禍也百事凶黃道可用
九坎(九焦)	〃	辰	丑	戌	未	卯	子	酉	午	寅	亥	申	巳	忌 垣墻修理 取魚 乘船
九空	〃	辰	丑	戌	未	辰	丑	戌	未	辰	丑	戌	未	開鑿池塘 動土凶
孤辰	〃	寅	寅	巳	巳	巳	申	申	申	亥	亥	亥	寅	此星乃孤虛一身無依之命
寡宿	〃	戌	戌	丑	丑	丑	辰	辰	辰	未	未	未	戌	此星乃孤寡克之命也
句神	才支	卯	辰	巳	午	未	申	酉	戌	亥	子	丑	寅	病久而不療 此爻動不吉
卷舌	才支〃	酉	戌	亥	子	丑	寅	卯	辰	巳	午	未	申	有子息而不肖
絢絞殺	才支〃	酉	戌	亥	子	丑	寅	卯	辰	巳	午	未	申	官災 疾病 事事 人害

種目	關係／支凶	子	丑	寅	卯	辰	巳	午	未	申	酉	戌	亥	釋
孤虚	才支〃	亥	子	丑	寅	卯	辰	巳	午	未	申	酉	戌	諸事 化空 孤獨
隔宿	才支〃	亥	戌	酉	申	未	午	巳	辰	卯	寅	丑	子	夫婦不合 終乃離婚
官刑	日時〃	卯子	戌丑	巳寅	子卯	午辰	丑巳	寅午	酉未	未申	亥酉	辰卯	申亥	刑杖公門 因過慾違法
空宅	月支日	申	申	申	寅	寅	寅	巳	巳	巳	亥	亥	亥	忌入宅

吉神

種目	關係／月吉	正	二	三	四	五	六	七	八	九	十	十一	十二	釋
金堂	月支〃	辰	戌	巳	亥	午	子	未	丑	申	寅	酉	卯	出家修道 吉日
敬心	〃	未	丑	申	寅	酉	卯	戌	辰	亥	巳	子	午	主安靜 治病 祈禱吉
喝散神	〃	巳	巳	巳	申	申	申	亥	亥	亥	寅	寅	寅	主求子 祈山天神吉
吉慶	〃	酉	寅	亥	辰	丑	午	卯	申	巳	戌	未	子	主求子 祈山天神吉
官日	〃	卯	卯	卯	午	午	午	酉	酉	酉	子	子	子	諸事吉、上官赴任吉
金櫃黃道	〃	辰	午	申	戌	子	寅	辰	午	申	戌	子	寅	百事大吉

凶殺

種目	關係/月凶 月支	正	二	三	四	五	六	七	八	九	十	十一	十二	解釋
哭聲	月支	寅	巳	申	亥	寅	巳	申	亥	寅	巳	申	亥	哭泣之事凶遠病大忌
哭殺	〃	巳	午	未	申	酉	戌	亥	子	丑	寅	卯	辰	時行瘟病凶
隔神	〃	亥	酉	未	巳	卯	丑	亥	酉	未	巳	卯	丑	失物占發動 物難尋
金鎖關	〃	申	酉	戌	亥	子	丑	申	酉	戌	亥	子	丑	犯則不可佩金銀錢鐲之物
炅殺	〃	子	酉	午	卯	子	酉	午	卯	子	酉	午	卯	惡傷暴死凶
光影	〃	戌	未	辰	丑	戌	未	辰	丑	戌	未	辰	丑	精怪出現凶 有幻滅
九空	〃	辰	戌	丑	未	卯	子	酉	午	寅	亥	申	巳	開倉 山葬 鑿池塘 凶
劫殺	〃	亥	申	巳	寅	亥	申	巳	寅	亥	申	巳	寅	被賊打劫凶 相嫌破敗
奸私	〃	寅	巳	申	亥	寅	巳	申	亥	寅	巳	申	亥	奸私 陰謀 爲凶
歸忌	〃	丑	寅	子	丑	寅	子	丑	寅	子	丑	寅	子	忌移徙 入宅 不宜 出往
罡天	〃	巳	子	未	寅	酉	辰	亥	午	丑	申	卯	戌	忌 百事 黃道可用
絢	〃	亥	午	未	申	酉	戌	亥	午	未	申	酉	戌	出行求財凶
絞	〃	巳	子	丑	寅	卯	辰	巳	子	丑	寅	卯	辰	

種目	關係／月凶	正	二	三	四	五	六	七	八	九	十	十一	十二	解釋
鬼哭日	月支	未	戌	辰	寅	午	子	酉	申	巳	亥	丑	卯	忌造神廟 塑畫神像
蛟龍	〃	未	申	戌	申	戌	丑	辰	未	辰	申	子	巳	行舟凶日
旬陳	〃	辰	卯	寅	丑	子	亥	戌	酉	申	未	午	巳	病占 土役 土石修造 大凶
建日	月支日	卯	巳	未	亥	酉	丑	卯	巳	未	亥	酉	丑	定碓扇架凶
魁罡日	月支日	申	酉	戌	亥	子	丑	寅	卯	辰	巳	午	未	定碓扇架凶
忌日山隔	月支	未	巳	卯	丑	亥	酉	未	巳	卯	丑	亥	酉	投網漁獵凶
國忌日	月支	三、七、七	十四、十一、二〇	一〇、一七、二〇	二九、二六	三三	·	九、十、一七、二五	九、二一、三三	二七、二九	·	一三	五、六、十、十一、二五	忌嫁娶 國家大行事

나部 吉神

種目	關係／干吉	甲	乙	丙	丁	戊	己	庚	辛	壬	癸	解釋
祿庫	才干月	未	未	戌	戌	·	·	丑	丑	辰	辰	家庫豐盈 食祿無不自由
祿九天	〃	丑	亥	辰	巳	辰	巳	未	申	戌	亥	富貴振世 日食千石
祿九地	〃	子	丑	卯	卯	辰	辰	午	未	酉	戌	富貴 施德 顯名

種目	關係／干吉	甲	乙	丙	丁	戊	己	庚	辛	壬	癸	解釋
祿勳	才干月	寅火	卯孛	巳木	午金	巳土	午月	申水	酉氣	亥計	子羅	左爲祿右爲勳入垣廟則爲貴
祿神	〃	孛木	水	計	羅	土	火	金	氣	日	月	此爲食祿遇之則食俸亨祿矣

凶殺

種目	關係／干凶	甲	乙	丙	丁	戊	己	庚	辛	壬	癸	解釋
羅天灸退	才干日	坎	震	艮	艮	坤	坤	巽	巽	兌	兌	造葬凶 此方太陽焦点 故也
難飛關	〃	丑酉巳	時子	時子	時子	酉巳丑	亥未卯	亥未卯	戌午寅	戌午寅	戌午寅	童命犯之難養 夜生不妨亦凶
落井關	〃	巳	子	申	戌	卯	巳	子	申	戌	卯	浮沈加則 有水厄 宜愼之
雷公關	〃	丑	午	子	子	戌	戌	寅	寅	酉	亥	流年天厄卒暴 値羊刃雷死
雷宮	〃	申	午	子	子	辰	辰	卯	申	卯	卯	出行山葬浮沈土役凶
路空	〃	酉申	未午	巳辰	卯寅	戌子亥丑	酉申	未午	巳辰	卯寅	戌子亥丑	諸事凶 行路遮斷之意也

吉神

種目	關係／支吉	子	丑	寅	卯	辰	巳	午	未	申	酉	戌	亥	釋
祿庫	才支日	午	申	戌	子	寅	辰	午	申	戌	子	寅	辰	公門得祿多才振名
男子婚厄年	才支	未	丑	申	寅	酉	卯	戌	辰	亥	巳	子	午	男子此年婚姻必生離 死別

凶殺

種目	關係／支凶	子	丑	寅	卯	辰	巳	午	未	申	酉	戌	亥	釋
欄杆	才支日	午	未	申	酉	戌	亥	子	丑	寅	卯	辰	巳	張四 標 參四 畢五 奎九 室二 危二 女二 箕二 尾初 亢二 翼二 也 主傷殘自縊又非命死
羅網	〃	子	申	巳	辰	戌	亥	丑	申	未	子	巳	申	忌婚姻出行詞訴
雷公	〃	申	戌	子	寅	辰	午	申	戌	子	寅	辰	午	性正直 子難養
難產	〃	申寅	戌丑	亥巳	未午	申寅	戌丑	亥巳	未午	申寅	戌丑	亥巳	未午	女人難產兒此日生七 才內死
羅天大退	〃	四	七	一	一	一	六	六	二	二	九	九	九	人死退財孝服
牢日	〃	辰	未	戌	丑	辰	未	戌	丑	辰	未	戌	丑	上官 赴任凶

吉神

種目	關係／月吉	正	二	三	四	五	六	七	八	九	十	十一	十二	解釋
雷火神	月支	寅	亥	申	巳	寅	亥	申	巳	寅	亥	申	巳	占訟日辰相合旺則官訟消

凶殺

種目	關係／月凶	正	二	三	四	五	六	七	八	九	十	十一	十二	解釋
魯班跌蹼	月支	寅	巳	申	亥	卯	午	酉	子	辰	未	戌	丑	跌跎負傷爲病
雷獨火	月支	巳	辰	卯	寅	丑	子	亥	戌	酉	申	未	午	主蓋屋引火物 出納大凶
欄路虎日	日支	亥	戌	酉	申	未	午	巳	辰	卯	寅	丑	子	欄路 虎傷 犬馬人

다部 吉神

種目	關係／干吉	甲	乙	丙	丁	戊	己	庚	辛	壬	癸	解釋
唐符	才干日	酉	戌	子	丑	子	丑	卯	辰	午	未	百事大吉此爻動惡殺化善

凶殺

種目	關係／干凶	甲	乙	丙	丁	戊	己	庚	辛	壬	癸	解釋
桃花關	日辰	乙	酉	己	酉	丁	卯	甲	午	壬	子	此殺犯則 爲客青樓 任東西
屠兒	才干日	卯	辰	巳	午	未	申	酉	戌	亥	子	屠殺業 食肉店吉
桃花	才支凶	子	子	卯	卯	卯	卯	午	午	酉	酉	酒色放蕩 變態 性行爲
痘疹殺	日辰時	辰申	辰申	戌寅	戌寅	・	・	丑巳	丑巳	未亥	未亥	痘疹 病患 難免
倒家殺	才干日	庚年午日	甲年申日	戊年戌日	壬年子日	甲年寅日	庚年午日	甲年申日	戊年戌日	壬年子日	甲年寅日	建屋則 屋自倒不吉

凶殺

種目	關係／支凶	子	丑	寅	卯	辰	巳	午	未	申	酉	戌	亥	解釋
大耗	才月日	午	酉	申	亥	未	戌	丑	子	卯	寅	巳	辰	若人命遇之則財散食乏也
多埋	〃	丑	卯	申	丑	卯	申	丑	卯	申	丑	卯	申	不保妻子 多埋子孫
徒日	〃	申	亥	寅	巳	申	亥	寅	巳	申	亥	寅	巳	上官 赴任 凶日

吉神凶殺

種目	關係／支凶	子	丑	寅	卯	辰	巳	午	未	申	酉	戌	亥	解釋
獨火	才月	巳	辰	卯	寅	丑	子	亥	戌	酉	申	未	午	忌起造盖屋 作籠凶
大禍	才支	丁	乙	癸	辛	丁	乙	癸	辛	丁	乙	癸	辛	諸事不吉 禍自及身
大忌日	才支	一	四	七	二二	四	五	八二一	六七	六七	八	二一	七八	此日 諸事不宜
大耗	〃	午	未	申	酉	戌	亥	子	丑	寅	卯	辰	巳	忌財產 出納 開倉 動土
桃花殺	才日	酉	午	卯	子	酉	午	卯	子	酉	午	卯	子	一名咸池殺 帶貴合 主淫慾
大耗	〃	丑	寅	卯	辰	巳	午	未	申	酉	戌	亥	子	此爻發動必虛損 禾苗之兆
大時	〃	卯	子	酉	午	卯	子	酉	午	卯	子	酉	午	大敗咸地同 諸事凶
大將軍	年方	酉	酉	子	子	子	卯	卯	卯	午	午	午	酉	忌修造 動土
頭帶	才月	午	未	申	酉	戌	亥	子	丑	寅	卯	辰	巳	夫婦相突 生離別
獨火月火	〃	巳	辰	卯	寅	丑	子	亥	戌	酉	申	未	午	上樑不忌則 顛倒火災
大禍	〃	丁丙	乙甲	癸壬	辛庚	丁丙	乙甲	癸壬	辛庚	丁丙	乙甲	癸壬	辛庚	山葬 大凶
大敗六不成	〃	寅	午	戌	巳	酉	丑	申	子	辰	亥	卯	未	出征 出兵 凶
斷橋	才月日	子	亥	寅	卯	申	丑	戌	酉	辰	巳	午	未	兄弟 親戚 疎遠

吉神

種目	關係／月吉	正	二	三	四	五	六	七	八	九	十	十一	十二	解釋
大谷	月支	卯	辰	巳	午	未	申	酉	戌	亥	子	丑	寅	收納倉庫物品吉

凶殺

種目	關係／月凶	正	二	三	四	五	六	七	八	九	十	十一	十二	解釋
短星	月日 忌	二一	一九	一六	二五	二五	二〇	二三	一九	一七	一四	二三	二五	忌赴任嫁娶求謀
長星	月日 忌	七	四	一	九	一五	十	八	五	四	一	二	九	忌赴任嫁求謀
短命殺	月日	辰戌丑未	寅申巳亥	子午卯酉	辰戌丑未	寅申巳亥	子午卯酉	辰戌丑未	寅申巳亥	子午卯酉	辰戌丑未	寅申巳亥	子午卯酉	主交通事故顛倒落傷之命
痘夭	月日	四九	一三一八	二二二七	四九	一三一八	二二二七	四九	一三一八	二二二七	四九	一三一八	二二二七	主痘疹夭死
撞命關	月日	巳	未	巳	子	午	午	丑	丑	午	亥	未	亥	小兒相離吉 不然難養 壽夭也
短命關	月日	巳	寅	辰	未	巳	寅	辰	未	巳	寅	辰	未	此時上帶生時主驚叶夜難養

種目	關係/月凶	正	二	三	四	五	六	七	八	九	十	十一	十二	解釋
大殺方	才支日	子	酉	午	卯	子	酉	午	卯	子	酉	午	卯	百事 修造凶
大殺	月日	戌	巳	午	未	寅	卯	辰	亥	子	丑	申	酉	百事不吉其力殺人
斷橋關	月日	寅	卯	申	丑	戌	酉	辰	巳	午	未	亥	子	日辰遇小兒值之難養

마部 吉神

種目	關係/支吉 才干支 生日	甲	乙	丙	丁	戊	己	庚	辛	壬	癸	解釋
文昌貴人		巳	午	申	酉	申	酉	亥	子	寅	卯	生前富貴 死後文章
文曲	〃	亥巳	子午	申寅	卯酉	申寅	卯酉	亥巳	辰戌	申寅	卯酉	幼時無學 長而大達文豪
文星	〃	巳	午	申	酉	申	酉	亥	戌	寅	卯	此是奎星遇主總明豁達也
文官	〃	亥	亥	寅	寅	申	申	巳	巳	申	申	此星臨則萬民教化之官
武庫	〃	巳	丑	巳	未	巳	未	亥	丑	亥	子	出將入相 豪氣堂堂
馬頭財	〃	未巳	未巳	戌庚	戌庚	辰壬	辰壬	丑乙	丑乙	辰丙	辰丙	路中拾財
文魁	〃	月羅	日計	羅金	計火	人金	金氣	木木	孛土	計日	木月	左為文右為魁主文章 冠天下

種目	關係/干吉	甲	乙	丙	丁	戊	己	庚	辛	壬	癸	解釋
文星	才干日	午	午	申	巳	申	未	亥	戌	寅	卯	此是奎星主總明豁達也
文魁星	才干日	丁卯丁午	己卯丁午	辛卯辰酉	癸卯卯戌	乙卯辰酉	丁卯辰酉	己卯巳申	辛卯子丑	癸卯午	乙卯未	主科學合格 貴名振世
武星貴人	才支	巳	未	巳	未	巳	未	亥	丑	亥	丑	貴人遇之權 兼將相 文人
文昌星	才支 〃	巳	午	申	酉	申	酉	亥	戌	寅	卯	此宮遇之歸垣 文冠天人之貴

凶殺

種目	關係/干凶	甲	乙	丙	丁	戊	己	庚	辛	壬	癸	解釋
戊己都天	才干日 〃	巳辰	卯寅	亥戌	酉申	未午	巳辰	卯寅	亥戌	酉申	未午	忌 山葬 動土
無祿日	才干支日 〃	甲辰	乙巳	壬申	丙申	丁亥	戊戌	己丑	庚辰	辛巳	癸丑	主求財 不吉
墓門殺	月干日 〃	金	金	水	水	木	木	火	火	土	土	損財傷人 又病災也

吉神

種目	關係/支吉	子	丑	寅	卯	辰	巳	午	未	申	酉	戌	亥	解釋
萬通四吉	月支	午	亥	申	丑	戌	卯	子	巳	寅	未	辰	酉	轉禍爲福 居安動榮

種目	關係/支吉	子	丑	寅	卯	辰	巳	午	未	申	酉	戌	亥	解釋
命宮注受	月支	子	亥	戌	酉	戌	亥	子	丑	寅	卯	寅	丑	此星天降 貴福顯名
馬頭帶	〃	寅壬	亥辛	申壬	巳辛	寅壬	亥辛	申壬	巳辛	寅壬	亥辛	申壬	巳辛	主旅中 橫財
馬財庫	〃	辰	戌	未	丑	辰	戌	未	丑	辰	戌	未	丑	居故鄉而無出他鄉 致富
明補	〃	酉	亥	丑	卯	巳	未	酉	亥	丑	卯	巳	未	君臣慶會 名位自高

凶殺

種目	關係/支凶	子	丑	寅	卯	辰	巳	午	未	申	酉	戌	亥	釋
馬前六害	才干月	甲	壬	庚	丙	甲	壬	庚	丙	甲	壬	庚	丙	此方忌 山葬
亡切	才支月	未	申	酉	戌	亥	子	丑	寅	卯	辰	巳	午	主盜賊 失脚 被欺
亡神	〃	亥	申	巳	寅	亥	申	巳	寅	亥	申	巳	寅	七殺人命 逢橫死也
木隔	〃	戌	申	午	辰	寅	子	戌	申	午	辰	寅	子	忌入水漁獵 行舟
減沒	〃	丑	子	亥	戌	酉	申	未	午	巳	辰	卯	寅	忌婚姻 起造 出行
埋兒殺	〃	丑	卯	申	丑	卯	申	丑	卯	申	丑	卯	申	子生而多埋
巫覡	〃	酉	午	卯	子	酉	午	卯	子	酉	午	卯	子	巫堂爲業

吉神

種目	關係/月吉	正	二	三	四	五	六	七	八	九	十	十一	十二	釋
明堂	月支	丑	卯	巳	未	酉	亥	丑	卯	巳	未	酉	亥	百事大吉
民日	月支	午	午	午	酉	酉	酉	子	子	子	卯	卯	卯	上官赴任 吉

凶殺

種目	關係/月凶	正	二	三	四	五	六	七	八	九	十	十一	十二	釋
亡亖	月干支	寅甲	午甲	戌甲	卯丁	巳丁	辰庚	寅庚	子庚	辰戊	亥癸	巳癸	亥癸	出行求財凶
盲目	月日	申	未	午	巳	辰	卯	寅	丑	子	亥	戌	酉	中年忽然盲目
網羅	月日	寅	亥	申	巳	寅	亥	申	巳	寅	亥	申	巳	拘留公事凶
木馬殺	月日	巳	未	酉	申	戌	子	亥	丑	卯	寅	辰	午	起工出行凶

바部 吉神

種目	關係/干吉	甲	乙	丙	丁	戊	己	庚	辛	壬	癸	釋
放鐵	年月	申	申	亥	亥	寅	寅	巳	巳	未	未	腰佩放鐵 山程水程

吉神

種目	關係／干吉	甲	乙	丙	丁	戊	己	庚	辛	壬	癸	解釋
福星人	才月	子寅	丑	子寅	酉	申	未	午	巳	卯	丑	天祐神助　上官助力　大發達
福生	〃	寅	丑	寅	亥	申	未	午	巳	辰	丑	天降福祿　百事大吉
福官	〃	酉	申	子	亥	卯	寅	午	巳	午	巳	天降貴福
飛祿	〃	巳	午	子	巳	午	申	午	酉	寅	午	丙生人逢子內伏巳癸祿也大吉
福生	日才干月	子	丑	子寅	酉	申	未	午	巳	辰	丑	諸事大吉
福星貴人	干生月	寅	丑	子	酉	申	未	午	巳	辰	卯	貴福並臻
福德星	年吉方	坤	兌・	乾・	坎	艮・	震	巽				年干吉方作事吉

凶殺

種目	關係／干凶	甲	乙	丙	丁	戊	己	庚	辛	壬	癸	解釋
飛刃	月日	酉	戌	子	丑	子	丑	卯	辰	午	未	羊刃卦宮是女命忌逢產厄
浮天空亡	月日	壬	癸	辛	庚	坤	乾	丁	丙	甲	乙	忌立向　招官災主　山葬
復日	〃	甲	乙	丙	丁	戊	己	庚	辛	壬	癸	忌破土　安葬

吉神凶殺

種目	關係／干凶	干凶	釋
非命	年見月日時	甲乙午　丙丁未　戊己戌　庚辛寅　壬癸酉	主忽逢橫厄死
白虎關	年日	金卯　木酉　水午　火子　土午	時見驚風出痘則難養
丙丁獨火	月日	寅卯子丑　戌亥　申酉　申未　辰巳　寅卯子丑　戌亥　申酉　午未　辰巳	忌蓋屋動土

吉神

種目	關係／支吉	子	丑	寅	卯	辰	巳	午	未	申	酉	戌	亥	釋
福德	月日	酉	戌	亥	子	丑	寅	卯	辰	巳	午	未	申	入命則主福祿豐厚也
奉仕	〃	亥	卯	未	申	子	辰	巳	酉	丑	寅	午	戌	為人奉仕則福祿倍來
福生	〃	酉	卯	戌	辰	亥	巳	子	午	丑	未	寅	申	主祈禱祈福
兵吉	〃	寅卯	丑寅	子丑	亥子	戌亥	酉戌	申酉	未申	午未	巳午	辰巳	卯辰	主軍人動員吉
寶光	〃	巳	未	酉	亥	丑	卯	巳	未	酉	亥	丑	卯	諸事大吉
普護	〃	申	寅	酉	卯	戌	辰	亥	巳	子	午	丑	未	祈禱大吉
飛流	〃	亥	丑	卯	巳	未	酉	亥	丑	卯	巳	未	酉	早年登科為人俊秀

種目	關係／支吉	子	丑	寅	卯	辰	巳	午	未	申	酉	戌	亥	解釋
博士	才支	巽	巽	坤	坤	坤	乾	乾	乾	艮	艮	艮	巽	諸修造　大吉
寶日	日干支	丁丑	丙戌	甲午	庚子	壬寅	癸卯	己巳	丁未	戊申	己酉	辛亥	丙辰	百事大吉
福生	月支	酉	戌	亥	子	丑	寅	卯	辰	巳	午	未	申	主福祿日來　吉

凶殺

種目	關係／支凶	子	丑	寅	卯	辰	巳	午	未	申	酉	戌	亥	解釋
伏兵	月支	丙	甲	壬	庚	丙	甲	壬	庚	丙	甲	壬	庚	諸事凶　行軍不吉
飛廉	才支	申	酉	戌	亥	子	丑	寅	卯	辰	巳	午	未	主爭鬪凶死
白虎殺	〃	申	酉	戌	亥	子	丑	寅	卯	辰	巳	午	未	鬼世動　主喪　犯之凶事來侵
飛符	〃	辰	巳	午	未	申	酉	戌	亥	子	丑	寅	卯	此星主有禍　官事也
飛廉殺	〃	戌	巳	午	未	寅	卯	辰	亥	子	丑	申	酉	六畜血財　專損
復日	〃	甲庚	乙辛	戊己	丙壬	丁癸	戊己	甲庚	乙辛	戊己	丙壬	丁癸	戊己	吉事重吉　凶事重凶
伏吟	〃	子	丑	寅	卯	辰	巳	午	未	申	酉	戌	亥	中年荒配　隘路重重

種目	關係／支凶	子	丑	寅	卯	辰	巳	午	未	申	酉	戌	亥	解釋
白衣	才	酉	辰	巳	子	丑	申	卯	戌	亥	午	未	酉	初婚失敗長男不育有凶星則夭死
兵禁	〃	寅	子	戌	申	午	辰	寅	子	戌	申	午	辰	年凶方動員不吉
返吟	〃	午	未	申	酉	戌	亥	子	丑	寅	卯	辰	巳	事事反伏夫婦有爭轉業頻頻
負結	〃	亥	亥	丑	丑	卯	卯	巳	巳	未	未	酉	酉	負鬼神害身祭物食凶
病符	〃	亥	子	丑	寅	卯	辰	巳	午	未	申	酉	戌	此星主有爭訟疾病之患也
氷消互解	〃	巳	子	丑	申	戌	亥	午	未	寅	酉	辰	戌	忌起造上樑不忌則顯倒火災
攀鞍	〃	丑	戌	未	辰	丑	戌	未	辰	丑	戌	未	辰	此吉星也凶星多則主刑也
伏死	〃	虚三	女二	尾四	尾二	角二	軫十	星二	柳四	井二	翼四	婁三	壁三	主膿血女主落胎
復殺	〃	丁	戊	庚	辛	己	壬	癸	甲	乙	己	丙	戊	主山葬凶
伏罪方	〃	亥	寅	巳	申	亥	寅	巳	申	亥	寅	巳	申	上官赴任凶日
白虎方	〃	申	酉	戌	亥	子	丑	寅	卯	辰	巳	午	未	六畜屠殺凶
飛大殺	〃	離	艮	兌	乾	中	兌	乾	中	巽	震	坤	坎	諸事凶忌安葬

種目	關係／支凶	子	丑	寅	卯	辰	巳	午	未	申	酉	戌	亥	解釋
浮沈	才支	戌	酉	申	未	午	巳	辰	卯	寅	丑	子	亥	主水禍 災難
飛財	〃	午巳	子亥	辰戌丑未	辰戌丑未	子亥	酉申	酉申	子亥	卯寅	卯寅	子亥	午巳	柱臨此殺 得財還失
陌越	〃	亥	子	丑	寅	卯	辰	巳	午	未	申	酉	戌	百事凶 入柱行動不良
飛廉	〃	申	酉	戌	巳	午	未	寅	卯	辰	巳	子	丑	爭鬪凶死
伏尸	〃	子	丑	寅	卯	辰	巳	午	未	申	酉	戌	亥	主血刃落身
兵禁	〃	寅	子	戌	申	午	辰	寅	子	戌	申	午	辰	出征 出兵凶
飛天	〃	卯	辰	巳	午	未	申	酉	戌	亥	子	丑	寅	短命橫厄離別大不吉
伐日	日干支	庚午	丙子	戊寅	己卯	辛巳	癸未	甲申	乙酉	丁亥	壬辰	癸丑	壬戌	支克干凶伐木凶
反支日	日辰	子	丑朔 六日	寅	卯朔 五日	辰	巳朔 四日	午	未朔 三日	申	酉朔 二日	戌	亥朔 一日	惡氣將盡也忌結婚納財訴訟
負傷年	才支	巳酉丑年	寅午戌年	亥卯未年	申子辰年	巳酉丑年	寅午戌年	亥卯未年	申子辰年	巳酉丑年	寅午戌年	申子辰年	巳酉丑年	主交通事故 跌跎負傷
飛天獨火日	年支	卯	子	酉	午	卯	子	酉	午	卯	子	酉	午	主火災
伏斷日	月日	虛	斗	室	女	箕	房	角	張	鬼	觜	胃	奎	入宅忌 其他亦然

吉神

種目	兵寶	兵福	福星
關係/月吉	日月	月日	月日
正	卯	亥	壬丁
二	辰	子	甲己
三	巳	丑	壬丁
四	午	寅	辛丙
五	未	卯	癸戊
六	申	辰	己甲
七	酉	巳	癸戊
八	戌	午	辛丙
九	亥	未	己甲
十	子	申	乙庚
十一	丑	酉	甲己
十二	寅	戌	乙庚
釋	行軍吉	行軍吉	諸事大吉

凶殺

種目	百日關	霹歷	飛廉	飛殺	氷消瓦解
關係/月凶	月日	月支	〃	〃	月日
正	丑辰	寅	申	酉	午子
二	未戌	申	未	子	未丑
三	巳寅	未	巳	卯	申寅
四	亥申	亥	午	午	酉卯
五	卯子	卯	辰	酉	戌辰
六	酉午	巳	卯	子	亥巳
七	丑辰	午	寅	卯	子午
八	未戌	戌	丑	午	丑未
九	巳寅	寅	子	酉	寅申
十	亥申	申	亥	子	卯酉
十一	卯子	未	戌	卯	辰戌
十二	酉午	亥	酉	午	巳亥
釋	童逢百日內越死境	主雷驚之厄	主人卒亡凶　山葬	卒病飛鳥落地格凶	諸事不吉

種目	關係／月凶	正	二	三	四	五	六	七	八	九	十	十一	十二	解釋
白浪	〃	寅	卯	辰	巳	午	未	申	酉	戌	亥	子	丑	
覆舟	〃	申	酉	戌	亥	子	丑	寅	卯	辰	巳	午	未	行舟凶日
不學	月支	子			卯			午					酉	上官赴任凶日
犯鐵殺	月順	五	九	十二	十一	五	五	十一	十二	九	九	十二	十二	平生他人家破產丐乞人

四部　吉神

種目	關係／干吉	甲	乙	丙	丁	戊	己	庚	辛	壬	癸	解釋
星神	才	羅	計	氣	水	月	土	金	木	孛	火	此星若到命限　主有喜事臨勳
歲駕	〃	子土	刑土	寅木	卯火	辰金	巳水	午日	未月	·水	·金	或歲星會其上　猶妙大吉
十干祿	〃	辛	庚	癸	壬	乙	甲	丁	丙	己	戊	此星八柱聚財爲富
歲德	〃	甲	庚	丙	壬	戊	甲	庚	丙	壬	戊	陰陽之交會　百福至大吉
山河	〃	巳	丑	巳	未	巳	未	亥	丑	亥	子	官運漸通　出將入相
食增	〃	子	亥	卯	寅	午	巳	午	巳	酉	申	食祿豐足　世稱富豪
神學堂	〃	寅丙	卯丁	申戊	巳己	申庚	巳辛	申壬	酉癸	子甲	亥乙	多才藝名高　主藝術人

種目	關係／干吉	甲	乙	丙	丁	戊	己	庚	辛	壬	癸	解　釋
十干學館	才干月日	庚寅	庚寅	乙巳	乙巳	丁亥	丁亥	壬申	壬申	癸亥	癸亥	有識有才　藝名振世
十干武館	〃	未	未	午	午	辰	辰	卯	卯	寅	寅	武人極貴
山河節度	〃	巳	未	巳	未	巳	未	亥	丑	亥	丑	手執權柄　以撫百姓
食神星	〃	丙	丁	戊	己	庚	辛	壬	癸	甲	乙	食糧有餘　富豪之命
歲德合	〃	己	乙	辛	丁	癸	己	乙	辛	丁	癸	造葬　諸事　大吉
時祿	才干日	亥	戌	申	未	申	未	巳	辰	寅	丑	主求財　其他　諸事大吉
十干貴	〃	乙庚	丙癸	丁壬	壬己	癸戊	戊乙	己甲	甲辛	庚丁	辛丙	一名官星　自光榮華
施橫	才干月	癸	壬	乙	甲	丁	丙	己	戊	辛	庚	橫財致富　身入金谷

凶　殺

種目	關係／干凶	甲	乙	丙	丁	戊	己	庚	辛	壬	癸	解　釋
十惡大敗	日干支	甲辰	乙巳	壬申	丙申	丁亥	庚辰	戊戌	癸亥	辛巳	己丑	柱臨此殺平生運不伸　其他亦凶
山家困龍	〃	乾	庚	丁	巽	甲	乾	庚	丁	巽	甲	造葬大凶　竅馬吉主山葬

種目	關係/干凶	甲	乙	丙	丁	戊	己	庚	辛	壬	癸	解釋
山家官符	〃	亥	酉	未	巳	卯	亥	酉	未	巳	卯	造葬犯之 疾病是非
山家血刃	〃	七六	四一	八二	三	九	七六	四一	八二	三	九	陽宅犯之 血災多損
山家刀箭	〃	酉卯	戌辰	子午	丑未	子午	丑未	卯酉	辰戌	午子	未丑	忌山葬 諸事 歲凶方
四大金星	〃	丁	巽	甲	乾	庚	丁	巽	甲	乾	庚	主山葬凶
傷人	才干月日時	辰	子	未	戌	巳	辰	子	未	丑	辰	相鬪 傷人 入獄
四關	〃	寅	辰	巳	午	未	申	酉	戌	亥	子	幼時 驚風 厄多 子稀
小狼	〃	寅	未	未	卯	卯	未	午	子	寅	子	主喪妻 膝下有淚 離別
昇血刀	〃	申巳	申子	丙申	庚亥	寅壬	申巳	申子	丙申	庚亥	寅壬	年神凶方 修造 六畜死
順逆血刃	才干	巳順／甲逆	辛辛	丙申	庚亥	壬寅	甲巳	辛辛	丙申	庚亥	壬寅	忌百事 修造
上朔日	才干日	己巳癸亥	己巳癸亥	辛巳乙亥	辛巳乙亥	癸巳丁亥	癸巳丁亥	乙巳己亥	乙巳己亥	丁巳辛亥	丁巳辛亥	此朔月該當時間 諸事不吉陽盡亥 陰盡巳故也
順血刃	才日	巳	子	申	亥	寅	巳	子	申	亥	寅	此方諸 修造 凶

吉　神

種目	關係／支吉	子	丑	寅	卯	辰	巳	午	未	申	酉	戌	亥	解釋
三奇才	才干月	甲	戊	庚	天	乙	丙	丁	地	壬	癸	辛	人	三奇 英雄秀才 及第
歲天德	才支月	巽	庚	丁	坤	壬	辛	乾	甲	癸	艮	丙	乙	陰陽感動 天地召和
歲月德	〃	壬	庚	丙	甲	壬	庚	丙	甲	壬	庚	丙	甲	五行同位 百事皆成
守天	〃	申	辰	子	亥	申	乙	坤	卯	丙	卯	辰	亥	及第 大亨陽能 制諸殺
守殿	〃	丙	壬	午	亥	庚	丁	艮	酉	壬	酉	戌	巳	發財女貴 陰能 制兒殺
歲合	〃	丑	子	亥	戌	酉	申	未	午	巳	辰	卯	寅	此星 命合作事 稱心
赦文	〃	赦文乃命之母星也 假如土在巳上 乃土星失位 如得飛火爲命												日辰喜 朝逢生 家有喜事
水德	〃	未	酉	亥	丑	卯	巳	未	卯	亥	丑	卯	巳	水產業 又水厄巨富之命
歲馬	〃	寅	亥	申	巳	寅	亥	申	巳	寅	亥	申	巳	天降 財祿 名振
時德	日時	春	在	午	夏	在	辰	秋	在	子	冬	在	寅	宜 結婚 會友 大吉
施德	才干月	丁	乙	己	丁	乙	辛	己	丁	乙	辛	己	丁	男老名譽職 女亦得名 女史

吉神

種目	關係／支吉	子	丑	寅	卯	辰	巳	午	未	申	酉	戌	亥	解釋
神祿	才支	戌	酉	申	未	午	巳	辰	卯	寅	丑	子	亥	天祿自降 爲富
生成馬	〃	寅甲	亥辛	申庚	巳丁	寅甲	亥辛	申庚	巳丁	寅甲	亥辛	申庚	巳丁	入四柱 衣食無不自由
三合	〃	戌午	亥未	子申	丑酉	寅戌	卯亥	辰子	巳丑	午寅	未卯	申辰	酉巳	百事大吉柱臨此星其力倍加
四相		戌	亥	子	丑	寅	卯	辰	巳	午	未	申	酉	百事大吉
四富	月支	酉	戌	亥	子	丑	寅	卯	辰	巳	午	未	申	富祿四方 到處春風
鎖神	才支	辰	午	申	戌	子	寅	辰	午	申	戌	子	寅	手弄千金富貴
三台	才支	辰	巳	午	未	申	酉	戌	亥	子	丑	寅	卯	主慶事 天佑神助
聖心	月日	亥	巳	子	午	丑	未	寅	申	卯	酉	辰	戌	主祈禱 建醮

凶殺

種目	關係／支凶	子	丑	寅	卯	辰	巳	午	未	申	酉	戌	亥	釋
小耗	才支月	巳	午	未	申	酉	戌	亥	子	丑	寅	卯	辰	忌財出納 開倉 動土 財損
喪門喪地	〃	寅	卯	辰	巳	午	未	申	酉	戌	亥	子	丑	此主哭泣有喪服之論也

種目	小狼藉	巡山羅候	小敗	死符	殺夫殺	歲殺	水沈	水災	水隔	小耗	三不返	囚獄
關係／支凶	才支月	〃	〃	〃	才支	才支	〃	〃	〃	〃	〃	〃
子	九四	乙	未午月	巳	戌	未	巳時	戌	戌	未	亥戌寅	午
丑	十八	壬	申寅〃	午	亥	辰	寅〃	子	申	申	子酉卯	卯
寅	十二 十	艮	酉未〃	未	子	丑	亥〃	寅	午	酉	申辰午	子
卯	九四	甲	寅巳〃	申	丑	戌	申〃	辰	辰	戌	未巳寅	酉
辰	九四	巽	申卯〃	酉	寅	未	巳〃	午	寅	亥	午酉卯	午
巳	二十	丙	申亥〃	戌	卯	辰	寅〃	申	子	子	未巳辰	卯
午	六二	丁	巳卯〃	亥	辰	丑	亥〃	戌	戌	丑	申巳辰	子
未	十八	坤	巳卯〃	子	巳	戌	申〃	子	申	寅	酉午卯	酉
申	十八	辛	戌午〃	丑	午	未	巳〃	寅	午	卯	未戌寅	午
酉	六二	乾	申午〃	寅	未	辰	寅〃	辰	辰	辰	亥申丑	卯
戌	六二	癸	亥酉〃	卯	申	丑	亥〃	午	寅	巳	酉丑子	子
亥	十二	庚	亥未〃	辰	酉	戌	申〃	申	子	午	亥戌丑	酉
解釋	死別 生別 膝下涕流	忌造葬並忌 官災橫厄	百事小敗散人	爭訟災病凶	主先亡夫君 再婚	我柱生旺則 不制運	不慎江海 易沒 水中死	四柱累見水厄 水災被害死亡	忌入水漁獵 行船	此爻發動主 虛損 財物	乘舟凶日	此星犯則必有牢獄 刑罰之苦

種目	關係／支凶	子	丑	寅	卯	辰	巳	午	未	申	酉	戌	亥	解釋
死別	〃	戌	丑	辰	未	戌	丑	辰	未	戌	丑	辰	未	上官赴任凶日
殺夫大忌	才支月	二月	四〃	七〃	十二〃	四〃	五〃	八〃(十二)	六〃(七)	六〃(七)	〃(八)	〃(十二)	〃(八七)	必殺夫之命 月支破克則免也

吉神

種目	關係／月吉	正	二	三	四	五	六	七	八	九	十	十一	十二	解釋
續世	世	丑	未	寅	申	卯	酉	辰	戌	巳	亥	午	子	主祈禱祈福
相日	日	巳	巳	巳	申	申	申	亥	亥	亥	寅	寅	寅	宜上樑下棺
司命	才支	戌	子	寅	辰	午	申	戌	子	寅	辰	午	申	動員出行諸事吉
守日	月日時	酉	酉	酉	子	子	子	卯	卯	卯	午	午	午	上官赴任大吉
生氣	月日	子	丑	寅	卯	辰	巳	午	未	申	酉	戌	亥	主安靜治病吉百事大吉
時德	月日時	子	丑	寅	卯	辰	巳	午	未	申	酉	戌	亥	諸事大吉
生氣方	才支	辰	亥	子	丑	申	酉	戌	巳	午	未	寅	卯	買賣交易和合並吉
生土方	才支	辰	午	申	戌	午	未	酉	午	申	戌	子	巳	月吉方主土役其他修造吉
少陰	〃	辰	卯	寅	丑	子	亥	戌	酉	申	未	午	巳	求官百事大吉

凶　殺

種目	關係／月凶	正	二	三	四	五	六	七	八	九	十	十一	十二	解　釋
小殺	月支	辰	亥	子	丑	申	酉	戌	巳	午	未	寅	卯	百事 修造凶
小耗	〃	未	申	酉	戌	亥	子	丑	寅	卯	辰	巳	午	此爻發動 主虛損財物
水隔	〃	戌	申	午	辰	寅	子	戌	申	午	辰	寅	子	行舟 凶日
死神	〃	巳	午	未	申	酉	戌	亥	子	丑	寅	卯	辰	求醫治病 合藥凶日
死殺	月日	午	未	申	酉	戌	亥	子	丑	寅	卯	辰	巳	諸掘地 凶
歲空財離	月日時	辰	丑	戌	未	寅	子	酉	午	亥	卯	申	巳	船修造凶 開業凶
時疾	月支	未	戌	辰	寅	午	巳	酉	申	亥	子	丑	酉	主疫病 死亡
產兒短命	月支	日申亥	〃未戌	〃午酉	〃巳申	〃辰未	〃卯酉	〃寅酉	〃丑戌	〃子亥	〃亥申	〃戌子	〃酉卯	柱臨此殺 主兒短命
十歲難保	月支	生時午子	〃未丑	〃申寅	〃酉卯	〃戌辰	〃亥巳	〃午子	〃未丑	〃申寅	〃酉卯	〃戌辰	〃亥巳	此月此日生者不死則至死境當
四廢日	月支	庚辛申酉	庚辛申酉	庚辛申酉	壬癸子亥	壬癸子亥	壬癸子亥	甲乙寅卯	甲乙寅卯	甲乙寅卯	丙乙午巳	丙乙午巳	丙乙午巳	一生中生業轉轉不成功

吉神凶殺

種目	關係／月凶	正	二	三	四	五	六	七	八	九	十	十一	十二	解釋
四敫	月支	戌	戌	戌	辰	辰	辰	未	未	未	丑	丑	丑	冤家相謀凶
死氣官付		午	未	申	酉	戌	亥	子	丑	寅	卯	辰	巳	忌百事 修造
喪門殺	才干	戌	未	辰	丑	戌	未	辰	丑	戌	未	辰	丑	主喪 主死亡
深水	才支月日	申寅	申寅	申寅	未	未	未	酉卯	酉卯	酉卯	亥未	亥未	亥未	百折不屈 質愼水禍 善熱善冷性
神號日	才支月日	戌	亥	子	丑	寅	卯	辰	巳	午	未	申	酉	忌造神廟 塑畫神像
歲殺	才支月	丑	戌	未	辰	丑	戌	未	辰	丑	戌	未	辰	有病官災凶 月殺同斷
死氣	〃	午	未	申	酉	戌	亥	子	丑	寅	卯	辰	巳	必病死 求醫合藥凶日
時鑰	〃	巳	巳	巳	申	申	申	亥	亥	亥	寅	寅	寅	公事得獄凶
歲刑	〃	巳	子	辰	申	午	丑	寅	酉	未	亥	卯	戌	公訟刑詞凶
受死	〃	戌	辰	亥	巳	子	午	丑	未	寅	申	卯	酉	忌嫁娶 移舍 官事
山隔	〃	未	巳	卯	丑	亥	酉	未	巳	卯	丑	亥	酉	忌入山畋獵 伐木
上喪	〃	辰	戌	丑	未	辰	戌	丑	未	辰	戌	丑	未	親喪墓門凶 忌行訟
小殺	〃	辰	巳	子	丑	申	酉	戌	亥	午	未	寅	卯	小兒病占不吉

種目	干係／月凶	正	二	三	四	五	六	七	八	九	十	十一	十二	解　釋
四柱關	才支月	亥巳	戌辰	酉卯	申寅	未丑	午子	亥巳	戌辰	酉卯	申寅	未丑	午子	俗云 忌坐轎子 大低亦 無甚凶
三邱	〃	丑	丑	丑	辰	辰	辰	未	未	未	戌	戌	戌	夫婦不和 孤寡
蛇會	〃	未午	未午	戌	戌	戌	戌	丑	丑	戌	戌	戌	亥	開土池塘 掘地凶

아部 吉神

種目	關係／干吉	甲	乙	丙	丁	戊	己	庚	辛	壬	癸	解　釋
外財	才干月	亥	戌	申	未	申	未	巳	辰	寅	丑	貴人來助天祐 困中得生 幸福
暗祿	才干月	戊申	戊申	辛巳	辛巳	壬申	壬申	乙亥	乙亥	丙寅	丙寅	不意多得 外財入手
印門	才干時	子	亥	卯	寅	午	巳	午	巳	酉	申	經國濟世 以撫蒼生
旺極	才干時	子	午	酉	卯	午	巳	寅	亥	巳	申	佩印權柄富貴兼全 何羨陶朱
五行正印	才干	辛巳	庚	癸巳	壬寅	乙亥	甲申	丁巳	丙午	己亥	戊申	柱臨此星 貴福 至高 百事大吉
月干德	才干	甲	庚	丙	壬	戊	甲	庚	丙	壬	戊	諸事大吉
陽貴人	才干	未	申	酉	亥	丑	子	丑	寅	卯	巳	百事大吉
陰貴人	才干	丑	子	亥	酉	未	申	未	午	巳	卯	百事大吉

種目	關係／干吉	甲	乙	丙	丁	戊	己	庚	辛	壬	癸	解釋
垣城	生月日時	亥	午	寅	酉	寅	巳	子	申	卯	卯	精力絶人
玉堂	才干月日時	未丑	申子	酉亥	酉亥	未丑	申子	寅午	寅午	巳卯	巳卯	左為晝生貴右為夜生貴人同
日解	月干〃	亥	申	丑	未	辰	亥	申	丑	未	辰	脱走為吉日脱解保釋同
日解神	才干〃	逢甲	巳己	逢乙	申庚	逢丙	寅辛	逢丁	午壬	逢戊	酉癸	官訟事赦病人無藥癒
壬癸水德	才干〃	酉申	未午	巳辰	卯寅丑子	亥戌	酉申	未午	巳辰	卯寅丑子	亥戌	宜制火之事活用吉
日解	才干日辰	巳	申	寅	午	酉	巳	申	寅	午	酉	諸惡事化善不忌祭祀諸事解天地強力殺也

凶殺

種目	關係／干凶	甲	乙	丙	丁	戊	己	庚	辛	壬	癸	解釋
陽刃殺	才干月日	丑	寅	辰	巳	辰	巳	未	申	戌	亥	祿前一位主凶
陰刃殺	〃	卯	辰	午	未	午	未	酉	戌	子	丑	祿後一位主凶
流霞	才干	酉	戌	未	申	巳	午	辰	卯	亥	寅	酒色凶男旅厄女産厄遺傳病

種目	關係／干凶	干支	解　釋
羊刃	才干月日	甲乙丙丁戊己庚辛壬癸／卯辰午未午未酉戌子丑	羊刃凶星他星冲合其方甚異也
日德日	日干支	甲寅　戊辰　丙辰　庚辰　壬辰	日貴　日德日魁罡同云
五鬼	才干月	午午未未戌戌寅寅酉酉	諸修造凶　此方犯主災　病死
閻王關	才干月	申子辰　申子辰　申子辰　申子辰　亥卯未　亥卯未　亥卯未　寅午戌　寅午戌　寅午戌	主溺死此主宿有殺相併
夭折關	才干月	癸壬辛庚己戊丁丙乙甲	弱柱半世黃泉逆十全柱夭死
五不遇時	日干	午巳辰卯寅丑子酉申未	諸事不吉
逆血刃	年日看	甲辛丙庚壬甲辛丙庚壬	此方諸修造凶
隱伏血刃	〃	乾巽　子未　寅戊　乾亥　丑卯　乾巽　子未　寅戊　乾亥　丑卯	此方諸修造凶

吉神

種目	關係／支吉	支	解　釋
月空	才支	子丑寅卯辰巳午未申酉戌亥／壬庚丙甲壬庚丙甲壬庚丙甲	百事修造　取土開倉　收納　吉

種目	關係／支吉	子	丑	寅	卯	辰	巳	午	未	申	酉	戌	亥	解　釋
要安日	月支	寅	申	卯	酉	辰	戌	巳	亥	午	子	未	丑	獲福授生益後續世
月德	才支月	丙	甲	壬	庚	丙	甲	壬	庚	丙	甲	壬	庚	修造作事 萬福咸至 百事大吉
五富	月支	亥	寅	巳	申	亥	寅	巳	申	亥	寅	巳	申	宜造葬 作倉庫 分家 吉
玉帝赦日	才支	丁巳	甲子	乙丑	丙寅	辛卯	壬辰	丁亥	甲午	乙未	丙申	辛酉	壬戌	任意作事 大吉
陰德	〃	酉	未	巳	卯	丑	亥	酉	未	巳	卯	丑	亥	百事大吉
陽德	〃	戌	子	寅	辰	午	申	戌	子	寅	辰	午	申	百事大吉
龍德	〃	未	申	酉	戌	亥	子	丑	寅	卯	辰	巳	午	主一生進貴大吉
音樂	月支	申	酉	戌	亥	子	丑	寅	卯	辰	巳	午	未	音樂鑑賞 有深感
六合	日支	亥	戌	酉	申	未	午	巳	辰	卯	寅	丑	子	祈禱祈福 諸事大吉
月德合	才支	丁	乙	辛	己	丁	乙	辛	己	丁	乙	辛	己	天祐神助 修造 作事 萬福咸至
驛馬	〃	寅	亥	申	巳	寅	亥	申	巳	寅	亥	申	巳	遠行百事 俱吉 移動 晚年孤獨
迎財星	才支	申坤	巳巽	寅艮	亥乾	申坤	巳巽	寅艮	亥乾	申坤	巳巽	寅艮	亥乾	年吉方 諸事吉

種目	關係／支吉	子	丑	寅	卯	辰	巳	午	未	申	酉	戌	亥	解釋
月德	才支	酉	戌	亥	子	丑	寅	卯	辰	巳	午	未	申	男女大貴 百事大吉
五福	月支日	乙	巳	子	丁	申	卯	辛	亥	子	癸	寅	酉	宜山葬 百事大吉
人倉	月支日	未	辰	丑	戌	未	辰	丑	戌	未	辰	丑	戌	開倉收納 吉
人倉	月支〃	丑	戌	未	辰	丑	戌	未	辰	丑	戌	未	辰	倉庫收納 吉
益後	月支	子	午	丑	未	寅	申	卯	酉	辰	戌	巳	亥	祈禱祈福吉 事後有益
日馬	月支	寅	亥	申	巳	寅	亥	申	巳	寅	亥	申	巳	主 移動旅行 有祿
日合	月支	丑	子	亥	戌	酉	申	未	午	巳	辰	卯	寅	百事大吉
月德貴人	才支生月	壬	庚	丙	甲	壬	庚	丙	甲	壬	庚	丙	甲	作事 萬福咸至
義日	月／支	子甲	寅丙	卯丁	巳己	未辛	申壬	酉癸	亥乙	辰庚	丑辛	戌庚	午戊	大衆大會大吉
又地德	才支月	亥	子	丑	寅	卯	辰	巳	午	未	申	酉	戌	訟事事必歸正
年魁星	才支月	辰乙	巳巽	午丙	未丁	申坤	酉庚	戌辛	亥乾	子壬	丑癸	寅艮	卯甲	任意作事大吉
玉堂	才支月	卯	巳	未	酉	亥	丑	卯	巳	未	酉	亥	丑	百事大吉
五行正印	〃	月生時寅	〃巳〃	〃申〃	〃巳〃	〃寅〃	〃巳〃	〃申〃	〃巳〃	〃寅〃	〃巳〃	〃申〃	〃巳〃	柱臨 此星官 運漸通 厚福

凶殺

種目	關係／支凶	子	丑	寅	卯	辰	巳	午	未	申	酉	戌	亥	解　釋
六害	才支月	卯	子	酉	午	卯	子	酉	午	卯	子	酉	午	人命犯之刑害 六親朋友無情
五鬼	〃	辰	卯	寅	丑	子	亥	戌	酉	申	未	午	巳	是死氣也入柱難養獨宿空房
暗金	〃	酉	未	子	子	子	酉	酉	酉	子	未	未	未	此殺主有逢釵之禍也
流財	〃	戌	申	丑	丑	丑	戌	戌	戌	丑	申	申	申	損田庄一哭柱臨逢吉星互富
年殺	〃	酉	午	卯	子	酉	午	卯	子	酉	午	卯	子	陰陽喪害之辰皆在財死之地
月殺	〃	戌	未	辰	丑	戌	未	辰	丑	戌	未	辰	丑	主有災厄若貴命遇之則吉矣
陰殺	〃	丑	戌	未	辰	丑	戌	未	辰	丑	戌	未	辰	一名琴堂月絞主人啾啾啼暗耗
夜啼關	〃	未	酉	寅	未	未	酉	寅	未	未	酉	寅	未	利害難治 只是兩樣 起例不同
亞紅沙	月支日／改正	酉	丑	巳	酉	丑	巳	酉	丑	巳	酉	丑	巳	此日婚姻大不吉
月破	〃	申	酉	戌	亥	子	丑	寅	卯	辰	巳	午	未	百事不吉
往亡	〃	寅	巳	申	亥	卯	午	酉	子	辰	未	戌	丑	忌入宅移居 出行 逃亡者難尋
瘟瘟殺	〃	未	戌	辰	寅	午	子	酉	申	巳	亥	丑	卯	忌療病修造 移舍
月厭	〃	戌	酉	申	未	午	巳	辰	卯	寅	丑	子	亥	忌嫁娶出行
女子婚厄年	才支生	卯	酉	寅	申	丑	未	子	午	亥	巳	戌	辰	女人此年 結婚生離 死別

種目	關係／支凶	子	丑	寅	卯	辰	巳	午	未	申	酉	戌	亥	解釋
日刑	月支日	卯	戌	巳	子	辰	申	午	丑	寅	酉	未	亥	百事不吉
日建	〃	子	丑	寅	卯	辰	巳	午	未	申	酉	戌	亥	百事凶 刑冲尤不利
日破	月日時	午	未	申	酉	戌	亥	子	丑	寅	卯	辰	巳	百事不吉
六冲	月支	午	未	申	酉	戌	亥	子	丑	寅	卯	辰	巳	諸事不吉
夭命	月支	辛丙	辛丙	午巳	午巳	申辰	申辰	申辰	未亥	未亥	未亥	·	辛丙	柱臨 忽然 死亡
五墓	月支	辰戊	·	未乙	辰戊	·	戌丙	辰戊	·	丑辛	辰戊	·	辰壬	山葬凶
龍虎	月支日	巳	亥	午	子	未	丑	申	寅	酉	卯	戌	辰	山葬凶
年淨欄殺	〃	巳	午	未	申	酉	戌	亥	子	丑	寅	卯	辰	各種年事大凶 犯則損財
月淨欄殺	〃	未	申	酉	戌	亥	子	丑	寅	卯	辰	巳	午	各種月事大凶 犯則損財
日流財	月支日辰	亥	申	巳	寅	卯	午	子	酉	丑	未	辰	戌	修船 造舟 凶
月厭刑獄	月日辰看	戌	酉	申	未	午	巳	辰	卯	寅	丑	子	亥	修船 舟造 凶
六害	才支月	未	午	巳	辰	卯	寅	丑	子	亥	戌	酉	申	災禍見深
狼藉	才支月	三	七	六	六	二	二	六	十一	七	七	十一	十一	主夫婦 生離 死別

種目	關係／支凶	子	丑	寅	卯	辰	巳	午	未	申	酉	戌	亥	解釋
日空	月支 〃	丙	甲	壬	癸	丙	甲	壬	癸	丙	甲	壬	癸	柱臨日空 無力 有祿冠旺制之
月厭	才支月	戌	酉	申	未	午	巳	辰	卯	寅	丑	子	亥	百事不吉 大忌 嫁娶出行
五虛	月日 〃	巳	酉	丑	申	子	辰	亥	卯	未	寅	午	戌	忌 修造 倉庫 出貨
旺日	月支日	寅	寅	寅	巳	巳	巳	申	申	申	亥	亥	亥	宜 上樑 下棺 忌動土
日害	〃	未	午	巳	辰	卯	寅	丑	子	亥	戌	酉	申	百事不吉
月火大耗	才支月	申	酉	戌	亥	子	丑	寅	卯	辰	巳	午	未	忌上樑
人隔日	月支日	酉	未	巳	卯	丑	亥	酉	未	巳	卯	丑	亥	家內 修理 凶
浴盆	才支月	丑	丑	辰	辰	辰	未	未	未	戌	戌	戌	丑	因私慾 反 被害
年凶方	方位	子	丑	寅	卯	辰	巳	午	未	申	酉	戌	亥	六畜屠 殺凶
月凶方	方位	寅	卯	辰	巳	午	未	申	酉	戌	亥	子	丑	畜屠殺 凶
五不歸	月支日	卯己	卯辛	巳辛	子壬	戌丙	辰丙	辰壬	申庚	申丙	酉庚	酉己	丑己	忌 出征 出兵 嫁娶
五鬼	才支	辰	巳	午	未	申	酉	戌	亥	子	丑	寅	卯	勞而無功 子孫難養
年符	〃	辰	巳	午	未	申	酉	戌	亥	子	丑	寅	卯	有 非災禍損財
六害	〃	未	午	巳	辰	卯	寅	丑	子	亥	戌	酉	申	四柱有刑克 六親離鄉

種目	關係／支凶	子	丑	寅	卯	辰	巳	午	未	申	酉	戌	亥	釋
月破大耗	〃	申	酉	戌	亥	子	丑	寅	卯	辰	巳	午	未	諸修造凶
陰中太歲	〃	未	午	巳	辰	卯	寅	丑	子	亥	戌	酉	申	忌山葬
遊年五鬼	〃	戌	癸	申	·	乙	·	丙	酉	子	庚	·	巳	忌山葬
月刑	才支月	巳	子	辰	申	午	丑	寅	酉	未	亥	卯	戌	月凶方 百事修造凶
獄日	月支日	未	戌	丑	辰	未	戌	丑	辰	未	戌	丑	辰	上官赴任凶日
日刃	月支日	·	·	午	·	午	·	·	·	·	·	·	·	肺腦 心臟病 操心
力砧	才支	巳	申	亥	寅	巳	申	亥	寅	巳	申	亥	寅	諸事大敗 四柱不穩 獄中死
怨嗔殺相接	干支	子	未	丑	午	寅	酉	卯	申	辰	亥	巳	戌	相互怨寃 不和
厭對	月日	辰	卯	寅	丑	子	亥	戌	酉	申	未	午	巳	諸事凶
流財方	月支	亥	申	巳	寅	亥	申	巳	寅	亥	申	巳	寅	月凶方 諸事修造 損財
力士	月支	艮	艮	巽	巽	巽	坤	坤	坤	乾	乾	乾	艮	忌 修造 動土

吉神

種目	關係／月吉	正	二	三	四	五	六	七	八	九	十	十一	十二	釋
玉堂	月支干	未	酉	亥	丑	卯	巳	未	酉	亥	丑	卯	巳	百事大吉
六儀	月支〃	辰	卯	寅	丑	子	亥	戌	酉	申	未	午	巳	宜民政 親民大會

種目	關係／月吉	正	二	三	四	五	六	七	八	九	十	十一	十二	解釋
月恩	月支〃	丙	丁	庚	己	戊	辛	壬	癸	庚	乙	甲	辛	厚福天恩同 投網漁獵
月財	月支〃	九午	三乙	四巳	二未	七酉	六亥	九午	三乙	四巳	二未	七酉	六亥	開倉收納移舍 安葬橫財
外解	月支〃	子	巳	辰	申	子	巳	辰	申	子	巳	辰	申	遇有此爻 災患 消除
要安日	月支〃	寅	申	卯	酉	辰	戌	巳	亥	午	子	未	丑	治病獲福 益后 續世 諸事吉
玉宇	月支〃	卯	酉	辰	戌	巳	亥	午	子	未	丑	申	寅	月吉神 諸事吉
驛馬	月支〃	申	巳	寅	亥	申	巳	寅	亥	申	巳	寅	亥	開倉 收納 求官 出行 吉
日關	月支〃	丑	丑	丑	辰	辰	辰	未	未	未	戌	戌	戌	有關無鎖 官事無妨
月德	月支〃	辛	己	丁	乙	辛	己	丁	乙	辛	己	丁	乙	修作造 萬福咸至
又地德	月支〃	丙	甲	壬	庚	丙	甲	壬	庚	丙	甲	壬	庚	諸修造 有福入柱 大吉
月德	月支〃	未	申	酉	戌	亥	子	丑	寅	卯	辰	巳	午	福德救護 諸事皆吉
日德	月支〃	亥	戌	酉	申	未	午	巳	辰	卯	寅	丑	子	公事因繫 得釋允吉
玉堂	〃	卯	酉	辰	戌	巳	亥	午	子	未	丑	寅	申	安靜治病吉
月解	〃	申	申	酉	酉	戌	戌	亥	亥	午	午	未	未	諸事大吉
人偶日	〃	酉	未	巳	卯	丑	亥	酉	未	巳	卯	丑	亥	分家吉

凶殺

種目	關係／月	正	二	三	四	五	六	七	八	九	十	十一	十二	解釋
陰殺	月支	寅	子	戌	申	午	辰	寅	子	戌	申	午	辰	陰謀 病患 凶
陽殺	〃	亥	寅	巳	申	亥	寅	巳	申	亥	寅	巳	申	牢獄之事 凶
陰奸	〃	未	午	巳	辰	卯	寅	丑	子	亥	戌	酉	申	陰人通奸 凶
月奸	〃	丑	辰	未	戌	丑	辰	未	戌	丑	辰	未	戌	陰人侵害 凶
陰錯	〃	戌庚	酉辛	申庚	未丁	子丙	巳丁	辰甲	卯乙	寅甲	丑癸	子壬	亥癸	忌嫁娶 造葬 諸事
陽錯	〃	寅甲	卯乙	辰甲	巳丁	午丙	未丁	申庚	酉辛	戌庚	亥癸	子壬	丑癸	忌嫁娶 造葬 諸事
月刑	〃	巳	子	辰	申	午	丑	寅	酉	未	亥	卯	戌	官事 被刑 凶
月鬼	〃	未	午	巳	辰	卯	寅	丑	子	亥	戌	酉	申	入宅 凶
厭殺	〃	戌	酉	未	申	午	巳	辰	卯	寅	丑	亥	子	主壓死 諸事 不吉
遊禍	〃	巳	寅	亥	申	巳	寅	亥	申	巳	寅	亥	申	忌針灸 服藥
五墓	〃	未乙	未乙	辰戌	戌丙	戌丙	辰戊	丑辛	丑辛	辰戊	辰壬	辰壬	辰戊	墳墓 崩陷 凶

種目	關係／月凶	正	二	三	四	五	六	七	八	九	十	十一	十二	解釋
月殺	才支	丑	戌	未	辰	丑	戌	未	辰	丑	戌	未	辰	忌福神立柱 上樑投網 漁獵
浴盆	才支	辰	辰	辰	未	未	未	戌	戌	戌	丑	丑	丑	動爻落水亡凶
兒短命	月支	丑	丑	丑	戌	戌	戌	辰	辰	辰	午	午	午	主 小兒 短命
月火	才支	巳	辰	卯	寅	丑	子	亥	戌	酉	申	未	午	裁衣 種樹 不吉
厄日	月支	酉	戌	亥	子	丑	寅	卯	辰	巳	午	未	申	行舟 凶日
月害	月支日	巳	辰	卯	寅	丑	子	亥	戌	酉	申	未	午	求醫治病 合藥凶日 百事不吉
殃禍	月支月	卯	寅	丑	子	亥	戌	酉	申	未	午	巳	辰	諸 修造 凶
龍目	月支日	卯	子	酉	午	卯	子	酉	午	卯	子	酉	午	池塘 掘地 不吉
龍會	月支月	未	戌	亥	亥	丑	戌	未	卯	丑	丑	戌	卯	池塘 掘地 不吉
月虛	月支日	丑	戌	未	辰	丑	戌	未	辰	丑	戌	未	辰	倉不出穀 不然損財
六不成	月支	寅	午	戌	巳	酉	丑	申	子	辰	亥	卯	未	求師 謁見 凶
陰私	月支日	酉	亥	丑	卯	巳	未	酉	亥	丑	卯	巳	未	出征 出兵 出行 不吉
入獄	月支	戌	酉	申	未	午	巳	辰	卯	寅	丑	子	亥	訟事 入獄凶

種目	關係／月凶	正	二	三	四	五	六	七	八	九	十	十一	十二	解釋
六壬空	月支日	五 十一 十七 二三 二九	四 十 十六 二二 二八	三 九 十五 二一 二七	二 八 十四 二十 二六	一 七 十三 十九 二五	六 十二 十八 二四 三十	五 十一 十七 二三 二九	四 十 十六 二二 二八	三 九 十五 二一 二七	二 八 十四 二十 二六	一 七 十三 十九 二五	六 十二 十八 二四 三十	諸事凶
林隔	月支	丑	亥	酉	未	巳	卯	丑	亥	酉	未	巳	卯	投網漁獵凶
月破	才支	申	酉	戌	亥	子	丑	寅	卯	辰	巳	午	未	忌月忌時德
臥尸	才支	子	酉	未	申	巳	辰	卯	寅	丑	午	戌	亥	諸事凶犯則死亡
殃敗	才支	卯	寅	丑	子	亥	戌	酉	申	未	午	巳	辰	行舟凶

자部 吉神

種目	關係／干吉	甲	乙	丙	丁	戊	己	庚	辛	壬	癸	解釋
財庫	日干	戊	己	庚	辛	壬	癸	甲	乙	丙	丁	多有財產而家庭不安
眞祿	才干	未	戌子	戌子	戌子	午	申	申	午	寅	寅	得他財 他人贈與
財星	才干	己	戊	辛	庚	癸	壬	乙	甲	丁	丙	逢困窮則他人救之

種目	關係／干吉	甲	乙	丙	丁	戊	己	庚	辛	壬	癸	解釋
裁縫	才干	亥	子	丑	寅	卯	辰	巳	午	未	申	裁縫 事業 成功
正學堂	日干	亥辛	亥辛	寅壬	寅壬	申甲	申甲	巳丁	巳丁	申戊	申戊	勉學 成功
正緩	日干	子	亥	寅	卯	午	巳	辰丑	未戌	酉	申	五行清秀則 承祖業 揚名橫財
眞財	日干	生辛丙	壬丁	癸戊	己甲	庚乙	辛丙	壬丁	癸戊	己甲	庚乙	自手成家 致富
地師	日干	申	申	亥	亥	寅	寅	巳	巳	未	未	腰佩 指南 山程 水程
節度貴人	生日干	巳	未	巳	未	巳	未	亥	丑	亥	丑	手執權柄以撫百姓 山河同一
紫微	才干	未午	巳辰	卯寅	亥戌	酉申	未午	巳辰	卯寅	亥戌	酉申	此星入命 逢凶化吉
酒官	才干	未	申	酉	戌	亥	子	丑	寅	卯	辰	大人酒類官 吉小人酒商吉

凶殺

種目	關係／干凶	甲	乙	丙	丁	戊	己	庚	辛	壬	癸	解釋
坐山官符	才干	戌	申	午	辰	寅	戌	申	午	辰	寅	官災是非人口損亡

種目	關係/干凶	甲	乙	丙	丁	戊	己	庚	辛	壬	癸	解釋
赤狼	才干日	午	申	丑	午	午	子	卯	酉	卯	卯	他鄉移舍頻莫近酒色
長沙	才干	酉未	申寅	戌申	丑亥	子午	酉辰	申酉	寅丑	亥子	子卯	主懲役拘留官災
朱雀	日干	丑	卯	巳	未	酉	亥	丑	卯	巳	未	山葬不用口舌之災
地金神	才干	酉申	巳辰	午未子丑	卯寅	丑子	酉申	巳辰	午未子丑	卯寅	丑子	忌方山葬修造
嫉妬	才干	乙	丙	丁	戊	己	乙	丙	丁	戊	己	嫉妬極甚爲殺人男主疑妻症
截路空亡	才干	酉申	未午	巳辰	卯寅	丑子	酉申	未午	巳辰	卯寅	丑子	時犯萬事休矣成功路遮斷

吉神

種目	關係/支吉	子	丑	寅	卯	辰	巳	午	未	申	酉	戌	亥	解釋
地倉方	才支	午	申	亥	辰	丑	寅	巳	辰	午	酉	巳	辰	月吉方諸事吉開倉最吉
將星	〃	子	酉	午	卯	子	酉	午	卯	子	酉	午	卯	文武兼全男爲將校女人如男
朝元祿	〃	癸	癸	甲	乙	辛	丙	丁	丁	庚	辛	乙	壬	天降貴福
地元喜	〃	戊	戊	己	庚	庚	辛	壬	壬	乙	丙	丙	丁	福厚名高信義超人

種目	關係（支吉）	子	丑	寅	卯	辰	巳	午	未	申	酉	戌	亥	解釋
進人日	才支	子甲	子甲	子甲	午甲	午甲	午甲	卯己	卯己	卯己	酉己	酉己	酉己	進人口吉
田宅	〃	酉	戌	亥	子	丑	寅	卯	辰	巳	午	未	申	諸物出納大吉
地財	月支	丑	卯	巳	未	酉	亥	丑	卯	巳	未	酉	亥	多巧手藝振名百事吉
地倉星	月支	戌辰	申寅	午子	亥巳	酉卯	申寅	酉卯	未丑	午子	戌辰	酉卯	申寅	修造家宅開倉庫吉
枝德	〃	巳	午	未	申	酉	戌	亥	子	丑	寅	卯	辰	百事大吉
奏書	〃	乾	乾	艮	艮	艮	巽	巽	巽	坤	坤	坤	乾	修造百事大吉
爵星	〃	土	水	木	氣	孛	木	水	火	土	金	金	火	此乃進爵餘拜吉神
財帛星	〃	酉庚	乾戌	午丙	卯甲	巽辰	坤未	酉庚	乾戌	午丙	卯甲	巽辰	坤未	諸事大吉
地解	〃	未	未	申	申	酉	酉	戌	戌	亥	亥	午	午	諸凶惡殺解化為善
轉官星	才支	丑	寅	卯	辰	巳	午	未	申	酉	戌	亥	子	此星方年中諸修造吉
進寶星	日辰〃	酉庚	午丙	子壬	酉庚	午丙	卯甲	子壬	酉庚	午丙	卯甲	午丙	卯甲	此星諸事大吉

吉神凶殺

吉

種目	干係／支吉	解釋
進祿星	月卦／月支	此星方 修造 降祿 自至
制日	干日／干支辰	百事 制之 順行 為吉
除殺	干支／月日	百事 惡殺 除之 吉化

月支	進祿星（月卦）	制日（干支辰）	除殺（月日）
子	亥壬	乙丑	寅
丑	巽巳	甲戌	辰
寅	坤申	壬午	午
卯	亥壬	戊子	申
辰	巽巳	庚寅	戌
巳	坤申	辛卯	子
午	亥壬	癸巳	寅
未	巽巳	乙未	辰
申	坤申	丙申	午
酉	亥壬	丁酉	申
戌	巽巳	己亥	戌
亥	坤申	甲辰	子

凶殺

種目	關係／支凶	解釋
蠶官	才支	年凶方 蠶母 多病
蠶室	″	年凶方 蠶絲 不收
蠶命	″	年凶方 蠶繭 不收
地賊	才干／月	年凶方 主 失物 損財
地火	″	年凶方 火災 損財
再婚	″	主再婚 不然 修女 僧尼
重婚	″	男有妻 有妾 女有夫 有間夫

支凶	蠶官（才支）	蠶室	蠶命	地賊（才干／月）	地火	再婚	重婚
子	未	坤	申	子	巳	午	巳
丑	未	坤	申	子	午	未	午
寅	戌	乾	亥	亥	未	申	未
卯	戌	乾	亥	戌	申	酉	申
辰	戌	乾	亥	酉	酉	戌	酉
巳	丑	艮	寅	午	戌	亥	戌
午	丑	艮	寅	午	亥	子	亥
未	丑	艮	寅	午	子	丑	子
申	辰	巽	巳	巳	丑	寅	丑
酉	辰	巽	巳	辰	寅	卯	寅
戌	辰	巽	巳	卯	卯	辰	卯
亥	未	坤	申	子	辰	巳	辰

種目	關係／支凶	子	丑	寅	卯	辰	巳	午	未	申	酉	戌	亥	解釋
絕房	才干月	子	卯	申	子	卯	申	子	卯	申	子	卯	申	居同房而各隔鼪寢
坐山羅候	〃	六	八	三	九	七	二	二	八	一	一	四	六	招官災　主山葬　大凶
地管符	〃	辰	巳	午	未	申	酉	戌	亥	子	丑	寅	卯	忌造葬　以納音制之
吊客	〃	戌	亥	子	丑	寅	卯	辰	巳	午	未	申	酉	若有解神到則不妨也
自縊殺	〃	酉	午	未	申	丑	寅	卯	子	巳	亥	戌	亥	柱有魁罡自縊敢行
地耗	〃	巳	未	酉	亥	丑	卯	巳	未	酉	亥	丑	卯	母系手下人奪財外家緣薄
坐殺	〃	午	卯	子	酉	午	卯	子	酉	午	卯	子	酉	此星值之主官災孝服
災殺	〃	丙丁	甲乙	壬癸	庚辛	丙丁	甲乙	壬癸	庚辛	丙丁	甲乙	壬癸	庚辛	忌造葬百事凶
地殺	〃	卯	辰	巳	午	未	申	酉	戌	亥	子	丑	寅	主人徒然之災惡災凶多吉少
卒暴	〃	申	巳	寅	亥	申	巳	寅	亥	申	巳	寅	亥	門戶爭競若遇空亡無害
指背	〃	申	巳	寅	亥	申	巳	寅	亥	申	巳	寅	亥	命犯之善嫉妬也
地管符	月支	离	艮	兌	乾	中	兌	乾	中	巽	震	坤	坎	諸事凶忌安葬
紫微	才支月	未	申	酉	戌	亥	子	丑	寅	卯	辰	巳	午	此星入命逢凶化吉
的殺	才支	巳	丑	酉	巳	丑	酉	巳	丑	酉	巳	丑	酉	柱臨短命諸事不如意

吉神凶殺

種目	關係／支凶	支凶（值）	解釋
疾厄殺	才支月	支：子 丑 寅 卯 辰 巳 午 未 申 酉 戌 亥 月：五月 正月 六月 四月 二月 七月 二月 二月 五月 五月 八月 六月 六月 七月 八月 九月 七月 十月 四月 四月 九月 七月 十月	主治病 突然 變症 苦痛
正氣官日	月日	子月 丙日 ・ ・ ・ 乙月 乙日 ・ ・ 丙月 丙日 ・ 亥月 丁日	軍人 官吏吉 女 三克夫 勝夫
嫉妬殺	才支	才：戊 戊 甲申 甲申 甲申 乙酉 乙酉 乙酉 丁丑 丁丑 丁丑 戊 支：亥 申 巳 寅 亥 申 巳 寅 亥 申 巳 寅	主嫉妬 相爭 相嫌
座敗日	生月日	戊寅 戊寅 乙卯 乙卯 乙卯 辛酉 辛酉 辛酉 癸未 癸未 癸未 戊寅	學業 事業 初熱 后冷 中途 廢
地轉日	生月日	丙子 丙子 辛卯 辛卯 辛卯 戊午 戊午 戊午 癸酉 癸酉 癸酉 丙子	諸事 中途 廢 强進 不可
專日	月日	戊辰 己丑 戊戌 丙午 壬子 甲寅 乙卯 丁巳 乙未 庚申 辛酉 癸亥	人有 冲突 口舌之事
重喪日	月日	甲日 乙日 己日 丙日 丁日 己日 庚日 辛日 己日 壬日 癸日 己日	忌 安葬 成服 除服 等
重日	才支	巳亥 巳亥 巳亥 巳亥 巳亥 巳亥 巳亥 巳亥 巳亥 巳亥 巳亥 巳亥	吉事 重吉 凶事 重凶
地隔日	才干月日	辰 寅 子 戌 申 午 辰 寅 子 戌 申 午	忌 裁植 安葬
地囊日	〃	庚子 癸丑 甲子 己卯 戊辰 癸未 丙寅 丁卯 戊辰 庚子 辛酉 乙未	忌 起造 動土 穿井 開池

吉神凶殺

種目	長星	短星	地耗	災殺	重殺	坐山羅侯	旌旗	朱雀黑道	將軍箭	淨欄殺	將軍殺
關係／支凶	日辰	日辰	才支	才支	才支	才支	月支	月支	月支	月支	生月
子	七	二一	巳	午	癸	乾	午戊	卯	申	未	申亥
丑	四	一九	未	卯	己	艮	午戊	巳	巳	申	巳子
寅	一	一六	酉	子	甲	巽	酉癸	未	酉	酉	亥丑
卯	九	二五	亥	酉	乙	离	酉癸	酉	戌	戌	酉寅
辰	十五	二五	丑	午	戊	兌	酉癸	亥	辰	亥	戌卯
巳	一〇	二〇	卯	卯	丙	坤	卯癸	丑	未	子	辰辰
午	八	二三	巳	子	丁	坤	卯癸	卯	卯	丑	未巳
未	二	一八	未	酉	己	艮	卯癸	巳	午	寅	卯午
申	三	一六	酉	午	庚	坎	子戊	未	未	卯	子未
酉	一	一四	亥	卯	辛	坎	子戊	酉	寅	辰	丑申
戌	十二	二三	丑	子	戊	巽	子戊	亥	丑	巳	寅酉
亥	九	二五	卯	酉	壬	乾	午戊	丑	亥	午	午戌
解釋	百事凶 但宜柱入上壽	百事凶	疾病 妻子離別 災禍	母系奪財 情疎 以手下人	忌山葬	山葬不吉	諸事不吉	上樑不忌則 當顛倒 火災	軍籍者卒兵 羅病又戰 死	六畜屠殺凶	軍人戰死 平民脚痛 災病

吉神

種目	關係／月吉	正	二	三	四	五	六	七	八	九	十	十一	十二	解釋
地財	月干支	巳	未	酉	亥	丑	卯	巳	未	酉	亥	丑	卯	開倉開業吉
將軍	日時	子	子	子	卯	卯	卯	午	午	午	酉	酉	酉	行軍武勇游獵獲益
地德	才支	丙辛／壬	甲己／庚	壬丙／丁	庚乙／甲	丙辛／壬	甲己／庚	壬丙／丁	庚乙／甲	丙辛／壬	甲己／庚	壬丙／丁	庚乙／甲	百事順行天降福祿／福祿自來柱臨此殺
地雄	月支	辰	巳	午	未	申	酉	戌	亥	子	丑	寅	卯	主貴福
地倉	月日	午	申	亥	辰	丑	寅	巳	辰	午	酉	巳	辰	主開倉收納吉
提財星	月支	庚	辛	乾	壬	癸	艮	甲	乙	巽	丙	丁	坤	財數津津自來

凶殺

種目	關係／月凶	正	二	三	四	五	六	七	八	九	十	十一	十二	解釋
赤口	口月日	三 九 十五 二十一 二十七	二 八 十四 二十 二十六	一 七 十三 十九 二十五	六 十二 十八 二十四 三十	五 十一 十七 二十三 二十九	四 十 十六 二十二 二十八	三 九 十五 二十一 二十七	二 八 十四 二十 二十六	一 七 十三 十九 二十五	六 十二 十八 二十四 三十	五 十一 十七 二十三 二十九	四 十 十六 二十二 二十八	諸事凶必有口舌損財

種目	關係／月凶	正	二	三	四	五	六	七	八	九	十	十一	十二	解　釋
絕滅煙火	干支 月日辰	丁卯	甲子	癸酉	庚午	丁卯	癸酉	庚午	丁卯	甲子	甲子	癸酉	庚午	入宅凶 新家宅 尤忌
朱雀	月日	卯	巳	未	酉	亥	丑	卯	巳	未	酉	亥	丑	兒病 十中九死
災神	月支	未	未	未	辰	辰	辰	丑	丑	丑	戌	戌	戌	災殃 層生
地破	月支 〃	亥	子	丑	寅	卯	辰	巳	午	未	申	酉	戌	忌動土 爭訟 疾病之患
吊客	才支	辰	丑	戌	未	辰	丑	戌	未	辰	丑	戌	未	病死 憂病 凶
地哭	〃	卯	辰	巳	午	未	申	酉	戌	亥	子	丑	寅	舊願咒詛 凶
地殺	〃	辰	戌	丑	未	辰	戌	丑	未	辰	戌	丑	未	疾病 凶惡 災變
轉官	月支	丑	寅	卯	辰	巳	午	未	申	酉	戌	亥	子	入柱則 頻頻 轉官
絕烟火	月日	丁卯	甲子	癸酉	庚午	丁卯	甲子	癸酉	庚午	丁卯	甲子	癸酉	庚午	修造 不忌 則火災
財離	月支	辰	丑	戌	未	卯	子	酉	午	寅	亥	申	巳	出行 求財 凶日
爭雄	月日	巳午	亥子	午未	子丑	未申	丑寅	卯酉	寅卯	酉戌	卯辰	戌亥	辰巳	出行求財 凶日
地啞日	日干	乙	丑	丁己	卯	辛癸	丑	己辛	亥	丁辛	酉	辛	巳	宜百事 修造 無咎
地轉日	日才 辰支	辛卯	辛卯	辛卯	戊午	戊午	戊午	癸酉	癸酉	癸酉	丙子	丙子	丙子	諸事 中途 拋棄 再起 亦不振

種目	關係／干吉	甲	乙	丙	丁	戊	己	庚	辛	壬	癸	解釋
天福貴人	生月干	酉	申	子	亥	卯	寅	午	巳	未丑	戌辰	起居 爵祿 談笑 公侯
天官貴人	生月干	未	辰	巳	寅	卯	酉戌	亥	申	戌酉	午	文武兼全 富貴双全
天赦神方	方生月干	艮	震	巽	离	巽	离	坤	兌	乾	坎	萬事 不須憂
天德貴人	生月干	卯	亥	酉	未	巳	卯	亥	酉	未	巳	貴人助力 百事大吉
天雄貴人	生月干	巳	午	申	酉	亥	午	卯	卯	巳	午	貴人隨後 官運大通
天印	才干	寅子	卯亥	戌酉	戌酉	申未	申未	午	午	辰	卯	拔擢 高官 被登
天官	才干日	酉	申	子	亥	卯	寅	午	巳	午	巳	學術 深奧 官道 振名
天財星	才干日	未午	巳辰	巳辰	卯寅	卯寅	亥戌	亥戌	酉申	酉申	未午	財運 下降 諸事吉
天德貴	才干日	未	辰	巳	寅	丑	戌	午	申	子	卯	福祿自厚
天祿歸元	才干日	亥戌	申未	寅丑	酉	巳子	午	卯	巳辰	亥戌	申未	天祿降身
天祿	才干日	丙	己	癸	丙	丁	庚	甲	丁	辛	甲	多得 外財 名譽 自振

種目	關係／干吉	甲	乙	丙	丁	戊	己	庚	辛	壬	癸	解釋
天祿	才干日	月	土	氣	水	羅	計	孛	火	金	木	此命財星主富貴之命也
天喜星	才干日	卯寅	亥戌	酉申	未午	巳辰	卯寅	亥戌	酉申	未午	巳辰	百事大吉 一名生氣星也
天乙貴人	才干日	未丑	申子	酉亥	酉亥	未丑	申子	寅午	寅午	巳卯	巳卯	貴祿瑧陳 人人貴視
天官	才干日	申生甲	申〃乙	子〃丙	亥〃丁	卯〃戊	申〃己	午〃庚	巳〃辛	亥〃壬	子〃癸	諸修造 大吉
天官星	才干	酉	申	子	亥	卯	寅	午	巳	午	巳	官人暗助 發達
催官星	才干	酉辰	申巳	午	戌卯	亥寅	亥寅	申巳	丑子	未	丑子	諸試驗 合格 迸升
天財	才干	戊	己	庚	辛	壬	癸	甲	乙	丙	丁	自然福貴來宜 倉庫收納
天喜星	才干	卯寅	亥戌	酉申	未午	巳辰	卯寅	亥戌	酉申	未午	巳辰	百事大吉
泉開日	日辰	戊	辛	辰	巳	庚	寅	甲	寅	己	丑	穿井開土 吉
泉浚日	日辰	辛	巳	己	丑	庚	寅	壬	辰	戊	申	泉浚渫 吉
泉閉日	日辰	己	丑	戊	申	庚	寅	辛	巳	甲	寅	泉井閉塞 吉
天嗣	才干	月	水	氣	計	羅	火	孛	水	金	土	此殺子孫星 得生復生 為上格

種目	關係/干吉	甲	乙	丙	丁	戊	己	庚	辛	壬	癸	解釋
催官	才干	金	水	日	羅	水	氣	孛	土	月	計	此星只利官任 到命限則進職
天關	才干	日	日	木	木	水	水	金	金	土	土	此天馬 如取 舉遇則 吉也
天官	才干	未	辰	巳	酉	戌	卯	亥	申	寅	午	貴人後顧 官位 進級
天帢星	才干	乾	坤	艮	酉	子	戌	卯	巽	午	坤	天降授福
天祿	才支	寅	卯	巳	午	巳	午	申	酉	亥	子	官職 振名 貴祿 自高
天瑞	才支	[illegible]	[illegible]	[illegible]	[illegible]	[illegible]	[illegible]	[illegible]	寅	子	子	百事大吉 天降 瑞氣日也
天同貴人	才干	巳	午	巳	午	申	酉	亥	子	寅	卯	百事大吉 天厨人同一斷
青雲得路	才干日時	甲日 乙卯時		丙日 癸巳 〃	丁日 丙午 〃	戊日 丁巳 〃	己日 庚子 〃	庚日 甲申 〃	辛日 丁酉 〃	壬日 辛亥 〃	癸日 壬子 〃	官試大吉 一躍 高位官
天官人	才干	未	辰	巳	酉	戌	卯	亥	申	寅	午	祖上 陰德 升進官 祿厚至
天厨人	才干	巳	午	巳	午	申	酉	亥	子	寅	卯	身分高位 福祿至大 百事大吉
天厨	才干日	[illegible]	[illegible]	[illegible]	[illegible]	[illegible]	[illegible]	[illegible]	午	酉	亥	主食天祿 衣食 無不自由
天厨貴人	才干日	巳	午	巳	午	申	酉	亥	子	寅	卯	天厨祿 若命限遇之 乃公爵也

凶殺

種目	關係／干凶	甲	乙	丙	丁	戊	己	庚	辛	壬	癸	解釋
天金神	才干	未午	巳辰	卯寅	亥戌	酉申	未午	巳辰	卯寅	亥戌	酉申	忌方 山葬 修造 凶
天禁朱雀	才干	亥	酉	未	巳	卯	亥	酉	未	巳	卯	山葬凶
穿山羅侯	日干	戌	申	午	辰	寅	戌	申	午	辰	寅	山葬甲己 忌申方 類忌 修理
千日關	才干	午	午	申	申	巳	巳	寅	寅	亥丑	丑亥	兒若犯之 有驚風 吐乳之 災 也
鐵蛇關	才干日	金	戌	木	辰	水	寅丑	火	申未	土	寅丑	此關 值犯 少時 有凶災
天狼	才干	戊	亥	戌	亥	未	子	未	未	未	未	驚風 官厄 長沙
天掃殺	生日干	未癸	午壬	巳辛	辰庚	卯己	寅戊	丑丁	子丙	亥乙	戌甲	柱臨 天掃 百事 有碍
千斤血刀	月干	申	寅	子	亥	巳	申	寅	子	亥	巳	主 山葬 凶
天火	才干	亥	亥	未	未	戌	戌	寅	寅	巳	巳	主 失火 燒屋 火傷之 災

吉神

種目	關係／支吉	子	丑	寅	卯	辰	巳	午	未	申	酉	戌	亥	解釋
天赦神	才支	戌	丑	辰	未	戌	丑	辰	未	戌	丑	辰	未	天赦神 來身 罪宥赦
天元喜	月支	丑辰	未戌	酉申	子亥	卯寅	午巳	丑辰	未戌	酉申	子亥	卯寅	午巳	百事大吉 福祿大厚
天寶星	才支	午	申	戌	子	寅	辰	午	申	戌	子	寅	辰	開業吉 年中 諸事大吉
天弔關	才干支	午巳	子卯	午辰	申午	午巳	子卯	午辰	申午	午巳	子卯	午辰	申午	要重拜 父母遇房 撫育則 可也
進神日	生月日	酉己	酉己	子甲	子甲	子甲	午甲	午甲	午甲	卯乙	卯乙	卯乙	酉己	有難艱而 前進 發達
出學	才支時	未	酉	亥	丑	卯	巳	未	酉	亥	丑	卯	巳	他鄉 工夫 成功 水產業吉
天德	才支	丁	申	壬	辛	亥	甲	癸	寅	丙	乙	巳	庚	造作上官 百事大吉
天巫	才支	申	酉	戌	亥	子	丑	寅	卯	辰	巳	午	未	求官得位 陞還大吉
天富	月支	辰	巳	午	未	申	酉	戌	亥	子	丑	寅	卯	宜造作修 倉 開倉吉 分家吉
天解	月支	申	戌	子	寅	辰	午	申	戌	子	寅	辰	午	開倉 開業 物人 出入吉
天醫	月支	丑	寅	卯	辰	巳	午	未	申	酉	戌	亥	子	求醫 治病 鍼藥 皆效

種目	關係	子	丑	寅	卯	辰	巳	午	未	申	酉	戌	亥	解釋
天馬	月支	午	申	戌	子	寅	辰	午	申	戌	子	寅	辰	天降貴福 財祿津津
青龍	月支	子壬	丑癸	寅艮	卯甲	辰乙	巳巽	午丙	未丁	申坤	酉庚	戌辛	亥乾	出行 行船 大吉
天倉	月支	酉	戌	亥	子	丑	寅	卯	辰	巳	午	未	申	修造家宅 倉庫大吉
青龍生氣	才支	辛	乙	壬	丙	艮	坤	乙	辛	丙	壬	坤	艮	百事大吉
天嗣星	月支	卯甲	巳巽	未丁	酉庚	亥乾	酉庚	戌辛	子壬	寅艮	戌辛	子壬	丑癸	此星子孫發展 冲合其 差異 甚
天德合	月支	申	乙	壬	巳	丁	丙	寅	己	戊	亥	辛	庚	五行相合 諸福 並臻
天德貴人	月支	巳	庚	丁	申	壬	辛	亥	甲	癸	寅	丙	乙	天降福祿 貴福 並臻
天壽星	月支	酉庚	亥乾	丑癸	卯甲	巳巽	卯甲	辰乙	午丙	申坤	辰乙	午丙	坤未	主壽命 長壽 超百歲
催官星	月支	午	子	丑	未	寅	申	卯	酉	辰	戌	巳	亥	官人貴人助力 升進
天官星	月支	酉	亥乾	艮丑	卯	巳巽	坤未	酉	亥乾	艮丑	卯	巳巽	坤未	百事修造吉
大赦日	月支	寅戊	寅戊	寅戊	午甲	午甲	午甲	申戊	申戊	申戊	子甲	子甲	子甲	百事善解 天祐神助
天貴星	月支	酉	戌	亥	子	丑	寅	卯	辰	巳	午	未	申	到處春風 名財 顯達 此星方 諸修造吉

種目	關係／支吉	子	丑	寅	卯	辰	巳	午	未	申	酉	戌	亥	解　釋
天壽	月支日	寅	亥	辰	巳	戌	亥	子	寅	丑	卯	申	酉	此殺主壽盡　老見紅樂　天喜亦云
天庫	才干	卯	巳	未	酉	亥	丑	卯	巳	未	酉	亥	丑	自手成家
天醫星	月支時	時丑	〃寅	〃卯	〃辰	〃巳	〃午	〃未	〃申	〃酉	〃戌	〃亥	・子	求醫治病　吉
天願	月支	亥乙	戌甲	酉乙	申丙	未丁	午戊	巳己	辰庚	卯辛	寅壬	丑癸	子甲	百事大吉
青龍星	才支干	辛	乙	壬	丙	艮	坤	乙	辛	丙	壬	坤	艮	百事大吉
天醫	月支	卯	亥	丑	未	巳	卯	亥	丑	未	巳	卯	亥	此爻持世　發動　病易痊
天師	吉日／月日	亥	酉	丑	卯	巳	未	酉	亥	丑	卯	巳	未	建造寺刹　神廟大吉
天德	月支	亥	子	丑	寅	卯	辰	巳	午	未	申	酉	戌	厚福　夫婦合　百事大吉
青龍	月支	寅	卯	辰	巳	午	未	申	酉	戌	亥	子	丑	公事吉慶　婚姻　求財吉
天巫	才支	巳	申	亥	寅	巳	申	亥	寅	巳	申	亥	寅	求官得位　陞遷　大吉
天倉	月支日	亥	子	丑	寅	卯	辰	巳	午	未	申	酉	戌	修造家宅　倉庫大吉
催官	月支日	乙	乙	乙	丁	丁	丁	辛	辛	辛	癸	癸	癸	天佑神助　進官

吉神

種目	關係／支吉	子	丑	寅	卯	辰	巳	午	未	申	酉	戌	亥	解釋
天寶	才支日	子	寅	辰	午	申	戌	子	寅	辰	午	申	戌	言直 豪富人也
天喜	才支日	酉	申	未	午	巳	辰	卯	寅	丑	子	亥	戌	若逢 此星 有喜事
天德	月支	巳	午	未	申	酉	戌	亥	子	丑	寅	卯	辰	天月二德星 若坐命 主貴
天財	月支	子	寅	辰	午	申	戌	子	寅	辰	午	申	戌	年支吉方 百事吉
天貴星	才支	酉	戌	亥	子	丑	寅	卯	辰	巳	午	未	申	諸事大吉

凶殺

種目	關係／才支凶	子	丑	寅	卯	辰	巳	午	未	申	酉	戌	亥	解釋
天羅地網	生日支	・	・	・	・	・	戌	亥	辰	巳	・	・	・	天災 地變 死亡 交通 事故 死亡
天地日	月支看	癸卯	癸卯	癸卯	丙午	丙午	丙午	丁酉	丁酉	丁酉	庚子	庚子	庚子	廣域遊覽 移舍頻繁
天哭殺	才支	未	申	酉	戌	未	申	酉	戌	未	申	酉	戌	病占 發動 凶 必哭 目下 淚沾
天狗殺	才支日月	卯	申	丑	午	亥	辰	酉	寅	未	子	巳	戌	大殺凶神 忌祭祀 諸事凶
天地殃敗	月看	巳	辰	卯	寅	丑	子	亥	戌	酉	申	未	午	橋梁 建造 大凶

種目	關係／才支凶	子	丑	寅	卯	辰	巳	午	未	申	酉	戌	亥	解釋
天地殺	月日	卯乙	卯乙	卯乙	午丙	午丙	午丙	酉癸	酉癸	酉癸	子壬	子壬	子壬	百事凶 即天地 憎我也
天牢	月支	辰	午	申	戌	子	寅	辰	午	申	戌	子	寅	黃道 不吉 主 相爭 官災
天入獄	才支	戌	酉	申	未	午	巳	辰	卯	寅	丑	子	亥	訟事 入獄凶
天吏	才支	酉	午	卯	子	酉	午	卯	子	酉	午	卯	子	年凶方 諸事凶
天猪	才干支	亥	戌	酉	申	未	午	巳	辰	卯	寅	丑	子	猪食 其豕 爲怪事
天牛	月支	丑	子	亥	戌	酉	申	未	午	巳	辰	卯	寅	牛畜 病損凶
天殺	才干支	寅	辰	午	申	戌	子	寅	辰	午	申	戌	子	言急 萬事 紛紜
天隔	才干支	寅	子	戌	申	午	辰	寅	子	戌	申	午	辰	忌 出行 求官
天狗	才干支	子	丑	寅	卯	辰	巳	午	未	申	酉	戌	亥	開日 同忌 祭祀
天罡	才干支	巳	子	未	寅	酉	辰	亥	午	丑	申	卯	戌	百事 并忌 但黃道 可用
天火	才干支	子	卯	午	酉	子	卯	午	酉	子	卯	午	酉	天獄 同貢 諸事凶
天狗關	才干	戌	亥	子	丑	寅	卯	辰	巳	午	未	申	酉	小兒限 值之有 驚怖 血光疾
天空	才干	丑	寅	卯	辰	巳	午	未	申	酉	戌	亥	子	吉星 强宮忌之 殺星 弱當喜之

種目	關係	才支凶	子	丑	寅	卯	辰	巳	午	未	申	酉	戌	亥	解釋
鐵掃	才	干／日	五月	八〃	十〃	十〃	五〃	五〃	十〃	十二〃	八〃	八〃	十二〃	十二〃	鐵商得財　日時則破家奔走
天官符	才	支	亥	申	巳	寅	亥	申	巳	寅	亥	申	巳	寅	忌造葬　以納音制之
天耗	月	日	申	戌	子	寅	辰	午	申	戌	子	寅	辰	午	父親疎情　手上人奪財
天狼藉	才	支	五	八	十二	五	十二	二	八	八	十二	十二	十二	二	為人辛苦而不幸死
天厄	才	支	未	申	酉	戌	亥	子	丑	寅	卯	辰	巳	午	若值此殺　主厄難矣
天哭	才	支	午	巳	辰	卯	寅	丑	子	亥	戌	酉	申	未	此神主有孝服之凶
天狗	才	支	戌	亥	子	丑	寅	卯	辰	巳	午	未	申	酉	此星主無子息
天獄	月	支	子	卯	午	酉	子	卯	午	酉	子	卯	午	酉	上官赴任凶日
天刑	才	支	未	申	酉	戌	亥	子	丑	寅	卯	辰	巳	午	主六親骨肉之刑爭也
天犬	月	支	戌	亥	子	丑	寅	卯	辰	巳	午	未	申	酉	怪凶　人雖不知　犬見鬼吠也
天鼠	月	支	子	亥	戌	酉	申	未	午	巳	辰	卯	寅	丑	鼠咬衣服册凶
天罡絇絞	才	支	巳	子	未	寅	酉	辰	亥	午	丑	申	卯	戌	忌婚姻諸事凶
天牢黑道	月	支	申	戌	子	寅	辰	午	申	戌	子	寅	辰	午	上樑扇架多難
天火狼藉	月	支	子	卯	午	酉	子	卯	午	酉	子	卯	午	酉	上樑不忌則顛倒當火災

種目	關係／才支凶	子	丑	寅	卯	辰	巳	午	未	申	酉	戌	亥	釋
天官符	才支	艮	兌	乾	中	兌	乾	中	巽	震	坤	坎	离	諸事凶忌安葬
天官符	才支	寅	卯	辰	巳	午	未	申	酉	戌	亥	子	丑	此方破土安葬不吉
天官符	才支	巳	寅	亥	申	巳	寅	亥	申	巳	寅	亥	申	忌修造安葬凶

吉神

種目	關係／月吉	正	二	三	四	五	六	七	八	九	十	十一	十二	釋
天網	才支	寅	亥	申	巳	寅	亥	申	巳	寅	亥	申	巳	逃亡走獸主自歸吉
天時	才支	卯	巳	酉	午	卯	巳	酉	午	卯	巳	酉	午	時加四回不出三月
天合	才支	子	丑	寅	卯	辰	巳	午	未	申	酉	戌	亥	言語投合交關成就
天月二德	才支	丁	坤	壬	辛	乾	甲	癸	艮	丙	乙	巽	庚	喜慶婚姻求財和合
天解	月支	申	戌	子	寅	辰	午	申	戌	子	寅	辰	午	惡事解散開業開倉出入吉
天馬	才支月	午	申	戌	子	寅	辰	午	申	戌	子	寅	辰	天降貴福財祿津津百事皆吉
天德	月支	丙	甲	壬	庚	丙	甲	壬	庚	丙	甲	壬	庚	百事大吉
天財	月支	辰	午	申	戌	子	寅	辰	午	申	戌	子	寅	分家吉日

種目	關係／月吉	正	二	三	四	五	六	七	八	九	十	十一	十二	解釋
天倉	月支	寅	丑	子	亥	戌	酉	申	未	午	巳	辰	卯	開倉收納 吉
天后	才支	巳	申	寅	亥	巳	申	寅	亥	巳	申	寅	亥	求醫治病 合藥 吉日
天雄	才支	戌	亥	子	丑	寅	卯	辰	巳	午	未	申	酉	福祿自來 柱臨 此殺 主貴福
天喜	才支	戌	亥	子	丑	寅	卯	辰	巳	午	未	申	酉	官事消散 納財 婚姻 吉
天嗣	月支	未	酉	亥	酉	戌	子	寅	戌	子	丑	卯	巳	柱臨 此殺 不祈禱則 無子
天壽	月支	丑子	丑子	丑子	亥戌	亥戌	亥戌	丑子	申未	申未	申未	亥戌	亥戌	長壽 健康
天岳	月支	申	戌	子	寅	辰	午	申	戌	子	寅	辰	午	治病 求子 長壽 祈禱 吉
青龍	月支	子	寅	辰	午	申	戌	子	寅	辰	午	申	戌	宜出行 行舟 吉
天貴	月支	乙甲	乙甲	乙甲	丁丙	丁丙	丁丙	辛庚	辛庚	辛庚	癸壬	癸壬	癸壬	宜祭祀 登官 入學 出行
天成	月支	未	酉	亥	丑	卯	巳	未	酉	亥	丑	卯	巳	分家 吉
天道	月支吉方	南	南西	北	西	北西	東	北	北東	南	東	西東	西	方向
天解	月支吉	戌	酉	申	未	午	巳	辰	卯	寅	丑	子	亥	惡解 化為善
天雄	月支	申	酉	戌	亥	子	丑	寅	卯	辰	巳	午	未	福貴 自至

種目	關係／月吉	正	二	三	四	五	六	七	八	九	十	十一	十二	解釋
天德	月支	申巳	乙庚	丁壬	巳申	丁壬	辛丙	亥寅	乙甲	戊癸	亥寅	乙甲	乙庚	祖上 陰德 諸凶事 皆除
催官使	月支	子	午	丑	未	寅	申	卯	酉	辰	戌	巳	亥	此星年中 諸修造 吉
捉財星	才支	庚	辛	乾	壬	癸	艮	甲	乙	巽	丙	丁	坤	此星方年中 修造 入財 捉來
天百穿	月支	一	三	五	十一	十三	十七	十九	二一	二七	三十			宜池塘 掘地
天百空	月支	一	三	六	十三	十七	十九	二一	二九	十六				宜池塘 掘地

凶殺

種目	關係／月凶	正	二	三	四	五	六	七	八	九	十	十一	十二	解釋
天火	月支	子	午	卯	酉	子	午	卯	酉	子	午	卯	酉	失火 燒屋凶 諸裁衣凶
天殺	月支	未	辰	丑	戌	未	辰	丑	戌	未	辰	丑	戌	厄凶 老服 災害 如命 官災 疾病 逢
天殺	月支	戌	巳	午	寅	未	卯	辰	子	丑	申	酉	子	此爻發動 十死一生
天鬼	月支	巳	子	午	午	酉	申	酉	亥	子	丑	卯	子	呪詛 誓願凶
天獄	月支	亥	申	巳	寅	亥	申	巳	寅	亥	申	巳	寅	官訟 有此殺 作速 宜 和解

種目	關係／月凶	正	二	三	四	五	六	七	八	九	十	十一	十二	解釋
天哭	月支	子	子	酉	酉	午	午	申	酉	戌	亥	子	丑	呪詛誓願凶
天盜	月支	亥	寅	巳	申	亥	寅	巳	申	亥	寅	巳	申	盜賊偸物凶
天刑	月支	辰	卯	寅	丑	子	亥	戌	酉	申	未	午	巳	傷癰症凶 公事忌
天禍	月支	巳	辰	卯	寅	丑	子	亥	戌	酉	申	未	午	天禍橫事凶
天月	月支	戌	巳	辰	寅	未	卯	亥	未	寅	午	戌	寅	時行疾病凶
天窮	月日	子	寅	午	酉	子	寅	午	酉	子	寅	午	酉	上樑不忌則顚倒火災百事不吉
劙削血刃	月支	亥	申	巳	寅	卯	午	未	酉	戌	丑	子	辰	凶日忌山葬犯則百事凶
蚩尤	月支	寅	辰	午	申	戌	子	寅	辰	午	申	戌	子	主婦人結髮滯枯禿頭
畜官符	月凶方	午	未	申	酉	戌	亥	子	丑	寅	卯	辰	巳	六畜屠殺凶
天羅地網	月順	卯寅	子亥	辰庚	·	卯寅	·	辰庚	子亥	卯寅	子亥	辰庚	辰庚	百事凶此殺其力甚强
天喪	才干支	卯	子	酉	午	卯	子	酉	午	卯	子	酉	午	主有孝服凶
天忌	才干支	亥	子	丑	寅	卯	辰	巳	午	未	申	酉	戌	主死哭泣凶 人苦殺云
天轉日	月干支	乙卯	乙卯	乙卯	丙午	丙午	丙午	辛酉	辛酉	辛酉	壬子	壬子	壬子	中年迷惑事業中斷

種目	關係／月凶	正	二	三	四	五	六	七	八	九	十	十一	十二	解釋
天閹殺	月支	[illegible]	[illegible]	[illegible]	[illegible]	[illegible]	[illegible]	[illegible]	[illegible]	[illegible]	[illegible]	[illegible]	[illegible]	孤獨 克夫 白衣之嘆
天贅殺	月日	申	未	午	巳	辰	卯	寅	丑	子	亥	戌	酉	橫厄
[illegible]	[illegible]	[illegible]	[illegible]	[illegible]	[illegible]	[illegible]	[illegible]	[illegible]	[illegible]	[illegible]	[illegible]	[illegible]	[illegible]	兩目 忽然 爲盲
天瘟	月日	未	戌	辰	寅	午	子	酉	申	巳	亥	丑	卯	瘟疫 難免
致死	才支	酉	午	卯	子	酉	午	卯	子	酉	午	卯	子	求醫 治病 合藥 凶日
天牛	月支	丑	子	亥	戌	酉	申	未	午	巳	辰	卯	寅	家畜病 損凶
天飛廉	月支	戌	巳	午	未	寅	卯	辰	亥	子	丑	申	酉	破墓 葬事 凶
天乙絶氣	月支	六	七	八	九	一〇	一一	一二	一三	一四	一五	一六	一七	厠舍 修造 不吉
天羅殺	月支	[illegible]	[illegible]	[illegible]	[illegible]	[illegible]	[illegible]	[illegible]	[illegible]	[illegible]	[illegible]	[illegible]	[illegible]	此日生者 喪妻 克天
天狗殺	月支	卯	申	丑	午	亥	辰	酉	寅	未	子	巳	戌	凡事 大忌 諸事凶
天賊	月支	辰	酉	寅	未	亥	巳	辰	卯	申	丑	午	亥	痘病 占吉 求財 不吉

吉神凶殺

種目	關係	正	二	三	四	五	六	七	八	九	十	十一	十二	解釋
天休發	月日	四九	三十八	二七二十	四九	三十八	二七二十	四九	三十八	二七二十	四九	三十八	二七二十	諸事凶
招搖	月支	辰	卯	寅	丑	子	亥	戌	酉	申	未	午	巳	忌行舟凶日
天下滅亡	月日	丑	辰	未	戌	丑	辰	未	戌	丑	辰	未	戌	忌修造凶

타部 吉神

種目	關係	甲	乙	丙	丁	戊	己	庚	辛	壬	癸	解釋
打鐵	才干	巳	午	未	申	酉	戌	亥	子	丑	寅	鐵工業 成功 機械 運轉 吉
太極貴人	才干	子午	子午	卯酉	卯酉	辰戌丑未	辰戌丑未	亥寅	寅亥	巳申	申巳	入命 貴格 相合 三公之貴

凶殺

種目	關係	甲	乙	丙	丁	戊	己	庚	辛	壬	癸	解釋
偸盜	才干	亥	亥	子	丑	丑	丑	午	午	丑	丑	耽財 爲主 踰垣 穿庫 也

種目	關係/支吉	子	丑	寅	卯	辰	巳	午	未	申	酉	戌	亥	解釋
綉衣	才支	寅	午	戌	巳	酉	丑	亥	卯	未	申	子	辰	入柱 到處 春風
土谷	才支月	卯	辰	巳	午	未	申	酉	戌	亥	子	丑	寅	倉庫 收納 吉
土曲	才支	卯	辰	巳	午	未	申	酉	戌	亥	子	丑	寅	此方 諸土役 吉

凶　殺

種目	關係/支吉	子	丑	寅	卯	辰	巳	午	未	申	酉	戌	亥	解釋
太陰	才干支	卯	辰	巳	午	未	申	酉	戌	亥	子	丑	寅	壓照凶 能制之 殺之王者也
太陽	才干支	丑	寅	卯	辰	巳	午	未	申	酉	戌	亥	子	太才前一位是也 能制凶殺
土皇殺方	才支	巳	辰	卯	寅	丑	子	亥	戌	酉	申	未	午	山葬凶 月凶方
土皇遊	才支	乾	乾	艮	艮	巽	巽	午	酉	子	子	坤	坤	山葬凶 年支凶方
土皇殺	才支	巽	巽	坤	坤	乾	乾	子	卯	午	酉	艮	艮	山葬凶 年支凶方
打刦血刃	才支日	二	八	六	二	九	四	二	八	六	二	九	四	不可作向 忌動土
湯火殺	才支日	午	未	寅	午	未	寅	午	未	寅	午	未	寅	頒招 火湯之厄 壯老亦忌

種目	關係／支凶	子	丑	寅	卯	辰	巳	午	未	申	酉	戌	亥	解釋
呑陷	才支日	戌	寅	丑	戌	辰	卯	寅	寅	戌	戌	寅	寅	命値之主骨肉之刑也
打頭火	才支〃	子	酉	午	卯	子	酉	午	卯	子	酉	午	卯	忌山葬　其他大事
太白星	才支〃	戌	寅	巳	辰	·	寅	寅	·	巳	·	酉子	寅	多災　多難　移　不吉
太陰殺	才支〃	亥	子	丑	寅	卯	辰	巳	午	未	申	酉	戌	不可作向忌修造
太歲凶方	月才干	壬辛	丁丙	癸丁	甲庚	辛乙	丁丙	庚癸	乙甲	壬辛	丁丙	庚癸	乙甲	此方諸修造　安葬凶
土禁	才支日	亥	亥	亥	寅	寅	寅	巳	巳	巳	申	申	申	忌破土開井
土瘟	才支日	辰	巳	午	未	申	酉	戌	亥	子	丑	寅	卯	忌土禁同斷
太歲殺	才干支	子	丑	寅	卯	辰	巳	午	未	申	酉	戌	亥	諸事凶
土符	才支日	丑	巳	酉	寅	午	戌	卯	未	亥	辰	申	子	月凶方忌動土修理
土皇殺方	才支	巳	辰	卯	寅	丑	子	亥	戌	酉	申	未	午	忌動土山葬凶
打刧血刀	才支	卯	酉	未	卯	戌	卯	巳	戌	卯	酉	卯	戌	不可作向忌動土
土府	月支	寅	卯	辰	巳	午	未	申	酉	戌	亥	子	丑	月凶忌動土

土部 凶殺

種目	干係/月凶	正	二	三	四	五	六	七	八	九	十	十一	十二	解釋
土忌	月支	寅	巳	申	亥	卯	午	酉	子	辰	未	戌	丑	忌動土 開墓日 往亡
土痕忌日	日看	二	五	七	一〇	一五	一八	一	二	六	二三	二六	二七	諸土役 大凶
太陰	〃	子	丑	寅	卯	辰	巳	午	未	申	酉	戌	亥	女人猜忌 嫉妬 凶
土符建日	〃	寅	卯	辰	巳	午	未	申	酉	戌	亥	子	丑	家內修理 凶

破部 凶殺

種目	關係/干凶	甲	乙	丙	丁	戊	己	庚	辛	壬	癸	解釋
破敗五鬼	才干	巽	艮	卯	震	午	坎	兌	乾	巽	艮	主山葬 修理 不吉
破家	月干	酉	未	未	卯	卯	未	辰	亥	寅	子	一時破産 難免
八敗	月干	未	丑	未	辰	未	戌	戌	辰	辰	未	小時驚風 時疾 失敗

吉神

種目	干係/支吉	子	丑	寅	卯	辰	巳	午	未	申	酉	戌	亥	解釋
八座星	才支	乾戌	兌酉	坤申	离丑	·午	巽卯	·辰	震巳	艮午	·未	坎子	乾酉	諸收納 大吉

凶殺

種目	干係／支凶	子	丑	寅	卯	辰	巳	午	未	申	酉	戌	亥	解釋
八殺	才支日	申甲	寅子	辰旬	戌甲	子戌	午旬	申甲	寅申	辰旬	戌甲	子午	午旬	逢吉星主福，逢凶星官災不少
八山刀砧	月支	丙丁壬癸	甲乙庚辛	丙丁壬癸	甲乙庚辛	丙丁壬癸	甲乙庚辛	丙丁壬癸	甲乙庚辛	丙丁壬癸	甲乙庚辛	丙丁壬癸	甲乙庚辛	損人口，諸殺中最惡殺也
披蔴殺	才月	子	酉	午	卯	子	酉	午	卯	子	酉	午	卯	忌嫁娶入宅
破敗	才支日	丁丑丁巳	丁丑丁巳	丁丑丁巳	甲辰甲申	甲辰甲申	甲辰甲申	丁未丁亥	丁未丁亥	丁未丁亥	甲寅甲戌	甲寅甲戌	甲寅甲戌	忌造作器皿
八風	月支	申	戌	子	寅	辰	午	申	戌	子	寅	辰	午	男女間色情強
破日	月支	寅	卯	辰	巳	午	未	申	酉	戌	亥	子	丑	定礁扇架凶
暴敗	月支	未	申	酉	戌	亥	子	丑	寅	卯	辰	巳	午	他人保證等破財
披頭	干日	辰	卯	寅	丑	子	亥	戌	酉	申	未	午	巳	若逢惡星太歲亦主，刑併制服
豹尾	才干日	卯	子	酉	午	卯	子	酉	午	卯	子	酉	午	主損財口舌
破碎	月支日	巳	丑	酉	巳	丑	酉	巳	丑	酉	巳	丑	酉	主破財必有牢獄刑，責之苦

種目	干係／支凶	子	丑	寅	卯	辰	巳	午	未	申	酉	戌	亥	解釋
暴敗日	年月日	戌未亥	戌未亥	戌未亥	子巳辰	子巳辰	子巳辰	丑酉申	丑酉申	丑酉申	午卯寅	午卯寅	午卯寅	事業強進不吉父母短命
八敗殺	月支	未	戌	丑	丑	未	未	丑	辰	辰	辰	戌	戌	失敗頻頻客死鰥寡孤獨
八敗死氣	月支	午	未	申	酉	戌	亥	子	丑	寅	卯	辰	巳	病占必死柱臨此殺爲僧道
破家	月支	戌	亥	子	丑	寅	卯	辰	巳	午	未	申	酉	一時破產難免
閉日	才支	丑	寅	卯	辰	巳	午	未	申	酉	戌	亥	子	窪處閉塞不吉
破軍	才支	申子	巳丑	寅寅	亥卯	申辰	巳巳	寅午	亥未	申申	巳酉	寅戌	亥亥	祖業破散官事多滯

卜部　吉神

種目	關係／干吉	甲	乙	丙	丁	戊	己	庚	辛	壬	癸	解釋
活祿	才干	巳	午	子	巳	午	申	寅	午	酉	寅	處處有祿
學堂	才干	巳	巳	申	申	亥	亥	寅	寅	寅	寅	左爲官星生官取扱
學館	〃	申	申	亥	亥	寅	寅	巳	巳	巳	巳	右爲官星臨官取扱

（○　學堂・學館）

種目	關係／干吉	甲	乙	丙	丁	戊	己	庚	辛	壬	癸	解釋
合乙	才干	子	亥	卯	寅	午	巳	午	巳	酉	申	人人助力 處處 有功
夾祿	才干	丑卯	辰寅	午辰	未巳	午辰	未巳	未酉	戌申	戌子	丑亥	夾祿 其祿 至大 富豪之命
孝行祿	才干	巳	午	未	申	·	申	戌	子	寅	丑	孝道 至極 深厚 對人
夾科貴	才干	未甲生	未乙〃	戌丙〃	戌丁〃	巳戊〃	巳己〃	丑庚〃	丑辛〃	辰壬〃	辰癸〃	以他力爲 高官 貴祿自來
黃甲星	才干	戌	申	午	辰	寅	戌	申	午	辰	寅	天福下降 諸事吉
學士日	日時	子	亥	卯	寅	午	巳	午	巳	酉	申	好學 敏感 男子 女性的 人也
活人星	月日〃	時午寅	〃未丑	〃亥酉	〃亥子	〃申子	〃卯巳	〃未丑	〃未丑	〃酉辰	〃酉辰	病者按手 還生 醫業 大吉
活人	才干時	寅	丑	酉	子	申	卯	卯	未	巳	辰	足踏 東西 平生 活人
解脫神	才干日	亥	申	丑	未	辰	亥	申	丑	未	辰	諸惡 解脫
喜神	才干	寅	戌	申	午	辰	寅	戌	申	午	辰	百事大吉

凶殺

種目	夾敬都天	紅艷	血光
關係/干凶	才干	才干	月日
甲	巽	午	辰
乙	甲	申	子
丙	乾	寅	未
丁	庚	未	戌
戊	丁	辰	巳
己	巽	辰	辰
庚	甲	戌	子
辛	乾	酉	未
壬	庚	子	丑
癸	丁	申	辰
釋	忌山葬	色欲星也 男任官 女妓生	財色 相鬥 流血 傷人 刀痕

吉神

種目	回駕帝星	皇恩天赦	解神	橫天朱雀	活人星	解化神
干係/支吉	月支	才支	才支	日/月支	才支	才支
子	午	戌	申	日一	時寅	未戌
丑	子	丑	申	〃一	〃卯	未酉
寅	寅	寅	戌	〃一	〃丑	申申
卯	戌	巳	戌	〃一	〃未	申未
辰	子	酉	子	〃一	〃酉	酉午
巳	寅	卯	子	〃一	〃亥	酉巳
午	辰	子	寅	〃一	〃巳	戌辰
未	子	午	寅	〃一	〃午	戌卯
申	寅	亥	辰	〃一	〃申	亥寅
酉	子	辰	辰	〃一	〃未	亥丑
戌	寅	申	午	〃一	〃卯	午子
亥	未	未	午	〃一	〃巳	午亥
釋	玉帝赦尊 帝星 同一	皇恩天赦 消災 弛患	解諸殺 百事大吉	每月一日行嫁 主 再嫁	腰佩藥串 活人有功	兩支並臨 凶事化吉

（支吉）

種目	關係	子	丑	寅	卯	辰	巳	午	未	申	酉	戌	亥	解釋
種目	關係／支吉	子	丑	寅	卯	辰	巳	午	未	申	酉	戌	亥	解釋
紅鸞	才日	卯	寅	丑	子	亥	戌	酉	申	未	午	巳	辰	此主流年夫妻喜事
橫財	才支	辰	巳	午	未	申	酉	戌	亥	子	丑	寅	卯	百事吉 此方諸般 土役吉
華蓋	才日	辰	丑	戌	未	辰	丑	戌	未	辰	丑	戌	未	風流藝術 僧侶 吉 孤獨

凶殺

種目	干係	子	丑	寅	卯	辰	巳	午	未	申	酉	戌	亥	解釋
種目	干係／支凶	子	丑	寅	卯	辰	巳	午	未	申	酉	戌	亥	解釋
炯火	才支	酉	申	未	午	卯	寅	丑	子	亥	丑	巳	辰	失火損財傷心
黃泉	才支	・	未	・	亥	・	午	・	・	・	戌	・	子	柱臨早歸黃泉
血支	才支	申	酉	戌	亥	子	丑	寅	卯	辰	巳	午	未	遺傳病 胃病 女子子宮病
下情	年月日	寅丑子	酉子	寅丑子	酉子	寅丑子	酉子	亥戌巳	亥戌巳	亥戌巳	申丑	申丑	申丑 午子 午子 午子	手下人 助而反被害
黃幡	才支	辰	戌	丑	未	辰	戌	丑	未	辰	戌	丑	未	損財 六畜 財產
向殺	才支	癸壬	辛庚	丁丙	乙甲	癸壬	辛庚	丁丙	乙甲	癸壬	辛庚	丁丙	乙甲	忌造葬墓坐向 亦不吉
血刃	年日	戌	酉	申	未	午	巳	辰	卯	寅	丑	子	亥	主血光災 女命逢之 有血崩疾

吉神凶殺

種目	干係／支凶	子	丑	寅	卯	辰	巳	午	未	申	酉	戌	亥	解釋
皇天灸退	才支	卯	子	酉	午	卯	子	酉	午	卯	子	酉	午	最忌作向 耗散 大凶
咸池	才支	酉	午	卯	子	酉	午	卯	子	酉	午	卯	子	一名 桃花殺 帶貴合 主 多淫欲
紅紗殺	才支	巳	酉	丑	巳	酉	丑	巳	酉	丑	巳	酉	丑	忌 嫁娶 一名 破碎殺
血支	月干	丑	寅	卯	辰	巳	午	未	申	酉	戌	亥	子	忌 針灸 刺血
休庵關	才支	辰丑	戌未	子卯	午酉	寅巳	申亥	辰丑	戌未	子卯	午酉	寅巳	申亥	忌日時全見凶 貴人躔之吉
河魁	月日	亥	午	丑	申	卯	戌	巳	子	未	寅	酉	辰	一云大禍 忌 百事 併黃道 可用
血忌	月日	丑	未	寅	申	卯	酉	辰	戌	巳	亥	午	子	續世 同忌 針刺 出血
華蓋	吉方／才支	未	申	酉	戌	亥	子	未	申	酉	戌	亥	子	寺刹 修造 大吉
血刀	才月日	午	亥	丑	未	寅	申	卯	酉	辰	戌	巳	亥	遺傳的 花柳病 腦病 女經道病
刑獄	月支	丑	辰	未	戌	丑	辰	未	戌	丑	辰	未	戌	上官赴任 凶日

吉神

種目	干係／月吉	正	二	三	四	五	六	七	八	九	十	十一	十二	解釋
活曜星	才支	卯	辰	巳	午	未	申	酉	戌	亥	子	丑	寅	此爻 動則 疾病 速瘥

種目	干係／月吉	正	二	三	四	五	六	七	八	九	十	十一	十二	解釋
解神日	才支	申	酉	戌	亥	子	丑	寅	卯	辰	巳	午	未	祈禱所願成就

凶殺

種目	干係／月凶	正	二	三	四	五	六	七	八	九	十	十一	十二	解釋
晦氣	才支	丑	寅	卯	辰	巳	午	未	申	酉	戌	亥	子	諸事凶柱入則頻頻失敗
玄武	月日	酉	亥	丑	卯	巳	未	酉	亥	丑	卯	巳	未	日凶盜難失物
河魁絢絞	月日	亥	午	丑	申	卯	戌	巳	子	未	寅	丙	辰	婚忌諸事不吉
河白	月日	亥	子	丑	寅	卯	辰	巳	午	未	申	酉	戌	行舟凶日
荒蕪	月日	巳	酉	丑	申	子	辰	亥	卯	未	寅	午	戌	諸事凶
横厄	才支	子亥	子亥	子亥	未卯	未卯	未卯	戌寅	戌寅	戌寅	辰丑	辰丑	辰丑	財頻頻柱臨横厄重重交通事故損

四季春夏秋冬部

四季表

種目	關係/四季	春	夏	秋	冬	解釋
喝散	四季日辰	巳	申	亥	寅	官事 喝散 不由人
吉星三丘殺	〃	丑未	辰戌	子午	巳亥	十才難過 若過 二十則 功名多才
孤寡	〃	巳丑	辰申	亥未	戌亥	孤獨 寡婦
官日	〃	卯	午	酉	子	上官赴任 吉
開獄神	〃	卯	午	酉	子	此爻發動 恩典 出獄
開業吉日	〃	酉	午	酉	子	諸 開業 大吉
魯旌殺	〃	子	卯	午	酉	入山登山 伐木 凶
痘疹殺	日時	庚辛日 巳丑時	壬癸日 亥未時	甲乙日 申辰時	丙丁日 寅戌時	痘疹罹病 一苦
短命	四季	丑巳	辰申	寅未	寅戌	交通事故 落傷死

四季

種目	干係／四季	春	夏	秋	冬	解釋
刀砧殺	日辰	申亥	亥寅	寅巳	巳申	入山 登山 伐木 凶
徒隸	日辰	申	亥	寅	巳	主雇傭人 採用凶
母倉	日辰	亥子	寅卯	丑辰未戌	申酉	主治病 祈禱 求子 吉 諸事 亦然
民日	日辰	午	酉	子	卯	上官赴任 大吉
文星吉日	日	寅	巳	申	亥	入學 求師 參拜 謁見 大吉
傍四廢	日	庚申辛酉	壬子癸丑	甲寅乙卯	丙午丁巳	忌 修造 墳墓 植樹
福德貴	日	甲乙日	甲乙日	甲乙日	甲乙日	男老而得 貴職 女登夫人帖
發狂殺	日	丁壬	戊癸	乙庚	丙辛	一時 精神 疾患 來
斧頭殺	日辰	辰戌	丑未	戌亥	丑寅	入山 登山 伐木 凶
伏罪	日辰	亥	寅	巳	申	赴任 貴客 招待 吉 下人 採用凶
卜精關	日	寅酉子	戌亥巳	申丑	酉午	此關 日時忌 犯值之 小兒 難養
腹日	日	三午日	三子日	三卯日	三酉日	治突 開土 吉

種目	干係／四日辰	春	夏	秋	冬	解釋
相日	日辰	丁丙巳午	丑辰未戌	癸壬亥子	乙甲卯寅	諸事吉
四離絶	〃	立春 春分	立夏 夏至	立秋 秋分	立冬 冬至	俱前一日是也　諸修造凶
四廢	〃	庚辛	癸辛亥酉	乙甲卯寅	丁丙巳午	諸事凶
四耗	〃	壬子	己卯	戊午	辛酉	諸事凶 不意 損財
四窮	〃	乙亥 八龍	丁亥 七馬	辛亥 九虎	癸亥 六巳	〃
四忌	〃	甲子	丙子	庚子	壬子	〃
四擊	〃	戌	丑	辰	未	〃
四季天獄殺	〃	丑巳	辰申	亥未	戌寅	官事 不利 有關鑰殺者 凶
四季小殺	〃	未	辰	丑	戌	哭聲 重重 病占 大忌 發動
三丘五墓殺	〃	丑	辰	未	戌	病人 作禍 難當愁 親子 疎隔
時德	四季	午	辰	子	寅	百事大吉
守日	四季	辰	未	戌	丑	〃

四季

種目	干係／四季	春	夏	秋	冬	解釋
相日	日辰	巳	申	亥	寅	百事大吉
生氣	〃	子	卯	午	酉	百事大吉
四相	〃	丙丁	戊己	壬癸	甲乙	百事大吉
四時小耗	〃	壬子	乙卯	戊午	辛酉	與大耗略同
四時大耗	〃	乙未	丙戌	辛丑	壬辰	一切動土 修營 最忌
四虛敗	日辰	己酉	甲子	辛卯	庚午	分居 入宅 修倉 最忌
水沈	日時	寅申	未	酉	丑子	十中九人死 莫渡 危津 水沒
喪車殺	日辰	酉	子	午	未	此爻 發動 火急 買棺
四季天獄殺	〃	丑	辰	亥	寅	若持世 天獄 關鎖 爲凶
小兒殺	〃	丑	戌	辰	午	主死胎及未滿月生 而死
四派	〃	丑日	戌日	辰日	午日	乘舟 凶日
四相	〃	甲乙丙丁	丙丁戊庚	庚辛壬癸	壬癸甲乙	祭祀 官人 赴任 嫁娶 大吉
四季關	〃	丑巳	辰申	未亥	寅戌	主百事中道 失敗 頻頻

種目	干係／四季	春	夏	秋	冬	解釋
深水關	日辰	寅申	未	酉	丑	主性質 速熱 速冷 之人
四廢	〃	戌未	丑辰	丑戌	辰未	此星入柱 一時 水火之厄 遭
水火厄關	〃	辛酉 庚申	壬亥 癸未	甲乙 寅卯	酉子 巳午	諸事凶
神祀不食日		三午戌	三卯未	三巳辰	三丑未	此日神前 祭祀 神不感饗
眠損	日時	丑日 丑時	申日 申時	未日 未時	戌日	眼生 白苦苦 不然 損傷也
旺日	日辰	甲寅 乙卯	丙午 丁巳	庚申 辛酉	壬子 癸亥	上官赴任 吉 其福自厚
五虛	〃	丑	子	未	寅	諸事不宜
疫痘	〃	酉辰戌	子午 卯酉	辰未戌	亥申子	疫痘難免
疫神	〃	庚辛	壬癸	甲乙	丙丁	疫鬼來襲
閻羅	〃	丑未	辰戌	子午	卯酉	佛前無功則 夭死
榮身	日時	甲乙	丙丁	庚辛	壬癸	揚名科擧 又富貴
入獄	四季 日時	丑未	辰戌	子午	卯酉	此爻發動 不避則 必入獄

四季

種目	干係／四季	春	夏	秋	冬	解釋
王日	日時見	寅	巳	申	亥	百事大吉
月建轉殺	月日	卯	午	酉	子	忌 土役 石築 等
浴盆殺	〃	辰	未	戌	丑	自慢他人 困窮救之 被損
釼鋒殺	〃	酉	子	卯	午	忌 出行 安葬 祭祀 入柱 凶惡死
財庫	生日	丙辰	乙丑	壬辰	癸未	奮鬪 努力 自積巨財
正四廢	日辰	庚辛申酉	壬癸亥子	甲乙寅卯	丙丁巳午	忌修造 裁衣 植樹 諸事凶
坐命	〃	酉	子	卯	午	眼昏 耳聾 急脚
將軍殺	〃	申酉時	子午時	寅午時	辰亥時	若不遊離則 百事不成
旌旗	〃	卯	子	酉	午	病占忌發動
將軍箭	日辰	酉戌	子卯未	丑寅子	丑申亥	相衝則 不吉
地主下降	〃	三竈	三門	三井	三庚	諸事 修造 不吉
天赦	〃	己寅	甲午	戊申	甲子	投網 漁獵 吉 死中救生
天喜	〃	戌	丑	辰	未	百事大吉 正月戌 二月亥 順也

種目	干係／四季	春	夏	秋	冬	解釋
天耳目	日辰	巳目從亥	申目居寅	亥目從巳	寅目從申	此殺 發動 百事不吉
天地荒蕪	〃	巳酉丑	申子辰	亥卯未	寅午戌	無氣 無成
天貴	〃	甲乙	丙丁	庚辛	壬癸	宜 祭祀 上官人赴任 大吉
天良	〃	甲寅	丙寅	庚寅	壬寅	入宅周堂吉
天德	〃	亥	寅	巳	申	百事大吉 正月亥 二月子 順也
天解	〃	寅	巳	申	亥	減刑 出獄 訴訟 和解
天地寡	〃	卯酉	午子	酉卯	子午	忌 結婚
天喜	日時	戊亥子	丑寅卯	辰巳午	申酉未	百事吉
天赦上吉日	〃	戊寅	甲午	戊申	甲子	諸事大吉
土公方	日辰	東方垣墻	南方大門	西方井戸	北方庚方忌動土	主 動土 平基 填土 等
土役大凶日	〃	巳午酉	卯辰申	未酉亥	寅巳卯	土役 主人死亡
八風日	〃	丁巳 丁丑	甲申 甲辰	丁亥 丁未	甲寅 甲戌	上梁 蓋屋 塗壁 凶
暴亡	四季	戊亥	辰巳	申酉	寅午	入柱 事業 暴亡 損財

四　季

種目 ＼ 干係／四季	皇恩貴	鰥寡	刑獄	火止	活催星	活催星
（干係）	日辰	〃	〃	〃	才支	入中飛遁宮才支
春	亥	丑	丑未	寅申	乙季字遁	遁乙
夏	申	辰	辰戌	子午	丁季字遁	遁丁
秋	未	未	子午	卯酉	辛季字遁	遁辛
冬	午	戌	午酉	丑未	癸季字遁	遁癸
解釋	百事大吉	喪夫 喪妻 晚爲孤	妻家亂一子 涕泪 不乾 起內亂	火災 破產	年干 吉星 諸事 大吉	建造 官衙 修造 大廈 等 大吉

七八〇

五行表

種目　五行／納音	干學生日	克嗣　〃	救子　〃	狗蛇　〃	困窮殺生時	隔山生日	克子　〃	求嗣　〃	鬼限生日
金日生	己亥	子戌午亥時生	辰	戌	巳午時	卯	丑	子戌	庚午
木日生	丙寅	午辰申巳時生	戌	辰	寅卯時	酉	未	辰午	乙卯
水日生	戊甲	卯丑巳寅時生	未	午丑酉寅	申酉時	午	辰	卯丑	癸酉
火日生	辛巳	酉未亥申時生	丑	未申	戌亥時	子	戌	酉未	丁丑
土日生	甲申	卯丑巳寅時生	未	午丑酉寅	寅卯時	午	辰	子卯	己亥
解釋	刻苦好學爲教授	子息愁心難免	入養頻頻災子運不遇救子	狗巳咬一時驚	散財困窮運不伸	三妻不調隔居	早子難養晚香一實	無祈山川則生子難養	顏面見於五六歲年上老

五行

五行

七八二

種目	五行／納音	金	木	水	火	土	解釋
納音學堂	生納音時	辛巳時	乙亥時	甲申時	丙寅時	戊甲時	獨學 博識人
大敗日	生日	壬申	甲辰己巳乙丑丙申	癸亥	戊申丁亥	戊戌己丑庚辰辛巳	四柱運不伸 財如煙波
刀釰	生日時	巳酉丑	亥卯未	申子辰	寅午戌	申子辰	刀釰傷身
望鄉殺	生日	申酉	寅卯	亥戌	巳午	亥戌	遠方居住 男女間三度婚
墓門開殺	生日	甲乙見	戊己見	丙丁見	庚辛見	壬癸見	哭聲服制 損財
酪酊	生月	三、四月	九、五月	一、六月／二、八月	五、一、三月	八、九月	嗜酒如劉伶 平生酒中仙
妨害	生日	午未	子丑	酉戌	寅卯	丙戌	婚姻親戚妨害 晚也夫／婦緣變
白虎殺	生日	卯	酉	午	子	寅	一驚禽獸疾病
保兩	生日	酉	卯	子	午	子	子孫昌盛
呻吟	生日	酉	卯	子	午	子	難免身病 苦生不絶
生成財	生日	辛亥	丙寅	己巳	辛亥	戊申	軍人官吏吉 女人好勝夫
師巫	〃	辛丑／辛卯	癸未／癸丑	壬辰	癸戌／癸酉	丙午	巫堂為業

種目	關係／五行	金	木	水	火	土	解釋
生活	生月	正、三、四	四	正、八	四、五	五、八	在家 愁煩 出外 放心
商業	生月	三、四、七、八、十	二、三、六、九、十	六、七、十二、三、四	四、六、一、九、十二	一、二、八、四、十二	商業爲吉
巳咬殺	年日	巳午日	酉戌午日	酉戌午日	午未日	酉戌午日	主水厄 兒時 溺死等
水沒殺	年日	酉	亥未時	子午時	寅	寅卯時	一時巳咬
殺人殺	生日時	酉	亥未	子午	寅	巳巳日	吉星 多則免 不然 殺人 入獄
相嫌	生日	寅	申	巳	亥	巳	冠掛兩房 內德 有而不合
溺水殺	日時	午未時	申子時	寅卯時	巳申時	巳丑時	主溺水 一驚 他人 救之
離妻	才支日	戌	辰	丑	未	丑	不和 相背 離婚
漁業	月支	正、二、三	正、二	六	七	九、十一	水產業 水產 加工業 吉
入獄殺	生時	巳酉丑時生	亥卯未時生	申子辰時生	寅午戌時生	申子辰時生	主烈罪 入獄苦楚
釣佃	生月	正、二、三	正、二	六	七	九、十一	垂釣 魚群 佃獵 及 加工業吉

五行

五行

種目	關係	五行					解釋
		金	木	水	火	土	
子別	生月	午	子	酉	卯	酉	子昌 中年 離別之數
財庫	〃	癸未	丙辰	甲戌	乙丑	壬辰	親、妻子 不和 有吉星 反吉
正印	〃	乙丑	癸未	壬辰	甲戌	丙辰	
重妻	〃	子	午	卯	酉	卯	三度 娶妻 亦離別
重夫	〃	亥	巳	寅	申	寅	三度 嫁而亦離別
正緩日	生日	癸未	甲戌	丙辰	乙丑	壬辰	官軍 學者 商人 地位高
正桃華日	生日納音	己酉	卯亥	子申	午戌	戊午	生日 支看 主淫蕩
財庫日	生日	癸未	丙辰	甲戌	乙丑	壬辰	主財祿 殖產
鐵蛇殺	生日	戌	辰	丑寅	未申	丑寅	主事業 失脚 頻頻 起伏
和合神	生日	巳	亥	申	寅	申	和合 夫婦 共長壽
學堂	日辰時	辛巳、巳	乙亥、亥	甲申、申	丙寅、寅	戊申、申	刻苦 勉學 大成功

五行表

種目關係／五行	日辰	解釋
金	庚戌（魁罡） 辛卯（女錯） 辛酉（女錯） 壬戌（日德・陽錯・女錯） 癸卯（日貴） 甲戌日（日空） 癸巳（陽錯） 丁丑（祿馬）	
木	甲寅日（日德） 乙亥（日空） 癸巳（日貴） 丁丑（陽錯）	
水	壬辰（魁罡） 癸亥（陽錯） 壬戌（陽錯） 癸巳（日貴・女錯・祿馬）	
火	丙辰（日德） 丁酉（日貴） 丙午（女錯） 丁亥（日貴） 丙子（女錯） 丁未（日貴） 丁丑（女錯）	
土	戊戌（魁罡） 戊辰（日德） 庚辰（魁罡） 戊寅（陽錯） 戊申（女錯） 壬午（祿馬）	

解釋

- 日德 爵祿 他人助力 致富
- 女錯 家族 孤獨 女子 姑婦爭
- 陽錯 日 克父 意見 不合 相別
- 魁罡 大貴 男子 威嚴 女人勝夫
- 祿馬 大貴 有凶星則 無効

其他諸殺表

가部

禁棺殺　生看
子丑寅卯辰巳午未申酉戌亥
生〃〃〃〃〃〃〃〃〃〃〃
申酉戌亥子丑寅卯辰巳午未　下棺時　按棺則　大凶

九土鬼　月看
乙酉　癸巳　甲午　辛丑　壬寅　己酉　丁巳　戊午　百事不吉

孤身　納音看
金生申　木生亥　水生巳　火生寅　土生巳　水生亥　鰥寡孤獨

關殺　生日相冲
辰戌冲　丑未冲　子午　卯酉冲　寅申　巳亥冲　不關
多憂　萬事窮

驚走日　月日
大月五、十七、二十九日　小月八、二十日　畜舍修造凶

改葬忌　年月
大廟年　金年　辛丑　木年　乙未　火年　丙戌　水土　壬辰　改葬則凶
辛未　乙丑　丙辰　壬戌

嫁娶滅門法
正娘遇九男、二婦逢八夫、三娘配五郎、四妻從六夫、五女忌正
男、六女十二夫、八女畏十夫、十女十一夫

雷霆　白虎　月生

甲己月	丁卯日	丙子〃	乙酉〃	甲午〃	癸卯〃	壬子〃	辛酉〃	入宅 歸火 凶
乙庚月	戊辰日	丁丑〃	丙戌〃	乙未〃	甲辰〃	癸丑〃	壬戌〃	〃
丙辛戊癸月	辛未日	庚辰〃	己丑〃	戊戌〃	丁未〃	丙辰〃	乙丑〃	〃
丁壬月	乙丑日	甲戌〃	癸未〃	壬辰〃	辛丑〃	庚戌〃	己未〃	〃
戊癸月	辛未日	庚辰〃	己丑〃	戊戌〃	丁未〃	丙辰〃	乙丑〃	〃

男女本命生氣法

男一歲起离　順行　單二歲　越坤　過歲後　不越坤　二歲兌　三歲乾　四歲坎　五
歲艮　六歲震　七歲巽　八歲离　九歲坤　十歲兌　二十歲坎　周而復　始行
年到處　爲本宮　假如　四十三歲　男一歲起离　順行十歲　兌以至　四十三歲　到
乾郎本宮　他倣此　女一歲起坎　逆行　二歲乾　三歲兌　四歲坤　五歲离　六歲巽
七歲震　單　八歲越艮過　八歲後　不越艮　八歲坎　九歲乾　十歲兌　二十歲离　周
而復　始行　年到　震爲本宮　假如　三十三才　女一歲起坎　逆行十歲　兌　以至三十
三才　女　乾郎　本宮　他倣此

其他諸殺

다部

大將軍 年方 亥子丑年 酉方 寅卯辰年 子方 巳午未年 卯方 申酉戌年 午方 修造 不吉

大將軍空亡 日辰 大將軍 庚子日 出遊 乙巳日入位 空亡中 諸 修造 以墨書 蠻漢己 書付 之則 無頉也(但西方不可)

桃花關 日辰 乙酉 己酉 丁卯 甲午 壬子 柱犯 此殺 主 淫蕩 爲客 靑樓 任東西

大明上吉日 日辰 辛未 壬申 癸酉 丁丑 己卯 壬午 甲申 丁亥 壬辰 己未 壬寅 甲辰 乙巳 丙午 己酉 庚戌 辛亥 百事 大吉

大明日 日辰 甲辰 申 乙未 丑 丙辰 午 丁卯 未 戊辰 巳 己卯 酉 庚辛 未酉 壬午 申 癸巳 酉 百事 大吉

斷乳 日辰 小兒斷乳 伏斷卯日 天德合 除 滿 成日吉 五月七日 大凶 兒死亡

마部

滅沒日 日辰 虛婁角亢鬼牛日 竪柱建家、家族滅沒也 入宅亦忌

無祿日 日辰 甲寅 乙巳 壬申 丙申 丁亥 戊戌 己丑 庚辰 辛巳 諸事不宜 落空亡日

名位祿日 日辰 丙寅 丁卯 壬午 癸酉 入柱 名位漸高

蜜日

角木冲克戌土生　井木冲克丑土生　斗木冲克未土生　柳土冲克子水生　奎木冲克辰土生　壁水冲克巳火生　辛山辰弓戌箭　艮山寅弓申箭　乾山亥弓巳箭　坤山寅弓申箭　乾山辰弓戌箭　火生　仲尾火冲克申金生　祭　主命　冲克　凶

戊己日辰

中宮　四季動土　及土王用事　忌戊己也（戊己者太陽也）　長期　修造着工　凶

木呼殺　月日看

壬子　庚戌　戊申　丙戌　庚戌　己巳　丁巳　己未　乙未　辛酉　壬戌　丁巳　癸未　癸酉　乙丑　乙卯　己巳　己卯　庚申　乙酉　病人動爻凶　安葬不吉

木隨殺　月日看

辰寅申午未酉辰　申子戌申午未申　酉辰　病人　此爻動　凶　安葬　不吉

바部

浮天空亡　年月日

甲乙丙丁戊　己庚辛壬癸　壬癸辛庚坤乾　丁丙甲乙　太強神也　犯則死亡　有制則　免也

伏罪　月日

葬事外　百事凶　亥寅巳申日　是也　從業員　雇傭　不吉

補垣塞穴　日辰

宜滿閉日　忌三殺　日破　補垣　塞鼠穴

伏社　日辰

申酉亥子日　金神伏藏故也　忌　汗蒸　海水浴　入洞窟　登山　主死亡　不然　病身

婦人穿耳日　日辰

宜月德　黃道　活曜星　天月德　生氣　天喜　天成　天穿　忌　黑道　血支　血忌　受死　破日

不用日辰　春分秋分前一日　夏至冬至前一日　四絶立春立夏前一日　立秋立冬前一日

白虎殺　年方

年 子　方 申
〃 丑　〃 酉
〃 寅　〃 戌
〃 卯　〃 亥
〃 辰　〃 子
〃 巳　〃 丑
〃 午　〃 寅
〃 未　〃 卯
〃 申　〃 辰
〃 酉　〃 巳
〃 戌　〃 午
〃 亥　〃 未

忌 修造 埋葬

伐古木　節日辰　宜立冬後與立春前危日　午申日　建破　生氣日　其他凶

不用　諸事凶　四柱不關

本宮變卦起倒

生氣 天醫 福德 大吉　絶体 遊魂 歸魂 平吉　禍害 絶命 凶　一上生氣 初變上爻爲生氣 二中天醫 二變中爻爲天醫 三下絶体 三變下爻爲絶体 四中遊魂 四變中爻爲遊魂 五上禍害 五變上爻爲禍害 六中福德 六變中爻爲福德 七下絶命 七變下爻爲絶命 八中歸魂 八變中爻還本宮爲歸魂（市中多有）

三不返日　忌出征　斥候兵　派遣等

月日

正月 庚戌辛亥　二月 子卯酉　三月 辰申　四月 寅未　五月 卯午　六月 辰巳
七月 辰巳　八月 卯午酉　九月 寅未　十月 戌申亥　十一月 酉　十二月 丑戌亥

身皇定命二殺

行年到處 兌則身皇殺 對宮震爲定命殺 並大怕修作 若百步外則 不忌也 上元 男十

歲起艮順飛十一到 离女十歲起中逆飛 中元男十歲起中順飛 十一到乾 女十歲起艮

逆飛 下元男十歲起坤順飛十一到震 女十歲起坤逆飛如上元 男五十一歲到巽宮 卽

安身皇殺 忌起造修方行年入中宮 怕中宮 修作到 坎對宮离爲定命殺 並凶 餘皆倣

此人命一身之凶方在是

神祀 大忌日

正、七月 寅申午日 家長死 二、八月 卯日 家長死 巳酉丑日 家母死 三、九月

辰戌日 家長死 子午日 家母死 四、十月 辰戌日 家母死 五、十一月 子午日 家

長死 巳日 家母死 寅日 牛馬死 六、十二月 丑未日 家長死 申酉日 家母死 丑

未日 牛馬死

修突 吉日

甲子 甲申 乙丑 乙酉 戊寅 己卯 庚申 辛巳 癸丑

四不祥日

每月 四、七、一六、一九、二八、此五日 四不祥 大忌 嫁娶

四絶 四季

立春 立夏 立秋 立冬 前一日 諸事 不吉(五行分別日也)

四大吉日 日辰

甲子 乙丑 丙寅 丁卯 戊辰 己卯 庚辰 辛巳 壬午 癸未 乙酉 庚戌 辛亥

三台星　太才月日　壬子 癸丑 百事 大吉　巽・離乾・坤兌乾・坎艮・震　丑寅卯辰巳午未申酉戌亥子　百事大吉 柱臨 此星 天降 福貴

四極　才月日　子午卯酉是也 百事無益

四離　四季　春分 夏至 秋分 冬至 俱前一日 忌婚姻 百事 陰陽 變化之故也

四節　〃　春分 夏至 秋分 冬至 當日 婚姻 開市 移舍 佃獵 不吉

四衝　才支月日　辰戌丑未 諸事不吉（不關四柱）

四刑　才支月日　寅申巳亥 婚姻 官事 俱 不吉

山痕　月日　大月 八、十七、三十日 小月 五、十四、十六、二十七日 主 山葬 凶

生離死別日　日辰　甲寅 乙卯 丙午 戊申 辛酉 己未 戊戌 戊辰 此日生男女共 生離 死別

四大空亡　日辰　甲子 甲午 甲寅 甲申 四空 人多 夭折（甲子甲寅水絕流）諸事不 吉

十惡大敗日

甲己年 三月 戊戌 七月 癸亥 十月 丙申 十一月 丁亥
乙庚年 四月 壬申 九月 乙巳
丙辛年 三月 辛巳 九月 庚辰
丁壬年 無
戊癸年 六月 己丑

（忌定礎扇架百事 起工凶皆無祿）

日貴日 (日辰)
癸卯 癸巳 丁酉 丁亥 此日生 祖先陰德 自立福貴 名振四海

日貴日 (日辰)
魁罡殺 但見 女陽錯 生 女人 大凶 橫死 或殺人

日德日 (日辰)
爵祿福德 得他人信用 自力致富 羊刃 臨則 無効

翎毛禁回 (月日)
甲庚乙辛壬丁癸丙壬甲庚甲丁癸庚辛
丙壬甲庚丙甲庚丁癸丙壬庚壬
諸事 忌方

人道方 (月日)
子 乾 巽 / 丑 丙 壬 / 寅 丁 癸 / 卯 坤 艮 / 辰 甲 庚 / 巳 乙 辛 / 午 乾 巽 / 未 丙 壬 / 申 丁 癸 / 酉 坤 艮 / 戌 甲 庚 / 亥 乙 辛
病者 避接 吉方

五合日 (日辰)
寅卯日 百事 大吉

五窮日 (日辰)
甲子 乙亥 丙子 丁亥 庚子 辛亥 壬子 癸亥 造船 修舟 凶

垣廟日 (日支)
水羅土金土火金土土氣水星木鬼氣月日水 四會皆是救神主
·會斗會·房心亢··會羅·孛柳參昂奎壁貴

人民離 (日辰)
戊申 己酉 諸事 修造 凶 戊己 太陽 焦点 毒照故也

五離日 (日辰)
甲申 乙酉 天地離 忌 開店 造倉 庚申 辛酉 金石離 忌 鑄冶 彫刻

丙申丁酉　日月離、忌　會客

壬申癸酉　江河離、忌　行船

戊申己酉　人民離　忌　嫁娶出行

五不遇日　日辰

月	正	二	三	四	五	六	七	八	九	十	十一	十二
日	戌	午	丑	未	寅	卯	辰	巳	子	丑	申	酉

移舍引死日　日辰

月	正	二	三	四	五	六	七
日	寅	午	酉	巳	午	未	申

家族　死亡

五鳳吉日　日辰

春庚寅　夏庚午　秋庚申　冬庚子乙酉　病者　避接　療養　吉方

家屋修造其他凶方

年的殺

如庚午生人　用乙丑年修造　乙丑太歲入中宮　順尋庚午到坎　是壬子癸三方　本命年的殺也

月的殺

如庚午生人　乙丑年七月修造　以月建甲申入中宮　順尋庚午到乾　是也　戌乾亥三方　爲月的殺也

月金櫃方　月方

月	正	二	三	四	五	六	七	八	九	十	十一	十二
方	子	丑	寅	卯	辰	巳	午	未	申	酉	戌	亥

安葬　修造　百福自來

陽 的 殺

以太歲起 五虎 遁逢 亥入中宮 順尋本命所到之宮 不可修造 謂之陽的殺也

如丙寅年 甲辰生 丙辛起庚寅至亥乃巳亥入中宮 順尋甲辰到坎 是坎宮 犯陽的殺也

陰 的 殺

以本命生年起五虎 遁逢 亥入中宮 順尋 所到之宮 不可修造也

如庚寅生人 用辛卯年 修造乙庚生人 遁戊寅 數之亥 是丁亥 也 亥入中宮 順尋

辛在离宮 爲陰 的殺也

周堂分析

日　″　″　″　″　″　″　″　″　″　″　″　″　″　″

一　二　三　四　五　六　七　八　九　一〇　一一　一二　一三　一四　一五

一六　一七　一八　一九　二〇　二一　二二　二三　二四　二五　二六　二七　二八　二九　三〇

大月　夫、姑、堂、翁、第、竈、婦、厨、小月婦、竈、第、翁、堂、姑、夫、厨、

擇第堂厨竈日用之如值翁而無翁值姑而無姑者亦可用

周堂

每月 初一、初九、一七、二五 大月 值夫 小月 值婦
初七、十五、二三 大月 值婦 小月 值夫 此七日 不用
一三、二〇、二八 大月 小月 皆值翁 此三日 有翁者 不用
一〇、一八、二六 大月 值姑 小月 可用 大月 可用
一四、二二、三〇、小月 值姑 無姑者 可用

經云周堂如値翁姑新人入門 時俗有從 權出外 稍避候、新人 坐牀後 翁姑 方可回家

※ 嫁娶、于歸、移安、安葬、周堂 每年 大韓民曆爲照

調髮

月 日 正月 七日 寅日 二月 八日 辰日 三月 九日 午日 四月 十日 申日
五月 十一日 戌日 六月 十二日 子日 七月 十三日 寅日

削髮 爲僧 男女 調髮 大吉

轉趾殺

甲子 甲子 乙丑 乙丑 丙寅 丙寅 丁卯 丁卯……例 甲子와 甲子 乙丑과 乙丑 丙寅과
丙寅 丁卯와 丁卯 干支同一이 轉趾殺 四柱宮合等에 있어서 서로 不吉함

項目	區分	內容
絶滅煙火	月 日	申子辰月 水局 水生在申敗也　巳酉丑月 金局 金生在巳敗也 寅午戌月 火局 火生在寅敗也　亥卯未月 木局 木生在亥敗也 臨機應變 機敏奔走 事業中絶　忌 入宅 安　福神 香
座敗日	日 辰	甲申 乙酉 丁丑 戊戌 己卯 辛酉 癸未 庚寅
長園日	日 辰	辛巳 庚午 壬申 癸酉　主頻頻 拘留 不然 懲役
長短日	月日 日	每月五日 十四日 二十三日 此三日者 河圖 中宮數故 人逆天也 諸事 不吉
正廟	五行星	兌 土 羅　金 火　金 翼 土 火　字 火　婁 水 木　中有五救之神 凶事化吉　木 箕 羅
作厠忌方	方位	子午卯酉 寅申巳亥 建物 四隅 正方 大不吉
地啞日	日 辰	乙 己 丁 辛 癸　丑 亥 卯 巳 未 酉 丑　諸事 修造 無害（但當日完工）
進神日	日 辰	甲午 甲子 陽進神　己卯 己酉 陰進神　柱臨 男 女顏姸服美

차 部

天地空亡日辰表

天空亡

九、一日 十七日 二十五日
八、十六日 二十四日
七、十五日 二十三日 三十日
六、十四日 二十二日
五、十三日 二十一日 二十九日
四、十二日 二十日 二十八日
三、十一日 十九日 二十七日
二、十日 十八日 二十六日
百事 不吉 安葬 不忌

地空亡

一、九日 十七日 二十五日
二、十日 十八日 二十六日
三、十一日 十九日 二十七日
四、十二日 二十日 二十八日
五、十三日 二十一日 二十九日
六、十四日 二十二日 三十日
百事 不吉 安葬 不忌

天地空亡

申 酉 戌
未 亥
各從年上起 正月月上起 日順行遇 子爲天空 午爲地空也

天空

未 午 巳 辰 卯
亥 子 丑 寅
子 地空
忌入宅 天空 地空 不忌 安葬

天地空亡年月表

忌　修造・入宅・安門　不忌　安葬

子年	丑年	卯年	辰・巳年	午年	未・申年	酉年	戌・亥年
五	十二四	十一三	十二	九正	八	七	六
六	五	十二四	十一三	十二	九正	八	七
七	六	五	十二四	十一三	十二	九正	八
八	七	六	五	十二四	十一三	十二	九正
九正	八	七	六	五	十二四	十一三	十二
十二	九正	八	七	六	五	十二四	十一三
十一三	十二	九正	八	七	六	五	十二四
十二四	十一三	十二	九正	八	七	六	五

其他諸殺

天上天下大空亡日　甲申 甲午 乙丑 乙亥 乙酉 壬辰 壬寅 壬子 癸未　宜 修造 但當日完工

天地皆空日　癸巳 癸卯日

戊戌 己亥 庚子 庚申　宜 修造 但當日完工

天下滅亡日　正五、九月丑 二、六、十月辰 三七至未 四八臘月戌 百事凶

債不星方　甲己年 辰方 乙庚年坎 寅方 丙辛年午方 丁壬年乾方 戊癸年 坤庚方 主 忌 修造　新造 不忌

債不星日　大月三、十一、十九、二十七日 小月二、十、十八、二十二日 忌安門

天聾日　辰 丙寅 戊辰 丙子 丙申 庚子 壬子 丙辰 百事修造 無頉也（但當日完工）

清掃日　月日 子丑寅卯辰巳午未申酉戌亥　卯卯未酉亥丑卯卯未酉亥丑 諸 大清吉 得福

天赦日　月日 春生戊寅 夏生甲午 秋生戊申 冬生甲子 入柱 奇蹟的 免災

타部

太歲空亡　太才　出甲子日 入己巳日此五日出遊 諸 修造無害 墨書李己明 書之付着則 無 咎也（太歲之父名故也）

土公方　月吉方

春東方及垣　夏南方及門　秋西方及井　冬北方及中　庚月凶方　忌動土

偸修日　日辰

大寒後十日　立春前五日　只一日爲上　前日後一日爲次　諸 修造 全然 無害

太歳壓本命　日辰

甲子年用事則甲子太歳入中宮 乙丑 乾丙寅 兌以至 癸酉 入中宮癸酉生 爲
太歳 壓本命又從癸酉 入中宮 遁得壬午生爲 壓本命 又從壬午入中 辛卯生
爲壓本命 又乙丑年入中 遁至甲戌生爲壓 本命而其中爲太歳被克者 尤忌也

和生不忌

파 部

捕捉　月日

宜執危收日 忌天德 月德 天德合 往亡日

風波日　日辰

年建爲風波 月爲白浪 日建爲 大忌 主 行舟不吉

八風日　日辰

丁丑 己酉 甲申 甲寅 辛未 丁未 甲戌 主 行舟不吉

八山黄泉　才干支／月日

乾山壬午不堪當　乙卯坤山切須防
更有辛酉巽山忌　丙寅艮山仔細詳
坎山戊辰君莫犯　忌亥離山定遭殃
兌山黄泉忌丁巳　庚申克却震山場
乾屬陽午火七殺　葬事犯則 黄泉

하部

紅紗殺　月日　孟月酉　仲月巳　季月丑　忌婚姻

弦朔望日　日辰　求醫　手術則　病勢突然　變化死亡　不然　惡化　辛苦

虛敗日　日辰　己酉甲子辛卯庚午　船舶　修造　凶

紅嘴朱雀　月日　丁卯丙子乙酉甲午癸卯壬子辛酉　主　口舌　官訟　不吉

河泊死　日辰　庚辰日　行舟　不吉

黃獺星　日辰　丁丑癸未庚寅壬辰甲午乙亥丁未甲寅戊午壬戌　忌　破土　掘地

火星凶日　月日　寅巳申亥月　乙丑　甲戌　癸未　壬辰　辛丑　庚戌　己未日
子午卯酉月　甲子　癸酉　壬午　辛卯　庚子　乙酉　戊午日
辰戌丑未月　壬申　辛巳　庚寅　乙亥　戊申　丁巳日　忌　定礎　扇架　起工

活催星　四季日辰　春遁乙　夏遁丁　秋遁辛　冬遁癸　年干吉星　百事　大吉

火星　日辰　丙丁墓　方向　不吉　其他　亦然

狐狸星　月日　大月危日　小月定日　忌　掘地　土役

二十八宿吉凶法(日本適用)

角　嫁娶　請客　裁衣　吉
亢　求六畜　蒔種　婚姻　吉
氐　契約　約婚　立門　吉
房　造作　求屋　土地　山林　吉
心　移轉　旅行　開店　修理　吉
尾　倉庫　金談　調査　吉
箕　浚井　造畓　建物　吉
斗　土役　倉庫　修理　吉
牛　此日　正午　祈天　得福
女　理髮　學藝　會請客　吉
虛　入學　訪師　浴室　修理　吉
危　造船　作厠　塗壁　作厨　吉
室　造作　移轉　旅行　婚姻　請客　吉
壁　畜物　孵化　交尾　春蠶　吉

奎　井　修理　作厨　加棟　旅行　吉
婁　婚談　金錢　事件　處理　吉
胃　開業　轉業　求職　吉
昴　登山　寺刹　參拜　省墓　旅行　吉
畢　求屋　土役　作家　婚談　契約　吉
觜　入學　家屋　修理　垣墻　改築　吉
參　金談　重事　調定　建門　吉
井　穿井　蒔種　各種　參拜　吉
鬼　何事不論　無邪祟　修理　吉
柳　店舖　開設　築台　沙防　吉
星　造厠　請客　迎醫　吉
張　婚姻　入學　參拜　求職　吉
翼　蒔種　農事　重要　行事　吉
軫　分家　隱居　祈福　佛功　吉

二十八宿略解（中國適用）

角 安穩 遇戊日則必凶

亢 得食 臨莅 征伐 最高強

氐 不安寧 遇官符 大不祥

房 益衣服 宜百事 忌安葬

心 盜賊 諸經營 造葬 百事 皆昌

尾 必害 宜埋葬 忌修造

箕 得病 德爲懦弱 被欺侮

斗 美味 遇戊日則凶

牛 速喜 臨莅 征伐 最高強

女 有疾 遇官符 大不祥

虛 得粮 宜百事 忌安葬

危 遭毒 諸經營 造葬 百事 皆昌

室 水厄 宜埋葬 忌修造

壁 獲寶 德爲懦弱 被欺侮

奎 得財 遇戊日則必凶

婁 增壽 臨莅 征伐 最高強

胃 滅服 遇官符 大不祥

昴 火燒 宜百事 忌安葬

畢 多事 諸經營 造葬 百事 皆昌

嘴 鼠咬 宜埋葬 忌修造

參 逢盜 德爲懦弱 被欺侮

井 離別 遇戊日則必凶

鬼 吉祥 臨莅 征伐 最高強

柳 喪服 遇官符 大不祥

星 喪服 宜百事 忌安葬

張 逢欣 諸經營 造葬 百事 皆昌

翼 得財 宜埋葬 忌修造

軫 長久 德爲懦弱 被欺侮

十二星表

月神隨月建順行

十二星	正	二	三	四	五	六	七	八	九	十	十一	十二	
建	寅	卯	辰	巳	午	未	申	酉	戌	亥	子	丑	百事 大吉
除	卯	辰	巳	午	未	申	酉	戌	亥	子	丑	寅	改修 諸事 大吉
滿	辰	巳	午	未	申	酉	戌	亥	子	丑	寅	卯	百事 大吉
平	巳	午	未	申	酉	戌	亥	子	丑	寅	卯	辰	參拜 祈福 大吉
定	午	未	申	酉	戌	亥	子	丑	寅	卯	辰	巳	作家 婚姻 蒔種 大吉
執	未	申	酉	戌	亥	子	丑	寅	卯	辰	巳	午	諸物品 出納 不吉
破	申	酉	戌	亥	子	丑	寅	卯	辰	巳	午	未	百事 大吉 破壞
危	酉	戌	亥	子	丑	寅	卯	辰	巳	午	未	申	災生病 孝服
成	戌	亥	子	丑	寅	卯	辰	巳	午	未	申	酉	婚姻 蒔種 開業 吉
收	亥	子	丑	寅	卯	辰	巳	午	未	申	酉	戌	寺刹 祈福 大吉
開	子	丑	寅	卯	辰	巳	午	未	申	酉	戌	亥	婚姻 開業 移舍 吉
閉	丑	寅	卯	辰	巳	午	未	申	酉	戌	亥	子	墓 參拜 吉

例 題 部

一、行船 船遊 海水浴

宜 黄道 天恩日 月恩 月財 天月德 天月德合 要安定成日 合海 角徑宿 吉

忌 魁罡 天賊 受死 荒無 正四廢 風波 白浪 孤宿 觸水龍 咸池 蛟龍 四敫 招搖 殃敗 八風危

江河離 子胥死日 河泊死日 龍神行日 水隔 九坎 九土鬼 天地轉殺 大惡時 紅沙每月 七、九日

行船 船遊 海水浴 吉日

正月 甲子 庚子 壬子 甲午 戊午 壬午

二月 乙未 丁未 辛未 辛亥 己未 己亥

三月 甲子 庚子 壬子 己巳 丁卯

四月 乙酉 辛酉 癸酉 丁卯 辛卯 癸卯

五月 乙未 丁未 己未 辛未 丙寅 丙申

六月 丁卯 乙卯 辛卯 癸卯

月						
七月	甲子	庚子	壬子	庚午	壬午	乙未 丁未
八月	乙丑	丁丑	己丑	戊寅	庚寅	乙亥 辛亥
九月	甲子	庚子	丙午	庚午	辛酉	丁酉 丁亥
十月	丁卯	辛卯	癸卯	丁酉	辛酉	
十一月	乙丑	丁丑	丙辰	戊辰	辛亥	己亥
十二月	戊寅	庚寅	壬寅	辛卯	丁卯	癸卯

行船　船遊　海水浴　凶日

	正	二	三	四	五	六	七	八	九	十	十一	十二
白浪	寅	卯	辰	巳	午	未	申	酉	戌	亥	子	丑
覆舟	申	酉	戌	亥	子	丑	寅	卯	辰	巳	午	未
咸池	卯	子	酉	午	卯	子	酉	午	卯	子	酉	午
天賊	辰	酉	寅	未	子	巳	戌	卯	申	丑	午	亥
荒無	巳	酉	丑	申	子	辰	亥	卯	未	寅	午	戌
受殺	戌	辰	亥	巳	子	午	丑	未	寅	申	卯	酉

	正	二	三	四	五	六	七	八	九	十	十一	十二
招搖	辰	卯	寅	丑	子	亥	戌	酉	申	未	午	巳
殃敗	卯	寅	丑	子	亥	戌	酉	申	未	午	巳	辰
九空	辰	丑	戌	未	卯	子	酉	午	寅	亥	申	巳
蛟龍	未	申	戌	申	戌	丑	辰	未	辰	申	子	巳
水隔	戌	申	午	辰	寅	子	戌	申	午	辰	寅	子
危日	酉	戌	亥	子	丑	寅	卯	辰	巳	午	未	申
河伯日	亥	子	丑	寅	卯	辰	巳	午	未	申	酉	戌

八風　丁丑日　己酉〃　甲申〃　甲寅〃　辛未〃　丁未〃　甲寅〃　甲戌〃

四敦　春丑　夏戌　秋辰　冬未

正四廢　庚申　辛酉　壬子　癸亥　甲寅　乙卯　丙子　丁巳

	春	夏	秋	冬
觸水龍	丙子	癸未	癸丑	
張宿	丙子	癸未	癸丑	戊戌、乙卯
江河離	壬申	癸酉		
風波日	年建 爲風波　月建 爲白浪　日建 爲大惡			
河伯死	庚辰 行舟 大不吉			
水痕	大月 初三、七、十三、十七、二十三、三十日　小月 初三、七、十二、二十六日			

釣魚 投網 狩獵

宜 月殺 飛廉 執危收日 壬寅癸卯 江河合 三音 死門日

忌 天赦 天恩 月恩 生氣 山隔 林隔日 魚會日 戊辰 庚辰 己亥日 魚多釣 鳥獸會日 己巳 甲辰 壬子 丙辰 丁巳 戊午日 鳥獸 多捕

月別吉日

正月　五未　五戌　酉亥日
二月　五申　巳日　戌日
三月　五午　五亥　乙酉　丁酉　癸酉日
四月　五未　五戌　甲辰　丙辰　壬辰日
五月　己丑　丁丑、甲寅、庚寅、己亥、丁亥、辛丑日
六月　五未　五戌、五寅、辰日
七月　五巳　乙卯　癸卯　辛卯　甲辰　丙辰日
八月　五寅、五亥　甲辰、丙辰、壬辰日
九月　五卯　甲子　戊子、乙丑、丁丑、辛丑日
十月　五午　五戌　甲申　丙申　戊申　庚申日
十一月　五酉　乙巳　丁巳、己巳、癸巳、乙未日
十二月　五申　五酉　戊午　丙午、甲辰　丙辰日

月別凶日

月	正	二	三	四	五	六	七	八	九	十	十一	十二
受死	戌	辰	亥	巳	子	午	丑	未	寅	申	卯	酉
月殺	丑	戌	未	辰	丑	戌	未	辰	丑	戌	未	辰
飛廉	戌	亥	子	丑	寅	卯	辰	巳	午	未	申	酉

忌日山隔　未 巳 卯 丑 亥 酉 未 巳 卯 丑 亥 酉

林隔　卯 丑 亥 酉 未 巳 卯 丑 亥 酉 未 巳

天赦　春戊寅 夏甲午 秋戊申 冬甲子

月恩　丙 丁 庚 己 戊 辛 壬 癸 庚 乙 甲 辛

天恩　甲子 乙丑 丙寅 丁卯 戊辰 己卯 癸丑 庚辰 辛巳 癸未 己酉 庚戌 辛亥 壬子

例

二、登山 開山 伐木 採藥

宜　明星 黃道 天德月德 定成開日
忌　天賊 龍虎 赤口 山痕 山隔破危日

刀砧殺凶日　春亥 夏寅 秋巳 冬申

魯班殺凶日　春子 夏卯 秋午 冬酉

斧頭殺凶日　春辰 夏未 秋酉 冬子

月別吉日

登山 開山 伐木 採藥

正	戊寅 甲寅 壬午 丙午 丙寅 己卯 丁丑
二	辛未 戊寅 甲申 戊申 乙未 丁未　己未
三	己巳 甲申 癸酉 乙巳
四	庚午 壬午 丙戌 甲午 戊午
五	己巳 甲戌 丙戌 戊辰 丙辰
六	乙亥 甲申 庚申 癸酉 丁酉 辛亥
七	戊子 庚子 丙子 壬子 戊辰 丙辰
八	甲戌 乙亥 甲申 戊申 庚申 乙丑 癸丑　辛亥
九	乙亥 丁亥 辛亥 己卯 丙戌
十	辛亥 乙未 丁未 乙亥 甲子 丙辰
十一	甲寅 丁丑 癸丑 乙亥 丙寅
十二	甲寅 丙寅 戊寅 壬寅 乙卯 丁卯 己卯　辛卯 癸卯

月別凶日　登山開山伐木採藥

各凶日は「日／月凶日」（日の凶）に分類される（受死＝日、他は〃）。

月	受死凶日	天賊	月破	雷獨火	危日	龍日	山隔
正	戌	辰	申	巳	酉	巳	未
二	辰	酉	酉	辰	戌	亥	巳
三	亥	寅	戌	卯	亥	午	卯
四	巳	未	亥	寅	子	子	丑
五	子	子	子	丑	丑	未	亥
六	午	巳	丑	子	寅	丑	戌
七	丑	戌	寅	亥	卯	申	未
八	未	卯	卯	戌	辰	寅	巳
九	寅	申	辰	酉	巳	酉	卯
十	申	丑	巳	申	午	卯	丑
十一	卯	午	午	未	未	戌	亥
十二	酉	亥	未	午	申	辰	戌

山痕　大月 八 十七 二十 十　小月 五 十四 十六 二七　／ 十七 二十

紅嘴朱雀　乙丑 甲戌 癸未 壬辰 辛丑 庚戌 己未

登山　開山　伐木　採藥

例 三、求醫治病合藥

宜 天醫 天后福生 生氣 破除成開日 （不用 辛未日 扁鵲死）

忌 死神 死氣 致死 遊禍 月殺 月害 死別 建平滿收 日

合藥吉日

戊辰 己巳 庚午 壬申 乙亥 戊寅 甲申 丙戌 辛卯 乙未 丙午 辛亥

男宜破日 忌除日、女宜除日 忌破日、男忌 戊日 女忌 己日、建 不治頭 開 不治目

吉日	正	二	三	四	五	六	七	八	九	十	十一	十二
天醫	丑	寅	卯	辰	巳	午	未	申	酉	戌	亥	子
天后	申	巳	寅	亥	申	巳	寅	亥	申	巳	寅	亥
生氣	子	丑	寅	卯	辰	巳	午	未	申	酉	戌	亥

合藥凶日

死神	巳	午	未	申	酉	戌	亥	子	丑	寅	卯	辰

凶日	正	二	三	四	五	六	七	八	九	十	十一	十二
死氣	午	未	申	酉	戌	亥	子	丑	寅	卯	辰	巳
致死	酉	午	卯	子	酉	午	卯	子	酉	午	卯	子
遊禍	巳	寅	亥	申	巳	寅	亥	申	巳	寅	亥	申
月殺	丑	戌	未	辰	丑	戌	未	辰	丑	戌	未	辰
月害	巳	辰	卯	寅	丑	子	亥	戌	酉	申	未	午

又忌火隔日　正午日　二辰日　三寅日　四子日　五戌日　六申日　此日治病 手術 針灸 主死亡

逐月治病（手術）吉日

正月　五子　五卯　五申

二月　五丑　五亥

三月　五子　五寅　五巳　五酉

四月　五丑　五卯　五午

五月　五寅　五辰

六月　五丑　五卯　五申

七月　五寅　五辰　五酉

八月　五巳

九月　五午　五申　五亥

十月　五巳　五酉　五子

十一月　五丑　五午　五申　五戌

十二月　五寅　五亥

求醫治病合藥

針灸疾病

此二條似太狗　凡人占疾病　當速調治　豈待擇已而後　求醫服藥哉　不過欲人　慎重來可　造次耳　至針灸

一條出　神農經逐日　人神所占　亦恐難依　聊載以憑

神農經

日支人神所占

子在目　丑在耳　寅在胸　卯在鼻　辰在腰　巳在手　午在心　未在足　申在頭肩　酉在背　戌在頭咽喉　亥在項

日干人神所在

甲在頭　乙項　丙肩　丁胸　戊腹　己背　庚膝　辛脾　壬腎　癸足

逐月人神所占

初一足大指　初二外踝　初三股內　初四肱內　初五目　初六手　初七內踝　初八腕　初九尻　初十腰背　十一鼻柱　十二髮際　十三牙齒　十四胃腰　十五遍身　十六在胸　十七氣衝　十八股內　十九足　二十內踝　二十一小指　二十二外踝　二十三肝足　二十四手陽明　二十五足陽明　二十六在胸　二十七在臍　二十八在陰　二十九膝脛　三十足踝　以上人神所在　不宜針灸

逐月針灸吉

正月	壬子 丙子 壬辰 丙辰 甲子 甲申 丁卯
二月	辛卯 己未 己卯 乙亥 己亥 壬子 丙子 丁丑 辛丑 乙卯 丁卯 丙午
三月	壬午 乙巳 壬子 丙子 庚子 辛丑 丁丑 癸丑 甲午
四月	丙午 壬午 庚午 乙巳 辛卯 乙卯 丁卯 丙午 壬午 甲午 庚子
五月	甲戌 丙戌 戊戌 丁亥 甲辰 丙辰 壬辰 己未 甲申 丁亥 己亥
六月	乙卯 丁卯 辛卯 己未 甲申 丁亥 己亥
七月	庚子 丙子 壬子 乙卯 辛卯 丁卯 甲申
八月	丙戌 戊戌 丙子 乙卯 辛丑 丁丑 癸丑 丙午 壬午
九月	丁亥 己亥 丙子 壬子 庚子 乙卯 丁卯 辛卯 甲申
十月	丙午 壬午 己未 丁亥 己亥 乙卯 丁卯 癸卯 甲辰 丙辰 壬辰 庚午
十一月	丙午 壬午 己巳 丙子 壬子 庚子 丙辰 壬辰 甲申 丁丑
十二月	癸丑 辛丑 甲戌 辛丑 丁丑 癸丑 戊戌 乙卯 己卯 癸卯 丙戌 乙巳

例 四、出家 修道 吉日

種目 日／月	天德	天德合	月德	月德合	金堂	天喜	天富	月財	天財	地財
正	丁	壬	丙	辛	辰	戌	辰	午	辰	巳
二	戊	巳	甲	己	戌	亥	巳	乙	午	未
三	壬	丁	壬	丁	巳	子	午	巳	申	酉
四	辛	丙	庚	乙	亥	丑	未	未	戌	亥
五	亥	寅	丙	辛	午	寅	申	酉	子	丑
六	甲	己	甲	己	子	卯	酉	亥	寅	卯
七	癸	戊	壬	丁	辰	辰	戌	午	辰	巳
八	寅	亥	庚	乙	戌	巳	亥	乙	午	未
九	丙	辛	丙	辛	巳	午	子	巳	申	酉
十	乙	庚	甲	己	亥	未	丑	未	戌	亥
十一	己	申	壬	丁	午	申	寅	酉	子	丑
十二	庚	乙	庚	乙	子	酉	卯	亥	寅	卯

出家 修道 凶日

日／月	正	二	三	四	五	六	七	八	九	十	十一	十二
大敗六不成	寅	午	戌	巳	酉	丑	申	子	辰	亥	卯	未
天耗	寅	辰	午	申	戌	子	寅	辰	午	申	戌	子
地耗	酉	亥	丑	卯	巳	未	酉	亥	丑	卯	巳	未
天賊	辰	酉	寅	未	子	巳	戌	卯	申	丑	午	亥
鬼賊	亥	丑	卯	巳	未	酉	亥	丑	卯	巳	未	酉
破敗	申	戌	子	寅	辰	午	申	戌	子	寅	辰	午
天罡	巳	子	未	寅	酉	辰	亥	午	丑	申	卯	戌
絢絞	亥	午	丑	申	卯	戌	巳	子	未	寅	酉	辰

入室 坐禪 吉日

甲寅乙卯日 月合 丙寅 丁卯 陰陽合 上吉 黃道 甲子 庚申 成開日 吉

入室 坐禪 凶日

天隔 神隔 日月離 陰陽離 六不成 建 破 魁 罡 凶

入山 求仙 吉日

己巳 巳卯 己酉 己亥 己丑 是也 天心日（即寅日是也）入 名山 仙 甲子 開 除 日 作事 必遂

例 五、塑畫神像

宜 天月德 天恩 福生 除 臨 開 及生旺日 忌 天賊 伏斷 荒蕪 正四廢 天地空 鬼神 空日

逐月 塑神 開光 吉日

正月 丁酉 癸酉

二月 乙未 己未 癸未

三月 乙巳 丁酉 癸酉

四月 甲子 乙丑 庚辰 庚子

五月 丙寅 戊寅 辛未

六月 丁亥 丁酉 辛亥 甲寅

七月 甲子 甲辰 丙辰 壬辰

八月 乙丑 丁丑 壬辰 丙辰 庚辰

九月 丙午 庚午

十月 丙午 辛未 乙未 癸未 丁未 己未

十一月 丙寅 庚寅 乙巳

十二月 丙寅 丙申 甲寅 庚申

祭祀 鬼神 吉日（神感應日）

吉日 日／月	天德	月德	天德合	月德合	福生	普護	敬心	益後	續世	天解
正	丁	丙	壬	辛	酉	申	未	子	丑	午
二	申	甲	巳	己	卯	寅	丑	午	未	申
三	壬	壬	丁	丁	戌	酉	申	丑	寅	戌
四	辛	庚	丙	乙	辰	卯	寅	未	申	子
五	亥	丙	寅	辛	亥	戌	酉	寅	卯	寅
六	甲	申	己	己	巳	辰	卯	申	酉	辰
七	癸	壬	戊	丁	子	亥	戌	卯	辰	午
八	寅	庚	亥	乙	午	巳	辰	酉	戌	申
九	丙	丙	辛	辛	丑	子	亥	戌	巳	戌
十	乙	申	庚	己	未	午	巳	辰	亥	子
十一	巳	壬	甲	丁	寅	丑	子	巳	子	寅
十二	庚	庚	乙	乙	申	未	午	亥	午	辰

祭祀 鬼神

祭祀 鬼神 凶日

凶日 日/月	天瘟	天賊	荒蕪	神隔	鬼隔空	龍虎	天隔	遊禍	穴天狗
正	未	辰	巳	巳	申	巳	寅	巳	辰
二	戌	酉	酉	酉	午	亥	子	寅	巳
三	辰	寅	丑	丑	辰	午	戌	亥	午
四	寅	未	申	亥	寅	子	申	申	未
五	午	子	子	卯	子	未	午	巳	申
六	子	巳	辰	未	戌	丑	辰	寅	酉
七	酉	戌	亥	巳	申	申	寅	亥	戌
八	申	卯	卯	酉	午	寅	子	申	亥
九	巳	申	未	丑	辰	酉	戌	亥	子
十	亥	丑	寅	亥	寅	卯	申	寅	丑
十一	丑	午	午	卯	子	戌	午	亥	寅
十二	卯	亥	戌	未	戌	辰	辰	申	卯

逐月 祭祀 吉日

月	日
正月	五酉 丁丑 己丑 乙丑 丁未 辛未 己卯 辛卯 甲午
二月	乙未 己未 辛未 甲申 丙申 壬申 甲戌 丙戌 壬戌
三月	五酉 甲子 辛卯 乙卯 丁卯 己卯 乙巳 丁巳 甲申 丙申
四月	五酉 乙丑 丁丑 己丑 丙辰 庚辰 甲午 丙午 壬午 甲戌 丙戌 庚戌
五月	乙丑 丁丑 甲戌 丙戌 庚戌 癸未 丁亥
六月	甲子 乙卯 丁卯 己卯 辛卯 丁亥
七月	癸亥 五酉 甲子 乙卯 丁未 己未 丁卯 丙申 庚申 辛卯 辛未
八月	乙丑 丁丑 己丑 癸丑 己巳 丁巳 丙申
九月	乙卯 丁卯 甲午 己卯 辛卯 丙午 壬午 丙戌 庚戌 庚辰 乙巳 甲戌
十月	甲午 丙午 壬午 甲子 丙辰 丙戌 庚辰 庚戌 甲戌 五未
十一月	甲子 乙巳 丁巳 甲午 丙午 五未
十二月	五辰 五申 五丑 乙巳 丁巳 甲午 丙午 日皆吉

六甲日　檢齋　吉凶

甲子日　善緣童子下降　主　富貴大吉

乙丑丙寅日　阿難尊者　下界　主　一年招財　進寶　大吉

丁卯日　司命神　並惡薄　童子　下界　主　作善　反凶

戊辰　己巳日　那咤太子　下界　主　損　人口

庚午日　青衣童子　下界　主　諸事　大吉

辛未日　三命餓鬼　下界　主　破財　損　六畜凶

壬申癸酉日　司命　增官　下界　主　起官符　凶

甲戌乙亥丙子丁丑戊寅己卯日　馬明王　下界　主　作福大吉

庚辰辛巳日　善財童子　下界　主　作福　三年大吉

壬午癸未日　亥武祖師　下界　主　作福　一年小口

甲申　乙酉日　阿彌陀佛　下界　主　作福　二年大吉

丙戌丁亥日　朱雀　下界　主　官司　大凶

戊子己丑日　受罪司命府君下界　主　一年　大凶

庚寅辛卯日　大然神　下界　主　口舌　是非　凶

壬辰日　獲富無量佛　下界　主　作福　還德　十倍

癸巳日　大殺神　下界　主　作福　還德　十年　不利

甲午乙未丙申丁酉戊戌己亥庚子辛丑日　世尊下界　主　修齋　還德　十年吉

壬寅癸卯日　諸佛下界　主　作福　還德　大吉

甲辰乙巳日　四門大王　下界　主　一年不利

啾唧

大吉

丙午丁未日牛頭夜叉下界　主　不宜作福

戊申己酉日　千佛下界　主　作福大吉

庚戌辛亥壬子癸丑甲寅乙卯日　主　大凶

丙辰丁巳戊午日　牛頭夜叉金剛下界　主　人災凶

己未日　諸佛下界　主　十倍大利

庚申辛酉日　釋迦世尊下界　主　十倍大利

壬戌癸亥日　玄天罡下界　主　不宜作禍　主　大

不利

設齋建醮道場超度

正月　癸卯　己卯　庚午　甲午　己酉　丁酉

二月　乙未　己未　甲申　丙申　戊申　甲戌

三月　甲子　庚子　甲申　丙申　己酉　乙酉　丁酉

四月　辛丑　乙丑　丁丑　庚午　甲午　丁酉　甲戌

五月　丁丑　乙丑　辛丑　丙寅　戊寅　壬寅

六月　丙子　戊寅　丙寅　壬寅　己卯　己亥　乙亥

五申日

七月　甲子　丙子　庚子　庚申　庚辰　壬辰

八月　乙丑　丁丑　辛丑　庚辰　壬辰

九月　癸卯　己卯　甲申　庚申

十月　甲子　庚子　甲午　庚午

十一月　乙丑　丁丑　辛丑　乙未　己未　甲申　庚申

戊申　丙申

十二月　甲子　丙寅　戊寅　壬寅　甲申　丙申　庚申

逐月 祈解 吉日（求福 除災咎 所願等）

正月　辛卯 甲午 乙未 癸酉 乙酉 己酉 辛酉
二月　癸未 己未 辛未 丁未 甲申
三月　壬寅 丙子 己卯 甲子 壬午 丁巳
四月　甲午 壬辰 丙辰 丁丑 壬午 丙午 庚午
五月　乙亥 己亥 辛亥 壬寅 庚寅 壬戌 辛丑
六月　甲子 乙卯 丁卯 己卯 辛卯 丁亥 乙亥 癸亥
七月　五酉 五卯 丙辰 甲辰 壬辰 甲子 壬子 丙子 庚午
八月　壬辰 甲辰 丙辰 庚辰 丁丑 己丑
九月　辛卯 庚午 丙午 壬午
十月　甲午 壬午 乙未 癸未 庚午 辛未 丁未
十一月　壬申 乙未 戊申 甲辰 丙辰 庚申 丁丑
十二月　庚午 甲午 壬午 乙巳

極秘

卦別病名配當 及 爻別治療狀況表

乾卦病　頭熱疲神不眠盃火口燥動悸怔冲狂言眩暈肺大腸虛熱痰盛浮腫腦病咳喘呕吐食不下脚痛
- ①卒中風支難回復
- ②盃火留連回復
- ③一進一退後回復
- ④再發惡化后完療
- ⑤頭胸火氣徐々癒
- ⑥危重支難後緩癒

蒙卦病　寒熱頭痛盃火逆上顱重腦病食不下大腸脚痲神經痛膝臏関節痛
- ①危篤支難後癒
- ②初輕後重徐癒
- ③病無頭緒留連回復
- ④惡化支難回復
- ⑤危機過後癒春不救
- ⑥頭胸熱支難回復

遯卦病　劳神頭痛胸熱乳病胁痛顴重癪氣盃悶鼻乾腹痛大腸脚痛
- ①惡化支難後平
- ②再發留連後平
- ③惡化支難後平
- ④外見重病不日自蘇
- ⑤放任必死
- ⑥[illegible]

否卦病　頭胸熱痛顴重癪氣盃悶氣脱神經性盃火胸脚痛食不下腹痛下痢
- ①肝胃火留連後[…]
- ②支難後平
- ③数日留連徐癒
- ④初輕後重徐癒
- ⑤安靜緩治徐平
- ⑥危篤支難冬死

觀卦病　頭、項、胸痛眩暈腎虛腰脚不隨下痢三焦不寬恠病並發
- ①留連後平
- ②突變支难月餘
- ③数日完快
- ④漸々損氣支難
- ⑤藥效微力久治後平
- ⑥危篤支難

剝卦病　頭痛腎虛下血下痢胃弱食不下四肢無力氣力漸衰遠病多難救
- ①悪化後徐平
- ②火氣往來藥不效手術則数日後死亡
- ③再發惡化後平
- ④神經性病危篤留連
- ⑤重態過危
- ⑥重症藥不效手術注射奏效期後平

晋卦病　頭痛上熱下冷逆上盃火耳鳴腫氣咽喉聲嗄四肢酸痛膀腫下痢
①留連後回復　②不日快平　③症狀突變後徐平　④火急入院勸誘吉九人一生　⑤火氣上衝留連後平　⑥

大有卦病　腦病聲嗄眼昏精神恍惚勞心肺熱胸痛腹硬滿便秘
惡化一路十人九死
①瀉火潤肺則完快　②近病速平遠病留連　③自害其命留連後平　④重症愼治徐癒　⑤外輕內重長期化　⑥外見重愼治救

坎卦病　氣盃耳鳴眼疾全身無力癥瘕痃癖內腫成塊腎虛腹痛腸炎脚痛
日快平
①內臟炎症徐々平　②惡化留連後平　③危篤支難後平　④数日內完快　⑤重症愼治月餘後平　⑥危篤長期治則

節卦病　咽喉口腔肩臂痛、溜飲積塊蠕動便秘瘡毒關節炎勞神脚膝重痛酒毒房勞
徐平
①留連久治平　②危篤突變後平　③病根發動危篤化　④危篤留連愼治徐平　⑤支難後徐平

屯卦病　頭痛聲嗄眼昏頸病心悶胃痛癪卷胸痛痙攣孤症惡疹食中毒脚氣
①一次惡化後穩平　②少壯回復老癃危篤支難　③再發苦痛後徐平　④支難緩平　⑤惡化苦痛後徐癒　⑥危篤後
絶處逢生

既済卦病　火侵神昏咽喉肺弱喘息溜飲胃痛吐瀉濕熱秘結四肢不利
①危篤經死境後平　②長期投藥快平　③一次惡化後平　④危篤安胃則平　⑤重症月餘久治平　⑥先保元後攻病
②危篤後

萃卦病　寒熱憔悴食不下聲嗄糞尿不利腹痛脚膝痛皮荒遠病不救
則平、秋不吉
①留連後徐平

②無藥自癒　③病無頭緒久治平　④危篤多不救　⑤危症二個月後平　⑥支難惡化一路放任
必死

豐卦病　頭頸病心悶逆上肝硬化發狂聲嗄胃痛痰盛腰塊膽石便秘
①重症久治得平　②危篤平胃為主則徐平　③病塊支難累月　④慎治徐平　⑤安肝平胃則平
⑥突變惡化多死

明夷卦病　胃癌腸癌頸胸火侵眼疾舌燥狂言腎虛便秘腰脚痛多死
①惡化後小康　②危症藥不效支難　③支難後徐平　④危篤放性必死　⑤慎治徐平
⑥極危順治回生劇治必死

師　卦病　寒熱心痛陰虛火動盜汗胃癌食不下腎臟炎
①數日內快平　②心神衰弱絕處逢生　③危篤支難化　④危症久治則徐平　⑤危重遠病難救
⑥再發危險十中九死

艮卦病　中風高血壓半身不隨頭痛發熱浮腫胃病肝硬化關節炎膽石經痛
①善治完快　②支難難治　③惡化後徐平　④極危入院勸誘吉　⑤順治快平　⑥長期化後徐
平半數惡化

賁卦病　頭痛肝炎氣盛喘息胃熱食不下腹中炎秘結濕熱脚足痛
①危篤化難愈　②惡化後徐平　③數日內完快　④支難後快平　⑤惡化累日支難　⑥近病皆

大畜卦病　口乾舌燥頭項痛胸腹硬滿食不下氣盛蠱脹便秘脚膝痛
①支難惡化多死　②危篤支難累月　③支難後徐平　④無藥自癒　⑤外見重症不日平
癒遠病多死

⑥数日内完快

損卦病　頭痛肝癌眼疾食不下氣盎腹硬滿頭項腫氣語遲脚臁痛
①半愈支难
②危篤悪化遠病多死
③不日快平
④順治回生劇治必死
⑤悪化危險支难

⑥再發長期間苦痛

睽卦病　半身不随胸肝病發熱口燥溜飲逆上項口腫氣胃炎脚膝痛
①悪化一路多死
②悪化支难後回後
③支难苦痛月餘
④悪化後徐々平
⑤再發留連

⑥危篤悪化支难

履卦病　心肝病胃弱溜飲逆上性病肝硬化膽石症子宮癌關節炎経痛
①善治数日快平
②経死境後平
③支难月餘後平
④女人速平男人支难
⑤悪化後徐々平

⑥初輕後重徐々平

中孚卦病　肝病風盛耳鳴癩塊脹滿逆上神昏眼疾便秘食不甘四肢無力
①支难後平
②潜病俱發自害其命
③危重支难後平
④悪化後徐々愈
⑤支难難救

⑥悪化支难危險

漸卦病　頭熱神昏肺肝硬化疼塞胃病大腸炎亢進腫氣陰部病下肢痛
①善治速平
②危篤清肝快平
③危篤化支难
④悪化経月後平
⑤突然變化難名

⑥初危篤後漸平

震卦病　順頭逆上肺大腸病筋骨病骨髓炎中風呕吐臍冷發狂戰慄四肢痛
①半生半死後得生
②近病平遠病難救
③支难後徐平
④重態徐々平
⑤支难経月後平

（危篤慎光回生）

豫卦病　逆上咽喉扁挑肺大腸、胃癌發狂咳嗽寒熱齒痛耳鳴顛倒經痛
①中風支难後　②慎治徐平　③悪化換藥則徐平　④支难経月後平　⑤外見重症善愈
⑥危篤留連後平

解卦病　咽喉肺大腸筋骨病神経痛癱瘓胃痛食不下淋巴、経痛下血
①外見重症善愈　②支难後完快　③悪化留連後平　④数日内完快　⑤重症徐々平
⑥危症経月後緩愈

恒卦病　大腸、肺項頸淋巴脹滿腹痛脚氣浮腫精神錯乱性病四肢痛
①畏風病支难後平　②月餘治則完快　③留連苦痛後平　④悪化呻吟後平　⑤危症徐々平
⑥支难経月後平

升卦病　頭痛發熱胸、腰、肺、大腸呕吐腎虚幽痛扁挑淋巴甲狀腺病
①突然變化危篤　②久治辛愈　③内部化膿病徐平　④痼疾藥不效久治小康　⑤支难累月後
平　⑥危篤呻吟後平

井卦病　頭痛精神異常肺肝脾胃不安腎虚腰痛疝症骨節四肢痛呕吐
①悪化呻吟後平　②悪化極危十八九死　③支难後回復　④一次悪化後平　⑤重症累月呻吟
⑥近病漸平遠病難救

大過卦病　肺胸腰脇痛呼吸不安精神錯乱中風脹滿憔悴食中毒子宮炎
①留連後徐平　②自害其命徐々平　③悪化呻吟後平　④危篤慎治速平　⑤悪化支难後平
⑥近病皆平遠病難救

隨卦病　咽喉病半身不隨痰厥頭痛溜飲呕吐肺大腸性病精神恍惚脚臁痛

①一時惡化後平 ②危篤呻吟後平 ③惡化治法變更奏效 ④重症累月支難 ⑤外見危症速平 ⑥危急絶望狀態十中九死

異卦病 中風偏身不隨神昏肝胃炎肺、大腸痛發熱腫氣盛四肢痛
①進退留連後平 ②初危重漸快 ③支難不愈 ④自害其命惡化支難 ⑤危篤支難累日 ⑥危重愼治完快

小畜卦病 噎膈肺胃病中風腹滿秘結關節炎食不下神経痛風邪往來経痛
①支難後回復 ②少壯速平老人危命 ③内實症惡化後小康 ④経危期後平 ⑤支難呻吟後徐平 ⑥一時嘔吐下血吐血後平

家人卦病 火氣上衝腦病眩暈全身浮腫糞尿不利肺大腸腰脚痛腫氣化曨
①危亢進後平 ②危篤支難 ③呻吟長期化 ④危篤集結化支難 ⑤危篤支難累日 ⑥初重漸輕回復

益卦病 肺肝胃大腸腰坐骨神経痛中風痲痺膽脾痛關節炎伏藏攻肺
①亢進支難後平 ②危症支難累日 ③危急十人七死 ④重態支難累日 ⑤危後快蘇其命不長 ⑥呻吟累日多蘇

无妄卦病 咽喉氣管技胸膈胃嘔吐眩暈大腸膿血食不下顔浮腫脚神経痛
①危重進退支難 ②留連後徐平 ③危急遠病多死 ④若干惡化後徐平 ⑤重態其命不久 ⑥順治小康劇治死亡

噬嗑卦病 頭項耳鳴眼未心胸膈痛動悸咽喉聲嗄浮腫肺大腸齒四肢神経痛
①支難後平 ②留連月餘後平 ③甚痛後徐平 ④緩治惡化劇治徐平 ⑤呻吟累月後平

頤卦病 頭腦胸肺氣管枝益熱胃口腔眩暈筋骨痛侵菌性病神経痛

①悪化危命支难累日 ②悪化呻吟支难 ③支难累日後小平 ④不日快平 ⑤外見危篤速平

⑥重態支难後徐平

蠱卦病 中風腦病精神異常頭項痛噎膈寒熱撥痒蠱脹下肢痛細菌病

①支难危篤 ②悪化累日後平 ③悪化久則徐平 ④慎治速平 ⑤再發危篤長期化

⑥留連累日遠病死亡

離卦病 心火眼疾乳癌腰痛逆上呕吐聲嗄呼吸促腸塊食不甘便秘脚脈痛

①重態化休旺之間 ②初危後徐々平 ③悪化累日後平 ④藥效微弱長期化 ⑤重症經月後

小平 ⑥危急遠病多不救

旅卦病 中風半身不随肺胸喘息發熱腎虛腰痛肪胱炎神昏㾐症耳鳴脚痛

①半治後悪化急險 ②留連後徐平 ③危篤支难支後平 ④危症遠病不救 ⑤留連累日後救

命 ⑥危症遠病難治

鼎卦病 肺熱浮腫咽喉腎臟病耳鳴㘞動譫語血虛痰盛顏肥夢煩腰痛遺精

①慎治速平 ②悪化後徐平 ③重症支难後平 ④危症遠病多死 ⑤極危近病回生遠病十人

九死 ⑥危篤支难徐平

未濟卦病 上熱下冷口燥消渴食不甘腎肪胱病糖尿子宮腰痛精力減退（不治者最多卦）

①一時回復後多死 ②緩治徐々平 ③症狀突變後快平 ④累日苦痛後回復 ⑤累月支难危

險 ⑥危急元進後徐平

蒙卦病　頭痛神昏痴呆天癇頭暈盃火咽喉肺腎病腹脹痲痺食不下腰脚痛
①藥無効長期化
②外軽内重其分不長
③半生半死根治不能
④慎治回復
⑤数日内快平
⑥危篤経月後平

渙卦病　心火病腎虚耳齒痛肩臂腹痛吐瀉大小腸炎下痢骨節痛頭痛
①慎治速平
②危篤支難苦痛
③再發危篤化
④危期経而徐平
⑤支難苦痛累日
⑥漸悪化遠病不救

訟卦病　逆上胃腸痙攣腎虚腰痛氣血俱虚夢煩脚重尿澁足浮遺精経病
①留連累日徐平
②症狀突變後平
③重態久治回復
④遠病難治
⑤危症徐々快平
⑥種々再發根治不能

同人卦病　寒熱心肝腹痛眼疾食不下腰痛脚痛尿濁崩漏帶下糞尿不利腎脏病
①善治不日内平
②支難多難救
③留連後徐平
④再發危篤化
⑤危重呻吟累日後平
⑥危急再三轉變遠病危

坤卦病　寒熱心煩肺肝硬化譫語遲血虚脾胃病上이로제脇痛扁頭膽石搐搦膀胱病
①初軽後重徐平
②支難累日後快平
③慎治速平
④重症近病皆治遠病絶望
⑤危篤手術
⑥雖死症而不可速断後再手術

復卦病　心胸眼病肝膽病呕吐食不下癥聚腎虚腰脚痛足浮重悶歇痛
①半生半死危急
②不日快平
③悪化支難後徐平
④一次恐怖惹起後徐平
⑤支難累日後
⑥留連悪化長期化

臨卦病　肝膽胃弱腹痛宿水瘀血呕吐癨乱噯氣下腹留鳴食不甘子宮病
①平

①惡化一路病根不治
②再發支难後平
③外見重而速平
④支难累日後平
⑤数日内完快
⑥危篤支难徐々平

泰卦病　寒熱心肝肺病喘息齒痛大小腸痛種々惡寒發熱腹脹鬼胎（誤診多）
①危篤累日苦痛後平
②柔婦速平其他支难回復
③危重化後徐平
④症狀一變後留連
⑤惡化一路秋節極危
⑥重症慎治漸平

大壯卦病　火熱上衝口眼喎斜左癰右癀溜飲肝腎肪胱胸腹痛四肢不寧脚浮
①病勢集結化支难
②危篤慎治徐々平
③惡化後徐々平
④重症支难化
⑤危篤支难次日
⑥危重支难後徐平

夬卦病　胸痛瘀病塞頭熱肝膽石喘息心腹痛糞尿不利脚足浮腫食不下口四肢不寧
①留連長期化後平
②脚足疼痛徐々平
③病變支难後平
④累次進退後平
⑤危篤慎治月餘
⑥危急遠病不救

需卦病　頭痛顏面浮腫嘔吐腹硬滿肝炎胃無力便秘酒毒糞尿不快腸引痛、夢煩
①再發徵兆濃厚
②近病留連遠病極危
③危毒完治不能
④惡化一路危命
⑤不日快平
⑥近病完快遠病絶望
後愈

比卦病　胸痛耳眼病肝盂乳腫、胃痛精氣虛脫、下痢心脇腹痛食不進肩胛痛主長期化
①初輕後重以後徐平
②惡化累月
③危篤留連間歇惡化
④小康以後再惡化
⑤危篤月餘
⑥極危化不起者多矣

兌卦病　心火口腔病、肺胸痛、心煩、寒熱發狂食不下　花柳病　月経痛便秘脚足引痛肩胛酸痛膏肓盲病
①不日速快
②一時惡化後完快
③敗症留連苦痛後平
④長期累月留連
⑤危篤後

徐々癒 ⑥極危遠病多不救

困卦病 胸膈痞痛盎火病精氣衰乏吐瀉溜飲遺精下血便秘腹中成塊食不進肺燥成連珠痔疾 ①重症惡化後徐平 ②支难月餘慎治漸平 ③病根層生支难難癒 ④危篤久治緩癒 ⑤病根再發突變後回復 ⑥惡化一路半生半死

革卦病 顏面浮腫、胸膈、痞滿、加重、心肝、盎火、喘息、咳嗽、溜飲頭痛、間歇熱、腹中生塊、肺病喀血食不下支难 1症狀惡化危險 2惡化後回復 3危篤反復後徐癒 4突變後再發支难 ⑤惡化以後徐癒 ⑥危篤留連累日

咸卦病 心肝盎火吐瀉脹滿溜飲流行性傳染病氣盎房勞性病、咽乾口燥瞙血火盛食不下 ①惡化後徐回復 ②惡寒反復後快平 ③惡化苦痛後回復 ④惡化経月苦痛後緩癒 ⑤惡化支难後回復 ⑥惡化支难危篤化

寒卦病 頭痛鼻病肺熱心火病消化器病濕熱肝病腎臟病腰脚不隨筋骨病腫氣夢煩 ①數日内回復 ②惡化留連後平 ③重態累日後快平 ④再三反覆後回復 ⑤重態月餘徐癒

謙卦病 心火中風半身不隨肺病寒熱往來食中毒消化不良自害其命腸不安打撲跌跎手術 ①初輕後重回復 ②長期尤甚之兆濃厚 ③危篤支难危險 ④病勢急變後 ⑤物理治療及手術奏效藥不效回復 ⑥危篤近病快平遠病絕望

小過卦病 心火病中風半身不隨腹中成塊上熱腎虛肥滿痙攣腹滿食不下食中毒疫痢氣急內腫 ①危險化支难 ②危篤累月留連 ③重症経月支难 ④支难難癒 ⑤長期留連後回復 ⑥危篤近病速快遠病難救

歸妹卦病　心火病寒熱精神昏迷逆上胸膈病足部浮腫男便血女下血肺病 大腸病秘結 累飲累食

性病　①危篤漸快　②極危半生半死　③近病苦痛後平遠病難救　④危症支難

治　⑤危篤留連遠病不救　⑥外見危篤意外速快

（知者言黙　不知者言煩　潛心黙行　妙不可言）

一九八二年 二月 十三日

許　充　選

極秘

卦別飛伏神動向反爻別療病狀況表

乾卦

世官沖合　何不生災　官生世應　傷心發火　文書持世　盃々支離　財兄相沖　飲食要味　藥雖三合　夏月不利

① 怔鬼夢現、每夜傷人、艮方有醫
② 木鬼、怔物、溢夢、中空物、祈則平
③ 先墓動、金物鬼、解寃平
④ 白骨標動、戀子病、惡化祈平
⑤ 火鬼、夏醫、搖頭、祈則徐平
⑥ 東方鬼、怔夢累月、祈則徐癒

姤卦

鬼爻雖靜　荊布有痛　財爻入墓　飲食不甘　木爻伏藏　西金亦攻　陰鬼作鬧　手足有痛　藥在隣近　湯村有利

① 木鬼、水疾、支離、誠祈平
② 墓鬼、家神、頭足痛、祈則徐平
③ 鬼入骨髓、口渴支離、祈則平
④ 客鬼、動土、祈則平、不祈支離
⑤ 火鬼、侵、筮氣虛汗支離惡化春死秋生
⑥ 産神、血鬼、落死鬼、祈平不祈危

遯卦

祭祀不恭　家變層生　怨鬼侵身　生肉傷感　得罪餘殃　化物嘯生　身命空亡　喪服忙々　敬禱西神　伏藏自現

① 木鬼、腸曲痛、祈則子午日平
② 水鬼、空物自鳴、卯酉日危、東醫良若
③ 木鬼、利甘、害畯、子午日平、西醫最吉
④ 水鬼支離、祈則丑未日後平
⑤ 水鬼呼熱、家神、怔夢、不祈七週後生死可判
⑥ 娑子鬼、水鬼、金物、祈則九人一死

否卦

鬼泣北突　怔石欲笑　昔事今棄　凶神大怒　西方藏骨　南叫凶王　精神恍惚　言語半訥　若空福德　十中九死

① 山鬼亥物、東方避接平、東藥吉
② 老女鬼、金物、怔夢、祈則平
③ 客鬼傷人、寅方藥、有效、山中避接平
④ 囚王神怒、動土祈則平、東醫吉
⑤ 北方土木鬼怔夢祈則平、西醫吉
⑥ 水鬼、家神、誠祈面復、不祈春生冬死

観卦

香火招禍 胸中不覺 邪鬼怨哭 殃及家長 病床沈吟 延送歲月 兩火相搏 豈笑頭熱 若不制火 百草虚老

① 金鬼、畫物、樑鬼支離後平
② 木鬼、金物、祈則卯日平、不祈支離
③ 水鬼神経性、腹痛、丑未日平
④ 紫物、畫物鬼、入肺腹支離
⑤ 孤魂、北方紫物、支離祈則平
⑥ 客死鬼、病惡化、勤禱辛生

剥卦

火鬼招禍 不覺失火 江山神使 會陰相泣 宅中畫物 招禍怔忡 火生瘡疸 非齒則腹 文財空亡 難保其命

① 木鬼、金物、頻鳴誠禱徐平
② 火鬼金鬼、攻肺失神、支離後死之
③ 水鬼石物、賊物入家、祈則徐平
④ 水鬼姦後冤魂、相爭、神經性支離
⑤ 先神、座中鬼、巫鬼、神昏支離、後平
⑥ 山火鬼、飲食隨鬼、頭痛眼損危

晋卦

男女兩鬼 倚門呼主 昔日事神 今誠未洽 火旺木弱 陰虚發熱 子孫不現 所食必減 至誠祈神 死地回生

① 木鬼發熱、四肢痛、卯日平
② 木鬼夢現、支離、祈則南藥有灵
③ 水鬼、血鬼、怔物藥不效祈則平
④ 金鬼夢煩、入院吉、不祈九人一生
⑤ 喪門神、金木鬼、子午日平東藥吉
⑥ 天送鬼誠禱得生不祈十人九死

大有卦　鬼火射應 頭熱心煩　留來神物 落浮江山　鬼泣中天 魂失死地　五銓爭聲 畫物作孼

大経致誠 病人蘇生
① 佩物、珠玉物、祈則平、不祈月餘平
② 水木鬼、惡集、房勞、勤禱巳日效 不然支離
③ 落死女鬼、作乱、自喪其命、祈則平
④ 石鬼金鬼、石器、巳亥日效、秋節凶
⑤ 無主客鬼、惡化月餘、祈則平
⑥ 家神招禍、堅木鬼、浮水物、祈則徐平

坎卦　鬼矇失道 誤詒病人 偶死女鬼 號泣往來 江山風倒虐 鱗家庭 子午相惡 終有衝突

敬禱兩鬼 灾變自消
① 金鬼寃鬼、侵攻、祈則申子日平
② 北方勤土、老姬惡鬼、辰巳日平
③ 水辺紫物、招禍百端、祈則平
④ 得罪先山、事神缺誠、祈則申子日平
⑤ 土壓死鬼、水鬼、辰巳日平西醫吉
⑥ 揖樑、泛木、水神、木神吐血 祈則平

節卦　偶來夢 何探柩裡 春芳秋菊 因慶倒凶 馬號嘶嘶 神釰如電 兩鬼攻人 病狀蹶覆

若不西翁 黃泉故客
① 金木鬼、易物隨鬼、祈則卯酉日平
② 西方鬼飲食不正、祈則徐平
③ 土木鬼、交爭危篤、祈則平
④ 似鉄非鉄成方怔物、祈則平
⑤ 畫鬼夜哭、子病親痛、支难 祈則平
⑥ 木鬼現夢、玉堂生塵、勤禱平

屯卦　乾巽何鳴 祭神不正 兩鬼攻世 神迷幻滅 未嫁青春 沖淚空壁 陰虛火動 夜々夢世

男十九去 女二不一
① 山鬼、墓骨發動、亥卯日逢天醫
② 圖畫北方木鬼、招禍支離亥卯日平

③ 丑未物、畫庶、牲物、支離祈則平

④ 午方落井鬼、支離、祈則平

⑤ 北方水鬼、動土誠祈、辰巳日平

⑥ 南軒鬼、池辺、石鬼、祈則卯午日平

既濟卦 丑戌相刑 夜驚河伯 兩鬼挾身 重喪可畏 狂邪此霞 就知病候 冷鬼作變 斜東傾花 幽鬼頻哭 先逐鬼噴

① 土鬼夜哭、食肉、氣急惡化後平

② 金物自鳴、噎膈支離、祈則平

③ 水鬼、路中得病、祈則亥子日平

④ 木鬼、歌女、巫妾、紅物鬼、支離祈則平

⑤ 先人祭祀不恭、血神動、祈則平

⑥ 金木鬼、舟物、祈則平秋不吉

革卦 日濁月沈 家門昏迷 竪造門戶 橫被周堂 兩鬼相衝 胸腹不安 若非墳墓 血光之物 爻爻空亡 逆以難調

① 青樓情迷、飲食支離後平

② 木鬼邅々塊夢、祈則亥日平

③ 家神、木土鬼、動土祈則、亥卯日平

④ 伐木鬼、含怨支離、祈則平春生冬死

⑤ 山鬼、堂山鬼、洞神危症支離後平

⑥ 水鬼、含怨、禱神無感應、敬山

豐卦 鬼攻家門 喪事非一 端極咳甚 浮脉遍身 先山風起 傳來物鳴 怏霧慢身 胸腹脹滿 若非火疾 必有所引

① 先墓動、畫物、招禍、怏夢祈則平

② 木鬼古匣、兵器、祈則申子日平

③ 惡恨鬼、夜哭、支離祈則平

④ 江木冒雨入家、踰子日後徐平

⑤ 巫家物、如鑑擦皮痛、子午日平

⑥ 白骨作禍古木鬼申日不效則入山

明夷卦 官鬼持世 病厄難免 賓鬼接門 宅眷不安 鬼攻肝膽 何吊他喪 暗中求明 夢遇陽源

若不禱神　路催北卯

① 掘土金鬼、客鬼動土亥日平
② 木鬼犯身、土疾、祈神藥無灵病支離
③ 木鬼傷人、三未夢現、祈則平
④ 金鬼訴寃、耳鳴、不祈難救
⑤ 木鬼侵身、丑方動土、東醫有灵
⑥ 山鬼祭着、不正身命空亡、大畏

師卦

暗火並聚不覺驚惶　兩脚無力　形容惟々　山難叩翼失火城門　腎部虛冷泄氣無常

若不曾治　黃泉敢客

① 殺獸爲妖傷心、祈則申子日平
② 金鬼呼寃、幾死回生巳亥日平
③ 水木鬼、相爭、不祈落日青山
④ 金木鬼、双哭、支離、祈則平
⑤ 青山鬼、金釜鬼、巳酉日平不祈入山
⑥ 童鬼、蒙達鬼、支離十中九死

艮卦

遠山木鬼含怨攻頭　犬吠夜月　綠林何覺寒氣掩襲　病藥相鬪辰戌生官有人傷心

怨鬼乱舞　何不安宅

① 山鬼山來惟物、夢中幻滅、申子日效
② 埋土木鬼、死人物、藥無灵、支離難治
③ 蕭墻之鬼、手足病亥日平
④ 犬死鬼、畫物入家、不祈則入院長期化
⑤ 未申方藏物、鬼喝、寅卯日平
⑥ 婦人奮具隨鬼、申子日平不祈、半數惡化

貞卦

兩鬼爭泣頭足何安　墓鬼吐血　痛于脇腎火鬼入墓　旺熱徃來兩財生鬼病乃尤甚

莫惜財貨　急禱鬼祟

① 戌方動土、病惡化子日最畏
② 子孫鬼、夜哭、渾眷不安、申丑日效

③ 山水鬼、爭嘯、亥卯日平
④ 南方鬼、怔物、月夕隨鬼、未日後平
⑤ 林中鬼哭、戰死鬼、老女鬼、病支離
⑥ 山鬼土物、血神、子戌日效不祈遠病難生

大畜卦　墓鬼怨哭　何棄江山　木神居基　家宅何安　兩鬼爭哭　重逢喪事　若非酒肉　風濕遍身

白虎發動　天年難圖

① 辰巳方二木鬼、泣訴、支離多死
② 炭窰鬼、怔夢、午日不效則累月
③ 落水寃鬼、祈則申酉日平
④ 葬木鬼、死人物入家、祈則申酉日平
⑤ 神壇得罪、誠祈申子日平
⑥ 祭祀不恭、鬼神大怒、祈則速平

損卦　堂山木神　何怨甫家　夢教不聽　禍起家中　間侵寒熱　未免熱病　木鬼吐火　先頭後腹

若不禱神　百草不灵

① 山怔鬼、痔枕、長期化
② 山木鬼、溺死鬼、申子日平不祈、支離後死
③ 未方金鬼、兩鬼、亥日不効則、支離
④ 浮永木鬼、順治生劇治死、春不救
⑤ 澤迅木鬼幻滅作禍、支離
⑥ 女鬼古木鬼、夜哭、支離危

睽卦　怨鬼奸侵　歐頭發病　水鷄未醒　難免口渴　不姝鬼祟　乞鬼登盘　詳察所祟　吊客來侵

骨肉相殘　百草何益

① 火鬼、澤水木鬼、慢祈反怒、惡化死
② 木鬼怔物、入家巳酉日平
③ 屍鼻發動、支離亥子日畏、不祈月餘
④ 木鬼搖宅、申子日効不祈支離
⑤ 木鬼再發後、藥効、不祈支離
⑥ 恐驚天神、酉日不効則、惡化支離

履 卦

虎嘯夢亂　殺獸爲殃　棟樑壓身　青帝驚動　爪甲如山　面如瓜花　咳喘非常　夜來左其

若不事神　百草虚老

① 等閑鬼、夜哭、空中白骨動、不祈支離
② 童鬼、山鬼、穴空物、不祈、幾死後平
③ 金鬼得罪矢神、所禱不發、月餘平
④ 戍亥方木鬼、丑未日平、不祈支離
⑤ 嫉妬鬼、支離、祈則速平
⑥ 隴頭鬼、葬事物、申子日平

中孚卦

鶴鳴老松　不覺浮魂　雲霞滿庭　誠得清風　月夜隨鬼　入於肺腑　應來生世　兩鬼爭擊

天醫星高　忙尋職人

① 西北方泛木鬼、支離終平
② 林間鬼、木鬼、祈則巳日平、不然支離
③ 畫物、宗廟、先人鬼、過飲祈則徐平
④ 金鬼、香燭、病急如雷、惡化留連
⑤ 葬事使用物、巳方鬼、孝服別人支離危
⑥ 得罪先祖、寅申日平、不祈留連危

漸 卦

山鬼頻侵　吾家行跡　兩鬼入墓　相怨作禍　東堂一雁　折翼不飛　病人胸膛　毒氣積聚

兩財遠藏　營慾爲痛

① 家神已老、女鬼、食獸肉寅午日平
② 木鬼畵人、百怪現夢、祈則平
③ 怪物、夢現亥日無效則危命
④ 女鬼、冤魂支離祈則徐平
⑤ 先祖墓發動、胸寒盃、寅午日後平

震 卦

雷電相搏　痰盛咳甚　官下伏官　廢目重症　香鬼路泣　驚悸難免　若爲弔問　在枕不起

先退鬼祟　求藥南方

① 辰方木鬼、家神驚、動土半生半死
② 青楼病、支離辰巳日後平　不祈危
③ 金物入家、百怪夢現、亥日後支離平
④ 辰戌方紫色、土物寅午日後徐平
⑤ 木神、巫家物、喻寅日則平、不祈留後平
⑥ 水鬼、落水鬼、寅午日平、不祈支離回復

豫卦

三生縁恨　抱血飯荒　新鏡生塵　血魂撥抉　先神發動　逆天所抉　所祟有二　墳墓基地

怨鬼解冤　針藥有効

① 火焼木鬼、骨節痛支離後平
② 辰戌方江木、動土、支離後平
③ 丑寅方墓鬼、動石支離後平
④ 木土鬼、怔夢、経月支離、亥日平
⑤ 寅方火土鬼、留連後平
⑥ 家神、空木鬼、落水鬼動、危篤後平

解卦

横被悪命　不孝先神　客地死神　吾家就人　棄東従西　事神不恭　世生官爻　兵戈傷頸

藥克病根　病乃自瘥

① 空家物、死人物、祭神怒、可得良醫
② 墓鬼、丑方動土、祈則徐平
③ 未辰方動土、賊死鬼、藥無靈祈則平
④ 湖海鬼、将臺鬼、紋彩物祈平
⑤ 金鬼、發鼓聲誠祈申日平
⑥ 歌舞酒場、青楼鬼　祈則亥卯日平

恒卦

百年佳約　我傾無誠　路中両鬼　何事相怨　内悪害義　不久外傷　財文値空　米飲不下

青山鬼動祖宗必侵

① 似鏡手摩物、潭辺物、留連後平
② 如鳥啄物、高山物、辰日無效則支離平
③ 舟橋木入家寅卯日平
④ 井辺木鬼申子日不效則支離後平
⑤ 江湖物、申子日徐平
⑥ 古物、紅色物、藥無味、支離後平

升 卦 古墟伏骨 門禍連綿 病犯天壽 誠禱七星 先墓旺動 路中外傷 申下酉伏 算中落血

若不禱神 大患難免

① 釣叟死鬼、酒食藥無靈、支離

③ 西方鬼哭、產神船滄鬼、支離平

⑤ 埋土金鳴、空楼鬼、祈則平

② 夢乱、幽谷鬼、沈木鬼子午日平

④ 木鬼、寒熱、藥無味、三旬痛後平

⑥ 水神、古跡、灵壇、伏尸申子日平

井 卦 風瘟苦症 得罪執人 無事行身 香真傷感 兩鬼共泣 木下月市寅巳俱隱 探花蜂蝶

醫人何在 馬鳴之方

① 天降金鬼、血神入夢、支離寅午日平

③ 水畔女鬼、誠祈速回、不然支離

⑤ 家神招禍 不祈酉亥日危

② 穿山土鬼、貪財勞心 十人九死、寅辰日畏

④ 重修木鬼、祈則貴午日平

⑥ 圖畫物入、家經火物、不祈難救

大過卦 敬工煖德 失性昏迷 山路險惡 誠得神惡 藥石雖効 夢枕不安 鬼入笑庭 大腸炎生

所崇治方 病人起枕

① 木鬼、接鬼杖、樂器鳴、巳日効

③ 水鬼、商賣物、隨鬼、寅午日平

⑤ 先山鬼、伐木鬼、神昏文離後徐平

② 金帛物、婚後鬼、祈則平

④ 白骨呼冤、亥丑日、人送灵藥

⑥ 山水鬼、墓鬼、黑石鬼、不祈遠病難救

隨 卦 家中混乱 一喜一悲

鬼賊笑門 哭泣河伯 病床鬼崇 必然塚墓 非金則木 呼邪作愛 鬼呼陰風 呼吸有障

巽卦

① 辰戌丑未月左甚、金鬼祈則徐平
② 寅方山鬼、怔夢紫物、陰變陽子日平
③ 金木鬼、間歇熱、療後餘患
④ 金鬼傷人、不祈支離累月
⑤ 古寺物、木鬼發動、祈則徐平
⑥ 金鬼木鬼、犬怒不祈十人九死

穴空之物 多招灾禍
賓鬼搖鈴善迎歡送 銀垆風乱 内堂滅燭 鬼斧攻木 狹及肝膽 風氣中傷 老妻風症

① 探鬼、金物自鳴、辰戌日平
② 古墓、鳥啄物、入家、祈則徐平不然支離
③ 丑寅方、自枯古木鬼、子日不效則支離
④ 巨土鬼、林中怔物、自害其命、支離
⑤ 南方金鬼、累物、怔物支離、累日
⑥ 黑石鬼、柱鳴穿掘鬼、卯酉日效

小畜卦

言語猶明 忙尋越人
家内暗昧 雲霞不齊 神物時鳴 家變難禁 鬼食人命迎山安神 香火隱伏 供鬼不誠

① 辰方金鬼、唇缺鬼、巳亥日平
② 金木鬼、樂器、誠祈則安平
③ 山陰鬼哭、不祈三月呻吟
④ 西方金鬼、夜哭、申子日後平
⑤ 金物招禍、食魚肉、祈則亥卯日平
⑥ 紫物青布、水木鬼、寅午日效

家人卦

藥爻入墓 用藥无灵
樞星送神 五音家何變 挑桐月笑 眩迷張網 丑未相事 吐逆何兔 鬼伏無氣 供鬼不淨

① 杏花村房、偶得魔病、瑜寅日則平
② 午方澤畔、怔木鬼、狂巫巳亥日不效則支離
③ 金鬼木鬼、瑜子日效不祈危險
④ 西方木鬼、自損其命、不祈支離
⑤ 塚鬼、妖頭鬼、妻家物、辰戌日危
⑥ 澤中孝木燒木鬼、亥卯日平

益卦

大巳登籬　象鳥共啼　客鬼入祠　先神大怒　身命自乱　豈非春雉　累世遺業　何換宗反

越人何售　巳午之方

1　西方鬼、夢中白馬鬼、祈則平
2　畫物、水迅物、祈則申子日平、不然支離累日
3　幻滅、海舟物惟物、十人七死酉日畏
4　金木鬼、東方鬼、不祈支離
5　萧墙鬼、木鬼大怒、回復後、命不長
6　泛木鬼、作變現夢、辰戌日平

无妄卦

若禱先神　灸藥有灵

雨雷驚人鬼眼瞼白　病床寒冷　惡寒發熱　先人所祟　吊客悲感　胸膛如隔　惟夢侵身

1　西方木鬼、無緣鬼、亥子日危
2　西方二頭木丫木、寅卯日效酉日良治
3　五鬼哭、鉄攻其木、卯日效不祈支離多死
4　北方老木鬼、寅卯日無藥自蘇
5　金爐鬼、大怒、祈則速平、不祈危命
6　巫家物、歌舞酒場、藥無灵多死

噬嗑卦

得罪天神　手足何安　藥效變化　未畏飯疸　財爻発動　必然食傷　咽乾口燥　何頻呼水

越人健存　何不制治

1　楼上金木鬼　傷人支離回復
2　車轍、舟片鬼、經月支離後平
3　東方木鬼、夢煩不祈支離後平
4　兵戈傷神、祈神氣感應、莫如保元
5　得罪先祖、門神發動、累月後平
6　滅家之物、北方鬼、狂巫寅子日平

頤卦

財下伏官　溺死鬼侵　兩財爭決　必也花客　路逢凶神　風魔嗔嘩鬼入月市　生死難分

治誠致経　隨鬼自退

① 畫物女鬼、花燭鬼、支離累月
② 祭祀不恭、百藥不灵、遠病支離
③ 金物、寺僧恍物、木鬼累日後平
④ 丑寅方金鬼、傷耳、寅卯日效
⑤ 黑突鬼、金物在家、祈則平
⑥ 山水鬼、祭祀不恭、支離後平

蠱卦

金鬼侵耳　搔痒瘡疾　鬼抱血江　赤魂誰氏　家禮何廢　江　山風乱　白眼何客　豈非先人
敬禱先神　厥病瘥効

① 金木鬼、動糞尿不利、支離危篤
② 辰巳方、動土、動金申子日効
③ 木物有彩、金鬼古寺物、支離祈則寅丑日平
④ 恍物化神、祈水神則子日効
⑤ 金鬼、撢釘傷人、午日無効則長期化
⑥ 埋木鬼、寒熱、藥不灵、不祈皈山

离卦

地網回抱　重城難逃　火炎放射　夜驚河伯　藥神相冲　臟腑不和　痰火燃上　呼吸促急
若不急治　萬無他治

① 金石鬼、群魔喧嘩、不祈危
② 老鬼、伐木鬼、厥鬼、未日平
③ 死人什器類、埋土鬼、現夢辰巳日自蘇
④ 葬人物、宠鬼、木鬼、丑未日不效則長期化
⑤ 落水鬼、川辺楼鬼、樑鬼、不祈支離後平
⑥ 神経性、無祟自起病、非舒心則不救

旅卦

南境鬼泣　先山不安　血鬼間發　心火盃々　腎闇衰血　病變沉症　恍神發動　真病難座
怨邪夢現　至誠祈神

① 黑色山鬼、圖畫、戒心、敬祈則平
② 伐木鬼、花燭鬼、酒色鬼、未申日效南藥吉
③ 丑方木鬼、入庖厨、亥卯日效
④ 賓玉物、祈金神則、寅丑日效不然危篤
⑤ 金鬼、金器類發動、寅丑日平
⑥ 土鬼發動、自生其病、不祈難瘥

昇卦 東宇西閣　金鼓爭聲　亥子興陰　北堂安寧　巳挠狗吠　難保其命　鬼在离宮　火氣上升

若不禱神　故路忙忙

① 金鬼、宪鬼、水死鬼、病多淚喻午日則效

② 金鬼、容鬼、發動巳丑日後平

③ 亥子方、空木鬼、門神動、支離平

④ 丑方怅物、木中金藏、不祈遠病多死

⑤ 林鬼、金木鬼、支離不祈十人九死

⑥ 林鬼、所禱不發、支離後平

未濟卦 中岳奸邪　隨節去來　馬下伏鬼　呼賓作主　玄武不通　経脉無氣　水流腎部　盗汗遺精

敬神致誠　藥石有效

① 永鬼、宪鬼、入枕、不祈多死

② 童女鬼、梨木鬼、動一驚後、申辰日平

③ 江川鬼、盡誠龍王祭則平、不祈支離

④ 死人佩物、金銀、珠玉、丑日徐平

⑤ 金物招禍、藥不效、祈則徐平不然支離

⑥ 申酉方動土、亥卯日漸平

蒙卦 烟會掩天　旺鬼作變　夢現怅鬼　危也　吓盆呻吟命脉　應勢增減　馬鳴夜半　可畏別症

詳察香火　春逢其花

① 女鬼、水死鬼、基祥、不祈則長期化

② 山鬼、古基鬼、巳日無效則命不長

③ 怅畫、船舶、金屏鬼、出食人命不根治

④ 山紫物、沈水西方鬼、空中鬼、辰巳日平

⑤ 怅鬼、血神入夢、勤有聲、巳酉效

⑥ 動水動土、神経病、申子日自蘇

渙卦 家道逆行　人亡財散　風吹水面　象魚何居　水鬼縮命　可畏別症　蕐盡脉衰　四肢無力

誠尋越人　西方神翁

① 成方恠水鬼、踰子日則寅日效
② 水木鬼、作禍、藥不灵、危篤
③ 未方林鬼、埋土鬼、金物子日畏危
④ 畫物木鬼、辰申日夜逢良醫
⑤ 宅神逢室、恠石入、不祈則難起
⑥ 囚王神、木鬼、不祈則、遠病不救

訟　卦

欲言不言　胸中盃々

天地何逆　日月失明　狂風驟雨　星滿胡天　二兄双發　成省食飲　隱鬼含怨　病乃支離

① 骨玉、海上物、女鬼、祈西神、酉日平
② 血神土鬼、膓蜜鳴、支離後平
③ 窰物、僧尼物神経性支離後平
④ 浮木鬼、落死鬼、魔鬼、支離遠病不治
⑤ 雷電入夢戰爭用物申酉日平
⑥ 巫女、狂舞歌、金鬼招禍、支離難治

同人卦

同人就氏　二鬼相爭　爭物傷義　以惡作故　暗中鬼哭　香火部屬　水流腎部　浮腫可畏　先退鬼嘖　後用灵藥

① 藏物女鬼土鬼作禍亥卯日平
② 繪畫、金屏、骨入囚、不祈支離難救
③ 頭熱足寒、狂巫、姦祟過勞、子日平
④ 卯酉方動土二女鬼、恠禍酉戌日可畏
⑤ 兵戈鬼、囚王神、病枕支離、後平
⑥ 辰方動土、巫死神、支離春死夏生

坤　卦

女鬼怨哭　事神何薄

家有黑人　不久作魂　譫語顛狂　精神昏迷　渠魁揮釰　一室三喪　鬼動天地　宅神大驚

① 陰氣濃厚、花房得病、巳酉日平
② 鳴鼓舞袖用物、泛船江湖之物、祈則平
③ 冊畫、書冊入、恠物夢現、辰戌日平
④ 門戶改修、水土鬼、不祈則極危
⑤ 冊衣冠、寢具入家、再手術申子日危
⑥ 木土鬼、動、盆癰、雖死症不可速断

復卦　畫鏡笑函　邪形眼踏　異國錦布　巫邪欲奪　風入月市　言語不通　鬼名曰何　嬈邪未忘

香席痛恨　回首窺門

① 姙形、江辺老鬼、双木鬼、半生半死

② 西方鬼、澤中物、産神、巳酉日平

③ 埋火鬼、水中物入家、人宅不寧、午日平

④ 姙物、有光物、片舟鬼、危後平

⑤ 落木鬼、寃魂、女鬼、侵人、支離後平

⑥ 西方犬吠、伐木鬼、動留連、長期化

臨卦　憂深荊布　身外無物　鬼入月市　眼彩如水　冒寒發熱　泄氣無常　鬼來東方　出他得求

雖知病候　邪言必多

① 處士白骨、寃鬼、招禍、不祈根治不能

② 西北方鬼、變禍百端、寅申日平

③ 埋金鬼、千年鬼発動、支離後平

④ 紫物、婚姻隨、鬼子日無效則支離後平

⑤ 金鬼、西木瘀血、鬼、巳酉日後完快

⑥ 山鬼、吊客、飲食不正、卯酉日後平

泰卦　胡児白衲　寺物可省　西域爭跡　何在俗堂　天雷地動　三人有炎　陰陽濃情　樂極憂生

西南鬼伏　何不尋醫

① 水木両鬼、東攻西毒、女鬼起風、支離平

② 古墓風動、傷人、誠祈徐平

③ 船舶鬼、夜哭、食肉亥卯日後平

④ 東垣鬼、木鬼、亥日無效則危

⑤ 山來寶物鬼、夜哭傷人、惡化秋危

⑥ 山鬼、下山物、隨鬼、重症支離後徐平

大壯卦　殺生何益　含毒化鬼　山肉堆獐　割命胱腸　鬼入月市　四肢不利　囚王驚動　汲水木頌

咸誠祈神　祐木回春

夬卦

① 先山骨鳴、夢煩不祈則集結惡化
② 山神變化、招禍百端、祈則徐平
③ 柱礎鬼、石鬼、誠禱申酉日平
④ 少女鬼、白骨鳴、凶王神入夢、支離化
⑤ 木鬼、金鬼、血鬼夜哭、不祈則支離
⑥ 無主鬼、宛鬼、血柔衣、去則酉日平

需卦

色傷之病 百草必補

大巳含毒老邪痛哭 人鬼釙舞 不伐自傷 新昇撐旧 必有房勞 先人得罪 凶王大怒

① 金物自鳴、暗窺神遊枕巳日平
② 木鬼眶動、水鬼、怒惡辰日平
③ 泛來恠木鬼、發動、進退留連、後平
④ 雲中鬼、木鬼、支離、祈則速平
⑤ 塗色木鬼、藥無灵、不祈月餘後平
⑥ 船人持來物、自損其命、不祈遠病不救

解殺禱神 茲有活力

東宇西閣 昇足俱傷 兩鼠無穴 辨冤防厄 譫語顛狂 糞尿不利 銀針通血 乃爲無効

① 南方鬼、飲食不正、不祈支離
② 墻內掘土、古冢埋木動山、不祈支離極危
③ 金鬼、路中得病、祭山則回生、不然難治
④ 金鬼裏人、不祈惡化危命
⑤ 野鬼、墓鬼、古木鬼支離後平
⑥ 木鬼、古墟鬼、胸風寒、辰巳不効則絕望

比卦

加味益氣 衝火自滅

斗星清濁 身命盡虧 生東殺西 何事破倫 如非輆子 疑是糟糠 兩財並立 枕上失神

① 莽用物、東林鬼、重症祈則平
② 落死鬼、山林鬼、動卯日後平
③ 忠宛戰死鬼、金鬼寅日不効則亥日畏
④ 金鬼發動、稍療、再發危
⑤ 木鬼、珠玉入家、祈則申子日効
⑥ 西方古木鬼、若不禱神、則不起者多矣

兌卦　本有巫現　先人所關　火山風惡　不誠敗家　鬼嘯逆風　殃始祖宗　玄武吐水　風魔纏門

忙尋西醫　其命救之

① 女鬼囚王　西方朱物　骨節痛　祈則平
② 兄弟鬼　女鬼　塚鬼　驚祈則東藥効
③ 客鬼　飲食動土　病人骨髓　支離後平
④ 宅神　白帝神　腎耳自克病　支離西藥吉
⑤ 女鬼現夢　腋足病　非祟補元吉
⑥ 落水鬼　癈家禮　頭口病　不祈十人九死

困卦　枯井化骨　其形清濁　木石兩鬼　笑東舞西　病不尋常　誤服藥毒　財爻生官　北風敉南

舍怨問極　難以拱扶

① 水鬼怔夢　飲食危　多安少　子日後平
② 木鬼　童男　童女鬼　腹痛徐平
③ 寅子方　戲神　動土　泉鬼　危篤支離
④ 夢入獸骨　囚王　寅申日効
⑤ 埋木鬼　家神　蚕蟲　嗜甘病　層生支離平
⑥ 辰方木鬼　怔夢半生半死　寅辰日危

革卦　信有成病　前期無情　鬼祟宅侵　鳥鼠逆妖　官鬼持世　病勢尤甚　宅鬼含怨　大經解究

藥爻雖現　不及救命

① 雷木鬼　㵼鬼支離病　北方避接速平
② 酒色傷　熱生神迷　祈則平
③ 北方鬼　飲食藥無灵　進退反覆後平
④ 火鬼　海濕慢身　泄氣　支離東醫吉
⑤ 無祟過勞病　支離戌亥日平
⑥ 土木鬼　潛泣　誠祈後藥効徐生

咸卦　火鬼吐血　高血可畏　桃桐相隔　鬼倰人命　午官發動　疼痛不堪　兩爻生世　病乃支離

忙尋北醫　藥効有灵

① 縊死塚鬼、劫死鬼、珠玉祈則平
② 木鬼、風入骨髓、食稀、寅日平
③ 古木鬼、色傷病、子日北方藥奏効
④ 山木鬼、畫物、蹢寅日則蘇平
⑤ 成方動土、胸滿、呼吸促、月餘後平
⑥ 寅方木鬼、支離寅日畏

蹇卦

一身驚脉樹荒技枯 投身賓鬼 溺水難救塘畔春草忽然逢箱鬼臨宅位 身疲足顫

讀經三昧 北方有藥

① 玄物累物鬼、酒鬼、胃腎痛不日平
② 囚昇動、熱入髓、凉藥有效
③ 少女入夢、宽鬼、埋金鬼、蹢巳日平
④ 西方寶物、神經性、反覆後回復醬在山村
⑤ 動上、無緣鬼、祈神速感應、藥有灵
⑥ 水辺金木鬼、畏風、蹢子日平

謙卦

山雄叩賀 誰與忿爭 過去積惡 何不及外 経脉阻滯 四肢不利 肝生狂風 腎部不安

父克子孫 越人難尋

① 囚王、先人、木鬼、寅卯方服藥回復春生夏死
② 白壁、埋木鬼、藥有灵、支離後平
③ 老鬼得罪仙佛、動土、辰巳日効
④ 飲食、魚塩頻、莫如保元
⑤ 圖畫鬼、鎖縛人、神佛不安、支離危
⑥ 山鬼入夢、女鬼、不祈、遠病、絕望秋凶

小過卦

落日昇東 家内蒼荒 鬼勢當々 口渴呼水 暫瘥再發 從事故虛 松柏貞節 鍊丹無用

先退鬼祟 後用其藥

① 北方彩物、金鬼、氣虛、辰巳日畏
② 木鬼、石鬼、畫物、溺尼鬼、寅午日不効則留連
③ 西方女鬼、山鬼入夢、藥不灵久在死
④ 金釜、童子、陶器、西方鬼不祈難愈

⑤ 狂巫、鉄物鳴、足肺不安、祈則自蘇

⑥ 兵戈網鉄、枯木鬼、頭跟痛、不析難救

敀妹卦 兩鬼相聆 必生災變 旺鬼攻肺 喘咳難免 頑鬼戾天 女鬼夢顫 水蒸暗天 痰火何疑

藥效入墓 病乃支離

① 水辺鬼、樑鬼、含虫毎魚骨、穿腸、速平

② 青碧物、宅神、金鬼、招禍半生半死

③ 得罪先祖、白骨、木鬼勸、遠病難救

④ 金木鬼、老婦鬼、腹痛、支離難治

⑤ 悲魂、金鉄、巫鬼、兄弟鬼、怔物支離不救

⑥ 紅赤物、圖畫、火鬼、怨鬼、家神、祈平

終　辭

形而上者 謂之道也　形而下者 謂之器也　書中病訣　綜合為見 唯幹杜撰 未洽詳密

廣莫逖獵 超脫默玩 索隱深秘 坐蹟堪能 祭山不褌 不敢活用 違道干譽 罪不容死

運斤成風 綿々發展 雖死遺魂 幽賞無憾

一九八二年 四月　　日

雅崗　許　充　撰著

周易身數秘典

初 版 發 行 ●	1991年　1月　20日
重 版 發 行 ●	2006年　12月　15日
著　者 ●	許　充
發行者 ●	金 東 求

發行處 ● 明 文 堂 (1926. 10. 1 창립)
서울특별시 종로구 안국동 17〜8
대체　010041-31-001194
전화　(영) 733-3039, 734-4798
　　　(편) 733-4748
F A X　734-9209
Homepage　www.myungmundang.net
E-mail　mmdbook1@kornet.net
등록　1977. 11. 19. 제1〜148호

● 낙장 및 파본은 교환해 드립니다.
● 불허복제 · 판권 본사 소유.

정가　30,000원
ISBN 89-7270-831-3　14140
ISBN 89-7270-056-8 (세트)

明文堂의 易書는 種類가 다양합니다.

擇日大要　高光振著　菊版　一八六面

알기쉬운 擇日全書　韓重洙著　菊版　一九八面

風水地理 明堂全書　韓松溪譯　菊版　三一〇面

方位學入門　全泰樹編譯　四·六版　四二六面

九星學(氣學)入門　金明濟著　菊版　四五〇面

卜筮正宗精解　金于齋·沈載烈共著　菊版　四〇二面

名字吉凶自解法　金赫濟校閱　四·六版　七八面

百方吉凶寶鑑　李鍾英編著　菊版　四〇八面

秘傳自解萬方吉凶寶鑑　金于齋·李相哲共著　菊版　六八〇面

萬古秘傳靈符筮大典　韓重洙著　菊版　五八八面

姓名學　南水源著　四·六版　二五八面

姓名鑑別秘訣　白雲松著　四·六版　一九八面

姓名學全書　朴眞永編著　菊版　三二四面

姓名判斷法　金栢滿著　菊版　三五四面

당신의 이름과 運命　黃國書著　四·六版　四三四面

알기쉬운 姓名學과 宮合　崔暢栢著　四·六版　二〇四面

秘傳姓名大典　曹鳳佑著　菊版　六四六面

觀相·手相·解夢　金宣希編著　四·六版　二九八面

觀相秘訣　白雲松著　四·六版　一九六面

觀相寶鑑　佐藤六龍著·李仁光譯　四·六版　三四〇面

觀相運命學　松井桂陰著·金有史譯　四·六版　二五四面

秘傳自解觀相大典　曹誠佑著　菊版　三二八面